Andreas Paul

Drogenkonsumenten im
Jugendstrafverfahren

LIT

Bibliografische Information der Deutschen Nationalbibliothek
Die Deutsche Nationalbibliothek verzeichnet diese Publikation in der
Deutschen Nationalbibliografie; detaillierte bibliografische Daten sind
im Internet über http://dnb.d-nb.de abrufbar.

ISBN 3-8258-8826-6
Zugl.: Heidelberg, Univ., Diss., 2005

© LIT VERLAG Dr. W. Hopf Berlin 2005

Verlagskontakt:
Fresnostr. 2   D-48159 Münster
Tel. +49 (0) 2 51-620 320   Fax +49 (0) 2 51-922 60 99
e-Mail: lit@lit-verlag.de   http://www.lit-verlag.de

Auslieferung:

Deutschland: LIT Verlag Fresnostr. 2, D-48159 Münster
Tel. +49 (0) 2 51-620 32 22, Fax +49 (0) 2 51-922 60 99, e-Mail: vertrieb@lit-verlag.de

Österreich: Medienlogistik Pichler-ÖBZ, e-Mail: mlo@medien-logistik.at

Schweiz: B + M Buch- und Medienvertrieb, e-Mail: order@buch-medien.ch

Meinen Eltern

Danksagungen

Die vorliegende Arbeit wurde Ende 2004 fertig gestellt und im Sommersemester 2005 an der Ruprecht-Karls-Universität Heidelberg als Dissertation angenommen.

Mein besonderer Dank gilt meinem Doktorvater Prof. Dr. D. Dölling für seine tatkräftige und vielfältige Unterstützung und den enormen Freiraum, den er mir bei der Ausgestaltung dieser Arbeit gewährt hat.

Herrn Prof. Dr. T. Hillenkamp danke ich für die zügige Erstellung des Zweitgutachtens.

Herzlich danken möchte ich Frau Karin Himpan und Frau Marlis Peters-Hofmann für ihre wertvollen Anregungen in Bezug auf die Feinheiten der deutschen Sprache. Natürlich bin ich auch meinen Freunden zum Dank verpflichtet, die mir in dieser Zeit auf viele Arten und Weisen geholfen haben.

Gewidmet ist diese Arbeit meinen Eltern, die mir nicht nur dieses Werk ermöglicht haben. Auf ihren Rückhalt und ihre Unterstützung kann ich stets bauen. Danke.

Heidelberg, im Juni 2005   Andreas Paul

Einleitung

§ 1 – Begriffsbestimmungen

§ 8 – Drogenkonsum und Sanktion

Anhang

Verzeichnis der Tabellen und Schaubilder

Einleitung

I.   Der Kampf gegen Drogen – eine Sisyphosaufgabe?

Jugend, Drogen, Strafrecht – drei Begriffe, die Assoziationen wecken: Drogenkonsum, strafrechtliche Verfolgung, Jugendkriminalität. Daneben kommen einem Schlagworte wie Abhängigkeit, Pubertät oder Freigabediskussion in den
Sinn. Das Thema Drogen beschäftigt nicht nur die in diesen Bereichen tätigen
Fachleute, es ist auch beständiger Teil der öffentlichen Debatte[1]; sei es bei der
immer wieder aufflammenden Frage der Legalisierung von Cannabisprodukten,
der (behaupteten) Reformbedürftigkeit des Jugendstraf(-verfahrens)rechts oder
im Zusammenhang mit verschiedenen Jugendszenen. Drogen und der gesellschaftliche Umgang damit sind ein polarisierendes Thema, zu dem jeder eine
Meinung hat.
Auf den Menschen haben bewusstseinsverändernde Mittel schon immer einen
besonderen Reiz ausgeübt. Sie ermöglichen „eigenartige", ja zum Teil sogar
einzigartige Erfahrungen, blenden Probleme aus, machen das Leben leichter und
eine Weile einfach schöner. Der Konsum von Rauschmitteln zieht sich gleichsam wie ein roter Faden durch die gesamte Geschichte der Menschheit. So wird
schon in der Odyssee der Genuss des Opiums besungen, in Südamerika werden
Kokablätter seit Jahrhunderten konsumiert. Viele Substanzen wurden zunächst
für harmlos, ja heilsam gehalten und in der Medizin genutzt. So etwa das Opium, das Mitte des 17. Jahrhunderts als Schmerzdroge eingesetzt und sogar als
Heilmittel gegen Alkoholismus empfohlen wurde. Ein weiteres Beispiel ist
„Merck`s Cocaine" aus dem 19. Jahrhundert, das als Genussmittel seinen Weg
in viele Lebensmittel fand.[2] Man denke nur an ein bestimmtes Erfrischungsge-
tränk. Heute unterfallen beide den Regelungen des Betäubungsmittelgesetzes
(BtMG). Doch auch neu entwickelte, künstliche Drogen entpuppten sich schnell
als hochgradig gefährlich.
Aufgrund ihrer anziehenden Wirkungen einerseits, aber vor allem wegen ihres
generell gegebenen Abhängigkeitspotenzials andererseits sind Drogen ein ernst-
zunehmendes Problem in jeder Leistungsgesellschaft. Das gilt trotz großer Bemühungen um Aufklärung über die Wirkungen und Gefahren heute umso mehr.
Immer neue Drogenformen kommen auf den Markt, die „Spaßgesellschaft" hat
nur ein schwach ausgeprägtes Unrechts- und Gefahrenbewusstsein, nicht nur
soweit es um Alkohol und Tabak geht, sondern auch bei Partydrogen oder Can-

---

[1]   S. etwa *Leurs u. a.*, Der Spiegel 27/2004, S. 70 ff.
[2]   Zur Geschichte dieser Substanzen s. *Geschwinde*, Rdnr. 968 ff. und 1431 ff.

nabis. Die Risiken, die mit dem Konsum einhergehen können, werden ignoriert, klein geredet oder beschönigt.

Für viele Eltern ist dieses Thema eine eher theoretische Angelegenheit. Der Konsum von Alkohol und Tabak wird ab einem gewissen Alter mehr oder minder geduldet, bei allen anderen Substanzen gilt: Mein Kind macht so etwas nicht![3] Doch eine gewisse Angst und eine manchmal nagende Ungewissheit bestehen trotzdem. Selbst deutliche Anzeichen werden oft verdrängt, und wenn dann plötzlich die Polizei vor der Tür steht, ist das Entsetzen umso größer. Dabei sind die möglichen Ursachen für Drogenkonsum bei jungen Menschen augenscheinlich. Die Entwicklung aus der Kindheit in die Erwachsenenwelt hinein ist mit Problemen und schwierigen Umbruchsituationen behaftet. Der Jugendliche, auf der Suche nach seinem Platz und seiner Rolle in der Gesellschaft, lernt neue Möglichkeiten kennen und will seine Grenzen ausloten. Dabei bieten sich bewusstseinsverändernde Substanzen als Mittel der Sinn- und Erfahrungssuche an, aber auch zur Lebensgestaltung und schließlich als Fluchtpunkt. Dazu kommt die Verfügbarkeit trotz bestehender Verbote. Einen besseren Magneten für einen jungen Menschen kann man sich kaum vorstellen: hier das Verbot – dort die Möglichkeit!

Weil die Gefahren, die von Rauschmittelkonsum ausgehen, sehr groß sind, ist primär ein wirksames Eingreifen der Sozialisationsinstanzen –v. a. der Eltern– gefordert, um einen verantwortungsbewussten Umgang zu vermitteln. Daneben gibt es staatliche Präventionsmaßnahmen wie Aufklärungsprojekte in Schulen oder Diskotheken. Akzeptiert man die Grundannahme, dass Drogenkonsum auf Dauer für den Einzelnen wie für die Gesellschaft zu nicht hinnehmbaren Gefahren und Problemen führt, so muss die Prävention, um nicht leer zu laufen, durch flankierende Maßnahmen unterstützt werden. Diese Aufgabe übernimmt das Betäubungsmittelstrafrecht. Es untermauert indirekt die Appell- und Warnfunktion gegen die Gefahren des Rauschmittelkonsums. Ziel der strafrechtlichen Reaktion ist nicht allein die Strafe um des Verstoßes Willen, sondern vorrangig die Vermittlung des Sinnes der Strafbarkeit, des Zwecks des Verbots.[4] Das Strafrecht ist sozusagen das letzte Glied der Präventionskette und zugleich ein stützender Pfeiler für die Effektivität präventiver Maßnahmen. Drogenpolitik würde unglaubwürdig, wenn sie die Gefährlichkeit im Umgang mit Betäubungsmitteln propagiert, gleichzeitig aber den Schutz gerade der jüngsten Mitglieder der Gesellschaft nicht abzusichern vermag. Doch das (Betäubungsmittel-)Strafrecht kommt in der Regel erst zum Einsatz, wenn es tatsächlich zu einer illegalen Rauscherfahrung gekommen ist, das „Kind in den Brunnen gefallen" ist, die Prävention keine ausreichende Wirkung hatte. Dass es erst nach dem Versagen von Prävention und Aufklärung, also zum spätest möglichen Interventionszeitpunkt, zum Einsatz kommt, verdeutlicht die erheblichen Schwierigkeiten im Umgang mit Drogenkonsumenten.

---

[3]   S. dazu etwa *Mathes*, „Mein Kind ist abhängig?" (http://www.stern.de/campus-karriere/ schule/index.html? id=14360, zuletzt besucht am 10.09.2004).

[4]   In diese Richtung auch *Amendt*, S. 166 f.

Neben diesem Schutz der Gesellschaft vor den Folgen des Drogenkonsums ermöglicht das Betäubungsmittelstrafrecht ein weiteres –letztes– Einwirken auf den Konsumenten, speziell wenn er in die Abhängigkeit abgeglitten ist. Diesem Ziel dienen insbesondere die Therapievorschriften des Betäubungsmittelgesetzes (§§ 35 ff. BtMG). Die Strafvollstreckung bzw. schon die Durchführung der Hauptverhandlung werden als entbehrlich betrachtet, wenn der Täter sich freiwillig einer Therapie unterzieht. Das Betäubungsmittelstrafrecht hat damit eine spezialpräventiv-erzieherische Funktion mit dem vorrangigen Ziel der Behandlung.[5]

Das Jugendstrafrecht als Sonderstrafrecht für junge Straftäter bis 21 Jahre hat eine durchaus vergleichbare Zielsetzung. Maßgeblich im Rahmen der staatlichen Ahndung ist die erzieherische Wirkung.[6] Darauf sind sowohl das Verfahren als auch die Wahl der Sanktion und der Vollzug auszurichten. Schon dies macht deutlich, dass das Jugendstrafrecht zur Behandlung jugendlicher und heranwachsender Drogenkonsumenten und Abhängiger seiner Intention nach gut geeignet sein sollte. Dass jugendstrafrechtliche Maßnahmen scheinbar nur selten zum Erfolg im Sinne einer dauerhaften Abstinenz bzw. der Konsumbeendigung führen, dürfte weniger an der Unzulänglichkeit des Jugendstrafrechts selbst liegen, als mehr an den Schwierigkeiten, die die strafrechtlichen Reaktionen auf den Konsum mit sich bringen. Zu nennen sind etwa:

➢ Mangelndes Verständnis für den staatlichen Strafanspruch;
➢ damit einhergehend ein geringes Gefahrenbewusstsein bei bestimmten Verhaltensweisen;
➢ schwierige Ansprechbarkeit von Abhängigen, die lieber ein vermeintlich einfaches Leben mit Drogen fortsetzen wollen, als sich der Realität des Lebens zu stellen;
➢ damit verbundene immer wieder auftretende Rückfälligkeit in Problemsituationen;
➢ mangelhafte Ausstattung der staatlichen Einrichtungen zur Behandlung Suchtkranker.

Wenn man sich vor diesem Hintergrund eingehender mit der jugendstrafrechtlichen Drogenrealität auseinandersetzt, kann sich leicht Resignation breit machen. Gerade wenn es um Abhängige geht, kämpfen Richter und Staatsanwalt ebenso wie alle anderen Betroffenen –Eltern, Freunde, Drogenberater und Jugendhelfer– auf nahezu verlorenem Posten. Sie werden von einem Gefühl der Aussichtslosigkeit und Absurdität erfasst. Der Kampf gegen die Droge und um die Zukunft des jungen Menschen scheint sich im Einzelfall zu einer unlösbaren Aufgabe zu entwickeln. Immer wieder wird versucht, helfend, motivierend und unterstützend auf den Abhängigen einzuwirken; es kommt zu kleinen Erfolgen, diese steigern sich, doch plötzlich bricht alles, was erreicht wurde, wieder in sich zusammen. Und das, weil dem Süchtigen irgendetwas Unvorhergesehenes

---

[5] Ähnlich *Körner*, Anh. C 1 Rdnr. 110 a. E.
[6] *Brunner/Dölling*, Einf. II Rdnr. 4.

passiert ist oder weil er nur mal wieder den Drogen-Kick spüren wollte. Dann muss man quasi wieder von vorne beginnen. Man fühlt sich an Sisyphos erinnert, wie er immer wieder seinen riesigen Fels einen Berg hinaufrollt und wie dieser immer wieder kurz vor dem Gipfel zurück ins Tal rollt und Sisyphos von neuem beginnen muss –sinnlos und absurd.[7]

Nicht so ausgeprägt, aber insgesamt durchaus ähnlich stellt sich die Situation bei den bloßen Konsumenten ohne Abhängigkeitssymptomatik dar. Man kann bei jungen Menschen ein schwindendes Bewusstsein für die Risiken des Rauschmittelkonsums v. a. bei Alkohol, Cannabis und Partydrogen ausmachen. Sie wissen nicht, welche Folgen dies auf lange Zeit betrachtet haben kann. Dadurch schwindet auch die Akzeptanz für das Betäubungsmittelverbot, was die Arbeit in diesem Bereich zunehmend schwieriger macht. Das Verständnis für die staatlichen Zwangsmaßnahmen geht verloren; auf Beschuldigtenseite drängt sich der Gedanke der Willkür immer stärker in den Vordergrund. Dies macht es ungemein schwer, Einstellungsveränderungen zu erreichen. Trotzdem muss es schon in dieser Phase versucht werden, denn wenn der Konsum in Abhängigkeit eingemündet ist, wird alles noch viel schwerer.

Doch der Vergleich mit dem Sisyphos-Mythos hinkt. Man kann zwar der Ansicht sein, der Kampf gegen Drogenkonsum und Abhängigkeit sei nicht zu gewinnen. Jeder habe das Recht auf sein Leben, verbunden mit dem Recht auf (s)einen Rausch, auch wenn er der ultimativ letzte ist. Doch der Umgang mit Drogenkonsumenten ist nie einfach. Er erfordert Geduld und Durchhaltevermögen. Akzeptanz, Verständnis und bei Abhängigen Abstinenz lassen sich nicht von heute auf morgen erreichen. Nur kontinuierliches Hinarbeiten kann einen Weg aus der Sucht bedeuten. Es gibt immer wieder Fälle, bei denen man keinen Zugang –mehr– zu dem Betroffenen bekommt, da er sich schon zu weit in die Drogenkarriere verstrickt hat, die Abhängigkeit zu stark geworden ist. Umso schmerzlicher ist dies, wenn es sich um einen noch jungen Menschen handelt. Soll man in diesen Fällen resignieren und sagen, „lasst es bleiben, es bringt eh' nichts"? Oder soll und muss man im Interesse des Betroffenen den Kampf nicht bei jedem einzelnen Fall immer wieder neu aufnehmen? Drogenkonsum in Maßen kann eine angenehme, schöne Erfahrung sein, aber keiner möchte wirklich den Niedergang des Selbst am eigenen Leibe erleben. Viele Abhängige wollen aus ihrer Lage ausbrechen, doch sie können es nicht mehr alleine schaffen. Hier kann die staatliche Intervention den Auslöser für den Anfang des Ausstiegs bilden. Und auch die Einstellungsänderung bei einem Konsumenten muss sich erst entwickeln können.

Wenn man dies vor Augen hat, wird verständlich, warum sich die strafrechtliche Reaktion auf Verfehlungen junger Menschen im Zusammenhang mit Rauschmittelkonsum so schwierig gestaltet. Erforderlich ist eine Sanktion, die einerseits die drohende Drogenkarriere und die damit einhergehende Gefährdung abzuwehren vermag, also einem Rückfall vorbeugen kann, und andererseits keine Stigmatisierung durch überzogene Maßnahmen bewirkt, um keine Fortsetzung

---

[7]   Brockhaus, Stichwort Sisyphos; zum Sisyphos-Mythos s. *Camus*, S. 153 ff.

des Konsums zu provozieren. Dies macht ein differenziertes und auf den Einzelfall abgestimmtes Vorgehen erforderlich. Bei Verfahren mit Betäubungsmittelbezug gewinnt man jedoch leicht den Eindruck, dass es sich hier um „Massen-Verfahren" handelt: Mal wieder ein Jugendlicher, der mit Cannabis erwischt wurde. Entsprechend schematisch fällt die strafrechtliche Reaktion aus. Dabei ist Konsument nicht gleich Konsument. Dass ein jugendlicher Probierer von Haschisch anders zu behandeln ist als ein langjähriger Heroinabhängiger (der durchaus auch noch Jugendlicher sein kann), ist ohne weiteres einleuchtend. Doch auch innerhalb der Gruppe der Cannabiskonsumenten gibt es erhebliche Unterschiede, was sich etwa in den Konsumgewohnheiten –Gelegenheits-, Freizeit- oder Dauerkonsum– zeigt. Um dies ausreichend berücksichtigen zu können, ist die Kenntnis der Konsumursachen für eine angemessene Reaktion unerlässlich. Der Rechtsanwender in Gestalt des Richters, Staatsanwalts oder auch Verteidigers muss sich mit dem Jugendlichen und seiner Entwicklung befassen, um den Konsum und seine Bedeutung in dessen Leben bewerten zu können.

Doch oft scheitert dies schon an einer simplen, aber unerkannt gebliebenen Vorfrage: Lag der Tat überhaupt Rauschmittelkonsum zugrunde? Außerhalb der Verstöße gegen das BtMG wird dies nicht ohne weiteres offensichtlich. Als Beispiel sei ein Kaufhausdiebstahl genannt, der einerseits eine aus Langeweile geborene Tat sein, andererseits aber auch der Beschaffung der notwendigen Geld- und Sachmittel für den Drogenkonsum dienen kann.

II. Problemaufriss

Obwohl es kein neues Thema ist und große praktische Relevanz hat, gibt es bis dato keine umfassende Darstellung über Jugend und Drogen im Hinblick auf die strafrechtliche Reaktion. Der Interessierte muss sich durch eine Vielzahl von Büchern, Kommentaren und Aufsätzen kämpfen, um zumindest einen Überblick zu bekommen.

Dabei wurde und wird über die Wirkung von und den Umgang mit Rauschmitteln viel geschrieben.[8] Außerhalb der Jurisprudenz spielen die Themenbereiche Ursachen, Prävention und Behandlung eine große Rolle. Fragen zur strafrechtlichen Reaktion kommen in diesen Arbeiten naturgemäß seltener vor. Die strafrechtliche Sicht und die Besonderheiten des Jugendstrafrechts kommen in der juristischen Fachliteratur verständlicherweise wesentlich stärker zum Tragen. Allerdings ist das Betäubungsmittelstrafrecht in der Vielfalt der Kriminalitätsformen eher eine Randerscheinung und im Studium spielt es sogar nur eine vollkommen untergeordnete Rolle. Betrachtet man speziell die hier interessierenden Altersgruppen der Jugendlichen und Heranwachsenden, wird das verfügbare Material noch ein bisschen dürftiger. Umfassende Darstellungen –wie etwa das „Handbuch des Betäubungsmittelstrafrechts" von *Kreuzer*– verknüpfen zwar

---

[8] Man betrachte nur die umfassenden Literaturverzeichnisse in den einzelnen Kapiteln bei *Kreuzer*, Handbuch des Betäubungsmittelstrafrechts, 1998.

Drogenkonsum und Strafrecht, die besonderen Anforderungen und Probleme bei
der Behandlung Jugendlicher und Heranwachsender kommen dabei aber nur am
Rande vor. Sie sind dort ein Themenbereich unter vielen. Vergleichbares gilt für
die Kommentierungen zum JGG. Es kann bei diesem Thema nicht allein um die juristische Sichtweise gehen Voraussetzungen gehen. Das Wissen und die Erkenntnisse anderer Wissenschaftszweige müssen für die strafrechtliche Reaktion nutzbar gemacht werden. Doch
auch dies gestaltet sich gar nicht so einfach: Es gibt eine Vielzahl empirischer
Studien zu Umfang, Ursachen und Wirkungen von Drogenkonsum. Je nach
Zielsetzung werden dabei verschiedene Altersgruppen befragt und analysiert.
Damit stellt sich schon das erste Problem: Die unterschiedlichen Begrifflichkeiten in den einzelnen Disziplinen. Die juristische Definition eines Jugendlichen,
wie sie in § 1 JGG niedergelegt ist, wird in Forschungsprojekten außerhalb der
Jurisprudenz in der Regel nicht verwendet. Im Rahmen der regelmäßig wiederholten Drogenaffinitätsstudie[9] werden beispielsweise die 12 - 25-Jährigen befragt. Dies umfasst nach strafrechtlicher Lesart neben Kindern (bis zum Alter
von 14 Jahren) Jugendliche (bis 18 Jahre), Heranwachsende (bis 21 Jahre) und
die als strafrechtliche Kategorie nicht existenten sog. Jungerwachsenen (bis 25
Jahre). Dabei ist diese Unterteilung für die strafrechtliche Behandlung von großer Bedeutung. Denn davon hängt ab, ob überhaupt und wenn ja welches Strafrecht –Jugend- oder Erwachsenenstrafrecht– zur Anwendung kommt. Daneben
erscheint es fraglich, ob Erkenntnisse zum Konsumverhalten Erwachsener oder
Schwerstabhängiger auf Jugendliche (und Heranwachsende) übertragen werden
können.[10] So können etwa die Motivationslagen bei jungen Menschen andere
sein als bei Erwachsenen, und die Konsumerfahrungen sind bei Jugendlichen sicherlich geringer. Trotz dieser und ähnlicher Probleme bilden diese Studien eine
wichtige Grundlage für den strafrechtlichen Umgang mit Drogenkonsumenten,
da sie wichtige Informationen über die Gründe für den Konsum wiedergeben.
Daneben bestehen innerhalb einer Fachrichtung und in der Folge natürlich auch
fächerübergreifend oft begriffliche Unklarheiten: Sind zum Beispiel Rauschgift,
Betäubungsmittel und Droge synonyme Begriffe oder haben sie unterschiedliche
Bedeutungsinhalte? Ist eine ambulante Therapiebehandlung unter § 10 Abs. 2
JGG (Entziehungskur) oder unter § 64 StGB (Entziehungsanstalt) zu subsumieren? Und kann eine Entziehungskur in einer Entziehungsanstalt durchgeführt
werden? Weitere Schwierigkeiten juristischer Art ergeben sich aus der Vielzahl
der jugendstrafrechtlichen Reaktionsmöglichkeiten. Dies betrifft nicht erst die
Wahl der letztlich verhängten Sanktion, sondern schon den Ablauf des Verfahrens und die Art seiner Beendigung. Auch hier können die Entstehungsbedingungen des Konsums zu berücksichtigen sein.
Diese und weitere Probleme gilt es zu lösen, was das Ziel der vorliegenden Arbeit ist. Es wird ein umfassender Überblick über die Möglichkeiten in Bezug auf

---

[9]   Zuletzt BZgA, Drogenaffinitätsstudie 2004.
[10]   So wurden bei *Kreuzer/Römer-Klees/Schneider*, S. 72 ff., Drogenabhängige im Alter zwischen 17 und 29 Jahren befragt.

den Umgang mit jugendlichen und heranwachsenden Drogenkonsumenten und Abhängigen im Jugendstrafverfahren gegeben. Das Augenmerk liegt dabei auf den illegalen Substanzen. Alkohol, Nikotin und Medikamente werden nur angesprochen, soweit dies erforderlich erscheint; Überlegungen zur Prävention werden nicht angestellt. Bei der Darstellung und Erörterung der strafrechtlichen Problemstellungen werden die kriminologischen und sozialwissenschaftlichen Grundlagen einbezogen, um eine umfassende Darstellung dieses Problemkreises erreichen zu können.

Die Arbeit ist in elf Paragrafen gegliedert. Die ersten vier betreffen vorrangig die kriminologische Grundlagen des Themas, während es in den §§ 5 bis 9 um die strafrechtlich relevanten Fragestellungen und Probleme geht. In § 1 werden zunächst verschiedene wichtige Begriffe geklärt. Es folgen die Darstellung der wichtigsten Drogen (§ 2) und der Kriminalität junger Menschen im Zusammenhang mit Rauschmitteln (§ 3). § 4 befasst sich mit den Ursachen von Drogenkonsum, seiner Fortsetzung und der Entwicklung einer Abhängigkeit.

In § 5 geht es um die Auswirkungen des Konsums auf die Strafbarkeit. Es folgen Fragen zur Durchführung des Ermittlungsverfahrens gegen Drogenkonsumenten (§ 6). Daran schließen sich in § 7 die Möglichkeiten der Verfahrenserledigung unter besonderer Berücksichtigung der Diversionsvorschriften an. Die strafrechtlichen Sanktionen sind Gegenstand des § 8 und § 9 befasst sich schließlich mit den strafrechtlichen Möglichkeiten einer Behandlung Drogenabhängiger.

§ 1 – Begriffsbestimmungen

In der betäubungsmittelrechtlichen Diskussion stößt man auf eine Vielzahl von Begriffen, die ähnliche Sachverhalte umschreiben, sich teilweise überschneiden, aber auch je nach Verfasser unterschiedliche Bedeutung haben können. Auch an sich eindeutige Begriffe wie etwa Konsum und Abhängigkeit müssen voneinander abgegrenzt werden. Daneben sind Rückfall, Drogengefährdung, harte und weiche Drogen oder die unterschiedlichen Mengenbegriffe des BtMG erklärungsbedürftig. Es soll daher zunächst einmal für begriffliche Klarheit gesorgt werden. Das hilft nicht nur Verständigungsprobleme zu minimieren, sondern erhöht auch das Verständnis der Materie.[11]

I. Betäubungsmittel – Begriffe und Einteilungssysteme

1. Rauschgift, Betäubungsmittel und andere Bezeichnungen

Es gibt verschiedene übergreifende Bezeichnungen für berauschende Substanzen, beispielsweise Betäubungsmittel, Droge, Rauschmittel und –gift. Diese Bezeichnungen werden in der Diskussion oft mehr oder minder synonym verwendet, doch durch individuelle Schwerpunktsetzungen können sie unterschiedliche Bedeutungen haben. Die folgende Darstellung dient deshalb v. a. der Klarstellung.[12]

a) Droge

Der Begriff der Droge bezeichnet nach seiner ursprünglichen Bedeutung „getrocknetes Material pflanzlichen oder tierischen Ursprungs".[13] Allen Drogen gemeinsam ist die Fähigkeit, die Befindlichkeit oder das Bewusstsein des Menschen zu verändern. In der Umgangssprache dient das Wort Droge v. a. als Synonym für illegale Betäubungsmittel. Verdeutlicht wird dies teilweise durch den Zusatz „Rausch". Es hat allerdings einen weitergehenden Bedeutungssinn, da auch bestimmte Verhaltensweisen als Droge bezeichnet werden können, die mit Rauschmitteln im eigentlichen Sinn nichts zu tun haben, z. B. Sex als Droge.

---

[11] Auf das Problem der unklaren Begrifflichkeiten wird immer wieder hingewiesen, s. etwa NK-*Böllinger*, § 64 Rdnr. 19; LK[11]-*Hanack*, § 64 Rdnr. 50.

[12] Neben den im Folgenden genannten Begriffen gibt es noch weitere, wie etwa „psychotrope Substanz" bei *Uchtenhagen*, § 1 Rdnr. 2.

[13] Brockhaus, Stichwort Droge; *Geschwinde*, Anhang A, Droge (S. 671 f.). Beispiele: Lebertran, Moschus, Schwefel.

Insgesamt ist der Begriff in der Regel negativ besetzt. Da er in der deutschen Rechtssprache nicht benutzt wird, hat er keine Aussagekraft für die rechtliche Beurteilung einer Substanz.

b) Rauschgift, Rauschmittel

Als Rauschgifte oder Rauschmittel werden Stoffe bezeichnet, die bei Menschen erregend oder lähmend auf das zentrale Nervensystem wirken. Sie führen häufig zu Bewusstseinsveränderungen.[14] Der Begriff Rauschgift impliziert dabei eine Gesundheitsgefährlichkeit, da es sich um Gifte handelt. Die Bezeichnung als Rauschmittel wirkt dagegen begrifflich neutraler, da die berauschende Wirkung in den Vordergrund gerückt wird, so dass man Alkohol eher als Rauschmittel denn als Rauschgift bezeichnen möchte.

Auf die rechtliche Zulässigkeit des Umgangs mit der betreffenden Substanz kommt es bei diesen Begriffen prinzipiell nicht an. In der polizeilichen Praxis erfasst die Bezeichnung allerdings ausschließlich illegale Drogen im Sinne des BtMG (Stichwort: Rauschgiftdezernat). Ein inhaltlicher Unterschied zum Begriff der Droge besteht im Sprachgebrauch nicht, die beiden Begriffe werden oft synonym verwendet.

c) Suchtmittel, Suchtstoff

Die Begriffe Suchtmittel oder Suchtstoff werden v. a. in anderen deutschsprachigen Ländern verwendet[15], auch bei manchen internationalen Übereinkommen erscheinen sie anstelle des Wortes Betäubungsmittel[16]. Inhaltlich schließen sie an die sub. a) getroffene Definition an.

d) Betäubungsmittel

Nach dem Wortsinn kann man unter „Betäubungsmittel" alle Substanzen verstehen, die eine stark schmerzlindernde Wirkung haben, also im Wesentlichen betäubend wirken, sei es durch eine Linderung der körperlichen Schmerzen, sei es durch Beeinflussung des Bewusstseinszustands. Damit sind unabhängig von der rechtlichen Bewertung auch legal zu beziehende Stoffe (Bsp.: Morphin als Schmerzmittel) als Betäubungsmittel anzusehen.

Diese Bezeichnung ist in der Umgangssprache eher ungebräuchlich, doch sie fand durch das Opiumgesetz von 1929[17] Eingang in die deutsche Gesetzessprache, allerdings ohne nähere Definition. § 1 Abs. 1 BtMG setzt sie lediglich voraus. Betäubungsmittel im Sinne dieses Gesetzes sind ausschließlich solche Stoffe und Zubereitungen, die in den Anlagen I bis III des BtMG aufgeführt sind (System der Positivliste[18]):

---

[14] Brockhaus, Stichwort Rauschgift.

[15] Etwa in Österreich das Suchtmittelgesetz SMG, BGBl 1997 I/112 i. d. F. BGBl 1998 I/30, 2001 I/51, 2001 I/98.

[16] Z. B. die Suchtstoffübereinkommen der Vereinten Nationen von 1961, 1971 und 1988, s. dazu *Körner*, Anhang B 1 – B 3.

[17] Gesetz über den Verkehr mit Betäubungsmittel (OpiumG) vom 10.12.1929 (RGBl. I, S. 215).

[18] Die Zuordnung der einzelnen Substanzen zu den verschiedenen Anlagen oder eine Umgruppierung erfolgt durch Rechtsverordnung der Bundesregierung (§ 1 Abs. 2 BtMG)

> Anlage I beinhaltet die nicht verkehrsfähigen Betäubungsmittel. Hierzu ge-
hören die „klassischen" illegalen Drogen wie Cannabis, Heroin, Kokain,
LSD, MDMA („Ecstasy"). Diese sind gesundheitsschädlich und aufgrund
ihrer hohen Schädlichkeit auch für medizinische Zwecke ungeeignet. Deswegen ist der Umgang mit ihnen anders als bei den Anlagen II und III auf
wissenschaftliche oder im öffentlichen Interesse liegende Zwecke beschränkt und bedarf einer Genehmigung, § 3 Abs. 2 BtMG.

> In Anlage II sind die verkehrsfähigen Betäubungsmittel aufgeführt, die von
der Pharmaindustrie als Roh- und Grundstoffe verwendet werden dürfen.
Eine Verschreibung oder Verabreichung ist grundsätzlich ausgeschlossen.[19]

> Anlage III nennt die verkehrs- und verschreibungsfähigen Betäubungsmit-
tel. Es handelt sich dabei vorwiegend um Arzneimittel.[20]

Die Rechtsprechung versteht vor diesem Hintergrund unter Betäubungsmitteln
alle Substanzen, „die nach wissenschaftlicher Erkenntnis wegen ihrer Wirkungsweise eine Abhängigkeit hervorrufen können, deren betäubende Wirkungen wegen des Ausmaßes einer missbräuchlichen Verwendung unmittelbar oder
mittelbar Gefahren für die Gesundheit begründen oder die der Herstellung von
Betäubungsmitteln dienen".[21] Damit stehen das Gefährdungs- und Abhängigkeitspotenzial im Vordergrund, therapeutische Anwendungsmöglichkeiten bleiben unberücksichtigt.

In jüngerer Zeit ist die Diskussion um die Verwendung von Cannabis als ver-
schreibungspflichtigem Arzneimittel verstärkt in den Vordergrund getreten.[22] Es
geht um Möglichkeiten einer therapeutischen Nutzung der darin enthaltenen
Wirkstoffe als Schmerzmittel, um bestimmten Patientengruppen –beispielsweise
zur Behandlung von Multipler Sklerose[23] oder Epilepsie– ein wirksames Medikament zur Verfügung stellen zu können. Nach der derzeitigen Gesetzeslage
–Cannabis findet sich in Anlage I zum BtMG– wäre eine Verschreibung oder
Abgabe von Marihuana oder Haschisch über Ärzte bzw. Apotheken nicht möglich. Dafür wäre zunächst eine Umgruppierung des Cannabis in die Anlage III

---

bzw. in dringenden Fällen durch das Bundesministerium für Gesundheit (Abs. 3); zuletzt:
18. BtMÄndV vom 22.12.2003.

[19] Ausnahmen gem. § 2 Abs. 1 Nr. 3 BtMG sind bei Zubereitungen mit geringem Betäu-
bungsmittelgehalt möglich, beispielsweise codeinhaltige Arzneimittel.

[20] Von den 460 Arzneimitteln, die in dieser Anlage aufgeführt werden, ist der größte Teil
auf Normalrezept verschreibungsfähig.

[21] BVerfG, NJW 1998, S. 669, 670.

[22] S. die kleine Anfrage der FDP vom 11.12.2003 (BT-Drs. 15/2226) und die ablehnende
Erwiderung der Bundesregierung vom 12.01.2004 (BT-Drs. 15/2331). Auch die Recht-
sprechung musste sich schon mit der Verwendung von Cannabis als Arzneimittel unter
Rechtfertigungsgesichtspunkten befassen, s. OLG Karlsruhe (3 Ss 187/03, Urteil vom 24.
Juni 2004). Das AG Berlin-Tiergarten, NStZ-RR 2004, S. 281 f., hat einen rechtfertigen-
den Notsand gem. § 34 StGB bejaht.

[23] S. dazu *Zajicek u. a.*, The Lancet 2003, S. 1517 ff. und die Pressemitteilung der BBC vom
BA-Festival "Cannabis study encouraging for MS" (http://news.bbc.co.uk/2/hi/science/
nature/3644628.stm, zuletzt besucht am 20.09.2004).

erforderlich. Für eine derartige Änderung der Rechtslage würde sprechen, dass bestimmte Opioide –trotz der eindeutig gegebenen Suchtgefahren[24]– als Medikamente zugelassen sind. Die Cannabiswirkstoffe zeigen demgegenüber ein weit geringeres Sucht- und Risikopotenzial und könnten daher als gleichwirksamer Ersatz durchaus in Betracht zu ziehen sein. Allerdings ist der Hauptwirkstoff des Cannabis –Dronabinol– bereits in Anlage III aufgeführt, so dass eine medizinische Verwendung prinzipiell schon heute möglich ist. Es kann als Rezeptsubstanz verwendet werden, allerdings wird davon in Deutschland bislang kein Gebrauch gemacht. Eine weitergehende Freigabe von Cannabis zu medizinischen Zwecken scheint daher eher nicht notwendig zu sein. Die insgesamt ablehnende Stellungnahme der Bundesregierung auf die entsprechende Anfrage der FDP-Fraktion zur Cannabis-Freigabe zu medizinischen Zwecken zeigt deutlich, dass es auf diesem Gebiet noch erheblichen Forschungsbedarf gibt. Die vorhandenen alternativen Behandlungsmöglichkeiten werden bislang als ausreichend angesehen, so dass der Einsatz von natürlichem Cannabisextrakt nicht erforderlich zu sein scheint.[25]

e) Ersatzdrogen und Ausweichmittel

Nicht immer ist es dem Betäubungsmittelkonsumenten möglich, seine bevorzugte Droge zu bekommen. Um eine vergleichbare Rauschwirkung zu erzielen oder um Entzugserscheinungen in Grenzen zu halten, wird daher auf sog. Ersatzstoffe oder Ausweichmittel zurückgegriffen.[26] Dabei kann es sich um andere illegale Substanzen wie auch um legal zu beziehende Mittel (Medikamente) handeln.

2. Klassifikationssysteme für Betäubungsmittel

Dass nicht alle Drogen gleich sind, ist keine tief greifende Feststellung. Je nach Klassifikationsmerkmal gibt es verschiedene Einteilungssysteme.

a) Legale und illegale Suchtmittel

Eine einfache Einteilung ist die Unterscheidung in legal und illegal. Legale Drogen unterliegen keiner staatlichen Verfolgung oder Strafdrohung, unabhängig davon ob sie konsumiert, erworben, verkauft, weitergegeben o. ä. werden. Zu dieser Gruppe gehören in Deutschland Alkohol und Tabak sowie Arznei- oder Lösungsmittel. Illegale Suchtmittel sind bei uns dagegen identisch mit den vor allem in Anlage I zum BtMG genannten Betäubungsmitteln. Erwerb, Verkauf, Weitergabe u. ä. sind grundsätzlich verboten und werden strafrechtlich verfolgt.[27] Diese auf den ersten Blick sehr einfache Einteilung sagt jedoch nichts

---

[24] S unten § 3 II. 6. b).

[25] S. auch die Entscheidung des OLG Karlsruhe (3 Ss 187/03 vom 24. Juni 2004): Das Gericht hat die grundsätzliche Möglichkeit einer Rechtfertigung unter Notstandsgesichtspunkten beim Besitz von Cannabis zur medikamentösen Behandlung anerkannt. Dies setzt eine entsprechende Eignung des Betäubungsmittels voraus.

[26] Eingehend *Geschwinde*, Rdnr. 1227 ff.

[27] Der Umgang mit Stoffen aus den Anlagen II und III kann ebenfalls strafrechtlich relevant sein, s. § 29 Abs. 1 Nr. 2 i. V. m. § 3 Abs. 1 BtMG.

über das Risiko- oder Suchtpotential der verschiedenen Substanzen aus. Sie ist
die Folge juristischer Grundentscheidungen.

b) Einteilung nach der Wirkung

Man kann Suchtmittel anhand ihrer vorwiegenden Wirkungsweise in Kategorien
einteilen. So könnte man Heroin als dämpfendes, Kokain als stimulierendes,
LSD als halluzinogenes und Ecstasy als bewusstseinserweiterndes Suchtmittel
einordnen. Diese Unterscheidung vermittelt grundsätzliche Informationen über
die Wirkungsweise einzelner Substanzen. Allerdings ist dies nur ein grobes Ras-
ter, da die Wirkungen einer Droge von verschiedenen Faktoren –z. B. Wirkstoffmenge, Gestimmtheit des Konsumenten– abhängen. Zudem können Betäubungsmittel durchaus verschiedene Wirkungen haben, so dass eine eindeutige
Zuordnung zu einer der vier genannten Kategorien nicht immer möglich ist.
Ecstasy wirkt z. B. ebenfalls stimulierend. Außerdem ist Mischkonsum (zumindest mit Alkohol) eine häufige Erscheinungsform, so dass sich die Wirkungen
überlagern, potenzieren oder gar aufheben können. Damit ist eine eindeutige
Zuordnung kaum noch möglich.

c) Harte und weiche Drogen

Eine in der drogenpolitischen Diskussion weit verbreitete Einteilung ist die Dif-
ferenzierung in sog. harte und weiche Drogen. Zu den erstgenannten gehören als
„klassische" harte Drogen insbesondere Heroin und Kokain, zu den weichen
Drogen zählt insbesondere Cannabis.[28]
Dieser Unterteilung liegt die Überlegung zugrunde, dass das Gefährdungs- und
Abhängigkeitspotenzial bei den einzelnen Drogen unterschiedlich ist. Die Folgen für den Einzelnen sind bei den harten Drogen wesentlich gravierender. Ihr
Konsum kann zu schwerer Abhängigkeit mit körperlichem Verfall und sozialem
Abstieg führen, wobei das Leben zunehmend von Drogenbeschaffung und Dro-
gengebrauch ohne Perspektive gekennzeichnet ist. Am Ende dieses Weges steht
oft der Tod. Die Risiken und Folgen selbst von exzessivem Cannabiskonsum
sind dagegen weit weniger schwerwiegend.[29]
So sehr die Unterscheidung in hart und weich in die drogenpolitische Diskussion
Eingang gefunden hat, für die Rechtsanwendung bietet sie keinen wirklichen
Nutzen, schon weil das BtMG diese Unterteilung nicht kennt. Dort gibt es einheitlich nur Betäubungsmittel, unabhängig von ihrem Sucht- oder Gefährdungspotenzial. Die Gefährlichkeit einer Substanz spielt erst auf der Ebene der Straf-
zumessung eine Rolle.[30] Die Wortwahl verschleiert zudem, dass es sich bei weichen Drogen ebenfalls um Rauschmittel handelt, denen ein Gefährdungspotenzial innewohnt. Denn mit der Etikettierung „weich" wird leicht „harmlos" assoziiert. Außerdem ist diese Unterteilung für Drogen mit einem mittleren Gefähr-
dungsgrad wenig hilfreich. Dies betrifft besonders die immer wieder anders zu-

---

[28]   Diese Zuordnung ist unumstritten; s. etwa BGH, StV 1987, S. 203 (LS); BKA, Rausch-
       giftjahresbericht 2002, S. 48 f., 54.
[29]   Zu den Wirkungen der einzelnen Substanzen s. unten § 2.
[30]   *Körner*, § 29 Rdnr. 175, 1021, 1131.

sammengesetzten Designerdrogen. Schließlich ist in diesem Zusammenhang nach wie vor unklar, in welche Kategorien legale Rauschmittel gehören. Im Hinblick auf die gesellschaftliche Akzeptanz sind sie eher weiche Drogen; berücksichtigt man die Folgen des Langzeitkonsums und das Abhängigkeitspotenzial, ist zumindest Alkohol eher als harte Droge zu klassifizieren.

d) Die Einteilung nach dem BtMG

Das BtMG kennt als Einteilungssystem nur das der Menge. Die strafrechtliche Reaktion hängt davon ab, um welche Menge Betäubungsmittel es in concreto geht. So führt eine „nicht geringe Menge" zur Strafbarkeit als Verbrechen (§§ 29a Abs. 1 Nr. 2, 30 Abs. 1 Nr. 4, 30a Abs. 1, Abs. 2 Nr. 2 BtMG), während bei einer „geringen Menge" ein Absehen von Strafe (§ 29 Abs. 5 BtMG) bzw. ein Absehen von der Verfolgung (§ 31a BtMG) möglich ist. Für alle Fälle der dazwischen liegenden „normalen Menge" gilt § 29 Abs. 1, 3, 4 BtMG. Allerdings legt das Gesetz selbst nicht fest, was unter diesen Mengenbegriffen jeweils zu verstehen ist. Es blieb der Rechtsprechung überlassen, verbindliche Grenzwerte zu entwickeln.

(1) Die nicht geringe Menge

Die nicht geringe Menge beträgt ein Vielfaches der zum Erreichen eines Rauschzustandes erforderlichen Menge. Auszugehen ist bei der Festlegung nicht von der Gewichtsmenge des Betäubungsmittels, sondern von der Wirkstoffmenge. Zu berücksichtigende Faktoren im Rahmen einer Gesamtbetrachtung sind die pharmakologischen Wirkungen auf den Menschen, das typische Konsumumfeld und die Konsumgewohnheiten. Dabei ist die Gefährlichkeit der konsumierten Substanz von besonderer Bedeutung.[31]

Auf dieser Grundlage sind inzwischen zu den meisten bekannten Betäubungsmitteln Grenzwerte für die nicht geringe Menge festgelegt worden. Diese sind in Tabelle 1 dargestellt.

---

[31] BGHSt 42, S. 255 ff., mit Anm. *Cassardt*, NStZ 1997, S. 135 f.; BGHSt 26, S. 355, 358; zusammenfassend *Körner*, § 29a Rdnr. 41 ff. Zur Kritik an diesem Ansatz s. aber *Kreuzer/Thamm*, § 4 Rdnr. 247 ff., 250 und *ders.* Anm. StV 2000, S. 84 ff., der von „Strafverunzung" und „Straftaxdenken" spricht.

Substanz	Wirkstoffmenge – nicht geringe Menge
Amphetamin	10 g (BGHSt 33, S. 169 ff.)
Cannabis	7,5 g Tetrachlorhydrocannabinol (THC; BGH, StV 1995, S. 255 (Marihuana), BGHSt 33, S. 8 ff.; 42, S. 1 ff. (Haschisch))
Ecstasy	35 g MDE-Hydrochlorid (BGHSt 42, S. 255 ff.)
Heroin	1,5 g Heroin-Hydrochlorid (BGHSt 32, S. 162 ff.)
Khat	30 g Cathinon (BGH, NStZ 2005, S. 229 f.)
Kokain	5 g Kokain-Hydrochlorid (BGHSt 33, S. 133 ff.)
Lysergsäureanhydrid (LSD)	6 mg Lysergsäureanhydrid/300 Trips (BGHSt 35, S. 43 ff.)
Methamphetamin	30 g Methamphetaminbase (BGH, NJW 2001, S. 3641)
Morphin	4,5 g Morphin-Hydrochlorid (BGHSt 35, S. 179 ff.)
Psilocybin	1,2 g Psilocybin/120 Konsumeinheiten (BayObLG, StV 2003, S. 81)

Tabelle 1: Die nicht geringe Menge bei einzelnen Betäubungsmitteln[32]

(2) Die geringe Menge
Bei der geringen Menge muss es sich um eine Menge ausschließlich zum Eigenverbrauch handeln (s. §§ 29 Abs. 5, 31a BtMG). Die Rechtsprechung legt hierfür regelmäßig drei Konsumeinheiten zu Grunde.[33] Die Wirkstoffmengen für verschiedene Substanzen sind in Tabelle 2 dargestellt.

Substanz	Wirkstoffmenge – Geringe Menge
Cannabis	45 mg THC (BGHSt 33, S. 8 ff.)*
Kokain	0,3g Kokain-Hydrochlorid (OLG Stuttgart StV 1998, S. 479) 0,1g Kokain-Hydrochlorid (BayObLG NJW 2003, S. 2110)
Heroin	0,03g Heroin-Hydrochlorid (BayObLG, StV 1998, S. 590)
Amphetamin	0,15g Amphetaminbase (BayObLG, NStZ 2000, S. 210 f.)
LSD	6 – 12 LSD-Trips (*Geschwinde* Rdnr. 417)

*: Entspricht einer Gewichtsmenge von 3 – 6 g Haschisch.
Tabelle 2: Die geringe Menge bei einzelnen Betäubungsmitteln

Besonders umstritten ist der Begriff der geringen Menge im Zusammenhang mit Cannabiszubereitungen. Im Gesetzgebungsverfahren war man der Auffassung, dass 2 bis 3 Haschischzigaretten als eine geringe Menge anzusehen seien. Ein weitergehender Vorrat gehe darüber hinaus. In den Bundesländern ist die Einstellungspraxis im Hinblick auf dieses Merkmal heute sehr uneinheitlich.[34] Die

---

[32] Zur Bestimmung der nicht geringem Menge bei verschiedenen Betäubungsmitteln s. BGH, NStZ 2003, S. 434.
[33] S. etwa BayObLG, NJW 2003, S. 2110. Der BGH hat in einer neueren Entscheidung 10 Konsumeinheiten Cannabis noch als geringe Menge angesehen, s. BGH, NStZ 1996, S. 139, 142.
[34] S. *Aulinger*, S. 104 und die Übersicht bei *Körner*, § 31a Rdnr. 30 f. Einzelheiten zu § 31a BtMG s. unten in § 7 II. 2.

Einstellungsgrenzen liegen zwischen drei Konsumeinheiten und 15 g[35]; in Berlin ist eine fakultative Einstellungsmöglichkeit bis 30 g vorgesehen.[36]

II. Abhängigkeit, Konsum und verwandte Begriffe

Spricht man von Drogenkonsum, denkt man nahezu unweigerlich an Abhängigkeit. In der Gesetzessprache erscheint dieser Begriff bei den Zurückstellungsregelungen der §§ 35 ff. BtMG. Außerhalb des BtMG ist die Frage nach dem Bestehen einer Abhängigkeit für die juristische Entscheidungsfindung ebenfalls von Bedeutung, etwa im Rahmen der Schuldfähigkeit, bei Jugendlichen auch bei der Beurteilung der Strafmündigkeit i. S. d. § 3 JGG. Schließlich ist das Bestehen einer Sucht bei der Rechtsfolgenwahl zu berücksichtigen. In engem Zusammenhang mit dem Begriff der Abhängigkeit stehen Konsum und Rückfall.

1. Abhängigkeit und Sucht

a) Begriff

Das Wort Sucht stammt von dem germanischen Wort „siechen" = krank sein ab. Unter einer Sucht ist ein unabweisbares starkes Verlangen nach einem bestimmten Erlebniszustand zu verstehen, was sich nicht immer auf eine Substanz beziehen muss.[37] Die WHO definierte Sucht (drug addiction) zunächst stoffbezogen als „einen Zustand periodischer oder chronischer Vergiftung, hervorgerufen durch den wiederholten Gebrauch einer natürlichen oder synthetischen Droge". Später verwendete sie den heute noch vorherrschenden Begriff der Abhängigkeit (drug dependence), worunter ein Zustand psychischer und/oder physischer Abhängigkeit von einer Substanz mit zentralnervöser Wirkung zu verstehen ist.[38] Beide Begriffe werden oft synonym verwendet.

Abhängigkeit zeichnet sich durch eine psychische und eine physische Komponente aus. Die physische Abhängigkeit äußert sich im Auftreten des Entzugssyndroms, d. h. einer Abstinenzerscheinung, die bei einer Unterbrechung der Rauschmittelzufuhr als Zustand starken und schmerzhaften körperlichen Unbehagens empfunden wird und von der die Aufforderung zum erneuten Konsum ausgeht. Der Körper reagiert auf das Ausbleiben der Droge und ihrer Wirkungen, die durch den Konsum in den Stoffwechsel eingegriffen hat.[39] Eng damit verbunden ist bei vielen Substanzen eine Toleranzentwicklung. Aufgrund der körperlichen Gewöhnung wird bei gleich bleibender Dosis die Wirkung der Droge schwächer; folglich muss zur Erreichung eines bestimmten Rauschlevels mehr konsumiert werden. Damit ist oft eine Steigerung der Konsumfrequenz

---

[35] Nachweise bei *Körner*, § 29 Rdnr. 1657 m. w. N. und *Weber*, § 31a Rdnr. 95 ff.

[36] S. die Hinweise im Cannabislegal Newsletter # 155 vom 01.05.2004, http://www.cannabislegal.de/cln/cln155.htm#1, zuletzt besucht am 11.08.2004).

[37] *Stimmer*, Sucht; eingehend auch Brockhaus, Stichwort Sucht.

[38] Zitiert nach *Körner*, § 35 Rdnr. 36.

[39] Zu den vier Graden des Entzugs s. *Körner*, § 29 Rdnr. 1115.

verbunden.[40] Eine besondere Form der Toleranz ist die sog. Kreuztoleranz. Diese liegt vor, wenn die Gewöhnung nicht nur ein bestimmtes Betäubungsmittel (etwa Heroin) betrifft, sondern auch pharmakologisch verwandte Substanzen erfasst (etwa Toleranz innerhalb der Gruppe der Opioide).[41]
Die psychische Abhängigkeit äußert sich zunächst in einem Zustand seelischer Zufriedenheit während des eigentlichen Rausches. Sie wird aber v. a. durch das „Nicht mehr aufhören können", den inneren Drang zum wiederholten bzw. fortgesetzten Gebrauch der Substanz geprägt. Die rationale Entscheidung(-sfreiheit) wird durch das Verlangen nach der Droge zunehmend überlagert und ausgeschaltet. Daneben kann bei Ausbleiben der Stoffzufuhr auch eine gemilderte Form eines Entzugssyndroms auftreten.[42]
Physische und psychische Abhängigkeit treten im Regelfall zusammen auf, sie sind aber nicht immer voneinander eindeutig abgrenzbar. Die WHO hat sieben verschiedene Abhängigkeitstypen klassifiziert, die in Tabelle 3 wiedergegeben sind.[43]

	Psychische Abhängigkeit	Physische Abhängigkeit	Toleranz-bildung
Amphetaminabhängigkeit	variabel	keine	stark
Barbiturat-/Alkoholabhängigkeit	variabel	ja	ja
Cannabisabhängigkeit*	mäßig	eher keine	gering
Halluzinogenabhängigkeit	variabel	keine	stark
Khatabhängigkeit	mäßig	keine	nein
Kokainabhängigkeit	stark	keine	vermutet
Morphinabhängigkeit	sehr stark	variabel	ja

* Das Bestehen einer Abhängigkeit vom Cannabistyp ist umstritten (siehe unten § 2 II. 1.)
Tabelle 3: Rauschmittel und Abhängigkeit

Wie zu sehen ist, haben nicht alle Rauschmittel eine körperliche Abhängigkeit zur Folge. Doch sie besitzen alle das Potenzial, eine unterschiedlich stark ausgeprägte psychische Abhängigkeit zu verursachen. Ihre Behandlung bildet daher den Schwerpunkt jedweder Therapie.
Abhängigkeit führt insgesamt betrachtet zu einem veränderten Zustandsbild des Menschen, er verhält sich nicht so wie gewohnt.[44] Wie dies im Einzelfall aussieht, hängt im Wesentlichen von der Dauer des Konsums, der Person des Konsumierenden und von der Art des bzw. der konsumierten Mittel ab. Abhängig sein bedeutet weder, dass man andauernd Drogen konsumiert, noch dass man ständig unter Drogeneinfluss steht. Die Intensität des Konsums variiert, täglicher Konsum ist nicht die Regel.[45] Es kommt immer wieder zu vollkommen drogen-

---

[40] *Weiler/Schütz*, § 8 Rdnr. 266.
[41] S. dazu *Geschwinde*, Rdnr. 389 ff. (für LSD).
[42] *Kühne* (1998), § 22 Rdnr. 13; *Körner*, § 35 Rdnr. 37.
[43] Eingehend dazu *Wanke/Täschner*, S. 15.
[44] LK[11]-*Hanack*, § 64 Rdnr. 51 m. w. N.
[45] *Gebhardt* (1998a), § 19 Rdnr. 44. Dies gilt selbst für intravenös Drogenabhängige, *Kreuzer/Römer-Klees/Schneider*, S. 198 ff. mit Übersicht 33.

freien Phasen, bedingt durch fehlende Geldquellen, Gefängnis- oder Therapie-
aufenthalt oder auch aufgrund eines Selbstentzugs. Letztgenannter kann seine
Ursache in einschneidenden Erlebnissen, etwa einer Schwangerschaft oder dem
Wechsel der Bezugspersonen, haben.[46] Dies verdeutlicht, dass man Konsum
nicht mit Abhängigkeit gleichsetzen kann, er ist lediglich ein Indiz. Das Bestehen einer Sucht kann man erst feststellen, wenn man den Konsum im Kontext
der Lebensweise des Konsumenten betrachtet.[47]
Während die physische Abhängigkeit aufgrund der körperlichen Wirkungen relativ einfach feststellbar ist, bereitet die Bestimmung der psychischen Abhän-
gigkeitskomponente größere Schwierigkeiten. In der Praxis wird hierzu auf die
Klassifikationsschemata ICD-10 (International Classification of Diseases der
WHO; v. a. in Europa gebräuchlich) oder DSM-IV (Diagnostic Statistic Manual
der American Psychiatric Association) zurückgegriffen.[48]

b) Mehrfachabhängigkeit (Politoxikomanie)

Eine besondere Form der Abhängigkeit ist die Mehrfachabhängigkeit. Diese
liegt bei einer gleichzeitigen und/oder abwechselnden Abhängigkeit von mehreren verschiedenen Drogen vor. Gründe für die Entwicklung einer Politoxikomanie sind neben Neugier und Experimentier- bzw. Risikobereitschaft die Über-
brückung von Versorgungsengpässen. So konsumieren etwa Heroinabhängige
Ersatzdrogen und Ausweichmittel, um negative Entzugserscheinungen abzumildern.[49]

2. Der Begriff des Konsums

a) Konsum und Abhängigkeit

Da der Begriff des Konsums eng mit dem der Abhängigkeit zusammenhängt, ist
zunächst das Verhältnis zwischen diesen beiden Erscheinungsformen zu klären.
Gerade Eltern sehen ihre Kinder schnell in der Abhängigkeit, wenn sie das erste
Mal von deren Drogenerfahrungen hören.[50] Die Berechtigung dieser Sorge ist
nicht von der Hand zu weisen, jedoch sollten Reaktionen auf der Grundlage einer realistischen Einschätzung erfolgen. Konsum ist notwendige Voraussetzung
einer Betäubungsmittelabhängigkeit, beide sind jedoch nicht gleichzusetzen.
Selbst bei wiederholtem Drogengebrauch kommt es nicht zur Ausbildung einer
Abhängigkeit. Sie ist vielmehr das Ergebnis eines je nach Einzelfall unterschiedlich langen Entwicklungsprozesses, der vom Zusammenspiel einer Vielzahl von
Faktoren abhängig ist.[51] Daher ist Konsum zunächst einmal „nur" als Konsum
zu bewerten und nicht als Abhängigkeit.

---

[46] *Kreuzer* (1998), § 3 Rdnr. 204 ff. und Rdnr. 255 zu den drogenfreien Phasen.
[47] S. unten 2. a).
[48] Beide Systeme erfassen verschiedene Bedingungen, von denen eine Mindestzahl erfüllt
sein muss, um von einer Abhängigkeit sprechen zu können. Zur Feststellung von Konsum
und Abhängigkeit s. eingehend unten § 6 II.
[49] *Kreuzer* (1998), § 3 Rdnr. 203.
[50] Leider stellen Eltern bei Alkohol und Nikotin diese Überlegungen nicht an.
[51] *Gebhardt* (1998a), § 19 Rdnr. 35 m. w. N.; s. eingehend unten § 5.

In diesem Kontext ist auch der sog. kontrollierte Konsum (teilweise auch nicht-missbräuchlicher Konsum genannt) zu sehen. Trotz (jahrelang) fortgesetzten Drogengebrauchs kommt es zu keiner Abhängigkeitsausprägung. Der Konsument bleibt sozial integriert, drogenbedingte Auffälligkeiten sind nicht festzustellen. Dies ist heute für Cannabis unbestritten, wird aber inzwischen auch bei anderen Betäubungsmitteln für möglich gehalten.[52]

b) Konsummuster

Konsum ist nicht gleich Konsum. In der wissenschaftlichen Diskussion werden im Wesentlichen drei Hauptkonsummuster unterschieden, die in einem Stufenverhältnis stehen: Probierkonsum, Gelegenheitskonsum und Gewohnheitskonsum.[53] Daneben hat sich der Freizeitkonsum als eigenständige Form entwickelt, der wiederum in engem Zusammenhang mit dem polyvalenten Drogenkonsum steht. Die Konsummuster unterscheiden sich v. a. in der Konsumfrequenz und der Dosis.

➢ Unter Probierkonsum fallen Konsumerfahrungen (Drogenkonsum als Experiment), bei denen der Konsument erstmalig die Wirkungen einer Rauschsubstanz kennen lernt. Teilweise werden hierzu aber auch Konsumfrequenzen bis max. einmal pro Monat gezählt.[54] Diese Erweiterung ist nicht unproblematisch, da es die Abgrenzung zum Gelegenheitskonsum erschwert. Bei einer solchen Häufigkeit liegt schon kein Probieren mehr vor, man wird eher von einem gewohnheitsmäßigen Experimentieren sprechen müssen. Daher sollte man unter Probierkonsum nur das tatsächliche Probieren subsumieren, wobei auch eine einmalige Wiederholung noch als Probieren angesehen werden kann.
Die meisten Konsumenten sind, soweit es illegale Drogen betrifft, Probierer. Sie bekommen die Möglichkeit, eine Droge –meist Cannabis– auszuprobieren. Aus verschiedenen Gründen wird der Konsum dann aber nicht weiter fortgesetzt.[55] Die Entwicklung einer Drogenabhängigkeit ist unwahrscheinlich, wobei es je nach Substanz Unterschiede geben kann.

➢ Unter Gelegenheitskonsum versteht man vorrangig den Konsum zu bestimmten auslösenden Gelegenheiten, etwa einer Geburtstagsparty, einem geselligen Beisammensein oder wenn sich sonst eine Konsummöglichkeit

---

[52]   *Schippers/Cramer*, Konturen 2004 (Heft 6), S. 23 ff.; *H.-J. Albrecht* (1991), S. 1, 11; weitere Nachweise bei *Körner*, Anhang C 1 Rdnr. 62 (Heroin); *Geschwinde*, Rdnr. 1659 (Kokain); kritisch aufgrund fehlender empirischer Nachweise *Gebhardt* (1998), § 9 Rdnr. 36 m. w. N. Der BGH hat diese Möglichkeit bisher offen gelassen, s. etwa BGH, 10.9.1997, 2 StR, 416/97.

[53]   Z. B. *Kleiber/Soellner*, S. 75 f. für Cannabis.

[54]   *Kannheiser*, NZV 2000, S. 57, 58.

[55]   DBDD, REITOX 2000, S. 30; BZgA, Drogenaffinitätsstudie 2004 (Teilband Illegale Drogen), S. 12: Von den 32 % der Drogenkonsumenten, die in ihrem Leben zumindest einmal eine Droge ausprobiert haben, hatten zum Zeitpunkt der Befragung über 80 % den Konsum wieder eingestellt. Zu den Gründen für eine Fortsetzung s. unten § 5.

ergibt. Daneben wird unter Berücksichtigung der Konsumfrequenz zum Teil auch ein monatlich mehrfacher Konsum hierunter eingeordnet.[56] Es handelt sich beim Gelegenheitskonsum um ein unregelmäßiges Konsummuster. Für die Konsumenten stehen Genuss und Lustgewinn im Vordergrund. Sie sind in der Regel sozial integriert und auch ansonsten unauffällig. Das Bestehen einer Abhängigkeit ist bei Gelegenheitskonsum nicht zwingend ausgeschlossen, wobei es aber auf die individuelle Situation ankommt.

➢ Der Gewohnheitskonsum (Dauerkonsum, regelmäßiger Konsum) weist die höchste Konsumfrequenz auf. Dieses Muster erfasst alle Formen des regelmäßigen bis hin zum täglichen Konsum.[57] Er erfolgt nicht nur bei bestimmten Gelegenheiten, sondern er stellt eine übliche, alltägliche Verhaltensweise dar, die von verschiedenen situativen und motivationalen Faktoren bestimmt wird („der Joint am Morgen"). Der Drogenkonsum ist fester Bestandteil des Lebens.

Dabei wird nicht nur die Grenze zum Missbrauch erreicht, zum Teil wird sie schon überschritten; je nach Substanz ist das Bestehen einer Abhängigkeit wahrscheinlich.

➢ Zwischen Gelegenheits- und Gewohnheitskonsum ist der Freizeitkonsum einzuordnen, der Merkmale beider Konsummuster aufweist. Er ähnelt dem Gelegenheitskonsum insoweit, als er bei spezifischen Gelegenheiten auftritt, die Teil der Freizeitgestaltung sind. Zugleich weist er aber durch eine hohe Regelmäßigkeit auch Parallelen zum Gewohnheitskonsum auf. Maßgeblich ist, dass diese Konsumform fester Bestandteil der Freizeitaktivitäten ist. Der regelmäßige Konsum von Rauschmitteln am Wochenende im Rahmen des Diskothekenbesuchs ist ein gutes Beispiel für dieses Konsummuster.[58]

Freizeitkonsum ist bei Jugendlichen weit verbreitet.[59] Da er auf den Zeitraum der Freizeit beschränkt ist, kommt es nicht oder nur selten zu Kollisionen mit den Anforderungen der (Leistungs-)Gesellschaft etwa im schulischen oder beruflichen Bereich. Man kann daher von einem „sozial integrierten Drogenkonsum" sprechen: Er ermöglicht einerseits in der Freizeit die Suche nach Spaß, Zusammengehörigkeit und dem eigenen Selbst, ohne dass es andererseits zu Kollisionen mit der Leistungsorientierung innerhalb der Gesellschaft kommen muss.[60]

➢ Ein besonderes Konsummuster stellt der polyvalente Drogenkonsum dar, der oft in engem Zusammenhang zum Freizeitkonsum steht. Hierbei wird nicht an die Konsumfrequenz angeknüpft, sondern kennzeichnend ist die Vermischung verschiedener Substanzen. Damit bezeichnet man den gleich-

---

[56] *Kannheiser*, NZV 2000, S. 57, 58; *Krause u. a.*, S. 79 (bis 19 mal im letzten Jahr).
[57] *Kannheiser*, NZV 2000, S. 57, 58.
[58] *Tossmann/Boldt/Tensil*, S. 45, sprechen in diesem Zusammenhang von einem Skript.
[59] EBDD, Drogen im Blickpunkt 6/2002, S. 1 ff. und EBDD, Jahresbericht 2002, S. 68.
[60] *Rausch*, DVJJ-J 1995, S. 327, 329 f.

zeitigen oder den zeitlich aufeinander folgenden Konsum verschiedener Suchtmittel.

Polyvalenter Drogenkonsum ist zum einen in Form des gezielten Mischkonsums möglich. Dadurch sollen die erwünschten Wirkungen verschiedener Substanzen maximiert und unerwünschte Nebeneffekte minimiert werden.[61] Polyvalenter Konsum kann zum anderen auch willkürlich-planlos oder zufällig, ungewollt geschehen. Ein Beispiel für ersteres ist der Konsum verschiedener Rauschmittel inklusive Alkohol im Laufe eines Abends je nach deren Verfügbarkeit. Letzteres kann beispielsweise bei Ecstasytabletten auftreten, da sie in der Regel verschiedene psychoaktive Substanzen in unbekannter Zusammensetzung enthalten. Konsumenten gehen bei jeder Form des polyvalenten Konsums ein nicht unerhebliches Risiko ein. Die Wirkung eines Gemisches ist selbst für erfahrene Konsumenten nur begrenzt vorhersag- und steuerbar.[62] Dies kann erhebliche Gesundheitsrisiken nach sich ziehen und im schlimmsten Fall zum Tod führen.

Polyvalenter Drogenkonsum ist bei Jugendlichen und Heranwachsenden im Freizeitbereich weit verbreitet. Entscheidend für den Konsum ist dabei vor allem die Verfügbarkeit der Substanzen, ohne dass eindeutige Präferenzen hinsichtlich der Rauschmittel auszumachen sind.[63] Da viele Rauschmittelkonsumenten generell zusätzlich Alkohol konsumieren, ist polyvalenter Drogenkonsum de facto der Regelfall.

So griffig diese Unterteilung in verschiedene Konsummuster auf den ersten Blick zu sein scheint, so unpraktikabel ist sie in der gerichtlichen Praxis. Wenn bei einem Jugendlichen oder Heranwachsenden ein aktueller Konsum festgestellt wird, sagt das wenig über sein generelles Konsumverhalten aus, was für die Wahl der Sanktion jedoch von großer Bedeutung ist. Dies lässt sich erst über eine eingehendere Analyse ermitteln. Doch kein Beschuldigter wird von sich weitergehende Ausführungen über seine Konsumgewohnheiten machen. Die eindeutige Abgrenzung zwischen Gelegenheits-, Freizeit- und Gewohnheitskonsum ist kaum möglich und letztlich eine Definitionsfrage. Eine zusätzliche Schwierigkeit besteht darin, dass der Betroffene unter regelmäßigem Konsum u. U. etwas anderes versteht als der Richter.

Über das Vorliegen einer Abhängigkeit gibt ein Konsummuster wenig Aufschluss: So kann auch bei Gelegenheits- oder Freizeitkonsum eine Abhängigkeit bestehen, umgekehrt ist wie ausgeführt Dauerkonsum auch ohne Abhängigkeit möglich. Allerdings ist umso eher von einem schädlichen Konsum und in der Folge einer Abhängigkeit auszugehen, je größer die Dosis und je höher die Frequenz des Konsums sind.

---

[61] EBDD, Jahresbericht 2002, S. 45.
[62] DBDD, REITOX 2000, S. 8, 50. Schon der Beikonsum von Alkohol beeinflusst die Wirkung vieler Betäubungsmittel, s. die Beispiele in EBDD, Jahresbericht 2002, S. 46.
[63] DBDD, REITOX 2002, S. 13; *Kreuzer/Römer-Klees/Schneider*, S. 174 ff.

Die Einteilung in verschiedene Konsummuster erlaubt daher nur eine Orientierung zur Einschätzung des Konsums bzw. des Kontextes, in dem der Konsument auffällig geworden ist.

c) Konsumformen

Drogen können auf unterschiedliche Weisen konsumiert werden. In Betracht kommen injizieren als die schwerste, weil wirksamste Konsumform, orale Einnahme (v. a. in Pillenform, aber auch in gelöster Form in Flüssigkeiten), schnüffeln durch die Nase („sniffen") oder rauchen. Daneben können Teeaufgüsse zubereitet oder die Substanzen in Teig gebacken werden.[64] Bei Jugendlichen dominiert als Konsumform das Rauchen.[65] Dies wird wesentlich daran liegen, dass sie v. a. Cannabis konsumieren, welches in aller Regel als Joint geraucht wird. Die Inhalation wird als weniger gefährlich empfunden als das Injizieren von Heroin, was wohl darauf zurückzuführen ist, dass Rauchen im Hinblick auf Zigaretten eine gesellschaftlich akzeptierte Konsumform darstellt, der keine besondere Gefährlichkeit beigemessen wird, während die Injektion eines Rauschmittels erheblich gefährlicher wirkt, da dabei eine aktive Verletzung des eigenen Körpers durch eine Spritze notwendig wird. Der injizierende Konsum wird zudem mit dem Bild des abhängigen, verwahrlosten Heroinkonsumenten in Verbindung gebracht.

Mit dem Aufkommen von Ecstasy und seinen Derivaten ist das Schlucken von Pillen zu einer ebenfalls weit verbreiteten Konsumform avanciert. Auch damit scheint der Gedanke der Harmlosigkeit assoziiert zu sein, da dieses Verhalten große Ähnlichkeit mit der Einnahme von heilenden Medikamenten hat.[66] Das Sniffen (speziell von Kokain) setzt dagegen einige Gewöhnung an diese ungewohnte Konsumweise voraus, so dass es seltener auftritt.

d) Problematischer Drogenkonsum

In den Jahresberichten der EBDD (Europäische Beobachtungsstelle für Drogen und Drogensucht) erscheint schließlich der Begriff des problematischen Drogenkonsums. Darunter wird „injizierender Drogenkonsum oder andauernder/regelmäßiger Konsum von Opiaten, Kokain und/oder Amphetaminen" verstanden.[67] Dieser Konsumbegriff setzt also an der Konsumform an und verknüpft diese mit einer hohen Konsumfrequenz bei einigen als besonders gefährlich eingeschätzten Substanzen. Abgesehen von der Wortwahl „problematisch" = Gefahr erscheint dieser Begriff nur geringen Nutzen für die drogenpolitische Diskussion zu bringen, da er keine wirklich weiterführenden Kriterien enthält.

---

[64] Eine Übersicht zu den Konsumformen bei den Rauschmitteln findet sich in DBDD, REITOX 2002, S. 23.

[65] DBDD, REITOX 2000, S. 50 f. m. w. N. Diese Überlegungen können auch für das Rauchen von Crack herangezogen werden.

[66] BKA, Rauschgiftjahresbericht 2001, S. 57 mit Fußnote 63, wo von einer „sauberen Konsumform, bei der möglicherweise eine heilende Wirkung ... suggeriert wird" gesprochen wird. Ähnlich *Graß*, S. 94, 98 f.; *Geschwinde*, Rdnr. 796.

[67] Zuletzt EBDD, Jahresbericht 2003, S. 10; zu den Problemen bei diesem Begriff s. DBDD, REITOX 2002, S. 19.

Der Konsum bestimmter Betäubungsmittel ist ebenso ein Risikoindikator wie die Konsumfrequenz.

Interessanterweise wird der Konsum von Cannabis nach der verwendeten Definition ausgeschlossen. Ein problematischer Konsum dieser Substanz scheint danach nicht möglich zu sein. Dies ist im Hinblick auf die nach wie vor unzureichende Forschungslage nicht unbedenklich.[68]

3. Verwandte Begriffe

Im Zusammenhang mit Drogenkonsum und Abhängigkeit gibt es weitere relevante Begriffe.

a) Rausch

Unter Rausch ist im Betäubungsmittelbereich ein Zustand unmittelbarer Substanzwirkung zu verstehen. Er ist gekennzeichnet durch die akute Veränderung der körperlichen Fähigkeiten, des Bewusstseins und der Wahrnehmung.[69] Er klingt nach einer gewissen Zeit wieder ab. Im Strafrecht ist die Bedeutung dieses Begriffs umstritten. Vorwiegend wird der Begriff auf die Aufhebung oder erhebliche Beeinträchtigung der Schuldfähigkeit im Sinne der §§ 20 f. StGB bezogen.[70]

(1) Merkmale

Wie ein Rausch in Erscheinung tritt, hängt zunächst von der konsumierten Substanz ab. Jede Droge hat bestimmte Wirkungen mit charakteristischen Symptomen. Diese können aber von Person zu Person variieren, denn sie hängen nicht allein von der Wirkstoffkonzentration und der Art der Aufnahme ab, sondern in erheblichem Maße von der Befindlichkeit des Konsumenten (Set) und dem Konsum-Setting (Bedingungen/Umgebung, unter denen der Konsum stattfindet).[71] Rauscherlebnis ist daher nicht gleich Rauscherlebnis. Der Konsum derselben Substanz kann bei zwei Personen zu ganz unterschiedlichen Wirkungen führen, so dass er u. U. bei der einen nach außen hin fast unbemerkt bleibt, bei der anderen dafür um so deutlicher in Erscheinung tritt.[72] Auch bei ein und derselben Person kann eine Droge bei gleicher Dosierung je nach persönlicher Verfassung in der Intensität der Rauschwirkung variieren.

Speziell bei Drogenunerfahrenen ist oft das Phänomen festzustellen, dass sie bei ihrem ersten Konsum gar keinen spürbaren Rausch erleben. So können bei Cannabis eher negative Effekte wie Schläfrigkeit und Übelkeit dominieren, zum Teil bleibt sogar jegliche Wirkung aus. Ein echter positiv erlebter Rausch stellt sich

---

[68] S. dazu unten § 2 II. 1.

[69] *Stimmer*, Rausch.

[70] Grundlegend BGHSt 32, S. 48 ff; zu den Auslegungsproblemen für den strafrechtlichen Rauschbegriff s. Schönke/Schröder-*Cramer/Sternberg-Lieben*, § 323a Rdnr. 7 ff.

[71] S. etwa *Geschwinde*, Rdnr. 144 ff. (Cannabis), 344 (LSD), 848 ((Meth-)Amphetamine), 1534 (Kokain).

[72] *Geschwinde*, Rdnr. 123 ff. (Cannabis), 344 (LSD); *Bühringer* (1998), § 5 Rdnr. 26; eingehend zur Soziologie des Rausches *Reuband*, S. 125 ff.

erst nach mehrmaligem Konsum ein.[73] Bei erfahrenen Konsumenten kann die erhoffte Wirkung durch eine Toleranzentwicklung gemindert oder gar ausgeschlossen werden, weil die erforderliche Wirkstoffkonzentration aufgrund einer zu niedrigen Dosierung nicht erreicht wurde.

(2) Besondere Rauschformen – Horror-Trip und Echorausch
Eine besondere Form des Rausches ist der Horror-Trip (auch Bad Trip). Damit werden atypische Rauschverläufe oder rauschbedingte Panikattacken bezeichnet, die sich in extrem negativen, angstvollen Eindrücken äußern. Sie treten insbesondere bei LSD-Konsum auf, sind aber auch bei anderen Rauschmitteln möglich.[74]
Bei manchen Rauschmitteln besteht schließlich die Möglichkeit eines sog. Flashbacks oder Echorauschs. Darunter ist der Eintritt eines rauschähnlichen Erlebnisses zu verstehen, ohne dass unmittelbar zuvor die den Rausch fördernde Substanz konsumiert worden ist. Dies soll je nach Substanz auch noch Monate nach der letzten Drogeneinnahme auftreten können.[75]

b) Schädlicher Gebrauch und Missbrauch

Von einem schädlichen Gebrauch spricht man, wenn es infolge des Rauschmittelkonsums zu akuten oder chronischen nachteiligen Folgen für den Betroffenen gekommen ist.[76] Missbrauch ist der zweckentfremdete Konsum von (legalen) berauschenden Substanzen ohne medizinische Indikation zur gezielten Bewusstseinsbeeinflussung oder zur Herbeiführung eines Rauschzustandes.[77] Beide Begriffe erscheinen in den Klassifikationssystemen ICD-10 und DSM-IV zur Beschreibung körperlicher oder seelischer Störungen ohne Abhängigkeitssymptomatik.[78]
Mit diesen Begriffen wird weniger der Konsum illegaler Betäubungsmittel assoziiert als vielmehr der übermäßige, ärztlicherseits nicht verordnete Medikamentenkonsum sowie allgemein der Alkoholabusus.

c) Drogengefährdung

Ein weiterer in der betäubungsmittelrechtlichen Diskussion verwendeter Begriff ist der der Drogengefährdung.[79] Was genau darunter zu verstehen ist, bleibt allerdings oft unklar.
Man könnte dem Begriff ein weites, abstraktes Verständnis zu Grunde legen, also die generelle Möglichkeit eines Rauschmittelkonsums. Eine solche Gefährdungslage könnte man aus der gesamten Situation des Betroffenen herleiten, also aus schädlichen Einflüssen der Peer-Group, Missbrauchsverhalten in der Fa-

---

[73] Etwa *Kleiber/Kovar*, S. 21; *Geschwinde*, Rdnr. 1533 zur erstmaligen Einnahme von Kokain.
[74] *Geschwinde*, Rdnr. 145, 261 f. (Cannabis), 341 ff. (LSD), 475 (Pantherpilz), 1878, 1917 ((Meth-)Amphetamine).
[75] *Geschwinde*, Rdnr. 159 (Cannabis), 386 ff. (LSD); 857 ((Meth-)Amphetamine).
[76] *Uchtenhagen*, § 1 Rdnr. 6.
[77] *Stimmer*, Missbrauch; Brockhaus, Stichwort Drogenmissbrauch.
[78] *Bühringer* (1998), § 5 Rdnr. 16.
[79] Etwa bei *Eisenberg*, § 10 Rdnr. 62.

milie o. ä. Doch dann wäre spätestens mit Beginn der Pubertät nahezu jeder Mensch in irgendeiner Form zumindest zeitweise drogengefährdet, da in diesem Lebensabschnitt in aller Regel die ersten Rauscherfahrungen gemacht werden. Ein derartiges abstraktes Verständnis ist folglich zu weit und wenig brauchbar. Erforderlich ist die Begrenzung auf eine konkrete Gefährdung. Allerdings bereitet auch dies Schwierigkeiten. Man könnte hierfür zunächst die konkrete Gefahr eines Drogenkontakts für maßgeblich erachten. Doch allein die Bekanntschaft mit einem anderen Drogenkonsumenten wird einen Jugendlichen nicht per se als konkret gefährdet erscheinen lassen. Dafür spielen je nach Einzelfall zu viele andere Faktoren eine Rolle und es stellt sich die Frage, welche zur Bejahung der Gefährdung relevant sein sollen.[80] Es würde sich daher anbieten, eine konkrete Gefährdung erst anzunehmen, wenn es bereits zu einem Kontakt mit Drogen gekommen ist und die Gefahr besteht, dass sich dies wiederholt. Ziel der Intervention wäre es dann, die Wiederholung zu verhindern (Drogengefährdung als Wiederholungsgefahr). Damit übersieht man allerdings, dass schon vor dem ersten Konsum eine konkrete Gefährdung bestanden hat, und unterstellt außerdem, dass auf jeden Probierversuch mit mehr oder minder großer Wahrscheinlichkeit eine Wiederholung folgen wird, was indes keineswegs zwingend ist.

Schließlich könnte man die konkrete Drogengefährdung im Hinblick auf eine drohende Abhängigkeit eingrenzen. Drogengefährdung wäre also im Sinne einer Suchtgefährdung zu verstehen. Dann wäre ein Heroinkonsument wohl stets als gefährdet anzusehen, während dies bei einem Gelegenheitskonsumenten von Cannabis selbst bei wiederholtem Konsum zu verneinen wäre, da eine Abhängigkeit hier nur in seltenen Fällen droht. Dieser Ansatz berücksichtigt jedoch nicht, dass eine Drogengefährdung auch ohne Abhängigkeitssymptomatik vorliegen kann.

Diese Ausführungen machen deutlich, dass der Begriff der Drogengefährdung insgesamt unscharf und wenig aussagekräftig ist. Wenn man davon ausgeht, dass die meisten Drogenprobierer über Versuche mit Cannabis nicht hinauskommen und den Konsum wieder beenden, besteht nur die Gefahr, dass man mit diesem Wort ein an sich nicht vorhandenes Problem unnötig aufbauscht. Der Begriff ist daher möglichst zu vermeiden.

4. Rückfall[81]

Unlösbar mit der Abhängigkeit verbunden ist der Begriff des Rückfalls. Er wird als Ausdruck der Sucht zum Teil sogar als eines ihrer Wesensmerkmale angesehen.[82] Jeder, der einmal versucht hat, das Rauchen aufzugeben, weiß wie schwer es ist, von dieser legalen und als verhältnismäßig „harmlos" angesehenen Sucht loszukommen. Der erneute Griff zur Zigarette geschieht schnell, etwa im Freundeskreis oder abends in einer Kneipe. Das ist bei anderen Betäubungsmitteln

---

[80] Zu den Ursachenfaktoren für Drogenkonsum s. unten § 5.
[81] Eingehend *Hellebrand* (1990a), S. 91 ff.
[82] *Kreuzer*, NJW 1989, S. 1505, 1511; *Körner*, § 35 Rdnr. 255.

nicht anders, aufgrund der körperlichen Schmerzen in der körperlichen Entzugs-phase sogar zum Teil noch wesentlich leichter. Aus psychologischer Sicht wird der Rückfall als das Wiederauftreten des abhän-gigen Verhaltens in einer Versuchungs- oder Belastungssituation verstanden. Dies ist die `klassische` Variante des Rückfalls, der Rückfall im engeren Sinne. Davon zu unterscheiden ist der Rückfall in Form des endgültigen Therapieab-bruchs. Erschwert wird die Unterscheidung dadurch, dass Rückfall- oder Ab-bruchgründe identisch sein können. Versuchungssituationen, Suchtdruck (Dro-genhunger, so genanntes Craving), Disziplingründe, familiäre Ursachen oder Unzufriedenheit mit der Behandlung und ihrem Verlauf o. ä. können sowohl zu einem zeitlich befristeten Rückfall als auch zu einem endgültigen Behandlungs-abbruch führen.[83]

Die juristische Reaktion auf den vermeintlichen „Therapieabbruch" darf daher nicht schematisch erfolgen.[84] Ein Rückfall- oder Abbruchrisiko ist jeder Thera-pie immanent. Die Suchtbehandlung ist ein lang andauernder Prozess, bei dem es darum geht, den Abhängigen wieder an das Leben in der Gesellschaft heran-zuführen, indem ihm durch die Behandlung ein weitgehend drogenfreies Leben ermöglicht wird. Konsumauslösende Situationen müssen dabei nicht nur theore-tisch bewältigt werden. Es muss v. a. praktisch getestet werden, inwieweit die erreichten Verhaltens- und Einstellungsänderungen des Probanden in der Reali-tät außerhalb der Einrichtung Bestand haben. Rückfälle resultieren oft aus Be-lastungs- und Stresssituationen, in denen sich der Konsument wieder in den Drogenrausch bzw. dessen Sicherheit und Sorglosigkeit flüchten will. Sie spie-geln oft Selbstüberschätzung und Überforderung wider und geben dem Thera-peuten wichtige Hinweise auf fortbestehende Probleme. Sie sind daher ein un-erwünschter, aber de facto notwendiger Bestandteil der Therapie, da sie zeigen, wo noch Behandlungsbedarf besteht. Erst durch die Analyse und Auseinander-setzung mit den Ursachen des Rückfalls können weitere wirksame Mechanis-men entwickelt werden, um einer Wiederholung vorzubeugen. Ein derartiger Rückfall bedeutet daher nicht das Versagen des Abhängigen oder die Wirkungs-losigkeit der Therapie. Trotz des negativen Zwischenergebnisses war der Pro-band bis zu diesem Zeitpunkt abstinent, hat seinen Drogengebrauch einge-schränkt und sich möglicherweise auch von der entsprechenden Subkultur ge-löst.[85] Außerdem hat er eine gewisse Zeit der Versuchung widerstanden. Daran gilt es nach einem Rückfall anzuknüpfen.

Früher wurde in der juristischen Praxis auf jeden Rückfall als Verstoß gegen das Abstinenzgebot die Entlassung aus der Therapie angeordnet.[86] Diese strikte Re-aktion zeugte von einem falschen Therapieverständnis, sie hat sich als unange-messen und schädlich erwiesen. Maßgeblich ist immer der Kontext, in dem der Rückfall geschieht: Zeigt sich darin eine dauerhafte Behandlungsunwilligkeit, so

---

[83] *Gößling u. a.*, FortschrNeurolPsychiat 2001, S. 474, 477.
[84] *Hellebrand* (1998), § 14 Rdnr. 139 und *ders.* (1998a) § 17 Rdnr. 249.
[85] *Van der Haar* (1995), S. 145, 155.
[86] *Schalast*, Sucht 2000, S. 111, 112.

wird die Behandlung insgesamt abzubrechen sein (unter Berücksichtigung der strafrechtlichen Reaktionsmöglichkeiten). Handelt es sich dagegen nur um einen kurzzeitigen, situativ bedingten Rückfall in die alten Gewohnheiten, kann und muss er im Rahmen der Fortsetzung der Behandlung analysiert und bewältigt werden.[87] Auf einen derartigen Rückfall ist nur selten mit der sofortigen Beendigung der Therapie zu reagieren.

Vor dem Abbruch der Therapie und der Überleitung in andere strafrechtliche Maßnahmen ist zudem zu prüfen, inwieweit Möglichkeiten eines Behandlungswechsels bestehen, etwa in eine andere Einrichtung mit einer anderen Behandlungsausrichtung.[88] Möglich ist auch der Wechsel in eine ambulante Behandlung.[89]

Für Jugendliche ist die Therapie eine erhebliche Belastungsphase. Bei ihnen ist neben den bereits genannten Gründen für einen Rückfall zu berücksichtigen, dass sie aus Heimweh versuchen, in ihr gewohntes soziales Umfeld –Elternhaus, Freunde– zurück zu gelangen. Hier tritt weniger der fehlende Wille, die Therapie fortzusetzen, in Erscheinung, als vielmehr das Gefühl des Alleinseins und die Überforderung mit der Situation. Ein sofortiger Widerruf der Therapie ist in diesen Fällen unangebracht. Es sind vorrangig Mittel und Wege zu finden, damit der Entweicher wieder in die Einrichtung zurückkehrt und die Behandlung fortsetzt.

---

[87]   *Hellebrand* (1990), S. 301, 306 f.; *ders.* (1998), § 14 Rdnr. 139.
[88]   S. etwa *Körner*, § 36 Rdnr. 93; *Hellebrand* (1990a), S. 86 f.
[89]   OLG Nürnberg, StV 2004, S. 385 f. für den Behandlungsabbruch im Rahmen der §§ 35, 36 BtMG.

§ 2 – Drogenarten

I. Einführung

Für die Beurteilung der Gefährlichkeit einer Droge und für die Reaktion auf mit dem Konsum zusammenhängende oder -treffende Delikte muss man die Wirkungen der verschiedenen Substanzen zumindest in ihren Grundzügen kennen. Anderenfalls läuft der Richter (oder Staatsanwalt) allzu leicht Gefahr, unglaubwürdig zu werden.[90] Ohne entsprechende Kenntnisse würde sich der betroffene Konsument im Strafverfahren nicht Ernst genommen fühlen, was der Akzeptanz der Entscheidung nicht zuträglich wäre. Daher werden im Folgenden die für junge Menschen wichtigsten Drogen unabhängig von ihrer betäubungsmittelrechtlichen Einordnung in der gebotenen Kürze dargestellt.[91] Fragen der Strafbarkeit –etwa im Zusammenhang mit dem Straßenverkehr– werden gesondert in § 3 behandelt.

II. Einzelne Betäubungsmittel

1. Cannabis und Marihuana[92]

a) Arten und Wirkung

Cannabis wird aus der indischen Hanfpflanze (Cannabis sativa) gewonnen. Es zählt zu den ältesten bekannten Rauschmitteln, seine Wirkungen sollen schon im 6. Jhdt. vor Christus bekannt gewesen sein.[93] Man unterscheidet Haschisch (Cannabisharz, meist in Plattenform) und Marihuana (Cannabiskraut, bestehend aus Blatt-, Blüten- und Stängelteilen). Eine besonders konzentrierte Form stellt das Haschischöl (Cannabiskonzentrat) dar. Der psychotropisch wirksame Hauptstoff ist das Tetrachlorhydrocannabinol (THC). Sein Gehalt variiert je nach Can-

---

[90] *Brunner*, ZBl. 1971, S. 243, 247.

[91] Für weiterführende Informationen sei auf *Geschwinde*, Rauschdrogen, 5. Auflage 2003, verwiesen; in komprimierter Form *Körner*, BtMG, Anhang C 1. Umfangreiche Informationen bietet das Internet; etwa Gesamtverband für Suchtkrankenhilfe (http://www.sucht. org); Deutsche Hauptstelle für Suchtfragen (http://www.dhs.de); Drogenwissen (http://www.drogen-wissen.de/fr_index.html); Drug Infopool (http://www.drug-infopool. de); Drugscouts (http://www.drugscouts.de); Drugcom.de (http://www.drugcom.de der BZgA).

[92] Weitere Bezeichnungen: Shit, Khif; zum Teil wird auf das Herkunftsland Bezug genommen: Grüner Türke, roter Libanese, schwarzer Nepalese o. ä.

[93] Zur Geschichte s. *Körner*, Anhang C 1 Rdnr. 218.

nabisform: Haschisch bis etwa 12 %, Marihuana bis 8 %, Haschischöl bis 40 %.[94]

Der Cannabisrausch dauert eine halbe bis zu mehreren Stunden. Cannabis verstärkt vorhandene Gemütszustände, führt zu Entspannung und Steigerung des Wohlbefindens sowie einer Intensivierung der Sinneswahrnehmungen.[95] Leichte Halluzinationen sind möglich. Eine konstante Wirkung des Cannabisrausches ist eine Stimmungsveränderung hin zu einer gehobenen Stimmungslage mit Fröhlichkeit, Heiterkeit und Albernheit. Ein allgemeines Glücksgefühl und Zufriedenheit stellen sich ein. Damit einher geht eine Reduktion der Konzentrationsfähigkeit und verstärkte Müdigkeit.[96] Teilweise wird bei ängstlicher oder depressiver Grundstimmung auch von Verfolgungsphantasien, Angst, Wahnideen und Horrorvisionen sowie erhöhter Aggressivität und Suizidgefahr berichtet.[97] Dass der Konsum zu einem Flash-Back[98] führen kann, ist nicht auszuschließen. Es fehlt aber sowohl eine empirische Bestätigung dieser These als auch ihre Negation.[99]

Cannabis kann sich auch auf die Wahrnehmungsfähigkeit auswirken. Dabei kann es zu einer abnormen Fokussierung kommen, so dass die Fähigkeit, relevante Sinneseindrücke von Nebensächlichkeiten zu unterscheiden, gestört wird.[100] Damit kann eine Minderung der Leistungs- und Denkfähigkeit einhergehen und die Reaktionsfähigkeit wird negativ beeinträchtigt.[101]

Umstritten und wenig geklärt sind nach wie vor die Wirkungen des Dauerkonsums. Auf der physischen Seite besteht Einigkeit, dass chronischer Cannabiskonsum das Atemwegskrebsrisiko gegenüber dem normalen Zigarettenrauch um das fünf- bis zehnfache steigert.[102] Fortgesetzter Konsum kann zudem zu Herz-Kreislaufstörungen und Leberschäden führen.[103] Schädigungen des Gehirns oder gar Todesfälle durch alleinigen Cannabiskonsum wurden bisher nicht berichtet.[104]

Für junge Menschen sind beim Dauerkonsum die möglichen Auswirkungen auf das zentrale Nervensystem in der frühen Entwicklungsphase und der Pubertät

---

[94] Eingehend BKA, Rauschgiftjahresbericht 2002, S. 171 f.

[95] Eine instruktive Übersicht über die möglichen Wirkungen von Cannabis geben *Kleiber/Soellner* (1998), Tabelle 48 (S. 117).

[96] Zusammenfassend *Kleiber/Kovar*, S. 19 ff.

[97] *Geschwinde*, Rdnr. 261; ein eindringliches Beispiel findet sich bei *Tossmann/Boldt/Tensil*,
     S. 117; weitere Beispiele bei *Körner*, Anhang C 1 Rdnr. 230 und 242.

[98] Zum Begriff s. oben § 1 II. 3. a) (2).

[99] Eher bejahend *Geschwinde*, Rdnr. 159; eingehend *Kleiber/Kovar* S. 72 ff.

[100] *Geschwinde*, Rdnr. 129, 134, 141; *Kleiber/Kovar*, S. 70 ff.

[101] *Geschwinde*, Rdnr. 120; zur Frage der Fahrtüchtigkeit s. unten § 3 V 2. a).

[102] S. dazu die Studie der British Lung Foundation (BLF), „A smoking gun?" (http://www.
     britishlungfoundation.org/downloads/A_Smoking_Gun.pdf, zuletzt besucht am
     11.09.2004).

[103] *Körner*, Anhang C 1 Rdnr. 243.

[104] *Geschwinde*, Rdnr. 230, 260. Allerdings hat es zu erheblichen Gesundheitsgefährdungen
     und auch Todesfällen beigetragen, *Körner*, Anhang C 1 Rdnr. 230 belegen.

von Bedeutung. Hier sind Schädigungen nicht auszuschließen.[105] Kontinuierlicher Gebrauch soll weiter das amotivationale Syndrom (AMS) bedingen können. Dieses zeichnet sich durch Antriebsverminderung und Interesseverlust und einen Rückzug des Konsumenten auf sich selbst aus.[106] Es ist allerdings unklar, ob es sich dabei um eine spezifische Cannabiswirkung handelt oder nicht. Es wird vermutet, dass dies keine Ursache des Konsums, sondern bereits schon vorher in der Persönlichkeitsstruktur angelegt sei.[107] Ungeklärt ist weiter, inwieweit Cannabis zur Auslösung latent vorhandener Psychosen oder anderer psychischer Störungen führen kann.[108]

Ob eine Abhängigkeit vom Cannabinoid-Typ möglich ist, ist umstritten. Auf der körperlichen Ebene ist die Tendenz zur Dosissteigerung nur schwach ausgeprägt.[109] Entzugserscheinungen sind selten und erreichen bei weitem nicht die Intensität eines Alkohol- oder Heroinentzugs.[110] Ob eine psychische Abhängigkeit entstehen kann, ist nicht sicher belegt. Je intensiver und dauerhafter der Konsum ist, desto eher wird man diese Möglichkeit jedoch in Betracht ziehen müssen.[111] Ein deutliches Indiz für eine Abhängigkeitsentwicklung bei dieser Substanz ist in den steigenden Behandlungszahlen der Therapieeinrichtungen zu sehen.[112] Auch die Verwendung der ICD-10- bzw. DSM-IV-Kriterien lässt eine derartige Einordnung zu.[113]

Cannabis wird aufgrund der schnelleren Wirkung in der Regel geraucht („kiffen"; vermischt mit normalem Tabak oder in einer Wasserpfeife), teilweise aber auch oral in Form von Plätzchen eingenommen. Insgesamt wird Cannabis eine geringe Gefährlichkeit zugeschrieben.[114] Es gilt als die weiche Droge schlechthin.

---

[105] *Geschwinde*, Rdnr. 239 f. Bestätigt wird dies durch eine aktuelle Studie der Universität Bremen, s. die Pressemitteilung unter http://idw-online.de/public/pmid-70442/zeige _pm.html, zuletzt besucht am 11.09.2004).

[106] *Täschner*, § 16 Rdnr. 61 ff.; *Kannheiser*, NZV 2000, S. 57, 60 f.

[107] *St. Quensel*, S. 58 ff.; ähnlich *Geschwinde*, Rdnr. 237 f.

[108] Für eine derartige Wirkung *Geschwinde*, Rdnr. 263 ff. *Täschner*, § 16 Rdnr. 58; *Kannheiser*, NZV 2000, S. 57, 61 f.; dagegen *Nedelmann*, SuchtReport 3/2002, S. 46, 48. *Macleod u. a.*, The Lancet 2004, S. 1579 ff., konnten in ihrer Metastudie zwar keine eindeutigen Hinweise gegen die Annahme, Cannabis verursache psychische oder psychosoziale Probleme, finden. Doch aufgrund der unzureichenden Datenlage könne man daraus nicht den Schluss ziehen, Cannabiskonsum sei unter psychologischen Gesichtspunkten harmlos (a. a. O. S. 1586).

[109] *Geschwinde*, Rdnr. 231 f.; *Uchtenhagen*, § 1 Rdnr. 33.

[110] *Soellner*, S. 12 m. w. N.; *Täschner*, § 16 Rdnr. 50.

[111] *Geschwinde*, Rdnr. 234 f. Für eine Abhängigkeitswirkung etwa *Kleiber/Soellner* (2004), S. 20, 32 ff.; *Uchtenhagen*, § 1 Rdnr. 31, 33; *Körner*, Anhang C 1 Rdnr. 243; *Ladewig u. a.*, S. 28; *Wanke/Täschner*, S. 15, 29, 32 f.; dagegen *Nedelmann*, SuchtReport 3/2002, S. 46, 47 f.

[112] DBDD, REITOX 2002, S. 26 ff.; zur Entwicklung in ambulanten Therapieeinrichtungen s. *Simon*, S. 58, 60 ff.

[113] S. etwa *Simon*, S. 58, 66 f.; zur Erläuterung der Schemata s. oben. § 1 III. 1. a); kritisch zur Nutzung der ICD-10- und DSM-IV-Skalen bei Cannabis *Soellner*, S. 187 ff.

[114] *Kleiber/Kovar*, S. 252.

b) Bedeutung für Jugendliche und Heranwachsende[115]

Cannabis ist das in Deutschland am häufigsten gebrauchte und gehandelte illegale Rauschmittel.[116] Aufgrund seines verhältnismäßig niedrigen Preises und der inzwischen recht weiten Verbreitung ist es für Jugendliche und Heranwachsende leicht verfügbar und gut finanzierbar.[117] Nach Studienerkenntnissen machen die meisten Jugendlichen ihre illegalen Drogenerfahrungen mit dieser Substanz. Während das durchschnittliche Alter beim Erstkonsum kontinuierlich sinkt und 2004 bei 16,4 Jahren lag[118], ist die Lebenszeitprävalenz[119] der 12 - 25-Jährigen auf 31 % gestiegen[120]. Bei einer Befragung unter Schülern der 9. Klasse lag sie mit 28 % etwas niedriger.[121]

Die Probierbereitschaft scheint ebenfalls weiter zu steigen. Nahezu jeder zweite Befragte der Drogenaffinitätsstudie 2004 war der Ansicht, Haschisch könne man vielleicht einmal versuchen.[122] Diese Entwicklung zeigt die stärker werdende Akzeptanz dieser Substanz; der Konsum wird zunehmend als harmlos und ungefährlich angesehen. Er ist fast schon eine alltägliche Verhaltensweise.[123] Durch die anhaltende Diskussion um eine Freigabe scheint Cannabis –bei jüngeren Menschen– inzwischen eine insgesamt betrachtet eher positiv besetzte Droge zu sein. Begünstigt wird diese Tendenz durch die wirtschaftliche Nutzbarkeit (Nutzhanf), was das Bild des Cannabis als harmloses Naturprodukt verstärkt. Die Gefährlichkeitseinschätzung für Cannabis ist vor diesem Hintergrund bei Jugendlichen erwartungsgemäß nicht sehr hoch.[124] Dies legt die Überlegung nahe, den strafrechtlichen Umgang mit Cannabiskonsumenten zu überdenken. Der geltende repressiv orientierte Ansatz scheint nur wenig bis gar keine Wirkung (mehr) zu entfalten.

Eine Gefahr speziell für junge Konsumenten wird in dem angeblichen Anstieg des Wirkstoffgehalts bei Cannabis gesehen. Denn mit einem steigenden Wirk-

---

[115] Im Internet gibt es inzwischen die Möglichkeit, den eigenen Cannabiskonsum über den „Kiffertest" zu prüfen (http://www.suchtzentrum.de/drugscouts/dsv3/test/test.html; zuletzt besucht am 11.09.2004).

[116] BKA, Rauschgiftjahresbericht 2002, S. 37; *Körner*, Anhang C 1 Rdnr. 219.

[117] Laut DBDD, REITOX 2002, S. 51 lag der Cannabispreis im Jahr 2002 durchschnittlich bei 6,40 € je Gramm (2001: 5,60 €; DBDD, REITOX 2001, S. 71).

[118] BZgA, Drogenaffinitätsstudie 2004 (Teilband Illegale Drogen), S. 16; ähnliche Werte finden sich bei *Kleiber/Soellner* (1998), S. 36 f. (16,8 Jahre); *Kreuzer/Römer-Klees/Schneider*, S. 128 ff. mit Übersicht 19 (15,3 Jahre); *Farke/Broekmann*, S. 6, 10 f. mit Tabelle 2.3. (14,6 Jahre).

[119] Die Lebenszeitprävalenz bezeichnet den Anteil der befragten Jugendlichen, die in ihrem Leben mindestens einmal eine bestimmt Substanz –in diesem Fall Cannabis– konsumiert haben.

[120] BZgA, Drogenaffinitätsstudie 2004 (Teilband Illegale Drogen), S. 8.

[121] *Wilmers u. a.*, S. 110; *Tossmann/Boldt/Tensil*, S. 24 f. mit Tabelle 3 weisen für Cannabis sogar eine Lebenszeitprävalenz von 72,6 % aus.

[122] Damit hat sich der Prozentsatz bei den befragten 12 - 25-Jährigen seit 1989 mehr als verdoppelt, BZgA, Drogenaffinitätsstudie 2004 (Teilband Illegale Drogen), S. 30.

[123] *Gantner*, S. 86 f.; DBDD, REITOX 2000, S. 21.

[124] S. unten § 4 II. 2. a).

stoffgehalt erhöht sich die Gefahr negativer Auswirkungen auf die körperliche und geistige Entwicklung. Allerdings lässt sich diese Behauptung bisher nur in Grenzen nachweisen.[125] Die Daten des Rauschgiftjahresberichts belegen eine derartige Entwicklung bei Haschisch nur in geringem Umfang. Deutlicher scheint er bei Marihuana zu sein. Hier liegt im Jahr 2002 der Anteil der sichergestellten Proben mit einem THC-Gehalt über 10 g deutlich höher als im Jahr 2000 (43 % gegenüber 26 % der Proben).[126]

2. Designerdrogen

Die Designerdrogen umfassen verschiedene, zum Teil sehr ähnliche Substanzen, die in Drogenlabors aus verschiedenen chemischen Komponenten relativ unproblematisch hergestellt werden können. Sie sind bei jungen Menschen als so genannte Partydrogen beliebt.

a) (Meth-)Amphetamine

(Meth-)Amphetamine[127] sind synthetische Betäubungsmittel, die zur Gruppe der Psychostimulantien gehören. Es handelt sich um Abkömmlinge des Phenylethylamins, die den natürlichen Neurotransmittern des menschlichen Körpers Adrenalin und Dopamin ähneln. Am bekanntesten ist das Amphetaminderivat Ecstasy.[128]

(Meth-)Amphetamine haben eine leistungssteigernde, anregende und aufputschende Wirkung.[129] Sie führen kurzzeitig zu Wachheit, Euphorie und Rededrang sowie einer gesteigerten motorischen Aktivität. Daneben können sie Kopfschmerzen und Verwirrungszustände hervorrufen. Paranoide Wahnvorstellungen sind ebenfalls möglich. Höhere Dosen führen zu Einschränkungen der Sinneswahrnehmung; Überdosierungen können Angst, Aggressivität, Unruhe, Verwirrtheit, psychische Depressionen, Schlaflosigkeit und Gereiztheit zur Folge haben und zum Tod führen.[130] Bei Langzeitkonsum tritt eine erhebliche psychische Abhängigkeit mit starker Toleranzbildung ein, eine körperliche Abhängigkeit scheint sich nicht zu entwickeln.[131]

(Meth-)Amphetamine werden als Tabletten geschluckt, geschnupft, in Wasser gelöst oder intravenös gespritzt. Sie enthalten oft andere Zusatz- und Verschnitt-

---

[125] Eine im Juni 2004 zu diesem Thema veröffentlichte Studie der EBDD kommt zu keinem eindeutigen Ergebnis: Je nach Land, Art des Cannabis und Herkunftsland konnte sowohl ein Anstieg als auch ein Absinken des THC-Gehalts nachgewiesen werden. Insgesamt hat sich der THC-Gehalt in den letzten Jahren kaum verändert. Allerdings fehlen für einen Langzeitvergleich aus fast alle Staaten Daten von vor 1995; s. EMCDDA Insights, An overview of cannabis potency in Europe (2004).

[126] BKA, Rauschgiftjahresbericht 2000, S. 92 f.; BKA, Rauschgiftjahresbericht 2002, S. 171 f.

[127] Szenenamen: Speed, Crank, Crystal, ICE.

[128] S. unten b).

[129] *Körner*, Anhang C 1 Rdnr. 362.

[130] *Körner*, Anhang C 1 Rdnr. 366.

[131] *Harbort*, NZV 1998, S. 15, 18 f.

stoffe wie Koffein oder Laktose.[132] Sie dienen zum Teil als Ersatz für Heroin und Kokain.[133] (Meth-)Amphetamine werden überwiegend zu den harten Drogen gezählt.[134]

b) Ecstasy

Ecstasy ist ein vollsynthetisches Amphetaminderivat.[135] Der Begriff bezeichnete ursprünglich Zubereitungen mit dem Wirkstoff MDMA (Methylendioxymethamphetamin). Die heute übliche Bezeichnung verschiedener bunter Pillen als „Ecstasy" ist ungenau, da es sich bei ihnen um Gemische aus verschiedenen psychoaktiven Substanzen handelt. Ecstasypillen enthalten v. a. MDE/MDEA (Methylendioxyethylamin) und MDA (Methylendioxydamphetamin) sowie andere (Meth-)Amphetamine. Bekannt ist auch das „Super-LSD" DOM (Dimethoxymethylamphetamin).[136]

Der Ecstasyrausch setzt nach 15 - 60 Minuten ein und dauert mehrere Stunden.[137] Ecstasy ist in seiner Wirkung anderen (Meth-)Amphetaminen sehr ähnlich. In geringen Dosen ruft es Euphorie und Ausgeglichenheit hervor, das Wahrnehmungsempfinden wird erhöht, (sexuelle) Hemmungen werden aufgehoben. Aufgrund seiner entspannenden Wirkung wird es als „Harmoniedroge" bezeichnet, der Konsument fühlt sich eins mit seiner Umwelt.[138] Bei höherer Dosierung kann es zu Depressionen, Ängsten, Apathie und Halluzinationen kommen. Auf der körperlichen Seite sind eine erhöhte Herzfrequenz, Blutdrucksteigerung, Brechreiz und schwere Kreislaufstörungen zu beobachten. Todesfälle gehen insbesondere auf Überhitzung und Austrocknung infolge von zu langem Tanzen zurück.[139] Dieses Risiko besteht schon beim einmaligen Konsum; es wird durch den Beikonsum von Alkohol oder anderen Betäubungsmitteln erhöht. Zudem soll Ecstasy suizidale Neigungen verstärken.[140] Bei Langzeitkonsum wurden Appetitlosigkeit, wahnhafte Verstimmungen, Flashbacks[141] und Störungen der Aufmerksamkeit und des Gedächtnisses beobachtet. Ob Ecstasykonsum zu Hirnschädigungen führen kann, ist nach wie vor unklar.[142]

---

[132] BKA, Bundeslagebild Rauschgift 2003, S. 28.

[133] *Körner*, Anhang C 1 Rdnr. 370.

[134] BVerfG, NStZ-RR 1993, S. 343; teilweise wird ihnen eine mittlere Gefährlichkeit bescheinigt, BGH, StV 1990, S. 494; vereinzelt werden sie sogar den weichen Drogen zugeordnet, OLG Karlsruhe, StV 1996, S. 675.

[135] Szenenamen: XTC, Happy Pills, Adam, Mickey Mouse. Markenzeichen sind eingepresste Symbole wie Comicfiguren, Herzen und andere.

[136] Szene-Bezeichnung: Serenity, Tranquillity, Peace.

[137] *Geschwinde*, Rdnr. 846. Nach dem Konsum kann es zudem zu bis zu zwei Tage andauernden Erschöpfungszuständen kommen, *Geschwinde*, Rdnr. 852.

[138] *Geschwinde*, Rdnr. 850. *Harbort*, NZV 1998, S. 15, 20.

[139] *Kovar*, S. 38, 41 f. Laut BKA, Rauschgiftjahresbericht 2001, S. 77 lag 32 Todesfällen im Zusammenhang mit Ecstasy eine Überdosierung zu Grunde; in elf weiteren Fällen war der Ecstasykonsum mittelbar ursächlich für den Tod.

[140] *Körner*, Anhang C 1 Rdnr. 402.

[141] *Geschwinde*, Rdnr. 857; *Kovar*, S. 38, 42; *Harbort*, NZV 1998, S. 15, 20.

[142] *Geschwinde*, Rdnr. 856. Eine neuere amerikanische Studie vermutete, dass übermäßiger Ecstasykonsum zur Ausbildung der Parkinson-Krankheit führen könne; *Ricaurte u. a.*, S.

Ecstasy kann eine psychische Abhängigkeit vom Halluzinogentyp hervorrufen, verbunden mit Dosissteigerungen und einer milden Toleranzbildung.[143] Eine körperliche Abhängigkeit wurde bisher nicht festgestellt.[144] Als äußerlich erkennbares Merkmal kann es zur Ausbildung einer Drogenakne kommen.[145] Ecstasy wird in aller Regel in Pillenform konsumiert; seltener wird es gesnifft oder in Flüssigkeiten gelöst getrunken.[146] Da sowohl der MDMA-Gehalt als auch die Zusammensetzung mit anderen Substanzen (etwa weitere (Meth-)Amphetamine, Placebos, andere Halluzinogene) sehr unterschiedlich sein können, kann die Wirkstoffkonzentration und damit die Gefährlichkeit von Ecstasy-Pillen erheblich variieren.[147] Die Wirkungen werden durch diese Mischungen unberechenbar; Überdosierungen sind schnell möglich. Der BGH ordnet Ecstasy daher als Rauschmittel mittlerer bis hoher Gefährlichkeit ein.[148]

c) GHB (Gammahydroxybuttersäure)

Ein relativ neues synthetisches Betäubungsmittel ist Liquid Ecstasy oder nach der chemischen Bezeichnung GHB.[149] Ursprünglich als Antidepressivum entwickelt, ist es in jüngster Zeit verstärkt als Partydroge in Erscheinung getreten.[150] GHB ist bei Zimmertemperatur eine nahezu geruchlose, klare Flüssigkeit mit einem leicht salzigen Geschmack.

Die Rauschwirkung des GHB tritt nach etwa 15 - 30 Minuten ein. In geringen Dosen führt es zu Euphorie, Entspannung und einer erhöhten Sensibilität. Daneben bewirkt es Enthemmung und ist sexuell stimulierend und Potenz fördernd. In höheren Dosen wirkt es eher beruhigend, es kommt zu Puls- und Atmungsverlangsamungen. Überdosen verursachen Übelkeit, Erbrechen, Kopfschmerzen, Verwirrung, Atemnot und Krampfanfälle. Berichtet wurde weiter von Schweißausbrüchen, Zittern und Angstzuständen.[151] Das Hauptrisiko des GHB-Konsums liegt darin, dass es bereits bei einer leichten Überdosierung zu

---

2260 ff. Inzwischen mussten diese Ergebnisse aber wieder zurückgezogen werden, da es sich bei der untersuchten Substanz nicht um MDMA handelte, s. die Pressemeldung bei reuters: http://www.mapinc.org/drugnews/v03/n1402/a08.html (zuletzt besucht am 11.09.2004).

[143] *Geschwinde*, Rdnr. 854, 857; *Kovar*, S. 38, 43; für eine starke psychische Abhängigkeit *Harbort*, NZV 1998, S. 15, 19; gegen Toleranzwirkung und Dosissteigerung *Körner*, Anhang C 1 Rdnr. 402.

[144] LG Stuttgart, NStZ 1990, S. 286 m. Anm. *Endriß/Logemann*; *Kovar*, S. 38, 43.

[145] *Geschwinde*, Rdnr. 846.

[146] *Geschwinde*, Rdnr. 845; *Harbort*, NZV 1998, S. 15, 19.

[147] S. dazu die Angaben in EBDD, Jahresbericht 2002, S. 30.

[148] BGHSt 42, S. 255, 266 f.; BGH, StV 2001, S. 407; *Harbort*, NZV 1998, S. 15, 18 f.; für die Einordnung als nicht harte Droge aber KG, StV 1998, S. 427, 428.

[149] Weitere Szenenamen: Liquid X, Grievous Bodily Harm, Georgia Home Boy, Grüner Flubber, Somatomax. Die Bezeichnung als Ecstasy ist irreführend, da es von der Wirkung her keine Ähnlichkeit mit MDMA hat, *Liechti/Mathys*, Der Internist 2003, S. 215, 216

[150] BKA, Rauschgiftjahresbericht 2002, S. 40 f.; *Liechti/Mathys*, Der Internist 2003, S. 215, 216. Es unterfällt erst seit dem 01. März 2002 dem BtMG, s. die 16. und 17. BtMÄndV.

[151] *T. Heinz*, DÄBl.-C 1998, S. 2199; *Liechti/Mathys*, Der Internist 2003, S. 215, 216 f.

schlagartiger minutenlanger Bewusstlosigkeit und Komazuständen bis hin zum Tod kommen kann. Verstärkt wird dieser Effekt durch den Beikonsum anderer beruhigender Substanzen, insbesondere durch Alkohol.[152] Da die Wirkungen erheblich von der Dosierung und Gemütsverfassung des Konsumenten abhängen, ist der Konsum wenig kontrollierbar.

In der Raver-Szene wird GHB oft gefärbt in kleinen Fläschchen verkauft.[153] Nach Medienberichten liegt der Straßenpreis bei 1 € je Gramm, was etwa einem Fünftel bis einem Zehntel einer Ecstasy-Pille entspricht.[154] Damit ist es für Jugendliche eine sehr erschwingliche Droge. Die vereinzelten Medienberichte warnen zwar eindringlich vor den Gefahren, doch bei den jugendlichen Konsumenten scheint bisher nur ein gering ausgeprägtes Gefahrenbewusstsein zu bestehen.[155] Aufgrund der Wirkungen und des niedrigen Preises scheint sich hier trotz der bisher eher geringen Verbreitung gleichwohl ein „neuer Stern" am Drogenhimmel abzuzeichnen.[156]

d) Designerdrogen als Partydrogen

Ecstasy und (Meth-)Amphetamine spielen heute neben Cannabis, Alkohol und Tabak eine bedeutende Rolle für jugendliche Rauscherfahrungen.[157] Ecstasytabletten haben als Party- und Freizeitdrogen über die Raver- und Technoszene Eingang in andere Jugendszenen gefunden.[158] Sie werden von vielen Konsumenten vorrangig am Wochenende konsumiert, da sie die nötige Ausdauer für lange Tanz- und Partynächte gewährleisten.[159]

Die Konsumenten sind relativ jung und in der Regel sozial unauffällig; sie werden oft nur im Zusammenhang mit entsprechenden Veranstaltungen (Diskothekenbesuche, „Raves", Love Parade) polizeilich auffällig.[160] Das Einstiegsalter

---

[152] *Geschwinde*, Rdnr. 938; *T. Heinz*, DÄBl.-C 1998, S. 2199; *Liechti/Mathys*, Der Internist 2003, S. 215, 217.

[153] BKA, Rauschgiftjahresbericht 2002, S. 41.

[154] *Liechti/Mathys*, Der Internist 2003, S. 215, 216.

[155] F. A. Z. v. 12. März 2003, S. N 2; *Liechti/Mathys*, Der Internist 2003, S. 215, 216 f. m. w. N.

[156] S. auch BKA, Bundeslagebild Rauschgift 2003, S. 19.

[157] In der Studie von *Tossmann/Boldt/Tensil* lag der Anteil der Ecstasykonsumenten unter 21 Jahren bei nahezu 70 % (S. 23 f.); ähnlich BKA, Rauschgiftjahresbericht 2001, S. 40 und EBDD, Jahresbericht 2002, S. 49.

[158] BKA, Rauschgiftjahresbericht 2001, S. 40; DBDD, REITOX 2000 S. 28; *Geschwinde*, Rdnr. 860; eingehend *Rausch*, DVJJ-J 1995, S. 327, 329 ff. sowie die Studie von *Tossmann/Boldt/Tensil* (2001).

[159] Zum Freizeitkonsum s. oben § 2 II. 2. b).

[160] *Kovar*, S. 38, 43; *Körner*, Anhang C 1 Rdnr. 403; *Rausch*, DVJJ-J 1995, S. 327, 329 f.

lag laut Drogenaffinitätsstudie 2004 bei 17,3 Jahren.[161] Die Probierbereitschaft lag 2004 bei den 12 - 25-Jährigen bei 8 %.[162]
Ein auffälliges Phänomen der Party- und Raver-Szene ist, dass viele Partygänger überdurchschnittlich große Erfahrungen im Umgang mit illegalen Drogen haben. Die Lebenszeitprävalenzraten für die verschiedenen Rauschmittel liegen weit über denen der Allgemeinbevölkerung bzw. vergleichbarer Altersgruppen.[163] Der Beikonsum anderer Substanzen neben Designerdrogen scheint dabei sehr weit verbreitet zu sein, wobei Cannabis die wichtigste Rolle noch vor Alkohol spielt.[164] Der Drogenkonsum erfolgt selten zufällig, üblich ist der gezielte Einsatz verschiedener Substanzen im Rahmen eines „Wochenendskripts": So wird Cannabis zur Eröffnung des Abends gemeinschaftlich geraucht, später werden Amphetamine und Ecstasy konsumiert, um Kontaktbereitschaft, Glücksgefühl und Ausdauer zu steigern, dazu Speed und Kokain zur zusätzlichen Aktivierung. Am Ende der Partynacht wird dann Cannabis wegen seiner beruhigenden Wirkung konsumiert, um wieder schlafen zu können.[165]
Es ist zu vermuten, dass derartige Erfahrungen und Verhaltensweisen nicht mehr auf die Technoszene begrenzt sind, sondern in allen Jugendszenen in mehr oder minder großem Umfang anzutreffen sind. Ecstasy scheint außerdem seinen Ruf als reine Partydroge allmählich zu verlieren, da es zunehmend auch außerhalb von Freizeitaktivitäten konsumiert wird.[166]
Aufgrund des harmlosen Aussehens –bunt, freundlich mit lustigen Motiven[167]– werden die Pillen oft fälschlicherweise für harmlos gehalten. Verstärkt wird dies durch die Konsumform als Pille.[168] Mit einem Preis von ca. 5 bis 10 € je Pille sind Designerdrogen für Schüler und Studenten relativ gut zu finanzieren.

4. LSD (Lysergsäureanhydrid)

LSD gehört zu den Halluzinogenen und ist das stärkste bekannte Mittel dieser Gruppe. Es wird halb-synthetisch aus dem Mutterkornpilz gewonnen (Hauptwirkstoff: LSD-25). Es war schon im Altertum als Gift bekannt.[169] Der LSD-Rausch beginnt etwa 20 - 60 Minuten nach der oralen Einnahme und dauert 5 bis 12 Stunden. Die körperlichen Wirkungen zeigen sich vor allem in einer

---

[161] BZgA, Drogenaffinitätsstudie 2004 (Teilband Illegale Drogen), S. 16. Bei *Farke/Broekmann*, S. 6, 10 f. mit Tabelle 2.3, lag das durchschnittliche Einstiegsalter bei 16,3 Jahren.

[162] BZgA, Drogenaffinitätsstudie 2004 (Teilband Illegale Drogen), S. 30. Der Anteil der Probierbereiten bei Ecstasy ist damit immer noch viermal so hoch wie 1989, er ist aber gegenüber der Befragung des Jahres 2001 um 4 %-Punkte gesunken.

[163] S. *Tossmann/Boldt/Tensil*, S. 24 ff. mit Tabelle 3.

[164] *Tossmann/Boldt/Tensil*, S. 29 ff.; *Kovar*, S. 38, 43; *Rakete/Flüsmeier*, S. 46, 58 ff.

[165] Zum Beikonsum *Tossmann/Boldt/Tensil*, S. 44 ff.; *Geschwinde*, Rdnr. 864.

[166] *Geschwinde*, Rdnr. 863.

[167] Eine anschauliche Übersicht findet man unter http://www.ecstasydata.org/ (zuletzt besucht am 11.09.2004).

[168] Zur Konsumform s. oben § 2 II. 2. c).

[169] Zur Geschichte s. *Geschwinde*, Rdnr. 278 ff.

sichtbaren Pupillenerweiterung, Zittern, erhöhter Körpertemperatur verbunden mit Schweißausbrüchen und einer verwaschenen Sprache.[170] Von Bedeutung sind aber die psychischen Wirkungen, die nach 1 - 3 Stunden auftreten. LSD führt zu extremen Halluzinationen mit einer wesentlich lebhafteren Sinneswahrnehmung und Synästhesien (z. B. Sehen von Tönen, Riechen von Farben).[171] Damit einher geht eine Betonung von Details, die unter normalen Umständen eher nicht wahrgenommen werden; bekannte Objekte werden völlig anders erfasst. Es kommt zu starken emotionalen Veränderungen, die sogar zu einem Nebeneinander unterschiedlichster Stimmungslagen führen können. Erlebnisse im Rausch werden sehr viel bedeutungsgeladener, Gefühle werden intensiver gelebt und verborgene Gefühlslagen rücken stärker ins Bewusstsein.[172] In der Nachwirkungsphase können Depressionen und Erschöpfung auftreten; das Auftreten von Flashbacks ist möglich.[173] Eine letale Dosis von LSD-25 ist nicht bekannt.

Besonders zu erwähnen ist die Gefahr eines Bad Trips, der von Angst, Panikzuständen und Kontrollverlust bis hin zu Selbstmordversuchen geprägt ist. Bei diesen negativen Rauschwirkungen dreht sich die Wahrnehmung vorrangig um Krieg, Tod, Schmerzen und Vernichtung.[174] Bei längerem Konsum führt LSD zu einer erhöhten Toleranzbildung und mäßiger psychischer Abhängigkeit vom Halluzinogentyp, die aber auch schnell wieder abklingen können. Körperliche Entzugserscheinungen oder andere Merkmale einer physischen Abhängigkeit sind nicht feststellbar.[175]

Das farb-, geruchs- und geschmacklose LSD wird als Pulver oder Flüssigkeit auf einer Trägersubstanz (Zucker, Löschpapier, Tabletten) als sog. „Trip" oral konsumiert.[176] Es spielt auf dem deutschen Drogenmarkt insgesamt eine eher untergeordnete Rolle.[177] Durch das Aufkommen von Ecstasy hat es in Jugendkreisen eine gewisse Renaissance erlebt, da es oft als Beimischung in Ecstasypillen enthalten ist.[178] Wegen der erheblichen Auswirkungen auf die Sinneswahrnehmungen gilt die Gefahr eines Realitätsverlustes und damit der Ausbildung einer Abhängigkeit für junge Menschen als sehr groß.[179]

---

[170] *Geschwinde*, Rdnr. 320 ff.
[171] *Körner*, Anhang C 1 Rdnr. 304 spricht bildlich von „farbenprächtigen Superkinostereoeffekte(n)".
[172] *Geschwinde*, Rdnr. 330 f.
[173] *Geschwinde*, Rdnr. 386 ff.
[174] *Körner*, Anhang C 1 Rdnr. 304, 307.
[175] *Geschwinde*, Rdnr. 389, 419 ff.
[176] Markenzeichen dieser Trips sind Comicfiguren oder politische Motive, wie Donald Duck, Bart Simpson, Batman, Saddam Hussein, Gorbatschow, Peace u. v. m.
[177] BKA, Rauschgiftjahresbericht 2001 S. 40, 57; *Körner*, Anhang C 1 Rdnr. 301.
[178] DBDD, REITOX 2000, S. 41; ähnlich *Geschwinde*, Rdnr. 262.
[179] *Geschwinde*, Rdnr. 380.

5. Kokain und Crack

a) Kokain

Kokain ist eines der ältesten bekannten Rauschgifte.[180] Es wird aus den getrockneten Blättern des in Südamerika heimischen Kokastrauchs gewonnen und in mehreren Arbeitsschritten zunächst in Kokapaste und anschließend in Kokainhydrochlorid, den eigentlichen Wirkstoff, umgewandelt. Der Kokainrausch setzt bei nasaler Aufnahme nach etwa 3 - 5 Minuten ein. In der ersten Rauschphase (mit einer Dauer von 10 - 45 Minuten) dominiert eine euphorisierend-stimulierende Wirkung. Unerträgliches wird erträglich.[181] Der Konsument fühlt sich omnipotent, wird kontaktfreudiger und selbstsicherer, sexuelle Stimulation tritt ein. Daneben hemmt der Konsum das Hungergefühl und erhöht messbar Leistungsfähigkeit und Ausdauer, während gleichzeitig Müdigkeit und Erschöpfung unterdrückt werden.[182] In der zweiten Rauschphase treten taktile (sog. „Kokain-Tierchen"), optische und akustische Halluzinationen sowie Synästhesien auf. Beim Ausklingen nach ein bis zwei Stunden kommt es neben dem starken Wunsch zu erneutem Kokainkonsum schließlich zu Erschöpfung und Antriebslosigkeit, unter Umständen auch zu Depressionen mit Suizidgedanken.[183] Überdosierungen können zu Bewusstlosigkeit und Tod infolge von Herzstörungen und Atemschwäche führen.[184]

Wiederholter Kokainkonsum führt in der Regel zu einer sehr starken psychischen Abhängigkeit mit einer ausgeprägten Tendenz zur Dosissteigerung. Eine Toleranzbildung wird vermutet.[185] Die psychischen Entzugserscheinungen sind derart stark, dass es infolgedessen sogar zu Suizidversuchen kommen kann. Eine physische Abhängigkeit entsteht zumindest bei nasalem Konsum nicht.[186] Der Dauerkonsum hat allerdings erhebliche körperliche Folgen wie Leberschäden und die typische Schädigung der Nasenscheidewand. Außerdem kann es zu Psychosen in Form von Halluzinationen kommen (sog. „Dermatozoenwahn"). Mit langjährigem Missbrauch können Verhaltensstörungen, Leistungsverlust und sozialer, geistiger und körperlicher Verfall einhergehen.[187]

Kokain wird überwiegend geschnupft, seltener intravenös gespritzt. Die Koka-Blätter können aber auch traditionell gekaut werden. Da Kokain in der Lage ist, die Entzugserscheinungen bei Heroinabhängigen zu unterdrücken, wird es von diesen als Ausweichmittel oder auch zusätzlich konsumiert.[188] Es gilt aufgrund

---

[180]   Zur Geschichte s. *Amendt*, S. 104 ff. und *Körner*, Anhang C 1 Rdnr. 155 f.
[181]   *Geschwinde*, Rdnr. 1514.
[182]   *Geschwinde*, Rdnr. 1516, 1525 ff.
[183]   *Geschwinde*, Rdnr. 1543 ff.
[184]   *Geschwinde*, Rdnr. 1666, 1673.
[185]   *Geschwinde*, Rdnr. 1562, 1569, 1578, 1691.
[186]   Bei intravenöser Injektion ist dagegen eine physische Abhängigkeit möglich, *Geschwinde*, Rdnr. 1687, 1692.
[187]   *Geschwinde*, Rdnr. 1682, 1694; *Körner*, Anhang C 1 Rdnr. 169.
[188]   *Geschwinde*, Rdnr. 1530.

seines psychischen Abhängigkeitspotenzials und der Mortalität als harte Droge.[189]

Die Zahl der reinen Kokainkonsumenten soll relativ niedrig sein, in der Regel dominieren politoxikomane Gebrauchsmuster.[190] Da es sich sehr gut in die heute herrschende Leistungsgesellschaft einzupassen scheint, hat Kokain auch Eingang in die Arbeits- und Berufswelt gefunden.[191] Es steigert die Leistungsfähigkeit, dient der Stressbewältigung und hat insgesamt den Charakter einer „Lifestyledroge", die v. a. in besser gebildeten und sozial höher stehenden Kreisen konsumiert wird.[192] Die Konsumenten sollen über erhebliche persönliche Ressourcen verfügen, sozial integriert und klinisch wie strafrechtlich unauffällig sein.

Von Schülern und Studenten wird Kokain nur in geringem Umfang konsumiert. Ca. 2 % der Jugendlichen und Heranwachsenden unter 25 Jahre sollen Erfahrung damit haben.[193] Aufgrund seines relativ hohen Preises ist es für Jugendliche eher unerschwinglich.[194] Für Heranwachsende ist es aufgrund ihrer in der Regel größeren finanziellen Möglichkeiten interessanter.

b) Crack[195]

Seit Beginn der 90er Jahre gewinnt eine Weiterentwicklung des Kokains auch in Deutschland an Bedeutung, das so genannte Crack (teilweise auch Freebase genannt).[196] Die Herstellung erfolgt durch Kochen von Kokainhydrochlorid mit Wasser und unterschiedlichen alkalischen Substanzen (Backpulver, Soda u. ä.). Beim anschließenden Trocknen entstehen beigefarbene Klümpchen, die „Rocks".

Crack wird geraucht und wirkt innerhalb weniger Sekunden auf die Nervenzellen des Gehirns. Der intensive Rausch dauert nur 2 - 20 Minuten.[197] Die Wirkungen ähneln denen des Kokains, treten jedoch aufgrund des höheren Wirkstoffgehalts schneller ein und sind heftiger, was ein größeres Risiko tödlicher Atem- und Kreislaufstörungen zur Folge hat.[198] Crack führt noch leichter zu ei-

---

[189] *Körner*, Anhang C 1 Rdnr. 170.
[190] Es wird jedoch in den letzten Jahren eine Zunahme der primären Kokainisten festgestellt, s. DBDD, REITOX 2002, S. 13.
[191] *Stöver/Nüdling*, S. 8; ähnlich die Gruppe der gutverdienenden höheren Mittelschicht bei *Schlender*, S. 219, 220. Man denke in diesem Zusammenhang an bekannte Persönlichkeiten des öffentlichen Lebens wie Christoph Daum oder Michael Friedmann.
[192] *Stöver/Nüdling*, S. 11.
[193] BZgA, Drogenaffinitätsstudie 2004 (Teilband Illegale Drogen), S. 8; das Einstiegsalter lag 2004 bei 18,0 Jahren (S. 16).
[194] Nach DBDD, REITOX 2002, S. 54 lag der Grammpreis im Jahr 2002 bei € 64.
[195] Szene-Bezeichnungen: u. a. Rockets, Rocks, Roxanne, Supercoke, Freebase, White Cloud.
[196] Die synonyme Bezeichnung von Crack und Freebase ist ungenau, da es sich bei letzterem um mit organischen Lösungsmitteln (Äther, Chloroform) gereinigtes Kokain handelt. Crack enthält dagegen in mehr oder minder großem Umfang weiter Verunreinigungen; s. *Stöver/Nüdling*, S. 7 f.
[197] *Geschwinde*, Rdnr. 1630 f.
[198] *Geschwinde*, Rdnr. 1634 f.; *Stöver/Nüdling*, S. 9 f. m. w. N.

ner sehr starken psychischen Abhängigkeit, da sich der Kokainhunger auf den nächsten Trip äußerst schnell entwickelt.[199] Die Ausbildung einer physischen Abhängigkeit wird anders als beim Sniffen von Kokain für möglich gehalten.[200] Der Kreis der Crackkonsumenten scheint in Deutschland bisher noch relativ klein zu sein. In den Großstädten –Frankfurt am Main, Hamburg und Hannover– spielt es eine allmählich wachsende Rolle.[201] Aufgrund des relativ geringen Preises (ca. € 7,50 pro Rock[202]) ist es für Jugendliche erschwinglicher als das sehr viel teurere Kokain. Da es das subjektive Befinden durch ein intensives Gefühl der Grandiosität stärkt, kann es für junge Menschen zum Probieren durchaus attraktiv sein. Außerdem hat es aufgrund der Konsumform den Ruf, eher harmlos zu sein.[203]

6. Opiate

Die Opiate gehören zu den ältesten bekannten Rauschdrogen. Sie waren bereits im 16. Jahrhundert v. Chr. in Kleinasien und Ägypten verbreitet. Sie werden als Rohopium aus dem getrockneten, milchigen Saft der Schlafmohnkapseln (papaver somniferum) gewonnen.[204] Zu den Opiaten gehören neben Morphin als dem Grundwirkstoff zum Beispiel Heroin und Codein.

a) Heroin

Heroin ist das bekannteste und stärkste Opiat. Es kann in einem relativ einfachen chemischen Prozess aus Rohopium gewonnen werden.[205]

Der Heroinrausch dauert etwa 1 - 4 Stunden.[206] Es führt zu einem Zustand starker Euphorie, der Konsument scheint wunschlos glücklich und rundum zufrieden. Angst und Unlust werden beseitigt oder unterdrückt, unangenehme Reize und Wahrnehmungen –etwa aus den Belastungen und Problemen des Alltags– ausgeblendet, negative Einflüsse werden verdrängt, Gleichgültigkeit stellt sich ein.[207] Der Konsument ist „high".

Bei häufigerem Konsum (ab etwa 7 bis 10 Injektionen) führt Heroin in der Regel zu schwerster psychischer und physischer Abhängigkeit vom Opioidtyp.[208] Es kommt zu einer Toleranzentwicklung einhergehend mit einer fortschreitenden Dosissteigerung.[209] Die physische Wirkung zeigt sich neben der körperlichen Gewöhnung in äußerst schmerzhaften Entzugserscheinungen wie kolikarti-

---

[199]   *Stöver/Nüdling*, S. 10 f. m. w. N. *Geschwinde*, Rdnr. 1632.

[200]   *Geschwinde*, Rdnr. 1632; *Stöver/Nüdling*, S. 7, 11.

[201]   BKA, Bundeslagebild Rauschgift 2003, S. 16, 36; *Stöver/Nüdling*, S. 15 ff.

[202]   *Geschwinde*, Rdnr. 1626; *Stöver/Nüdling*, S. 19, 25, 28.

[203]   *Stöver/Nüdling*, S. 8, 18, 26.

[204]   *Körner*, Anhang C 1 Rdnr. 1, 3; das Hauptalkaloid ist das Morphin, *Körner* a. a. O. Rdnr. 23.

[205]   *Körner*, Anhang C 1 Rdnr. 55.

[206]   *Geschwinde*, Rdnr. 1123, 1125.

[207]   *Geschwinde*, Rdnr. 1127.

[208]   *Geschwinde*, Rdnr. 1290 f.

[209]   *Geschwinde*, Rdnr. 1294.

gen Unterleibs- und Krampfanfällen, Schüttelfrost, Schweißausbrüchen und Gliederschmerzen. Diese können schon fünf Stunden nach dem letzten Konsum einsetzen. Zudem leidet der Konsument unter anhaltender Schlaflosigkeit und Erbrechen.[210] Die psychische Abhängigkeit äußert sich in dem unwiderstehlichen Verlangen, die Droge erneut zu konsumieren (Opiathunger, Craving). Der Konsument will zum einen den Glückszustand des Rausches wiederherstellen, zum anderen soll das körperliche Unbehagen des Entzuges ausgeschlossen werden.[211]

Die langjährige Abhängigkeit geht mit körperlichem Verfall und sozialer Verelendung einher. Der Konsument lebt nur noch mit der Frage, wie und woher er seine nächste Dosis bekommen kann. Das High-Sein selbst spielt zunehmend eine untergeordnete Rolle; die Vermeidung der gefürchteten Entzugserscheinungen tritt immer stärker in den Vordergrund.[212] Daneben wird alles andere –Beruf, soziales Umfeld– vollkommen nebensächlich. Zwischenmenschliche Kontakte werden nur noch im Hinblick auf die Nützlichkeit bei der Drogenbeschaffung aufrechterhalten.

Heroin kann auf verschiedene Arten konsumiert werden. Die gebräuchlichste und bekannteste ist die subkutane oder intravenöse Injektion. Diese Konsumart hat die intensivste Rauschwirkung und wird daher bevorzugt.[213] Daneben wird Heroin auch oft geschnupft, geraucht oder inhaliert.

Nach Cannabis ist Heroin in Deutschland das wohl am meisten gehandelte Rauschmittel. Es kommt selten in reiner Form auf den Markt, sondern wird von den Dealern zur Gewinnmaximierung mit verschiedenen Streckmitteln und Zusatzstoffen versetzt.[214] Der Marktpreis liegt bei etwa 40 - 50 € pro Gramm.[215] Das Suchtpotenzial gilt als das höchste aller in den Anlagen des BtMG genannten Stoffe.[216] Bei Jugendlichen und Heranwachsenden ist Heroinkonsum eher selten, im Rahmen der Drogenaffinitätsstudie gaben nur 0,3 % der Befragten an Erfahrungen damit zu haben.[217]

---

[210] *Geschwinde*, Rdnr. 1295 ff.

[211] *Körner*, Anhang C 1 Rdnr. 63.

[212] *Geschwinde*, Rdnr. 1295.

[213] Es kommt zu einem intensiven Flash, d. h. einem plötzlichen einsetzenden Rauschzustand mit einem überwältigenden Euphoriegefühl. Teilweise wird auch ein Heroin-Kokain-Gemisch injiziert (so genannter „Speedball"), um eine noch stärkere Wirkung zu erreichen.

[214] S. BKA, Bundeslagebild Rauschgift 2003, S. 26.

[215] DBDD, REITOX 2002, S. 55; *Körner*, Anhang C 1 Rdnr. 57, spricht dagegen von einer Preisspanne von 150 - 500 DM.

[216] *Wanke/Täschner*, S. 69.

[217] Damit ist der Anteil in den letzten acht Jahren kontinuierlich gesunken, BZgA, Drogenaffinitätsstudie 2004 (Teilband Illegale Drogen), S. 8. Das Einstiegsalter lag 2001 bei 17,3 Jahren, BZgA, Drogenaffinitätsstudie 2001, S. 48.

b) Opiate in Arzneimitteln

Verschiedene Opiate sind ein wichtiger Bestandteil von Medikamenten, insbesondere von Schmerzmitteln und Hustenstillern.[218] Beim Codein (Metyhlmorphin) handelt es sich beispielsweise um ein Opiumalkaloid, das als Schmerzmittel insbesondere in Hustenmitteln (etwa REMEDACEN) vorkommt. Teilweise wird es auch als Substitutionsmittel eingesetzt.[219] Der Codeinrausch dauert etwa 4 - 6 Stunden. Er ähnelt in seiner Wirkung einem schwachen Opiat.[220] Bei chronischem Missbrauch kann es zu Toleranzbildung und erheblicher Dosissteigerung sowie einer physischen Abhängigkeit (Codeinismus) kommen. Codein wird von Heroinabhängigen oft als Ausweichmittel konsumiert.[221] Da es legal in Medikamentenform über einen Arzt bezogen werden kann, ist es für Jugendliche, die aus Neugier mehr als die verordnete Dosis zu sich nehmen wollen, von Interesse.

c) Methadon (Levomethadon, L-Polamidon)

Ein weiteres wichtiges Opiat ist das Methadon, eine synthetisch hergestellte Variante des Opiums. Es wird heute zum einen als Schmerzmittel eingesetzt; bekannter und ungleich umstrittener jedoch ist der Einsatz als Substitutionsstoff für Heroinsüchtige.

Der Methadonkonsum führt zu einem verglichen mit Heroin milden, aber lang anhaltenden Rausch. Zur Intensivierung der Wirkung wird Methadon mit Kokain gemischt oder es wird gleichzeitig Alkohol konsumiert. Dieser polyvalente Gebrauch birgt das Risiko eines tödlichen Ausgangs.[222]

Polamidon beendet zwar nicht die Opiatabhängigkeit, aber durch das Abschwächen der Entzugserscheinungen führt es zu einer gesundheitlichen Stabilisierung.[223] Auf diesem Weg soll bei Heroinabhängigen die Beschaffungskriminalität reduziert und ihre Resozialisierung gefördert werden. Allerdings war schon in den 50er Jahren bekannt, dass Methadonkonsum in eine Abhängigkeit führen kann. Der Entzug soll dann schwerer sein. [224]

7. Sonstige Substanzen mit berauschender Wirkung

Neben diesen gängigen Betäubungsmitteln, die in den Anwendungsbereich des BtMG fallen, gibt es eine Reihe weiterer Substanzen, die speziell von Jugendlichen für Experimente und Rauscherfahrungen verwendet werden. Hierzu gehören verschiedene Pilz- und Pflanzenarten, legal erhältliche Rauschmittel sowie

---

[218] Beispiele bei *Körner*, Anhang C 1 Rdnr. 37 f., 49 ff., 113 ff.
[219] *Körner*, Anhang C 1 Rdnr. 39 ff., Anhang D I Rdnr. 55 f.
[220] *Geschwinde*, Rdnr. 2275; *Körner*, Anhang C 1 Rdnr. 40 f.
[221] *Geschwinde*, Rdnr. 2276, 2287.
[222] *Geschwinde*, Rdnr. 2430 ff., durch den Beikonsum von Alkohol soll die Rauschwirkung einem Heroinrausch ähneln. Gegen eine Rauschwirkung bei Methadon aber *Dannhorn*, Anm. NStZ 2003, S. 485.
[223] *Geschwinde*, Rdnr. 2423; zur Substitution s. unten § 9 III. 3.
[224] *Geschwinde*, Rdnr. 2436.

die so genannten Schnüffelstoffe. Diese Stoffe unterfallen jedoch nur zum Teil den Regelungen des BtMG.

a) Pilze und Nachtschattengewächse

(1) Pilze[225]

Verschiedene Pilzgewächse haben eine halluzinogene Wirkung. Hierzu zählen die vor allem in Südamerika vorkommenden psilocybinhaltigen Pilze. In unseren Regionen sind der rote Fliegenpilz, der Pantherpilz und der weiße Knollenblätterpilz die bekanntesten halluzinogen wirksamen Pilze.[226] Für die toxische und psychotrope Wirkung im Fliegen- und Pantherpilz ist insbesondere der Wirkstoff Muscimol verantwortlich. Seine genaue Wirkungsweise ist bisher wenig erforscht. Der LSD-ähnliche Rausch beginnt etwa 30 Minuten nach der Einnahme und dauert bis zu mehrere Stunden. Der Konsument erlebt farbenprächtige Halluzinationen, die Größenwahrnehmung verändert sich, er fühlt sich beschwingt, glücklich und zufrieden.[227] Als Nebenwirkung kann es zu Übelkeit, Gleichgewichts- und Koordinationsschwierigkeiten kommen. Der Herzschlag wird erheblich beschleunigt, die Körpertemperatur steigt stark an (Schweißausbrüche). Es wurden im Einzelfall auch panische Reaktionen und Angst- bzw. Wahnvorstellungen beobachtet. Überdosierungen können zu Lähmungen, Kreislaufzusammenbruch und in Einzelfällen sogar zum Tod führen.[228] Muscimol unterfällt nicht dem BtMG.[229]

Der in etwa 90 mittel- und südamerikanischen Pilzen vorkommende Wirkstoff Psilocybin zeigt ebenfalls eine dem LSD-Rausch ähnliche Wirkung.[230] Schon bei einer niedrigen Dosis sind Veränderungen in der Wahrnehmung festzustellen. Es kommt zu euphorischen Zuständen sowie visuellen und auditiven Halluzinationen. Jedoch sind die negativen Auswirkungen wie Panikreaktionen und Wahnvorstellungen seltener.[231] Das Abhängigkeitspotenzial gilt als gering. Obwohl das in den Pilzen enthaltene Psilocybin ein nicht verkehrs- und verschreibungsfähiger Stoff aus der Anlage I des BtMG ist[232], ist eine steigende Verbreitung der „Psilos" in Europa zu beobachten, die unter anderem mit der Möglichkeit des Bezugs über das Internet zusammenhängen dürfte.[233]

Pilze werden oral als Teeaufguss oder Pilzsuppe konsumiert oder getrocknet mit Tabak vermischt geraucht. Der Konsum birgt eine nicht unerhebliche Gefahr, da der Wirkstoffgehalt je nach Pilz stark schwankend ist und daher die Folgen nicht steuerbar sind, teilweise sogar tödlich sein können.[234]

---

[225] Szenebezeichnungen: Zauberpilze, Magic Mushrooms, Psilos.
[226] *Geschwinde*, Rdnr. 458 ff.
[227] *Geschwinde*, Rdnr. 473.
[228] *Geschwinde*, Rdnr. 476; *Körner*, Anhang C 1 Rdnr. 346.
[229] *Körner*, Anhang C 1 Rdnr. 345.
[230] Eingehend *Geschwinde*, Rdnr. 642 ff.
[231] *Körner*, Anhang C 1 Rdnr. 330.
[232] *Körner*, Anhang C 1 Rdnr. 326.
[233] Etwa über http://www.psylos.de/ (zuletzt besucht am 11.09. 2004).
[234] *Geschwinde*, Rdnr. 472 f.; weitere zum Teil drastische Beispiele bei *Körner*, Anhang C 1 Rdnr. 331.

Der Konsum von Pilzen ist ein bei Jugendlichen immer wieder zu beobachten-
des Phänomen. Die Tendenz scheint steigend zu sein.[235] Die wesentlichen Ursachen hierfür dürften Neugier und Experimentierfreude sein. Zudem sind sie relativ gut verfügbar; man muss sich lediglich die Mühe machen, danach zu suchen.
Das Einstiegsalter liegt nach Studienerkenntnissen bei ca. 17 Jahren.[236]

(2) Nachtschattengewächse (Solanaceen)

Auch eine Vielzahl verschiedener Pflanzen enthält psychoaktive Substanzen.
Dazu zählen neben Nachtschattengewächsen (zu denen u. a. Aubergine, Kartof-
fel, Tomate, Tabak und Paprika gehören) auch Heil- (z. B. Eisenhut, roter Fin-
gerhut, Schierling, Wahrsagesalbei) und Kulturpflanzen (z. B. Kakaobaum,
Guarana-Pflanze, Ginsengwurzel, Tee und Ingwer). Die wichtigsten psychotro-
pen Nachtschattengewächse sind Stechapfel, Tollkirsche, Alraune und Engelstrompete.

Der psychotrope Wirkstoff in den Nachtschattengewächsen ist v. a. das Atropin.[237] Es führt zu einem positiven Erregungszustand, Konsumenten sind ge-
sprächig (auch mit imaginären Personen), lachen, tanzen und singen, sind laut
und unruhig.[238] Bei den auftretenden Sinnestäuschungen dominieren oft sexuelle
Empfindungen. Mancher Konsument glaubt, er sei in ein Tier verwandelt worden. Die physischen Wirkungen von Atropin sind Pupillenerweiterungen begleitet von Sehstörungen. Dazu treten erhöhter Herzschlag, Muskelzuckungen,
Hautrötungen sowie Verwirrtheits- und Erregungszustände auf. Bei Überdosierung kann Atropin das Atemzentrum lähmen und so zu Todesfällen führen.
Da der Wirkstoffgehalt je nach Pflanze stark variiert, können Zubereitungen aus
diesen Substanzen zu lebensgefährlichen Vergiftungserscheinungen führen.[239]
Atropin unterfällt nicht dem BtMG.[240]
Der Konsum von aus Nachtschattengewächsen hergestellten Tees ist ein bei Jugendlichen immer wieder anzutreffendes Phänomen.[241] Aufgrund ihrer interes-
santen halluzinogenen Wirkung und weil sie relativ einfach in der Natur zu finden sind, sind sie hervorragende „Experimentierrauschmittel".

b) Alkohol und Nikotin

Wenn man den Terminus der Einstiegsdroge verwenden will, so trifft er wohl
am ehesten auf Alkohol und Nikotin zu. Der Konsum dieser Substanzen ist in
unserer Gesellschaft sehr weit verbreitet.[242] Das Einstiegsalter der Raucher lag

---

[235] DBDD, REITOX 2000, S. 28, 83; *Körner*, Anhang C 1 Rdnr. 331.
[236] *Farke/Broekmann*, S. 6, 11 Tabelle 2.3.
[237] *Geschwinde*, Rdnr. 492 ff.
[238] *Geschwinde*, Rdnr. 523.
[239] *Körner*, Anhang D III Rdnr. 8 - 11.
[240] *Körner*, Anhang D III Rdnr. 1.
[241] S. etwa *Körner*, Anhang D III Rdnr. 8 (Stechapfel), 9 (Tollkirsche), 11 (Engelstrompete).
[242] 90 % der Befragten unter 25 Jahren gaben in der letzten Drogenaffinitätsstudie an, Alko-
       holerfahrungen zu haben, BZgA, Drogenaffinitätsstudie 2004 (Teilband Alkohol), S. 7.
       Die Lebenszeitprävalenz für das Rauchen lag bei 66 %, BZgA, Drogenaffinitätsstudie
       2004 (Teilband Rauchen), S. 6; s. dazu auch *Kreuzer* (1998), § 3 Rdnr. 159 f.

nach der Drogenaffinitätsstudie 2004 durchschnittlich bei 13,6 Jahren, das Alter für den ersten Alkoholrausch bei 15,5 Jahren.[243]

c) Medikamente

Neben den schon beim Opium angesprochenen Arzneimitteln gibt es eine Reihe weiterer Stoffe und Zubereitungen zur medikamentösen Behandlung, die zum Teil dem BtMG (Anlage II und III), zum Teil dem AMG unterliegen. Zu nennen sind hier v. a. barbiturathaltige Schlaf- und Beruhigungsmittel (z. B. Barbital/Veronal) oder Tranquilizer wie Flunitrazepam (Rohypnol).[244] Barbiturate führen je nach Dosis zu einem Zustand der Wachheit mit gehobener Stimmung oder sie ermöglichen ein wohliges Dahindämmern. Dauerhafter Missbrauch kann zu einer psychischen und physischen Abhängigkeit führen, die mit Toleranzbildung und Dosissteigerungen einhergeht.[245] Rohypnol wird oral als Tablette oder intravenös (oft gemischt mit Heroin) konsumiert und bewirkt dann durch eine rasche Anflutung einen schnellen heroinähnlichen Flash. Der Konsument gerät in einen verwirrten Trancezustand (sog. „Tabletten-Zombie"). Es wird vermutet, dass Rohypnol zu einer gesteigerten Gewaltbereitschaft führt.[246] Barbiturate und Rohypnol sind in der Rauschgiftszene als Ausweichstoffe bekannt, werden aber auch als eigenständige Suchtmittel (oft in Verbindung mit Alkohol) konsumiert.[247]

Als Rauschmittel sind weiter viele Aufputschmittel, Leistungssteigerungspräparate oder Appetitzügler sowie Psychopharmaka –wie das in Amerika weit verbreitete Prozac (in Deutschland unter dem Namen Fluctin bekannt)– von Bedeutung.[248] Ein weiteres Beispiel ist Ritalin, das bei Verhaltensauffälligkeiten von Kindern und Jugendlichen –zum Teil schon in jungen Jahren– zur Beruhigung bei Hyperaktivität oder „Schulstress" verschrieben wird.[249]

Der Missbrauch von Arzneimitteln zur Rauschförderung stellt für Jugendliche und Heranwachsende ein nicht zu unterschätzendes und wenig erforschtes Problem dar. Da es sich um legal erhältliche Medikamente handelt, können sie relativ

---

[243] BZgA, Drogenaffinitätsstudie 2004 (Teilband Alkohol), S. 27, (Teilband Rauchen), S. 8. Deutlich niedrigere Werte bei *Kreuzer/Römer-Klees/Schneider*, S. 128 ff. mit Übersicht 19: 12,2 Jahre (Nikotin) bzw. 12,5 Jahre (Alkohol).   In der ESPAD-Studie wurden keine Mittelwerte bezüglich des Einstiegsalters gebildet. Dort berichteten 42,4 % der über 10.000 befragten Schüler bis zum 12. Lebensjahr ihren Erstkonsum von Tabak, berücksichtigt man auch das 13. Lebensjahr, so beträgt der Anteil knapp 60 %. Die Ergebnisse für den ersten Alkoholkonsum sind ähnlich, s. *Kraus u. a.*, S. 44 (Tabelle 3-6) und S. 70 (Tabelle 4-16). Diese Zahlen legen ebenfalls ein niedriges Einstiegsalter nahe.

[244] Zur näheren Einordnung s. *Körner*, Anhang D 1 Rdnr. 28 ff. (Barbiturate), Rdnr. 42 ff. (Rohypnol).

[245] *Wanke/Täschner*, S. 85 ff.

[246] *Körner*, Anhang D I Rdnr. 49.

[247] *Körner*, Anhang D I Rdnr. 29, 47; *Kreuzer/Römer-Klees/Schneider*, S. 177. Zur Ausnutzung der Bezugsmöglichkeiten durch Abhängige s. *Kreuzer/Thamm*, § 4 Rdnr. 303 - 340. Zum Verkaufsumfang von Beruhigungs- und Schlafmitteln im Jahr 2002 s. die Übersicht bei *Glaeske*, S. 73, 75.

[248] S. dazu *Körner*, Anhang D I Rdnr. 41; *Amendt*, S. 22.

[249] *Geschwinde*, Rdnr. 1833, 1974; *Amendt*, S. 57 ff. zu Ritalin.

einfach über einen Arzt bezogen werden, etwa indem Schlafstörungen vorgetäuscht werden. Auch nach einer ursprünglich berechtigten ärztlichen Indikation besteht die Gefahr eines weitergehenden Missbrauchs.

d) Lösungsmittel und Schnüffelstoffe

Die Gruppe der Schnüffelstoffe (Inhalantien) umfasst verschiedene leichtflüchtige oder gasförmige Substanzen, mit denen durch Inhalation eine Rauschwirkung hervorgerufen wird. Zu dieser Gruppe gehören u. a. Lösungsmittel, Aerosole, Inhalationsnarkotika und Vasodilatatoren. Sie enthalten eine Vielzahl berauschender Wirkstoffe wie Benzol (etwa in Gummiklebemittel), Toluol und Xylol (Farbverdünner), Hexan und Heptan (Benzin), Butan und Propan (etwa in Campinggaskartuschen) sowie Amylnitrit (Geruchsneutralisierungssprays). Die Inhalation lösungsmittelhaltiger Substanzen (Klebstoff, Edding) führt zu einem Flash mit muskulärer Entspannung und einem Gefühl von Wärme. Damit einher gehen Euphorie und Schwerelosigkeit: Der Konsument glaubt, er sei „Superman".[250] Sie können aufgrund der gefäßerweiternden Wirkung auch zur Steigerung der sexuellen Aktivität genutzt werden. In der Intoxikationsphase kann es zu teilweiser oder vollständiger Amnesie kommen. Nebenwirkungen sind etwa Kopfschmerzen, Brechreiz, Gang- und Koordinationsstörungen. Höhere Dosierungen können zum völligen Verlust der Kontrolle über die Körperbewegungen und zu Bewusstlosigkeit führen. Bei Überdosierungen besteht das Risiko eines tödlichen Verlaufs.[251] Der Langzeitkonsum kann bleibende Hirnfunktionsstörungen durch Sauerstoffmangel, spastische Lähmungen und Persönlichkeitsveränderungen sowie Schädigungen der Blut bildenden Organe und des Immunsystems zur Folge haben.[252] Die Ausbildung einer psychischen und physischen Abhängigkeit mit Dosissteigerung ist möglich.[253]

Die Inhalation von Benzinen wirkt ähnlich. Im Rausch tritt Euphorie mit optischen und akustischen Halluzinationen auf. Es kann zu Schwindel, Übelkeit, Bewusstlosigkeit und zum Teil auch einer Narkose kommen.[254] Es besteht die Gefahr einer Verätzung der Atemwege. Die Entwicklung einer Abhängigkeit vom Lösungsmitteltyp ist möglich.[255]

Das Schnüffeln von Gasen aus Feuerzeugen oder Campinggaskartuschen hat eine ähnlich berauschende Wirkung; es besteht die Gefahr erheblicher negativer Wirkungen bis hin zum Tod.[256] Vergleichbares gilt für das in Raumluftsprays oder Medikamenten enthaltene Amylnitrit (Salpetrigsäureester). Dieses wird verschiedentlich auch als Aufputschmittel oder Aphrodisiakum benutzt. Der

---

[250] *Geschwinde*, Rdnr. 2537.
[251] *Geschwinde*, Rdnr. 2540 f.
[252] *Geschwinde*, Rdnr. 2547 ff.
[253] *Geschwinde*, Rdnr. 2544.
[254] *Körner*, Anhang D I Rdnr. 109.
[255] *Geschwinde*, Rdnr. 2527.
[256] *Geschwinde*, Rdnr. 2533.

Konsum kann durch den Sauerstoffmangel im Gehirn zu schweren bleibenden Schäden führen.[257]
Ein weiterer Schnüffelstoff ist Lachgas (Distickstoffmonooxid). Der Konsum hat eine flashartige, euphorisierende Wirkung, bei der es zu einem Lachanfall kommen kann. Dem kurzen Rausch können Übelkeit, Kopfschmerzen und Apathie folgen.[258] Wegen des möglichen Sauerstoffmangels bei der Inhalation besteht das Risiko von Hirn- und Organschäden.[259] Lachgas wird über Treibgaspatronen oder abgefüllt in Luftballons konsumiert.
Der Konsum dieser Inhalantien kann im Übrigen auf unterschiedlichste Weise erfolgen. Zum Teil wird direkt an Stiften, Klebstoffen oder Spraydosen geschnüffelt. Zur Intensivierung der Wirkungen werden aber oft Plastiktüten als Hilfsmittel benutzt, um zu verhindern, dass die Gase zu schnell entweichen können. Dabei wird teilweise aus der Tüte geatmet, teilweise wird sie einfach über den Kopf gestülpt. Die letztgenannte Konsumform ist besonders gefährlich, da es zu einer starken Anreicherung der inhalierten Substanz bei gleichzeitigem Ausschluss von Sauerstoff kommt.[260]
Obwohl diese Substanzen ein nicht unerhebliches Missbrauchs- und Gefährdungspotenzial in sich bergen, unterliegen sie nicht den Regelungen des BtMG und unterfallen nur teilweise dem AMG.[261] Sie kommen in vielen im Haushalt üblichen Mitteln vor, z. B. in Reinigungs- und Lösungsmitteln, Kleb- und Malstoffen, als Benzine und Treibstoffe, Farbverdünner und Nagellackentferner.[262] Ein umfassendes Verbot bzw. der völlige Verzicht auf diese Mittel ist aus technischen Gründen allerdings nicht umsetzbar, da viele Industriegüter und Produkte des täglichen Lebens auf ihnen basieren.[263]
Der Konsum von „Sniffern" scheint bei Jugendlichen verhältnismäßig weit verbreitet zu sein. Gesicherte Erkenntnisse über den tatsächlichen Umfang liegen bis dato nur wenige vor. Nach den aktuellen Ergebnissen der europäischen Studie zu Alkohol und anderen Drogen (ESPAD) unter Schülern der 9. und 10. Klassen liegt die Lebenszeitprävalenz bei 11,3 %, was nach Cannabis den zweithöchsten Prävalenzwert darstellt. Dies gilt auch für die 12-Monats- und die 30-Tage-Prävalenz.[264] Erste Erfahrungen mit diesen Stoffen werden oft schon in jungen Jahren gemacht. Das durchschnittliche Einstiegsalter soll bei 16,4 Jahren liegen.[265] Schnüffelstoffe werden v. a. wegen der interessant erscheinenden

---

[257] *Geschwinde*, Rdnr. 2557 ff.; Szenenamen: Poppers, Snappers.
[258] *Geschwinde*, Rdnr. 2515 f.
[259] *Körner*, Anhang D I Rdnr. 112.
[260] *Geschwinde*, Rdnr. 2541 mit weiteren Risiken.
[261] *Geschwinde*, Rdnr. 2503.
[262] *Schütz/Soyka*, S. 100, mit weiteren Beispielen. Sie sind heute –soweit möglich– durch weniger gesundheitsschädliche Stoffe ersetzt worden, *Geschwinde*, Rdnr. 2554 f.
[263] *Geschwinde*, Rdnr. 2553.
[264] *Kraus u. a.*, S. 77 f. mit Abb. 5-5; *Schütz/Soyka*, S. 100, 101 f.; ein Heimaufenthalt scheint den Konsum indirekt zu begünstigen, *Kreuzer* (1998), § 3 Rdnr. 160 m. w. N.
[265] BZgA, Drogenaffinitätsstudie 2004, S. 16; das durchschnittliche Einstiegsalter ist damit im Vergleich zur Drogenaffinitätsstudie 2001 um über ein Jahr gestiegen; nach *Ge-*

Wirkungen, der guten Beschaffbarkeit und der geringen Kosten konsumiert. Neben Neugier und Experimentierfreude geschieht das Schnüffeln auch als Mutprobe.[266] In der Technoszene wird Lachgas aufgrund seiner Wirkung gerne zusammen mit Ecstasy konsumiert.[267]

---

schwinde, Rdnr. 2550, erfolgen die ersten Schnüffelerfahrungen schon zwischen dem 12. und 14. Lebensjahr.

[266] *Körner*, Anhang D I Rdnr. 109. Welche Folgen dies haben kann, zeigt eine Mitteilung der dpa vom 17.06.2003: Ein Österreicher hatte sich nach der Inhalation einer Dose Butangas eine Zehe amputiert und gegessen, da er „eh so viele habe".

[267] *Geschwinde*, Rdnr. 2561.

§ 3 – Drogenkonsum und Delinquenz

I.   Drogenkonsum

1.   Die „Strafbarkeit" des Konsums

Die §§ 29 ff. BtMG regeln umfassend, welche Verhaltensweisen im Umgang mit Betäubungsmitteln strafbar sind. Dies betrifft alle denkbaren Erwerbs-, Verbreitungs- und Herstellungshandlungen sowie den Besitz. Der Betäubungsmittelkonsum selbst ist aber nicht strafbar; es handelt sich um einen Akt der bloßen Selbstschädigung.[268]
Das BVerfG hat in E 90, S. 145 ff. zur Frage der Strafbarkeit im Zusammenhang mit Cannabis ausführlich Stellung genommen. Dabei hat es festgestellt, dass es ein verfassungsrechtlich verbürgtes „Recht auf Rausch" nicht gibt. Drogenkonsum selbst ist zwar nicht strafbar, er gehört aber nicht zum absolut geschützten Kernbereich der Persönlichkeitsentfaltung, da er eine Vielzahl von sozialen Aus- und Wechselwirkungen haben kann.[269] Auch das generelle Umgangsverbot und die damit einhergehende Strafbarkeit auch des Eigenkonsums sind nicht verfassungswidrig. Allerdings stellt der Besitz einer geringen Menge, die ausschließlich zum Eigenbedarf bestimmt ist, ein Verhalten mit geringer Schuld dar, bei dem das öffentliche Interesse in der Regel nicht berührt ist, so dass es in diesen Fällen zur Einstellung des Verfahrens kommen muss.[270]
Wegen dieser umfassenden „Vorfeldstrafbarkeit" im Zusammenhang mit Betäubungsmitteln bereitet die Abgrenzung zwischen straflosem Konsum und strafbarem Besitz gem. § 29 Abs. 1 Nr. 3 BtMG beim Kreisen lassen einer Haschischzigarette (Joint) –einer weit verbreiteten Art des gemeinschaftlichen Konsums– Schwierigkeiten. Es handelt sich hierbei um eine sog. Konsumgelegenheit, bei der fraglich ist, ob jeder der beteiligten Mitkonsumenten Besitz im Sinne eines tatsächlichen Herrschaftsverhältnisses mit einer eigenen Verfügungsmacht über das Rauschmittel hat und deshalb nach der genannten Vorschrift strafbar ist. Nach Ansicht der Rechtsprechung ist im Hinblick auf den strafbaren Besitz grundsätzlich zu differenzieren[271]:

---

[268]   BGHSt 32, S. 262 ff.; *Körner,* § 29 Rdnr. 1064. Allerdings treten in neuerer Zeit wieder Stimmen auf, die dies fordern, etwa *Winterberg,* Kriminalistik 2003, S. 493, 495 f.

[269]   BVerfGE 90, S. 145, 171.

[270]   BVerfGE 90, S. 145, 187 ff.; bestätigt durch BVerfG, 2 BvL 9/02 vom 29. Juni 2004.

[271]   Eingehend zum Kreisen lassen eines Joints *Körner,* § 29 Rdnr. 1081 ff. m. w. N. aus der Rechtsprechung.

> Strafloser Konsum liegt vor, wenn der Konsument das Betäubungsmittel von einem Dritten zum sofortigen Genuss erhält und es sofort konsumiert. Es liegt dann kein Herrschaftsverhältnis bezüglich des Joints vor und damit auch kein strafbarer Besitz oder Erwerb.

> Strafbarer Besitz ist dagegen zu bejahen, wenn der Konsument den Joint mit angeschafft und mit bezahlt hat.

Wenn auch das Ergebnis zu begrüßen ist, so wird diese juristisch feine Differenzierung der Realität nur sehr unzureichend gerecht. Besonders deutlich werden die Abgrenzungsschwierigkeiten zwischen strafbarem Besitz und straflosem Konsum ohne Besitz im ersten Fall: Es lässt sich kaum begründen, wieso während des Zuges am Joint kein Besitzverhältnis bestehen soll. Der Konsument übt in diesem Moment die tatsächliche Sachherrschaft über den Joint aus und er will nicht, dass ein anderer ihm den Joint gerade jetzt wegnimmt, hat also auch einen entsprechenden Besitzwillen, der erst endet, wenn er den Joint weiterreicht. Das Merkmal des sofortigen Konsums ist zu unbestimmt, um eine eindeutige Abgrenzung zu ermöglichen. Schon das Rauchen einer Zigarette nimmt einige Zeit in Anspruch und variiert je nach individueller Rauchgewohnheit. Noch problematischer wird es, wenn der –nicht mit anschaffende– Konsument den Joint erst noch drehen muss und ihn dann an einen Erwerber oder an einen Dritten abgibt. Zusätzlich verkompliziert wird die Frage der Strafbarkeit dadurch, dass die vorherige Besitzstellung auch für andere Modalitäten des § 29 BtMG, wie das Abgeben oder Verschaffen, relevant wird. Hier gibt es eine Fülle möglicher Konstellationen, die in ihrer Vielzahl zu einer unübersichtlichen (Nicht-)Strafbarkeit der Beteiligten führt. Eine nach außen hin für die Betroffenen plausible und einheitliche Rechtsanwendung wird vor diesem Hintergrund sehr schwierig.

Unabhängig von der Frage nach der Strafbarkeit kann der Konsum aufgrund seiner Auswirkungen auf die Befindlichkeit des Täters sowie wegen der möglicherweise bestehenden Abhängigkeit für die Frage der Schuldfähigkeit in anderen Deliktsbereichen eine erhebliche Rolle spielen.[272]

2. Erkenntnisse über den Konsumumfang

Wie groß der Umfang des Drogenkonsums in Deutschland tatsächlich ist, ist nicht genau feststellbar. Die Kriminalstatistiken –Polizeiliche Kriminalstatistik (PKS) und Rauschgiftjahresbericht (seit 2003 Bundeslagebild Rauschgift) des BKA, Strafverfolgungsstatistiken des Statistischen Bundesamtes– weisen dies wegen der fehlenden Strafbarkeit des Konsums nicht aus. Soweit es den illegalen Rauschmittelumgang betrifft, werden hier vor allem die Verstöße gegen das BtMG erfasst. Sie bilden den Schwerpunkt der im Hellfeld erkennbaren Betäubungsmittelkriminalität, machen aber nur etwa 4 % aller Straftaten aus.[273] In einigen anderen Deliktsbereichen wird daneben der Zusammenhang mit Betäu-

---

[272] S. unten § 5 II.
[273] BKA, Rauschgiftjahresbericht 2002, S. 6 mit Abb. 2, zur Entwicklung der Rauschgiftkriminalität.

bungsmitteln direkt erfasst, wie etwa Diebstahl von Betäubungsmitteln aus Arztpraxen. Bei allen anderen Delikten gibt es lediglich die Erhebungskategorie „Konsument harter Drogen".[274] Eine Übersicht hierzu gibt Schaubild 1 für den Bereich des BtMG. Dort sind sowohl der Durchschnittsanteil der Konsumenten harter Drogen als auch ihr Anteil an den Verstößen im Zusammenhang mit Cannabis bzw. (exemplarisch für andere Substanzen) mit Heroin für die wesentlichen Deliktsbereiche des BtMG (Allgemeine Verstöße, Handel und Schmuggel, illegale Einfuhr) dargestellt.[275]

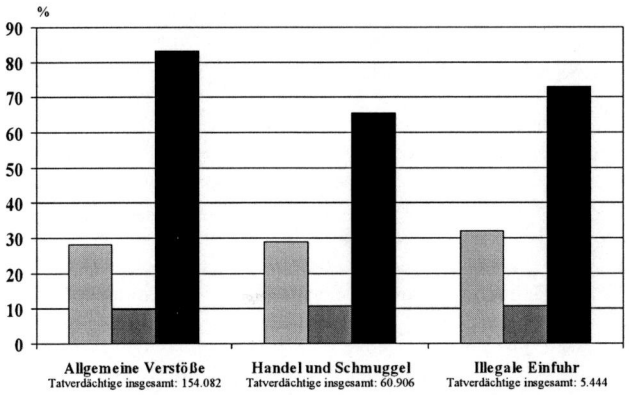

Allgemeine Verstöße
Tatverdächtige insgesamt: 154.082

Handel und Schmuggel
Tatverdächtige insgesamt: 60.906

Illegale Einfuhr
Tatverdächtige insgesamt: 5.444

☐ Konsumenten harter Drogen insgesamt   ■ Anteil bei Cannabis   ■ Anteil bei Heroin

Schaubild 1: Konsumenten harter Drogen nach Deliktsbereichen und Drogenarten 2003

Während der Anteil der Konsumenten harter Drogen bei allen Verstößen gegen das BtMG (212.491 Tatverdächtige im Jahr 2003) bei ca. 27 % liegt[276], zeigt Schaubild 1, dass ihr Anteil bei Delikten im Zusammenhang mit Cannabiszubereitungen unabhängig von der Deliktskategorie bei jeweils ca. 10 % liegt. Bei Verstößen im Zusammenhang mit Heroin liegt der Anteil der Konsumenten harter Drogen dagegen deutlich höher. Dies legt den Schluss nahe, dass es sich bei Cannabiskonsumenten um einen anderen Tätertypus handelt, was zumindest im Ansatz gegen die Theorie eines gemeinsamen Marktes sprechen würde.

Der Nachteil dieser Kategorisierung liegt darin, dass sie nicht nach den verschiedenen Altersgruppen unterscheidet. Eine differenzierte Betrachtung von Jugendlichen und Heranwachsenden ist nicht möglich. Vor allem aber werden andere Drogen bei dieser Kategorisierung nicht berücksichtigt. Dabei wäre es für eine gründliche Analyse wichtig, dass speziell Cannabis als „weiche" Droge erfasst wird, da es –wie die folgenden Ausführungen zeigen werden– eine erhebliche Rolle in der Betäubungsmittelwirklichkeit spielt. Zudem sagt diese Kategorie nichts darüber aus, ob die Tat wirklich etwas mit Drogenkonsum zu tun

---

[274]   S. BKA, PKS 2003, Tabellenanhang 12 und 20.
[275]   Einzelheiten Anhang Tabelle 1.
[276]   S. Anhang Tabelle 1.

hat[277]: Erfasst wird nur die Tatsache, dass es sich um einen Drogenkonsumenten handelt. Doch auch ein Drogenkonsument muss bei einer Straftat nicht unter Drogenwirkung stehen oder die Tat zur Finanzierung seiner Sucht oder des Konsums begangen haben. Dass diese Daten nur wenige bis gar keine Rückschlüsse auf das Konsumverhalten (einer bestimmten Altersgruppe) zulassen, ist augenscheinlich.[278] Wenn man weiter berücksichtigt, dass ein erheblicher Teil der Inhaftierten Drogenprobleme aufweist[279], aber aus unterschiedlichsten Gründen einsitzt, liegt die Vermutung nahe, dass es ein großes Dunkelfeld im Hinblick auf Drogenkonsum geben muss. Dass Verstöße gegen das BtMG mangels Opfer so gut wie nie angezeigt werden (Holkriminalität), spricht gleichfalls für diese Annahme. Die in den Statistiken enthaltenen Angaben sind daher nur ein erster Indikator.

a) Einstiegsalter

Als indirekter Indikator für den Umfang des Drogenkonsums könnte man das Einstiegsalter heranziehen. Je früher der Konsum beginnt, desto mehr Konsumenten kann es theoretisch geben. Da das Durchschnittsalter der Tatverdächtigen sinken soll[280], legt dies den Schluss nahe, dass auch das Einstiegsalter niedriger geworden ist. Die Langzeitergebnisse der Drogenaffinitätsstudien belegen diese Annahme wie Schaubild 2 zeigt nur zum Teil:

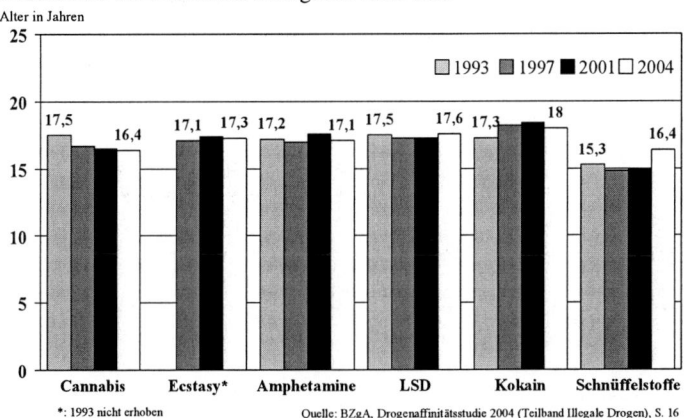

Schaubild 2: Einstiegsalter bei den 12 - 25-Jährigen – Zeitverlauf

In Bezug auf das Einstiegsalter sind verschiedene Entwicklungen festzustellen: Während das Einstiegsalter bei Ecstasy und den Amphetaminen leichten Schwankungen unterliegt, aber eher konstant zu bleiben scheint, ist es bei Ko-

---

[277] BKA, Rauschgiftjahresbericht 2002, S. 63.
[278] S. dazu *Dölling* (1995), S. 3.
[279] S. unten § 9 VI.
[280] BKA, Rauschgiftjahresbericht 2002, S. 6. Allerdings lässt sich diese Aussage mit den im Bericht nachgewiesenen Zahlen nicht überprüfen.

kain und den Schnüffelstoffen[281] gestiegen. Dagegen ist das Einstiegsalter bei Cannabis zwischen 1993 und 2004 um über ein Jahr gesunken. Aufgrund der weiten Verbreitung dieser Droge muss man daher insgesamt betrachtet von einem Absinken des Einstiegsalters sprechen.[282] Allerdings lässt das Einstiegsalter keine Rückschlüsse auf den aktuellen Konsum und seinen Umfang zu. Denn dieser kann zwischenzeitlich wieder aufgegeben, aber auch intensiviert und erweitert worden sein.

b) Drogentodesfälle

Als in der Öffentlichkeit viel beachteter indirekter Indikator für die Entwicklung des Rauschgiftkonsums wird die Zahl der Rauschgifttodesfälle herangezogen. Für die Einordnung als Rauschgifttoter ist nach polizeilichem Verständnis erforderlich, dass der Tod „in einem kausalen Zusammenhang mit dem missbräuchlichen Konsum von Betäubungs- oder Ausweichmitteln" eintrat.[283] Damit sind nicht nur Todesfälle infolge von Überdosierungen –v. a. im Zusammenhang mit Heroin und Medikamenten[284]– erfasst, sondern auch Selbsttötungen wegen der Verzweiflung über die eigene Lage oder aufgrund von Entzugserscheinungen oder Todesfälle infolge des Langzeitmissbrauchs und der damit einhergehenden Langzeitschäden und Krankheiten (etwa AIDS). Für die hier relevanten Altersgruppen ergibt sich dabei das in Schaubild 3 dargestellte Bild.

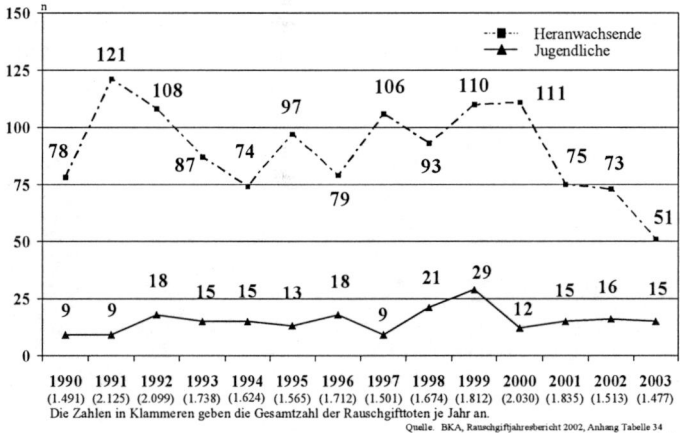

Schaubild 3: Rauschgifttote Heranwachsende und Jugendliche

---

[281] Der Wert bei den Schnüffelstoffen ist aufgrund der geringen Fallzahlen nur begrenzt aussagekräftig, BZgA, Drogenaffinitätsstudie 2004 (Teilband Illegale Drogen), S. 16.

[282] Andere Langzeitstudien mit Erhebungen zum Einstiegsalter sind bis dato nicht verfügbar. Deutschland hatte sich 2003 erstmals an der ESPAD-Studie (*Kraus u. a.*) beteiligt.

[283] BKA, Bundeslagebild Rauschgift 2003, S. 23 Fn. 17.

[284] Zu den Zahlen s. BKA, Bundeslagebild Rauschgift 2003, S. 24; ähnliche Ergebnisse bei *Dölling* (1998), S. 209, 241 f.; *Böhmer*, S. 53.

Wie aus dem Schaubild zu ersehen ist, machen Jugendliche über die Jahre hinweg nur einen sehr geringen Anteil an allen Rauschgifttoten aus, er schwankt zwischen ca. 0,5 - 1,0 %. Der Prozentsatz der Heranwachsenden ist größer und schwankt etwa zwischen 5,0 - 6,0 %.

Allerdings besitzt diese Statistik ebenfalls keine Aussagekraft über den tatsächlichen Konsumumfang in der Bevölkerung. Sie lichtet nur die bekannt gewordenen Todesfälle bei einer Extremrisikogruppe ab, die nicht repräsentativ für die Gesamtbevölkerung ist. Studien über Drogentote zeigen, dass ein sehr hoher Anteil der Verstorbenen aus der unteren Bildungsschicht stammt. Viele hatten nur einen Hauptschulabschluss, waren ohne Ausbildungsabschluss oder arbeitslos.[285] Dies widerspricht aber der Erkenntnis, dass Drogenkonsum ein eher schichtunspezifisches Phänomen ist. Er tritt unabhängig von sozialer Schicht, Schul- oder Berufsbildung auf.[286] Schließlich treten Drogentodesfälle in der Regel erst nach längerem, oft Jahre dauerndem Konsum auf.

Zudem haben Studien gezeigt, dass der drogenbedingte Todesfall nicht mit einer früheren strafrechtlichen Auffälligkeit einhergehen muss. Nicht wenige Konsumenten bleiben daher bis zu ihrem Tod insoweit „unerkannt". Und selbst wenn Vorverurteilungen vorhanden waren, erfolgten diese oft nicht wegen Verstößen gegen das BtMG.[287] Gegen die Aussagekraft im Hinblick auf Konsumgewohnheiten spricht auch, dass die meisten Menschen (nur) Erfahrungen mit Cannabis haben, während tödlich wirkende Drogen eher selten und nur von einer kleinen Minderheit exzessiv konsumiert werden (s. unten c)). Die Zahlen sind daher lediglich Ausdruck einer Vielzahl von Ursachen, die nicht allein auf den Rauschmittelkonsum zurückzuführen sind.[288]

c) Konsumerfahrungen

Aussagekräftigere Erkenntnisse über das Konsumverhalten und den Konsumumfang ergeben sich aus entsprechenden empirischen Studien.[289] Danach ist festzuhalten, dass die Drogenerfahrungen der Gesamtbevölkerung größer sind, als es die offiziellen Strafverfolgungsstatistiken ausweisen (können). Schaubild 4 gibt dazu einen Überblick:

---

[285] S. etwa *Böhmer*, S. 13 ff.; *Kraus/Ladwig*, 61 f.

[286] S. etwa *Dölling* (1998), S. 209, 211 ff. Im Rahmen der ESPAD-Studie lagen die Prävalenzraten bei den Hauptschülern zwar etwas höher als bei den Gymnasiasten; es bestanden jedoch nur geringe Unterschiede, s. *Kraus u. a.*, S. 91 f. (Tabelle 5-1 bis 5-3).

[287] S. etwa *Dölling* (1998), S. 209, 215; *Böhmer*, S. 54 f., 76 ff.; *Kraus/Ladwig*, S. 68.

[288] BKA, Rauschgiftjahresbericht 2002, 68 ff.

[289] Für den Rauschmittelkonsum junger Menschen ist die regelmäßig wiederholte Drogenaffinitätsstudie der BZgA zu nennen (zuletzt 2004). Eine weitere wichtige Erkenntnisquellen sind Selbstberichts-Befragungen; s. dazu mit Ergebnissen aus verschiedenen Studien *Kreuzer* (1998), § 3 Rdnr. 86 ff.

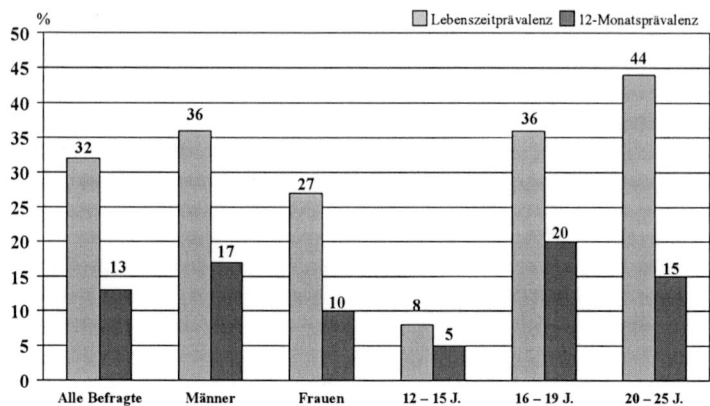

Quelle: BZgA, Drogenaffinitätsstudie 2004 (Teilband Illegale Drogen), S. 7, 9

Schaubild 4: Lebenszeit- und 12-Monatsprävalenz nach Geschlecht und Altersklassen der 12 - 25-Jährigen

Betrachtet man die Grafik, so erkennt man, dass Männer sowohl im Hinblick auf die Lebenszeitprävalenz als auch auf die 12-Monatsprävalenz[290] über deutlich mehr Drogenerfahrungen verfügen als Frauen. Die Altersdifferenzierung bei den befragten 12- bis 25-Jährigen zeigt daneben einen deutlichen Anstieg der Prävalenzraten ab der zweiten Jugendhälfte (16 – 19 Jahre). Das scheint der Altersabschnitt zu sein, in dem die meisten (ersten) Drogenerfahrungen gemacht werden. Mit zunehmendem Alter steigt die Lebenszeitprävalenz dann noch weiter an. Doch im Hinblick auf die Aussagekraft dieser Werte ist zu berücksichtigen, dass die Lebenszeitprävalenz als Indikator für das Ausmaß des aktuellen Konsums nicht geeignet ist. Sie wird zwar –wegen der hohen Werte– gerne hierfür herangezogen, tatsächlich können die Zahlen aber nicht so interpretiert werden: Denn viele Menschen probieren einmal oder zumindest nur wenige Male in ihrem Leben eine illegale Substanz, in aller Regel Cannabis. Daraus kann jedoch nicht der Schluss gezogen werden, dass sie das auch jetzt noch tun, also ein aktueller Konsum gegeben ist. Es bedeutet ferner nicht, dass dieses Verhalten der Regelfall ist, geschweige denn beständig fortgesetzt werden würde.[291] Deutlich wird dies daran, dass die 12-Monatsprävalenz in der letzten Altersgruppe wieder niedriger ist als bei den 16- bis 19-Jährigen. Der Konsum wird oft auch wieder eingestellt.

---

[290] Die 12-Monatsprävalenz gibt den Anteil derjenigen Befragten an, die innerhalb des letzten Jahres mindestens einmal eine illegale Droge konsumiert haben; zur Lebenszeitprävalenz s. oben Fn. 119.

[291] Von den 27 % der überhaupt Konsumerfahrenen hatten 81 % den Konsum zum Befragungszeitpunkt wieder beendet, BZgA, Drogenaffinitätsstudie 2004 (Teilband Illegale Drogen), S. 12.

Ein differenzierteres Bild gibt daher Schaubild 5, das die Ergebnisse einer Befragung unter Schülern der 9. und 10. Klassen im Hinblick auf die verschiedenen Prävalenzraten nach Substanzen aufgeschlüsselt wiedergibt.

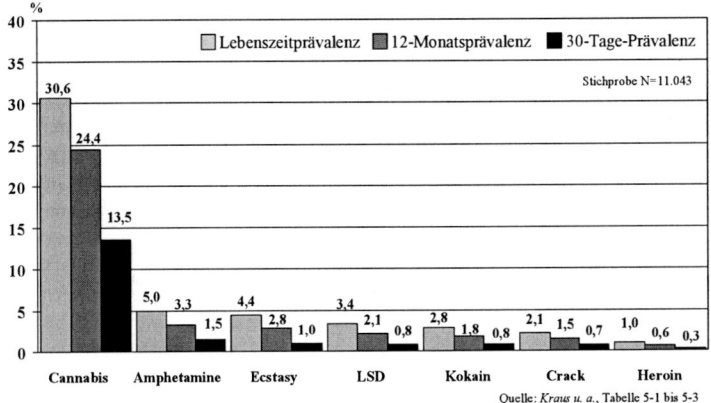

Schaubild 5: Lebenszeit-, 12-Monats- und 30-Tage-Prävalenz nach einzelnen Drogenarten

Die Grafik zeigt, dass zwischen Lebenszeitprävalenz und der 30-Tage-Prävalenz als Indikator für den aktuellen Konsum ein deutlicher Unterschied besteht. Nicht einmal die Hälfte der Schüler, die Drogenerfahrungen haben, sind aktuelle Konsumenten. Diese Erfahrungen betreffen in aller Regel Cannabis, andere Substanzen spielen daneben nur eine untergeordnete Rolle.[292]

Die Differenzierung nach Geschlecht zeigt im Längsschnitt, dass Drogenkonsum im Gegensatz zur Betäubungsmitteldelinquenz[293] nicht als Männerdomäne angesehen werden kann. Betrachtet man die Konsumprävalenzraten unter diesem Aspekt, so ist eine zunehmende Annäherung zu erkennen. Während der Unterschied in den Konsumerfahrungen über alle Drogen 1993 mit 14 % bei den Männern zu 7 % bei den Frauen noch doppelt so groß war, haben sich die jungen Frauen bis 2004 den jungen Männern angenähert. So lagen die 12-Monats-Prävalenzen bei der letzten Drogenaffinitätsstudie bei 17 bzw. 10 %.[294] Auf längere Sicht dürfte sich dieser Unterschied weiter nivellieren, da bei anderen Substanzen eine vergleichbare Entwicklung festzustellen ist.[295]

---

[292] *Kraus u. a.*, S. 75 ff. Die Drogenaffinitätsstudie 2004 (Teilband Illegale Drogen), S. 7 f., zeigt ein ähnliches Ergebnis.

[293] S. unten II. 1.

[294] BZgA, Drogenaffinitätsstudie 2004 (Teilband Illegale Drogen), S. 9.

[295] S. etwa BZgA, Drogenaffinitätsstudie 2004 (Teilband Rauchen), S. 9 (Abb. 3) zur Entwicklung des Zigarettenkonsums. Der Anteil der Raucher und Nichtraucher ist bei Jungen und Mädchen nahezu gleich groß. Vergleichbares kann man auch beim Alkoholkonsum beobachten, BZgA, Drogenaffinitätsstudie 2004 (Teilband Alkohol), S. 7 und 9 (Abb. 3).

3. Drogenkonsum und Delinquenz

Lässt sich zwar nicht sicher feststellen, wie groß der Anteil der Drogenkonsumenten in Deutschland tatsächlich ist, so sind doch Aussagen über die Erscheinungsformen der betäubungsmittelbezogenen Kriminalität möglich. In welchem Zusammenhang Drogengebrauch und Delinquenz stehen, ist jedoch seit Jahren Gegenstand der Diskussion.[296] Die wesentlichen Ansätze sind in Schaubild 6 zusammengestellt.

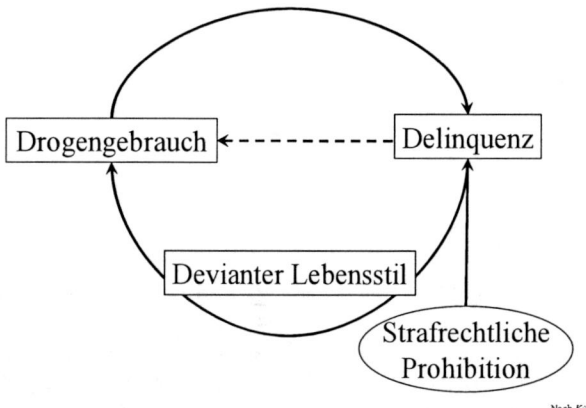

Nach *Kifner u. a.*, S. 10.

Schaubild 6: Zusammenhänge zwischen Drogenkonsum und Kriminalität

Es wird also sowohl angenommen, dass Drogenkonsum zu Delinquenz führe, als auch umgekehrt, dass Delinquenz Drogenkonsum bedinge.[297] Beide Ansätze haben durchaus Plausibilität. Drogen kosten Geld, und sobald die legalen Beschaffungsmöglichkeiten ausgeschöpft sind, bleibt nur der Wechsel zu anderen –illegalen– Finanzierungsmöglichkeiten. Delinquenz kann dem Drogenkonsum aber auch vorausgehen.

Doch beide Erklärungsansätze weisen insbesondere im Hinblick auf eine echte Drogenkarriere mit harten Drogen Erklärungsschwächen auf. Drogenkonsum und Delinquenz hängen oft zusammen, ein zeitlicher oder gar ursächlicher Zusammenhang der einen oder anderen Richtung zwischen den beiden besteht jedoch nicht. Dass es aufgrund des begonnenen und fortgesetzten Drogenkonsums zu weiterer Deliktsbegehung kommen muss, ist nicht zwingend.[298] Viele Straftäter waren schon vor ihrer Drogenabhängigkeit delinquent. Eine zunächst bestehende Delinquenzkarriere führt auch nicht zwangsweise zu Drogenkonsum oder gar in eine Drogenkarriere.[299] Zwar treten bestimmte Verhaltensweisen im Zu-

---

[296] Eingehend zum Verhältnis Drogen – Kriminalität *Kreuzer* (1998), § 3 Rdnr. 208 ff.; *Büh-ringer*, S. 71, 80 ff.; *Entorf/Winkler*, S. 97 ff.

[297] Zusammenfassend *König*, BewH 2003, S. 182, 183 ff.

[298] Zu diesem Problem s. *Kreuzer*, § 3 Rdnr. 208 ff., 211.

[299] Zur Kritik s. *König*, BewH 2003, S. 182 ff.

sammenhang mit Betäubungsmitteln auf –insbesondere Beschaffungskriminalität–, doch wenn man berücksichtigt, dass das Gros der Konsumenten nicht über die Phase des Experimentierkonsums hinausgelangt, ist es einsichtig, dass Drogenkonsum keine Delinquenzkarriere nach sich ziehen muss. Noch weniger haltbar wird diese Überlegung, wenn man bedenkt, dass Jugendkriminalität bis zu einem gewissen Umfang eine normale Erscheinungsform v. a. bei jungen Männern in der Pubertät und noch eine gewisse Zeit darüber hinaus ist.[300] Derartige pauschalisierende Annahmen lassen sich daher nur dann aufrechterhalten, wenn man den Umgang mit legalen Drogen in die Betrachtung mit einbezieht oder wenn man zumindest den einmaligen Konsum von Cannabis als ausreichend zur Begründung derartiger Zusammenhänge ansieht.

Zum Teil wird vermutet, dass schon die strafrechtliche Drogenprohibition allein delinquentes Verhalten herbeiführe. Dieser letzte Ansatz ist insoweit richtig, als der Umgang mit vielen Betäubungsmitteln nach dem BtMG unter Strafe gestellt ist. Dies bedingt einen Schwarzmarkt mit seinen eigenen Regeln. Dass dies zumindest zum Teil kriminelle Entwicklungen nach sich ziehen muss, versteht sich fast von selbst. Der Konsument und mehr noch der Abhängige muss seine Droge finanzieren. Doch auch dieser Zusammenhang ist für den einzelnen Betroffenen nicht zwingend. Wenn die strafrechtliche Prohibition aufgehoben werden würde, würde die Folge- und Begleitkriminalität sicher nicht aufhören. Die Finanzierungsfrage stellt sich trotzdem; soziale Verelendung und Verwahrlosung sind deshalb nicht ausgeschlossen. Und ob der Konsum auf diese Weise positiv im Sinne eines „Weniger" beeinflusst werden würde, erscheint fraglich.

Daneben hat sich in neuerer Zeit der Ansatz entwickelt, dass ein devianter Lebensstil sowohl maßgeblich für Drogenmissbrauch als auch für delinquentes Verhalten sei. In dieses Erklärungsmodell lässt sich auch der Einfluss der –delinquenten– Peer-Group gut einfügen.[301]

Schon dieser kurze Überblick macht deutlich, dass es nicht möglich ist, einen eindeutigen Zusammenhang zwischen Drogenkonsum und Kriminalität herzustellen. Doch wenn auch eine eindeutige Erklärung der Zusammenhänge nicht möglich ist, so muss zumindest ein Überblick über die Kriminalität junger Drogenkonsumenten gegeben werden. Außerhalb der Verstöße gegen das BtMG und der direkten Beschaffungskriminalität ist der Zusammenhang zum Drogenkonsum nicht immer offensichtlich. Deshalb ist es wichtig, sich vor Augen zu führen, im welchem kriminellen Kontext dieser eine Rolle spielen kann. Zudem lassen bestimmte Verhaltensweisen Rückschlüsse auf die Intensität des Konsums oder das Bestehen einer Abhängigkeit zu.

---

[300] *Brunner/Dölling*, Einf I Rdnr. 5.
[301] *Küfner u. a.*, S. 9 ff.; *König*, BewH 2003, S. 182, 186 ff. m. w. N. Zum Einfluss der Peer-Group auf die Konsumaufnahme und Fortsetzung s. Unten § 4 II. 2. b).

II.   Rauschgiftdelikte nach dem BtMG

1. Rauschgiftdelikte 2003 – Überblick und Entwicklung

Als Rauschgiftdelikte bezeichnet man die Verstöße gegen das BtMG. Ihre Zahl
hat mit 255.575 registrierten Taten bei 212.491 Tatverdächtigen (inkl. Kinder)
im Jahr 2003 einen neuen Höchststand erreicht.[302] Die Verteilung der Altersgruppen ist in Schaubild 7 dargestellt.

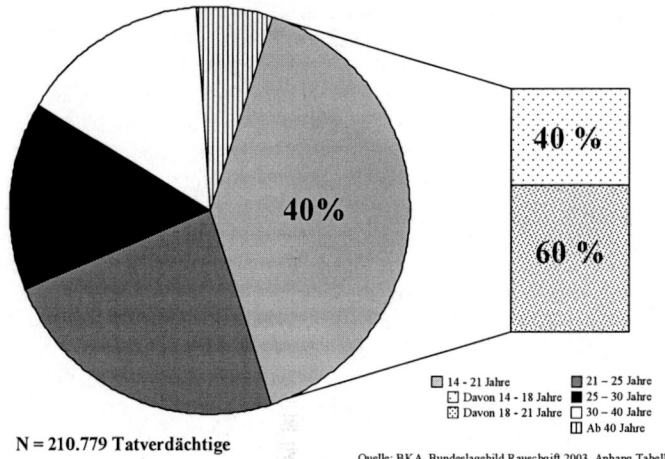

N = 210.779 **Tatverdächtige**

Quelle: BKA, Bundeslagebild Rauschgift 2003, Anhang Tabelle 11

Schaubild 7: Verteilung der Tatverdächtigen bei BtM-Delikten nach Altersklassen 2003

2003 waren 40 % aller Tatverdächtigen bei den Verstößen gegen das BtMG unter 21 Jahre alt. Die Heranwachsenden stellen in diesem Zusammenhang prozentual die größte Gruppe (ca. 24 % aller Tatverdächtigen), die 14 – 18-Jährigen
stellen mit einem Anteil von 16 % die drittgrößte Gruppe. Damit sind beide Altersklassen in diesem Deliktsbereich im Vergleich zur Gesamtkriminalität über-
repräsentiert.[303] Der Anteil der Frauen bzw. Mädchen liegt für den Bereich des
BtMG bei den Jugendlichen bei 14,8 %, bei den Heranwachsenden bei
11,2 %.[304] Die bekannte Rauschgiftkriminalität ist eine Männerdomäne. Genauere Differenzierungen –etwa im Hinblick auf besondere Problemgruppen wie die
in den Vollzugsanstalten zunehmend vertretene Gruppe der jungen Spätaussiedler[305]– sind kaum möglich, da es hierzu keine Daten gibt. In der PKS werden

---

[302]   BKA, Bundeslagebild Rauschgift 2003, S. 7.
[303]   BKA, PKS 2003, S. 74: Anteil Jugendlicher an allen Tatverdächtigen 12,5 %, Heran-
        wachsende 10,5 %.
[304]   S. Anhang Tabelle 1.
[305]   S. dazu unten § 9 VI. 1.

Straftaten von Aussiedlern nicht gesondert ausgewiesen; sie werden mit den deutschen Staatsangehörigen erfasst.[306] Der Ausländeranteil der Altersgruppen an den Rauschgiftdelikten lag 2003 bei 11,1 % (Jugendliche) bzw. 15,2 % (Heranwachsende). Damit sind die ausländischen Tatverdächtigen im Vergleich zur Gesamtkriminalität unterrepräsentiert. Dort liegen die Prozentanteile für die Altersgruppen bei 17,0 % respektive 21,5 %.[307]

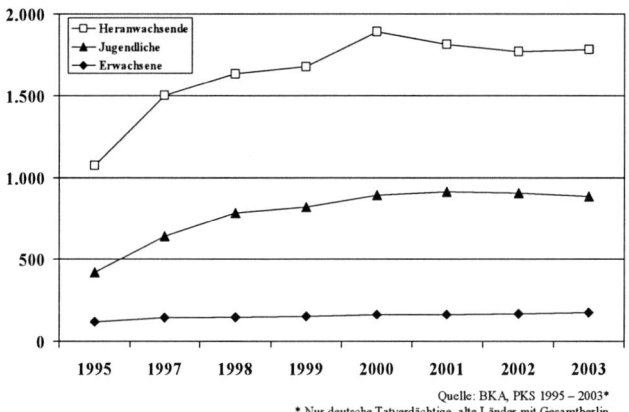

Quelle: BKA, PKS 1995 – 2003*
* Nur deutsche Tatverdächtige, alte Länder mit Gesamtberlin

Schaubild 8: Entwicklung der Tatverdächtigenbelastungszahlen bei den Rauschgiftdelikten
In Schaubild 8 ist die Entwicklung der Tatverdächtigenbelastung der verschiedenen Altersgruppen –also die Tatverdächtigen pro 100.000 Einwohner der Altersgruppe– im Zeitvergleich dargestellt. Man erkennt einen kontinuierlichen Anstieg in allen Altersgruppen, der bei den Heranwachsenden und den Jugendlichen bis Ende der 90er Jahre sehr deutlich ausgeprägt war. Bei den Jugendlichen kann man für die letzten beiden Jahre wieder einen leichten Rückgang konstatieren. Die Entwicklung der bekannten Rauschgiftkriminalität wird also nicht unerheblich von den jungen Menschen geprägt.

2. Differenzierung nach den Tatbeständen der §§ 29 ff. BtMG

a) Rauschgiftdelikte Jugendlicher

Schaubild 9 zeigt die Deliktsverteilung hinsichtlich der Tatmodalitäten der §§ 29 ff. BtMG bei Jugendlichen. Das Gros der Rauschgiftdelikte Jugendlicher betrifft die allgemeinen Verstöße gegen das BtMG (so genannte Konsumentendelik-

---

[306] S. die Nachweise bei *Walter/Trautmann*, S. 64 ff. und unten § 9 VI 1. Es wird aber ein hoher Anteil junger Spätaussiedler an den Tatverdächtigen vermutet, s. etwa *Moser*, ZJJ 2004, S. 78.

[307] BKA, PKS 2003, S. 74, 79 f.; zu den Problemen bei der Bestimmung der tatsächlichen Ausländerkriminalität mit den Daten der PKS s. *Walter/Trautmann*, S. 64, 71.

te[308]). Sie machten 2003 über 75 % der Taten aus. Handel und Schmuggel wiesen daneben einen Tatverdächtigenanteil von 22 % auf, die illegale Einfuhr und die sonstigen Verstöße zusammen von knapp 2 %.

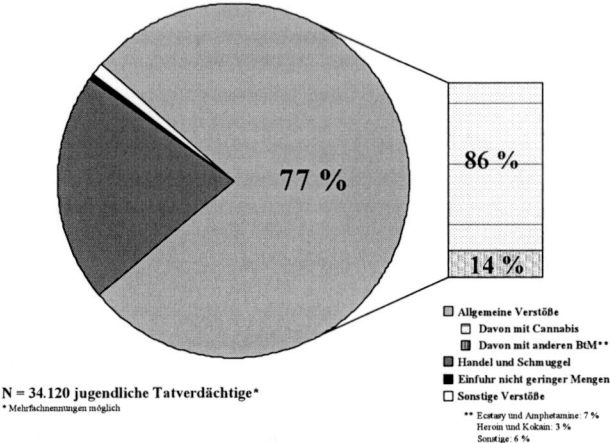

N = 34.120 jugendliche Tatverdächtige*
* Mehrfachnennungen möglich

☐ Allgemeine Verstöße
☐ Davon mit Cannabis
▥ Davon mit anderen BtM**
■ Handel und Schmuggel
■ Einfuhr nicht geringer Mengen
☐ Sonstige Verstöße

** Ecstasy und Amphetamine: 7 %
Heroin und Kokain: 3 %
Sonstige: 6 %

Schaubild 9: Verstöße gegen das BtMG bei Jugendlichen 2003

Das Verhältnis Männer – Frauen zeigt ein deutliches Überwiegen ersterer. Die Mädchen nehmen mit 15,9 % bei den allgemeinen Verstößen, 9,0 % bei Handel und Schmuggel sowie 18,4 % bei der illegalen Einfuhr eine nur untergeordnete Rolle ein.

Es wird vermutet, dass der Anteil junger Aussiedler speziell an der Gruppe der Händler relativ groß ist, wobei neben der Finanzierung des eigenen Konsums auch der Gelderwerb eine entscheidende Rolle spielen soll.[309] Differenzierte Analysen sind aufgrund fehlender Daten nicht möglich.

	Jugendliche Tatverdächtige	Anteil an allen Tatverdächtigen	Weibliche Tatverdächtige	Tatverdächtige unter 16
	absolut	in Prozent	absolut	
Allg. Verstöße gesamt	27.815	18,1	4.417	9.579
mit Cannabis	24.017	23,4	3.250	8.522
mit Ecstasy	945	14,1	356	271
mit (Meth-)Amphetamin	921	8,4	355	205
mit Heroin	530	2,7	200	96
mit Kokain	369	3,3	133	90
mit LSD	25	11,6	7	6
mit sonst. BtM	1.760	17,5	236	579

Tabelle 4: Allgemeine Verstöße gem. § 29 BtMG bei Jugendlichen nach Drogenarten 2003

Tabelle 4 zeigt die Aufschlüsselung der allgemeinen Verstöße nach einzelnen Drogenarten. Hierbei zeigt sich die Dominanz der Delikte im Zusammenhang mit Cannabis. Über 85 % der jugendlichen Tatverdächtigen sind wegen dieser

---

[308] BKA, Bundeslagebild Rauschgift 2003, S. 7.
[309] Dies legen Berichte der Drogenhilfe nahe, s. etwa *Osterloh*, S. 43, 48.

Droge auffällig geworden, der Anteil der Jugendlichen an allen Tatverdächtigen liegt bei 23,4 %. Ecstasy mit 14,1 % folgt hier erst an dritter Stelle hinter den sonstigen Betäubungsmitteln (17,5 %). Sehr niedrig sind dagegen die Tatverdächtigenanteile bei Heroin und Kokain. Zwar mag der relativ hohe Anteil an den LSD-Delikten zunächst überraschen, v. a., da es sich um eine an sich selten gehandelte Droge auf dem deutschen Markt handelt. Jedoch spielt diese Substanz im Hinblick auf die Gesamtzahl der Taten eine nahezu vollkommen untergeordnete Rolle.

Bei den jungen Mädchen zeigt sich ein etwas anderes Bild: Registrierte Verstöße im Zusammenhang mit Cannabis sind bei ihnen seltener, sie machen etwa 74 % der allgemeinen Verstöße aus. Vergleicht man die Verteilung zwischen den jungen Männern und Frauen, so sind knapp 16 % aller jugendlichen Tatverdächtigen bei den allgemeinen Verstößen weiblich. Allerdings sind hier deutliche Unterschiede bei den einzelnen Drogen zu erkennen: Während die jungen Frauen bei Cannabis (13,5 %) und den sonstigen Betäubungsmittel (13,4 %) schwächer vertreten sind, liegt ihr Anteil bei den anderen Betäubungsmitteln (mit Ausnahme von LSD) bei über 35 %.

Im Vergleich zwischen den unter 16-Jährigen und den 16 - 18-Jährigen, stellt die ältere Gruppe durchgängig einen deutlich höheren Tatverdächtigenanteil. Die unter 16-Jährigen stellen jeweils etwa ein Viertel bis etwa ein Drittel (Cannabis und sonstige Betäubungsmittel) der Tatverdächtigen. Dieses Bild legt zum einen die Vermutung nahe, dass es mit zunehmendem Alter zu einer Veränderung der Konsumpräferenzen kommt. Zum anderen zeigt es, dass in jungen Jahren v. a. mit Cannabis experimentiert wird. Insoweit könnte man die Schrittmachertheorie[310] fast für plausibel halten. Ursache dieser Veränderungen dürften u. a. die größeren finanziellen Möglichkeiten der älteren Jugendlichen in Bezug auf Drogen und die mit dem Alter besser werdende Verfügbarkeit sein.

b) Rauschgiftdelikte Heranwachsender

Wie Schaubild 10 zeigt, dominieren bei den Heranwachsenden ebenfalls die allgemeinen Verstöße. Allerdings spielen bei ihnen die übrigen Deliktskategorien des BtMG eine größere Rolle (Handel und Schmuggel 25 %, illegale Einfuhr 2 %).

---

[310] Eingehend zur Schrittmachertheorie und ihrer Kritik s. unten § 4 III.

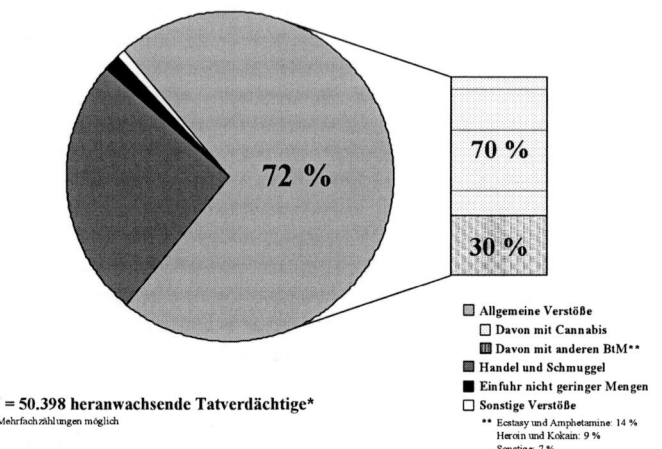

N = 50.398 heranwachsende Tatverdächtige*
* Mehrfachzählungen möglich

□ Allgemeine Verstöße
□ Davon mit Cannabis
▩ Davon mit anderen BtM**
■ Handel und Schmuggel
■ Einfuhr nicht geringer Mengen
□ Sonstige Verstöße

** Ecstasy und Amphetamine: 14 %
Heroin und Kokain: 9 %
Sonstige: 7 %

Schaubild 10: Verstöße gegen das BtMG bei Heranwachsenden 2003

Die Frauen sind in dieser Altersgruppe bei den allgemeinen Verstößen mit 11,4 %, Handel und Schmuggel mit 9,5 % und Einfuhr nicht geringer Mengen mit 14,2 % nur gering beteiligt.

	Heranwachsende Tatverdächtige	Anteil an allen Tatverdächtigen	Weibliche Tatverdächtige
	absolut	in Prozent	absolut
Allg. Verstöße gesamt	37.840	24,6	4.332
mit Cannabis	27.725	27,1	2.359
mit Ecstasy	2.233	33,4	432
mit (Meth-)Amphetamin	3.098	28,4	578
mit Heroin	2.216	11,3	514
mit Kokain	1.267	11,3	266
mit LSD	64	29,6	6
mit sonst. BtM	2.946	29,2	387

Tabelle 5: Allgemeine Verstöße gem. § 29 BtMG bei Heranwachsenden nach Drogenarten

Die genauere Aufschlüsselung der Allgemeinen Verstöße in Tabelle 5 zeigt, dass die Heranwachsenden mit Ausnahme von Heroin und Kokain einen hohen Tatverdächtigenanteil stellen. Es zeichnet sich unter strafrechtlichen Gesichtspunkten eine andere Drogenpräferenz ab: Die Verstöße im Zusammenhang mit Cannabiszubereitungen dominieren zwar mit etwa 74 % der Tatverdächtigen auch bei ihnen. Im Vergleich zu allen Tatverdächtigen spielen aber Ecstasy (Anteil der Heranwachsenden 33,4 %), LSD (29,6 %) und (Meth-)Amphetamine (28,4 %) eine deutlich größere Rolle als bei den Jugendlichen.

Bei den jungen Frauen unter 21 Jahre zeigt sich wiederum eine etwas andere Verteilung als bei den Männern. Cannabis nimmt einen deutlich geringeren Stellenwert ein, der Tatverdächtigenanteil liegt nur bei etwa 50 %. Der Anteil der Frauen an allen Heranwachsenden ist mit 23,2 % bei Heroin, 21,0 % bei Kokain und 19,3 % bei Ecstasy am höchsten. Bei Cannabis spielen sie eine untergeordnete Rolle (Anteil 8,5 %).

2. Vergleich der Altersgruppen

Jugendliche und Heranwachsende machten im Jahr 2003 einen erheblichen Teil der Tatverdächtigen bei den allgemeinen Verstößen gegen das BtMG aus, wobei die Heranwachsenden bei allen Delikten durchweg prozentual stärker vertreten waren als die Jugendlichen. Die meisten Delikte in beiden Altersgruppen bezogen sich auf Cannabiszubereitungen. Dabei handelte es sich oft um allgemeine Verstöße gegen das BtMG, also eher leichte Taten, denen man wohl oft einen Bagatellcharakter zusprechen kann. Darin zeigt sich –wie in den anderen Kriminalitätsformen junger Menschen auch– die Ubiquität der Jugendbetäubungsmittelkriminalität.[311]
Besonders deutliche Unterschiede zwischen den beiden Altersgruppen finden sich bei den Designerdrogen sowie bei Heroin und Kokain. Man kann hieraus eine Verschiebung der Delikte mit zunehmendem Alter hin zu härteren Drogen feststellen, also eine Veränderung der Konsumpräferenzen. Ursachen hierfür dürften die mit dem Alter steigenden finanziellen Möglichkeiten und die Erweiterung der Freizeitgestaltung sein, womit auch eine Erweiterung des Bekanntenkreises einhergeht, was die Verfügbarkeit einzelner Substanzen ebenfalls erhöhen dürfte.[312]

III. Beschaffungskriminalität

Das wesentliche Problem eines jeden Süchtigen und ab einer gewissen Konsumhäufigkeit auch eines jeden Konsumenten ist die Frage, wo er das Geld für die nächste Konsumeinheit herbekommen soll. Drogen sind –meistens– teuer und das Budget junger Menschen mehr oder minder begrenzt. Zur Mittelerlangung stehen verschiedene Möglichkeiten offen, die mehr oder minder intensiv genutzt werden. Neben legalen Erwerbsquellen wie Taschengeld und Arbeitsverdienst kommen Straftaten der direkten und indirekten Beschaffungskriminalität oder Prostitution in Betracht. Nach Studienerkenntnissen gibt es bei Jugendlichen und Heranwachsenden im Wesentlichen drei Geldquellen: Legale Finanzierungsmethoden (Arbeitseinkommen, Geld von Verwandten o. ä.), womit etwa 20 % des Bedarfs gedeckt werden; die Begehung indirekter Beschaffungskriminalität sowie den Drogenhandel (etwa 43 bzw. 30 % des Bedarfs). Die ansonsten oft auftretende Prostitution spielt in diesen Altersgruppen eine untergeordnete Rolle.[313]
Während Probierer ihre erste Droge oft kostenlos von einem Freund oder Bekannten bekommen[314], werden sich Gelegenheits- und Freizeitkonsumenten vorrangig auf legale Quellen beschränken, solange es um die Finanzierung ihres Konsums geht. Doch je höher der Bedarf –auch bei einem Abhängigen– ist, umso weniger ist er auf legalem Wege zu bewältigen. Dann rücken illegale Be-

---

[311] S. hierzu allgemein *Brunner/Dölling*, Einf I Rdnr. 5 m. w. N.
[312] Zu weiteren möglichen Faktoren für Drogenkonsum und seine Fortsetzung s. unten § 4.
[313] Nachweise und Erläuterungen bei *Kreuzer/Römer-Klees/Schneider*, S. 202 ff.
[314] S. *Reuband* S. 120 und unten die Ausführungen zur „Peer-Group" in § 4 II 2. b).

schaffungsmöglichkeiten zunehmend in den Vordergrund. Hier kann man direkte und indirekte Beschaffungskriminalität unterscheiden.

1. Direkte Beschaffungskriminalität

a) Begriff

Zur direkten Beschaffungskriminalität werden alle Taten gerechnet, die direkt auf die Erlangung von Betäubungsmitteln oder Substitutionsstoffen gerichtet sind. Darunter fallen:

> ➢ Raub zur Erlangung von Betäubungsmitteln und Ausweichmitteln,
> ➢ Diebstahl aus Apotheken, Arztpraxen und Krankenhäusern,
> ➢ Diebstahl bei Herstellern und Großhändlern,
> ➢ Diebstahl von Rezeptformularen und
> ➢ Rezeptfälschungen.

Diese Delikte werden, soweit sie bekannt werden, in der PKS erfasst.[315] Die Erkennbarkeit der direkten Beschaffungskriminalität und damit der Bezug zum Konsum ist äußerst leicht, da Drogen oder Ersatzstoffe direkt beschafft werden sollen.

b) Umfang

Die Zahl der direkten Beschaffungsdelikte war in der offiziellen Statistik jahrelang rückläufig. Zwischen 2001 und 2002 war zwar ein Anstieg festzustellen, 2003 kam es aber wieder zu einem Rückgang auf jetzt 2.568 Fälle.[316] Der Anteil der jugendlichen bzw. heranwachsenden Tatverdächtigen lag 2003 in diesem Deliktsbereich bei 11,5 % bzw. 8,4 %.

---

[315] BKA, PKS 2003, S. 15 mit den verschiedenen Schlüsseln.
[316] BKA, Bundeslagebild Rauschgift 2003, Anhang Tabelle 8; s. auch Anhang Tabelle 1.

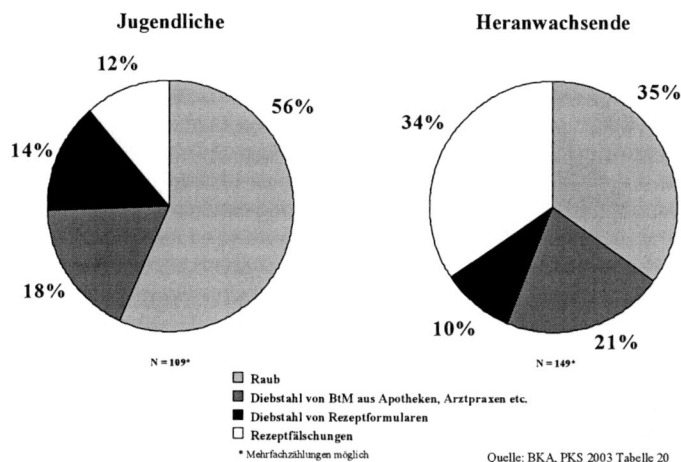

Jugendliche   Heranwachsende

N = 109*   N = 149*

☐ Raub
■ Diebstahl von BtM aus Apotheken, Arztpraxen etc.
■ Diebstahl von Rezeptformularen
☐ Rezeptfälschungen
* Mehrfachzählungen möglich   Quelle: BKA, PKS 2003 Tabelle 20

Schaubild 11: Direkte Beschaffungskriminalität bei Jugendlichen und Heranwachsenden nach Delikten 2003

In Schaubild 11 sind die direkten Beschaffungstaten Jugendlicher und Heranwachsender aufgeschlüsselt. Zunächst fällt die geringe Zahl der Tatverdächtigen in beiden Altersgruppen auf: Zusammen waren es nur knapp über 250 Personen. Die direkte Beschaffungskriminalität hat damit im Deliktsspektrum junger Drogenkonsumenten nur sehr geringe Bedeutung. Bei den Jugendlichen überwiegen Raubdelikte zur Erlangung von Betäubungsmitteln. Diebstahlsdelikte und Rezeptfälschungen spielen bei ihnen geringere Rollen. Bei den Heranwachsenden zeigt sich ein anderes Bild, da neben den Raubdelikten verstärkt andere direkte Beschaffungstaten auftreten.

Der Anteil der weiblichen Straftäter ist bei der direkten Beschaffungskriminalität in der Regel weit niedriger als der der Männer. Er liegt bei Jugendlichen insgesamt bei 10,1 %, bei Heranwachsenden bei 16,8 %.

Der Anteil der Konsumenten harter Drogen ist in diesem Deliktsbereich sehr hoch. Er liegt für alle direkten Beschaffungstaten bei 49,4 % und damit deutlich über dem Anteil der Verstöße gegen das BtMG (27,4 %). Den höchsten Anteil kann man mit über 70 % beim Diebstahl von Betäubungsmitteln aus Arztpraxen feststellen. Dieser hohe Anteil in diesem Deliktsbereich legt den Schluss nahe, dass direkte Beschaffungskriminalität eher von Abhängigen begangen wird. Die Begehung solcher Delikte weist demnach auf eine sich ausprägende oder schon bestehende Suchtproblematik hin. Es geht nicht mehr allein um die Erschließung illegaler Erwerbsquellen (was auch vorrangig andere Gründe haben könnte), sondern gezielt um die Beschaffung von Betäubungsmitteln. Es handelt sich zudem um sehr spezielle Deliktsbegehungen mit einem in der Regel hohen Entdeckungsrisiko, die ein gesteigertes Maß an krimineller Energie erfordern und daher von Probierern und Gelegenheitskonsumenten grundsätzlich eher nicht in Betracht gezogen werden.

3. Indirekte Beschaffungskriminalität

a) Begriff

Unter indirekter oder mittelbarer Beschaffungskriminalität sind alle Taten zu verstehen, die auf die Mittelerlangung zum daran anschließenden Erwerb von Betäubungsmitteln gerichtet sind. Der Täter will sich also durch eine Straftat Finanzmittel beschaffen, mit denen er in der Folge seinen Drogenkonsum finanzieren kann.[317] In Betracht kommen:

> Delikte im sozialen Nahraum, gegen Freunde und Familie,
> Einbruchsdiebstahl (Wohnung, Kfz),
> Diebstahl, Raub/räuberische Erpressung,
> Hehlerei und
> Betrug.

b) Umfang und Erscheinungsformen

Die offiziellen Statistiken vermitteln zu diesem Deliktfeld nur einen begrenzten Überblick. In der PKS wird als einziges verwertbares Merkmal „Konsument harter Drogen" erhoben.[318] Daraus lassen sich nur vorsichtige Rückschlüsse auf die Deliktsbegehung von Drogenkonsumenten allgemein ziehen, schon allein weil das Gros der Tatverdächtigen eher Konsumenten weicher Drogen sind. Zudem müssen viele Taten nicht im Zusammenhang mit Betäubungsmittelkonsum stehen. Dies ist für die weitere Darstellung zu berücksichtigen.

Zur besseren Beurteilung ist man in diesem Deliktsfeld daher auf die empirische Forschung angewiesen. Diese krankt allerdings daran, dass oft Extremgruppen –also Abhängige– befragt werden, so dass die dort gewonnenen Erkenntnisse über den tatsächlichen Umfang der indirekten Beschaffungskriminalität nur bedingt auf jugendliche und heranwachsende Konsumenten übertragbar sind. Daneben stellt sich das bereits angesprochene Problem der fehlenden Altersdifferenzierung. Die Studien geben aber wichtige Indizien für das kriminelle Verhalten von Drogenkonsumenten und Süchtigen.[319] Deutlich wird in diesem Zusammenhang, dass es „den Drogentäter" nicht gibt. Die Erscheinungsformen der indirekten Beschaffungskriminalität reichen vom Gelegenheitstäter bis zum (in der Regel älteren und erfahreneren) professionell arbeitenden Einbrecher.[320]

---

[317] Hiermit wird nach Studienerkenntnissen etwa ein Drittel des Bedarfs gedeckt, *Kreuzer/Römer-Klees/Schneider*, S. 405.

[318] S. oben I. 2.

[319] In diesem Bereich besteht nach wie vor Forschungsbedarf. Eine differenziertere Erhebung in der PKS unter dem Gesichtspunkt des Drogeneinflusses wäre wünschenswert.

[320] *Kreuzer/Römer-Klees/Schneider*, S. 250.

(1) Diebstahl im sozialen Nahraum und Ladendiebstahl[321]
Diebstahlsdelikte treten in vielen verschiedenen Konstellationen auf, die wichtigsten im Betäubungsmittelbereich sind der Diebstahl im sozialen Nahraum sowie der Ladendiebstahl.

Der schnelle Griff in das Portemonnaie der Eltern, von Verwandten oder Freunden dürfte eine der häufigsten Varianten des Diebstahls im sozialen Nahraum sein. Daneben werden auch andere Dinge, insbesondere Nahrungsmittel, zur Sicherung des täglichen Lebens gestohlen. Dieser Bereich dürfte ein hohes Dunkelfeld aufweisen, da es häufiger als bei Straftaten gegen fremde Personen nicht zu einer Anzeige kommt. Die Taten werden –sofern ihnen überhaupt nachgegangen wird– familienintern bereinigt, ohne dass dies den Verfolgungsbehörden zur Kenntnis gelangt. Mit stärker werdender Abhängigkeit und zunehmender Abschottung von der eigenen Familie scheinen diese Gelegenheiten seltener zu werden.[322]

Ladendiebstahl kommt nicht nur zur Mittelbeschaffung für den Drogenkonsum in Betracht, sondern er dient ebenfalls der Aufrechterhaltung des Lebensunterhalts. Gegenstände wie Zigaretten, Nahrungsmittel und Kleidung werden gestohlen, um das tägliche Leben zu sichern.[323]

Bei Jugendlichen nehmen Ladendiebstahlsdelikte generell einen breiten Raum unter den Delikten ein. Die weiblichen Jugendlichen weisen mit knapp 45 % einen verhältnismäßig hohen Anteil an den Tatverdächtigen ihrer Altersgruppe auf; bei den Heranwachsenden sind es etwa 33 %. Viele dieser Delikte haben Bagatellcharakter und dienen eher zur Aufrechterhaltung des Lebensstils.[324] Ein direkter Drogenbezug ist bei diesen Taten daher oft zu verneinen. Es ist aber zu vermuten, dass zumindest ein Teil dieser Delikte im Zusammenhang mit Drogenkonsum und Abhängigkeit steht.[325] Allerdings dürfte diese Form der Tatbegehung bei Gelegenheitskonsumenten seltener sein, da sie nicht einen so hohen Stoffbedarf haben, als dass eine Straftatbegehung erforderlich wäre.

(2) Einbruchsdiebstahl in/aus Kfz, Wohnungseinbruchsdiebstahl[326]
Der Diebstahl in bzw. der Diebstahl aus einem Kraftfahrzeug bilden zusammen eine wichtige Einnahmequelle. Fahrzeuge sind bei männlichen Tätern ein beliebtes Ziel, da dort oft hochwertige Autoradios oder sonstige Wertsachen zu stehlen sind. Auch Drogenkonsumenten und Abhängige treten als Täter auf.[327] Die Tatbegehung reicht vom Eindringen mit roher Gewalt bis hin zum subtilen

---

[321] S. dazu *Kreuzer/Thamm*, § 4 Rdnr. 361 – 365.

[322] *Kreuzer/Thamm*, § 4 Rdnr. 362.

[323] *Kreuzer/Römer-Klees/Schneider*, S. 219 f.

[324] *Kreuzer/Römer-Klees/Schneider*, S. 220; *Kreuzer/Thamm*, § 4 Rdnr. 364. Bei den Ladendiebstählen wurden 23 % aller bekannt gewordenen Taten von Jugendlichen (16,4 %) und Heranwachsenden (6,9 %) begangen, BKA, PKS 2003, S. 164. Bei über 56 % der Delikte lag der Schaden unter € 15, BKA, PKS 2003, S. 165.

[325] Der Anteil der Konsumenten harter Drogen lag 2003 hier bei 4,6 %, s. Anhang Tabelle 2.

[326] S. *Kreuzer/Römer-Klees/Schneider*, S. 262 ff.; *Kreuzer/Thamm*, § 4 Rdnr. 381 - 400.

[327] Der Anteil der Konsumenten harter Drogen ist hier verglichen mit anderen Deliktsbereichen mit etwa 13 % relativ hoch, s. Anhang Tabelle 2.

Öffnen des Fahrzeugs, nahezu ohne Schäden zu verursachen.[328] Jugendliche und Heranwachsende machen bei diesen Diebstahlsdelikten ca. 43 % der Tatverdächtigen aus, was deren große Bedeutung bei jungen Straftätern verdeutlicht.[329] Wohnungseinbrüche gehören ebenfalls zu den verbreiteteren Formen des Diebstahls. Bei Drogenabhängigen dominiert nach deutschen Studienerkenntnissen das ungeplante, unprofessionelle Vorgehen. Die Wahrnehmung einer günstigen Gelegenheit hat Vorrang vor sorgfältiger Planung und der Suche nach lohnenswerten Zielen.[330] Bezogen auf alle Tatverdächtigen stellen die Jugendlichen und Heranwachsenden bei den Wohnungseinbrüchen gem. § 244 Abs. 1 Nr. 3 StGB über 37 % der Tatverdächtigen.[331]

(3) Raubdelikte[332]
Zwar stellen Jugendliche und Heranwachsende fast 50 % der Tatverdächtigen in dieser Deliktsgruppe[333], dennoch scheinen Raubdelikte bei Drogenabhängigen eine untergeordnete Rolle zu spielen. 2003 wurden nur 11,2 % der Tatverdächtigen als Konsumenten harter Drogen eingestuft. Ursache hierfür dürfte sein, dass es sich oft um szeneinterne Delikte handelt, die den Verfolgungsbehörden verborgen bleiben.[334] Speziell bei Crackkonsumenten wird allerdings eine zunehmende Brutalisierung der Beschaffungskriminalität –und damit auch eine verstärkte Tendenz zu Angriffen auf Dritte in räuberischer Absicht– festgestellt.[335]

(4) Hehlerei und sonstige Vermögensdelikte
Eine weitere Möglichkeit der Geldmittelbeschaffung ist der Weiterverkauf gestohlener Waren.[336] Sobald ein gewisses Maß an Systematisierung eingesetzt hat, kann die Hehlerei zu einer guten und einträglichen Finanzierungsmöglichkeit werden. Drogenabhängige und Konsumenten treten dabei sowohl als Beschaffer als auch als Verkäufer der Waren auf. Jugendliche und Heranwachsende stellen bei der sonstigen Hehlerei[337] knapp über 30 % der Tatverdächtigen; die Anteile der Frauen bezogen auf die jeweilige Altersgruppe liegen bei 15,6 %

---

[328] *Kreuzer/Römer-Klees/Schneider*, S. 262; Der Diebstahl von Autos stellt dagegen eher die Ausnahme dar, da der gewinnbringende Absatz entsprechende Beziehungen voraussetzt, die viele Drogenkonsumenten nicht haben, s. *Kreuzer/Thamm*, § 4 Rdnr. 390.

[329] Der Anteil der weiblichen Tatverdächtigen war in beiden Altersgruppen allerdings gering, s. Anhang Tabelle 2

[330] Eingehend *Kreuzer/Römer-Klees/Schneider*, S. 267 ff., 269; *Kreuzer/Thamm*, § 4 Rdnr. 393 - 400. Der Anteil der Konsumenten harter Drogen lag bei 11,2 %, s. Anhang Tabelle 2.

[331] Die Jugendlichen haben dabei ein leichtes Übergewicht. Der Anteil der weiblichen Tatverdächtigen liegt bei 13,4 % bzw. 11,4 %, s. Anhang Tabelle 2.

[332] Allgemein zu den Auswirkungen von Rauschmitteln auf die Aggressionsbereitschaft s. unten IV. 2.

[333] S. Anhang Tabelle 2; der Anteil der jungen Frauen lag bei 10,0 % (Jugendliche) bzw. 6,5 % (Heranwachsende).

[334] *Kreuzer/Römer-Klees/Schneider*, S. 302 ff.

[335] *Stöver/Nüdling*, S. 16 m. w. N.

[336] Dazu *Kreuzer/Thamm*, § 4 Rdnr. 366 - 380; 401 - 411.

[337] In der PKS als Straftatenschlüssel 6320 erfasst; ausgeschlossen ist damit die Hehlerei von Kraftfahrzeugen.

und 12,7 %.[338] Problematisch ist es für junge Täter, geeignete Abnehmer für die „heiße Ware" zu finden. Soweit ein Verkauf im Bekanntenkreis nicht möglich ist, dürfte es für sie schwierig werden, sie über einen geeigneten Pfandleiher in Geld umzuwandeln.

Betrugsdelikte können außerhalb wie innerhalb der Drogenszene auftreten. So kann sich ein Jugendlicher oder Heranwachsender beim Verkauf von Betäubungsmitteln im Freundes- oder Bekanntenkreis oder auch bei Fremden finanzielle Vorteile verschaffen wollen. Bei den Betrugsdelikten außerhalb der Drogenszene sind der Betrug gegenüber dem Sozialamt und der EC- und Kreditkartenbetrug zu nennen. Erstgenannte Betrugstaten sind für Jugendliche jedoch eher untypisch und kommen vorrangig bei älteren Tätern vor.[339] Die verschiedenen Formen des Scheck- und Kreditkartenbetrugs treten dagegen auch in diesen Altersgruppen häufiger auf.[340] Im täglichen Leben bieten sich schließlich noch andere mehr oder minder lukrative Betrugsmöglichkeiten.

(5) Bettelei[341]
Eine weitere Möglichkeit der Finanzierung des Drogenbedarfs ist die Bettelei. Sie hat zwar grundsätzlich keine strafrechtliche Bedeutung, es kann jedoch im Einzelfall zu strafrechtlich relevanten Beleidigungen, einer Nötigung, Bedrohung oder gar einer Körperverletzung kommen.

Bettelei wird in Betracht gezogen, wenn andere legale Beschaffungsquellen nicht zur Verfügung stehen –etwa damit die Eltern nichts von dem frühzeitig aufgebrauchten Taschengeld mitbekommen– oder die Hemmschwelle zur Begehung rechtswidriger Taten aus persönlichen Gründen nicht überschritten werden kann und soll. Diese Beschaffungsform kann in verschiedenen Ausprägungen in Erscheinung treten: Bettelei untereinander, Bettelei im Verwandten- und Bekanntenkreis sowie das Betteln bei Fremden. Eine bekannte Form ist das „Schnorren" von Zigaretten.

Diese Form der Geldbeschaffung erfordert einige Überwindung, da sie die direkte Ansprache fremder Personen erforderlich macht. Davor schrecken junge Menschen eher zurück, was letztlich dazu führen kann, dass zumindest die Begehung leichter Straftaten in Erwägung gezogen wird. Bettelei kann als Indiz für ein Suchtproblem anzusehen sein. Mit fortschreitender Abhängigkeit wird es schwieriger, andere Beschaffungsformen oder bestimmte kriminelle Verhaltensweisen effektiv auszuüben, etwa aufgrund einsetzender Entzugserscheinungen.[342] Bettelei kann dagegen eine ruhige, fast schon gemütliche Beschaffungsweise sein.

---

[338] S. Anhang Tabelle 2; der Anteil der Konsumenten harter Drogen liegt bei der sonstigen Hehlerei bei 8,6 %.

[339] Beim Sozialbetrug haben die Jugendlichen einen Tatverdächtigenanteil unter 0,5 %; Heranwachsende stellen 4,6 %, s. Anhang Tabelle 2.

[340] S. Anhang Tabelle 2.

[341] S. dazu *Kreuzer/Thamm*, § 4 Rdnr. 355 - 360.

[342] *Kreuzer/Thamm*, § 4 Rdnr. 355.

c) Zur Frage der Erkennbarkeit

Die indirekte Beschaffungskriminalität ist in ihrer Bedeutung ungleich schwerer zu entdecken als die direkte Beschaffungskriminalität. Es fehlt oft ein erkennbarer Bezug zu Betäubungsmitteln. Nicht jede Straftat muss ihre Ursache im Rauschmittelkonsum haben. Es kommt auf den Einzelfall an, ob der wahre Charakter der Tat als Beschaffungsdelikt erkannt wird. Dies macht ein nicht bloß schematisches Vorgehen der Ermittlungsbehörden erforderlich.[343]

IV. Folge- und Begleitkriminalität

Es gibt eine Anzahl von Delikten, die in engem Zusammenhang mit Betäubungsmittelkonsum stehen. Diese werden allgemein unter dem Oberbegriff Folge- und Begleitkriminalität zusammengefasst.

1. Schwarzfahren

Die Leistungserschleichung in Form des Schwarzfahrens ist nach Studienerkenntnissen eines der am häufigsten begangenen Delikte Drogenabhängiger.[344] Schwarzfahren kann seine Ursache darin haben, dass in Folge des Drogenkonsums keine Mittel für die Fahrkarte vorhanden sind oder aber dass aufgrund der Drogenwirkung der Kauf für nicht erforderlich gehalten wird. Da es sich dabei aber um ein ubiquitäres Verhaltensmuster mit einer sehr hohen Dunkelziffer handelt, das auch unabhängig von Rauschmittelkonsum begangen wird, kann man keinen generellen direkten Zusammenhang zwischen diesen beiden Verhaltensweisen feststellen.[345] Der Anteil der Jugendlichen und Heranwachsenden an den Tatverdächtigen beim Erschleichen von Leistungen liegt bei 15,5 % bzw. 20,2 %.[346] Die Anteile der weiblichen Tatverdächtigen bezogen auf die jeweiligen Altersgruppen sind mit 37,2 % bei den Jugendlichen und 28,7 % bei den Heranwachsenden verhältnismäßig hoch. Da v. a. bei Jugendlichen der finanzielle Freiraum recht begrenzt ist, erscheint es nicht unplausibel, dass Drogenkonsum derartige Deliktsbegehungen begünstigen kann.

2. Gewaltdelikte[347]

Betäubungsmittel führen zu Veränderungen der Wahrnehmung, Realitätsverlusten (Selbstüberschätzung), Angst und Erregungszuständen. Bei einigen Substan-

---

[343] Zur Frage der Erkennbarkeit von Rauschmittelkonsum s. unten § 6 II.
[344] *Kreuzer/Römer-Klees/Schneider*, S. 220. Allerdings lag der Anteil der Konsumenten harter Drogen nach PKS im Jahr 2003 bei nur 7,8 %, s. Anhang Tabelle 2.
[345] *Kreuzer/Römer-Klees/Schneider*, S. 220; *Kreuzer/Thamm*, § 4 Rdnr. 360.
[346] S. Anhang Tabelle 2;
[347] *Kreuzer/Thamm*, § 4 Rdnr. 472 - 518; zum Verhältnis Aggressionen und Drogenkonsum Rdnr. 482 ff.; zu den Erscheinungsformen Rdnr. 492 ff.

zen kann es sogar zu Verfolgungswahn kommen. Selbst gute Bekannte werden dann plötzlich als Spitzel der Polizei angesehen, die es abzuschütteln oder auszuschalten gilt.

Derartige Auswirkungen auf die psychische Befindlichkeit des Konsumenten legen es nahe, Betäubungsmittel mit Gewaltdelinquenz in Verbindung zu bringen. Doch Drogenkonsum allein ist weder per se Ursache für Aggressionsdelinquenz noch ein Hinderungsfaktor.[348] Allerdings führen viele Substanzen je nach Dosierung zu einer mehr oder minder großen Enthemmung, was eine Eskalation entsprechender Situationen generell begünstigen und damit zu Gewaltdelikten führen kann.[349] Das Gewaltpotenzial einzelner Drogen ist bisher wissenschaftlich nur wenig gesichert. Es lassen sich bisher folgende Tendenzen ausmachen:

➢ Amphetamine und Kokain haben ein aggressionsförderndes Potenzial.[350] Besonders deutlich scheint diese Wirkung bei dem Kokainderivat Crack zu sein.[351]

➢ Opiate sollen gleichfalls das gewalttätigere Vorgehen bei Beschaffungsdelikten begünstigen.[352] Im akuten Rauschzustand dürfte dagegen die entspannende Wirkung dominieren.

➢ Haschisch wird grundsätzlich kein gewaltsteigerndes Potenzial zugeschrieben; es wirkt eher aggressionsdämpfend.[353]

Gewaltdelikte umfassen alle Arten von Gewaltanwendungen gegen Personen und Sachen, also v. a. Körperverletzungsdelikte und Sachbeschädigungen. Aufgrund der Drogenwirkung können beispielsweise Personen aus letztlich nichtigem Grund angegriffen werden oder es kommt zu Beschädigungen von geparkten Fahrzeugen (Abtreten von Außenspiegeln, Abknicken von Antennen). Raubdelikte wurden bereits bei der indirekten Beschaffungskriminalität besprochen.

Es gibt aber neben der eigentlichen Drogenwirkung spezifische Situationen, in denen es zu Gewaltanwendungen kommen kann. Ein aggressionsbegünstigendes Moment ist dabei das (drohende) Auftreten von Entzugserscheinungen. Aus Angst davor und um diese zu vermeiden, werden Beschaffungsdelikte aggressiver ausgeführt, da der Suchtdruck steigt.[354] In diesem Zusammenhang sind auch Nötigungen und Bedrohungen denkbar, um bestimmte Ergebnisse zu erreichen, etwa in Form einer Drohung gegenüber den Eltern, eine Überdosis zu nehmen, wenn sie nicht weiter Geldmittel zur Verfügung stellen wollen.[355] Der Wett-

---

[348] Dies gilt heute in beide Richtungen als widerlegt, *Kreuzer/Thamm*, § 4 Rdnr. 477, 506. Zur „aggression reduction thesis" s. auch *Kreuzer/Römer-Klees/Schneider*, S. 296 f.

[349] *Kreuzer/Thamm*, § 4 Rdnr. 492, 511.

[350] *Kreuzer/Thamm*, § 4 Rdnr. 508; *Körner*, Anhang C 1 Rdnr. 172 (Kokain), Rdnr. 366 (Amphetamine).

[351] *Stöver/Nüdling*, S. 16 m. w. N.

[352] *Kreuzer/Thamm*, § 4 Rdnr. 510; für eine insgesamt aggressionsmindernde Wirkung bei alleinigem Heroinkonsum siehe *Körner*, Anhang C 1 Rdnr. 67.

[353] *Geschwinde*, Rdnr. 122; einschränkend in Rdnr. 261 für atypische Rauschverläufe.

[354] *Kreuzer/Thamm*, § 4 Rdnr. 493 ff.: Ursache sind oft Phasen erzwungener Abstinenz.

[355] Weitere Beispiele bei *Kreuzer/Thamm*, § 4 Rdnr. 501.

kampf am Drogenmarkt selbst bedingt durch die Konkurrenzsituation ebenfalls Gewaltdelinquenz.[356]

Die Daten der PKS sind in diesem Bereich wenig aussagekräftig. Jugendliche und Heranwachsenden stellen bei gefährlicher/schwerer bzw. leichter Körperverletzung 36,2 % bzw. 21,2 % der Tatverdächtigen. Der prozentuale Anteil der Konsumenten harter Drogen lag bei 3,8 % bzw. bei der einfachen Körperverletzung bei 3,0 %.[357] Dies mag auf den ersten Blick gegen die Annahme einer aggressionsfördernden Wirkung von Drogen sprechen. Es ist aber zu vermuten, dass innerhalb der Drogenszene ein großes Dunkelfeld besteht, da Delikte aus Angst vor Rache, mangelndem Vertrauen in die Polizei und der Angst vor Entdeckung eigener Taten nur selten zur Anzeige kommen. Offiziell bekannt werden also vorrangig die szeneexternen Delikte.

Die Zusammenhänge von Gewaltdelinquenz und Drogenkonsum sind, soweit ersichtlich, für die hier relevanten Altersgruppen bis dato nicht untersucht worden. Nach Studienerkenntnissen treten Gewaltdelikte mit Ausnahme der Beschaffungskriminalität vorrangig szeneintern auf.[358] Außerhalb der Drogenszene werden Gewaltdelikte zwar eher bekannt, jedoch stellt sich hier wiederum das Problem der Erkennbarkeit des Betäubungsmittelbezugs.

V.   Straßenverkehrsdelikte

1. Rauschmittelkonsum und Straßenverkehr

Die Teilnahme am Straßenverkehr ist ein wichtiger Bereich, in dem Rauschmittelkonsum von strafrechtlicher Relevanz sein kann. Er kann für die Straßenverkehrsdelikte nach dem Strafgesetzbuch, insbesondere §§ 315c und 316 StGB, sowie Tötungs- und Körperverletzungsdelikte infolge rauschbedingter Unfälle eine Rolle spielen.

Kenntnisse über den tatsächlichen Konsumumfang in diesem Deliktsbereich sind dürftig, da die Strafverfolgungsstatistiken diese Delikte nicht differenziert nach Art der konsumierten Mittel ausweisen, sondern Alkohol und andere berauschende Mittel gemeinsam erfasst werden.

Der Anteil der nach Jugendstrafrecht Verurteilten betrug bei den Straftaten im Straßenverkehr im Jahr 2002 7,6 %; bei den Trunkenheitsdelikten lag der Anteil der Verurteilten sogar bei nur 4,8 %. Betrachtet man die Verurteilungen wegen Straßenverkehrsdelikten näher, so entfielen bei den Erwachsenen 55 % der Verurteilungen auf Trunkenheitsdelikte. Der Anteil bei den jugendstrafrechtlich Verurteilten lag dagegen bei etwa 35 %. Bei ihnen treten also Verkehrsdelikte ohne Trunkenheit häufiger auf. Dieser Unterscheid dürfte im Wesentlichen schon daraus zu erklären sein, dass junge Menschen aufgrund ihres geringeren

---

[356] *Kreuzer/Römer-Klees/Schneider*, S. 297 ff. und *Körner*, § 29 Rdnr. 557 f.

[357] S. Anhang Tabelle 2; der Anteil der Frauen lag je nach Kategorie zwischen 8,1 % und 21,2 %.

[358] *Kreuzer/Römer-Klees/Schneider*, S. 296 ff.

Motorisierungsgrads in diesem Bereich seltener im Erscheinung treten können.[359]
Im Kontext Drogen und Straßenverkehr besteht nach wie vor erheblicher Forschungsbedarf über den Umfang der Deliktsbegehungen.[360] Die Auswirkungen vieler Betäubungsmittel auf die Fahrtüchtigkeit sind nicht ausreichend erforscht, die bisher vorhandenen Nachweismethoden sind zum Teil unzureichend.[361] Anders als bei Alkohol gibt es kaum verlässliche Schnelltest auf die gängigsten Betäubungsmittel.[362]
Rauschmittelkonsum spielt bei Verkehrsdelikten v. a. auf dem Heimweg von der Disko am Wochenende eine wichtige Rolle, da es hier immer wieder zu schweren Unfällen kommt. Dies betrifft vorrangig Heranwachsende, da Jugendliche noch nicht in dem Maße motorisiert sind. Aber auch die Teilnahme am Straßenverkehr mit einem Fahrrad[363] unter Drogeneinfluss kann eine Strafbarkeit begründen, wenn es z. B. zu einem Unfall mit Personen- oder Sachschäden kommt.

2. Einzelne Drogen im Straßenverkehr[364]

Alle Betäubungsmittel haben Auswirkungen auf die Fahrtüchtigkeit. Unter medizinischen Gesichtspunkten ist die Teilnahme am Straßenverkehr unter Drogeneinfluss nur in Grenzen mit der geforderten Verkehrstüchtigkeit zu vereinbaren. Neben der eigentlichen Rauschwirkung kommt es oft zu Beeinträchtigungen der Sehfähigkeit. Besonders dringlich wird die Frage nach der Fahrtauglichkeit zudem bei Bestehen einer Abhängigkeit. Teilweise wird die Fahreignung in derartigen Fällen generell verneint.[365]
Die Festlegung von Grenzwerten für eine absolute Fahruntüchtigkeit ist bei Drogen im Gegensatz zu Alkohol bis dato nicht möglich.[366] Für die Annahme der Fahruntüchtigkeit bedarf es daher nicht nur des Nachweises von Rauschmitteln im Blut des Fahrzeugführers, es müssen zusätzlich konkrete Anzeichen vorliegen, die auf eine relative Fahruntüchtigkeit schließen lassen. In Betracht kommen Fahrfehler und andere Auffälligkeiten, aus denen sich eine schwerwiegende, durch die Rauschmitteleinnahme verursachte Beeinträchtigung der Wahrnehmungs- und Reaktionsfähigkeit ergeben kann.[367]

---

[359] Statistisches Bundesamt, Strafverfolgung 2002, Tabelle 2.2.
[360] *Kreuzer/Thamm*, § 4 Rdnr. 519 ff.
[361] S. dazu *Salger*, DAR 1994, S. 433 ff.
[362] *Körner*, Anhang C 4 Rdnr. 2, 44, 47; BGH, NJW 1999, S. 226. Zur Erkennbarkeit von Drogenkonsum allgemein s. unten § 6 III. 2.
[363] Das Führen eines Fahrrads fällt ebenfalls unter §§ 315c, 316 StGB, s. OLG Düsseldorf, NJW 1992, S. 992 f.
[364] Eingehend zur Fahrsicherheit bei einzelnen Betäubungsmitteln *Harbort* (1996), Rdnr. 213 ff.; *Weiler/Schütz*, § 8 Rdnr. 23 ff.
[365] Z. B. *Schreiber*, Kriminalistik 1997, S. 737 ff.; *Salger*, DAR 1994, S. 433, 437 f.; *Weiler/Schütz*, § 8 Rdnr. 17.
[366] BGHSt 44, S. 219, 222 f.; *Körner*, Anhang C 4 Rdnr. 47 m w. N.
[367] BGHSt 44, S. 219, 225 f.; s. auch OLG Zweibrücken; StV 2003, S. 624 f.

Anzumerken ist, dass für den Bereich gem. StVG § 24a Abs. 2 StVG eine Ordnungswidrigkeit vorliegt, wenn eine der in der Anlage zu dieser Vorschrift genannten Substanzen (Cannabis, Heroin, Morphin, Kokain, Amphetamin, MDE, MDMA) im Blut nachgewiesen werden kann.[368]

a) Cannabis

Der Konsum von Cannabis beeinträchtigt Wahrnehmung und Reaktionszeit. Letztere ist v. a. in Stress- und plötzlichen Gefahrensituationen verlangsamt, Automatismen im Straßenverkehr wie das Lenken können insgesamt gestört sein. Nach Cannabiskonsum besteht daher generell ein gesteigertes Unfallrisiko.[369] Der Beikonsum von Alkohol verstärkt dies beträchtlich.[370] Untersuchungen haben ergeben, dass diese Wirkungen bis zu 24 Stunden nach dem Konsum bestehen bleiben können.[371] Von Bedeutung ist auch die Nachrauschwirkung (Flashback), da dies zu plötzlichen und unerwarteten Halluzinationen führen kann, was eine besondere und unberechenbare Gefahr für die Fahrtauglichkeit darstellt.[372]

b) Synthetische Betäubungsmittel

Amphetamine wie auch seine Derivate haben gleichfalls negative Auswirkungen auf die Fahrtüchtigkeit. Sie beeinträchtigen die Konzentrationsfähigkeit und führen durch die Steigerung des Selbstwertgefühls zu Selbstüberschätzung, was in Gefahrensituationen das Risiko schwerer Unfälle etwa aufgrund überhöhter Geschwindigkeit zur Folge haben kann. Zudem kann die Fahrtüchtigkeit durch Wahrnehmungsstörungen und auftretende Halluzinationen beeinträchtigt werden.[373]

Da es sich bei den Konsumenten synthetischer Drogen oft um Jugendliche und Heranwachsende mit geringer Fahrerfahrung handelt, birgt die Kombination Jugendliche – Ecstasy – Straßenverkehr ein erhebliches Gefahrenpotenzial in sich.

c) Kokain/Crack

Kokainkonsum hat ebenfalls Auswirkungen auf die Konzentrationsfähigkeit und die Aufmerksamkeit; er kann zu Halluzinationen führen. Besonders ausgeprägt ist dies in der akuten Rauschphase bei Crackkonsum. Durch die aufputschende Wirkung des Kokains wird die Risikobereitschaft erhöht, so dass es zu riskanten Fahrmanövern kommen kann.[374] Außerdem wird der Konsument durch eine Er-

---

[368] Zur Verhängung eines Fahrverbots infolge Cannabiskonsums s. BVerfG, NJW 2005, S. 349 ff.; BayObLG, NJW 2003, S. 1681 f.; zur Berücksichtigung von passivem Cannabiskonsum s. VGH Baden-Württemberg (10 S 427/04).
[369] Zur Frage der Fahrtüchtigkeit nach Cannabiskonsum s. BVerfG, StV 2002, S. 593, 594 ff. = NJW 2002, S. 2378 ff.; zum Forschungsstand s. *Kleiber/Soellner* (2004), S. 20, 39 ff. und *Kleiber/Kovar*, S. 219 ff
[370] *Geschwinde*, Rdnr. 120.
[371] OLG Frankfurt/Main, NStZ-RR 2002, S. 17 ff.; *Harbort* (1996), Rdnr. 231 ff.
[372] *Kannheiser*, NZV 2000, S. 57, 63; LK[11]-*König*, § 316 Rdnr. 146, 159.
[373] Eingehend *Harbort*, NZV 1998, S. 15, 20 ff. und *ders.* (1996), Rdnr. 261 (MDMA), 306 (Amphetamine); *Geschwinde*, Rdnr. 847 (Ecstasy), 937 (GHB), 1876 (Amphetamine).
[374] *Harbort* (1996), Rdnr. 267 (Crack), 289 (Kokain); *Salger*, DAR 1994, S. 433, 437.

weiterung der Pupillen (Mydriasis) für Blendungen empfindlicher, was speziell nachts zu erheblichen Gefahrensituationen führen kann.[375]

d) Opiate

Opiate führen aufgrund der beruhigenden Wirkung zu einer Verlängerung der Reaktionszeiten und zur Einschränkung der Sehfähigkeit durch eine Pupillenverengung (Miosis). Das Auftreten von Entzugserscheinungen kann ebenfalls Auswirkungen auf die Fahrtüchtigkeit haben.[376]

e) Medikamente und sonstige Substanzen

Eine Vielzahl an Medikamenten, die das zentrale Nervensystem beeinflussen, stellen andere berauschende Mittel im Sinne der §§ 315 c, 316 StGB dar. Insbesondere Beruhigungsmittel wie Rohypnol oder Valium wirken sich negativ auf die Fahrtüchtigkeit aus.[377]

Auch nach dem Konsum halluzinogener Pflanzen ist die Fahrtüchtigkeit erheblich eingeschränkt. Vergleichbares gilt für Schnüffelstoffe.[378]

---

[375] *Geschwinde*, Rdnr. 1523.
[376] *Geschwinde*, Rdnr. 1129, geht von einer absoluten Fahruntüchtigkeit für sechs Stunden nach dem Konsum aus; *Harbort* (1996), Rdnr. 244 f. (Heroin), die Wirkungen alleinigen Codeinkonsums sind im Hinblick auf die Fahrsicherheit unklar, *Harbort* (1996), Rdnr. 273; *Salger*, DAR 1994, S. 433, 437.
[377] *Geschwinde*, Rdnr. 1994, 2197, 2233; Einzelheiten bei *Harbort* (1996), Rdnr. 316 ff.
[378] *Geschwinde*, Rdnr. 514 (Nachtschattengewächse), 2539 (Inhalantien).

§ 4 – Ursachen von Drogenkonsum

I.   Vorüberlegungen

Ziel jeglicher strafrechtlicher Intervention muss letztlich die Behandlung der Ursachen der Delinquenz sein, nicht die der Symptome. Dies wird im Jugendstrafrecht umso bedeutsamer, als es erzieherisch auf den jungen Rechtsbrecher einwirken will. Soweit Betäubungsmittel eine Rolle spielen, sind deshalb die zum Drogenkonsum führenden Motive für die Auswahl der geeigneten Reaktion in die Betrachtung mit einzubeziehen. Erst wenn man die Ursachen kennt, kann man versuchen, erfolgversprechend auf eine Veränderung beim Konsumenten hinzuarbeiten.[379]

Junge Menschen sind den Verlockungen bewusstseinsverändernder Substanzen in besonderem Maße ausgesetzt. Die Übergangsphase von der Kindheit in die Erwachsenenwelt stellt sie vor eine Vielzahl neuer Herausforderungen. Sie werden allmählich aus der behüteten Familienwelt in ein selbständiges und eigenverantwortliches Leben entlassen. Die Ablösung aus dem Elternhaus geht einher mit einer steigenden Verantwortung für sich selbst (und andere), dem Aufbau neuer sozialer Beziehungen und neuen und erweiterten individuellen Möglichkeiten. Verbunden ist dieser Prozess mit einem –zeitweiligen– Verlust an Sicherheit, da das bisher vorhandene Schutzsystem „Elternhaus" an Bedeutung verliert und erst allmählich durch neue Strukturen und ein eigenes Wertesystem ersetzt wird. Die Peer-Group gewinnt im Verlauf dieses Prozesses immer mehr an Bedeutung. In dieser schwierigen und durch eine Vielzahl von Problemen gekennzeichneten Umbruchphase ist der junge Mensch anfällig für die vermeintliche Hilfe durch psychoaktive Substanzen. Sie scheinen die Veränderungen der Lebenssituation erträglicher zu machen und ermöglichen die Manipulation und Gestaltung der Welt nach der eigenen Befindlichkeit und den eigenen Vorstellungen.[380] Daneben gibt es natürlich noch eine Vielzahl anderer Gründe, den Verlockungen von Rauschmitteln nachzugeben.

Das Zusammenspiel der Ursachenfaktoren ist Gegenstand des folgenden Kapitels. Man sollte sich dabei stets vergegenwärtigen, dass der Gebrauch bewusstseinsverändernder Substanzen nicht mit einem Abgleiten an den Rand der Gesellschaft oder in die Illegalität gleichzusetzen ist. Rauschmittelkonsum ist eine gesellschaftliche Realität. Er ist heute bei den legalen Rauschmitteln ein fast schon notwendig scheinender Schritt der Adoleszenz[381], bei Cannabiszuberei-

---

[379] *Römer*, DVJJ-J 1993, S. 119, 123; ähnlich schon *Brunner*, ZBl. 1971, S. 243, 246 f.
[380] *Hurrelmann*, Suchtreport 6/2000, S. 29, 30 f.
[381] *Brunner*, JR 1973, S. 89; für die heutige Zeit *Hurrelmann*, Suchtreport 6/2000, S. 29, 31; *Farke/Broekmann*, S. 6.

tungen scheint dies in immer größerem Maße der Fall zu sein. Und auch der (Nicht-) Umgang mit illegalen Rauschmitteln muss erlernt werden.

II. Entstehungsbedingungen für Drogenkonsum

1. Theoretische Konzeption

Es gibt eine Vielzahl von Theorien über die Entstehungsbedingungen von Drogenkonsum und Abhängigkeit. Es ist jedoch bis dato nicht abschließend geklärt, welche Faktoren genau den Konsum auslösen und wie es in der Folge zu einer Sucht kommen kann.[382] Monokausale Erklärungsansätze sind sicher nicht in der Lage, dieses komplexe Ursachensystem zu erklären. So erscheint es etwa zweifelhaft, ob man Drogenabhängigkeit als Folge einer Zuschreibung als kriminell ansehen kann.[383] Zumindest lässt sich auf diese Weise der Initialkonsum nur schwerlich erklären. Man kann diesem Phänomen daher nur mit einem multifaktoriellen Erklärungsansatz gerecht werden. Es geht an dieser Stelle weniger darum, eine weitere Theorie des Drogenkonsums bzw. der Abhängigkeit zu entwickeln. Ziel der Darstellung ist es vielmehr, die möglichen Ursachen und ihr komplexes Zusammenspiel aufzuzeigen, um für den Einzelfall angemessene und sinnvolle Reaktionen zu ermöglichen.

a) Gruppen und Faktoren

Die wissenschaftliche Forschung hat eine Fülle von Einflussfaktoren und Motiven herausgearbeitet, die eine Rolle für die Konsum- und Suchtgenese spielen können. Man kann sie in drei Gruppen unterteilen.[384] Diese sind:

> ➤ die Persönlichkeit des Konsumenten,
> ➤ die sozialen Bedingungen und
> ➤ die Eigenarten der jeweiligen Droge.

Jede dieser Gruppen setzt sich aus mehreren Faktoren zusammen, die je nach Einzelfall sowohl begünstigend pro als auch hemmend contra Drogenkonsum wirken können. Die einzelnen Faktoren und ihre Zuordnungen zu den drei Gruppen sind in Schaubild 12 dargestellt.[385]

---

[382] Eine Übersicht gibt *Degkwitz*, S. 41, 46 ff.; Kritisch zu den bisherigen Erklärungsansätzen *Reuband*, S. 11 ff. Auch die EBDD bejaht die Notwendigkeit weiterführender Forschung speziell bei Jugendlichen EBDD, Drogen im Blickpunkt 10, S. 3.

[383] So aber NK-*Böllinger*, § 64 Rdnr. 27 ff., v. a. 33 f.

[384] In Anlehnung an *Ladewig u. a.*, S. 17.

[385] Eine trennscharfe Zuordnung der Faktoren zu einer bestimmten Gruppe ist aufgrund der Komplexität der darin enthaltenen Phänomene nicht immer möglich. Über die Zuordnung kann man daher unterschiedlicher Meinung sein. So unterscheidet etwa *Bühringer* (1998a), § 6 Rdnr. 22 ff., Risiko- und Schutzfaktoren. Der Vorteil der hier gewählten Einteilung liegt m. E. darin, dass viele Faktoren sowohl in die eine wie auch in die andere Richtung wirken können.

Persönlichkeit

> ➤ Angst vor Strafverfolgung
> ➤ Biologische Ursachen
> ➤ Gefährlichkeitseinschätzung
> ➤ Individuelle Einstellung
> ➤ Neugier
> ➤ Problemlagen/Realitätsflucht
> ➤ Reiz des Verbotenen

Eigenart der Droge

> ➤ Gewöhnung/Suchtpotenzial
> ➤ Konsumform
> ➤ Leistungssteigerung/Stressbewältigung
> ➤ Rauscherlebnis/Spaß
> ➤ Steuerung der Befindlichkeit
> ➤ Verfügbarkeit

KONSUM und ABHÄNGIGKEIT

Soziale Bedingungen

> ➤ Familiäre Faktoren
> ➤ Gesellschaftliche Rahmenbedingungen
> ➤ Medien und Werbung
> ➤ Peer-Group
> ➤ Situative Faktoren
> ➤ Sozialer Empfangsraum

Schaubild 12: Einflussfaktoren für Drogenkonsum und Abhängigkeit

Zur `Persönlichkeit des Konsumenten` gehören alle Faktoren, die das Individuum kennzeichnen und in ihm ihre Grundlage haben, wie etwa seine Einstellung zum Thema Drogen. Die `Sozialen Bedingungen` werden durch das Umfeld des Konsumenten bestimmt. Dazu gehören beispielsweise die Familie und die Peer-Group. Zur letzten Gruppe `Eigenart der Droge` zählen schließlich u. a. ihre Wirkungen und die Verfügbarkeit.

Zu beachten ist, dass einige dieser Faktoren weitere Subelemente (etwa Medien und Werbung – mit den Elementen Film, Musik, Internet) enthalten, die jedoch in einem so engen Zusammenhang zueinander stehen, dass sie nicht jeweils als eigenständige Faktoren erfasst werden.

Diese drei Gruppen und die ihnen zugeordneten Faktoren stehen nicht isoliert nebeneinander. Es bestehen unterschiedlich stark ausgeprägte Wechselwirkungen. So wird die individuelle Einstellung des Konsumenten durch die sozialen Bedingungen, die Peer-Group sowie die Familie und die damit verbundenen Wertvorstellungen geprägt. Allerdings muss es nicht immer zu derartigen Einflüssen kommen. Zu beachten ist ferner, dass manche dieser Faktoren bei allen Rauschmitteln ähnlich sind, andere dagegen von der jeweiligen Droge abhängen können. So sind die Gewöhnung und das Suchtpotenzial bei Heroin anders zu gewichten als bei Cannabis.

b) Die zeitliche Komponente

Drogenkonsum ist in aller Regel kein statisches Ereignis, sondern er weist eine zeitliche Komponente auf. Da es nicht immer bei einem einmaligen Konsumversuch bleibt, kann es bei der Ursachenforschung nicht allein darum gehen, den Initialkonsum, das „erste Mal", zu erklären. Man muss sich vielmehr damit befassen, welches die Gründe zur Wiederholung und Fortsetzung des Verhaltens sind. Diejenigen Konsumenten, die über das einmalige Experimentieren nicht hinauskommen, sind weder strafrechtlich noch gesellschaftlich ein ernsthaftes Problem. Der Konsum kann für sie zwar –möglicherweise sogar erhebliche– negative Folgen haben, doch erst durch die Fortsetzung und Wiederholung kommen die wirklich bedenklichen Gefahren hinzu: Der Rauschmittelkonsum wird immer mehr zu einer normalen Verhaltensweise und es steigt das Risiko einer Abhängigkeitsentwicklung. Was die Fortsetzung aber letztlich bedingt, hängt von dem komplexen Zusammenspiel positiver und negativer Verstärker ab, wie sie in den einzelnen Faktoren zu finden sind. Dabei scheinen v. a. bei der Ausbildung einer Abhängigkeit in Deutschland nach wie vor „pathologische Erklärungsansätze" vorzuherrschen.[386] Vor dem Hintergrund einer gewandelten Gesellschaft(-sstruktur) ist es aber durchaus nicht unplausibel, dass heute andere Ursachen eine gleichbedeutende oder gar größere Rolle spielen, was die folgende Darstellung zeigen wird.

Um diese Entwicklung abzubilden, werden in zeitlicher Hinsicht drei wesentliche Stadien unterschieden:

> ➤ Initialkonsum,
> ➤ Fortsetzung und
> ➤ Abhängigkeit.

Diese Dreiteilung deckt die zentralen Fragen der Ursachenanalyse ab: Warum kam es überhaupt zum Konsum? Aus welchen Gründen wurde er fortgesetzt? Wieso hat sich daraus eine Abhängigkeit entwickelt?[387]

Die zeitliche Abfolge ist im Hinblick auf das Einsetzen einer Abhängigkeit insoweit ungenau, als diese je nach Substanz sehr schnell, unter Umständen sogar schon direkt nach dem Initialkonsum erreicht sein kann. Fortsetzung und Abhängigkeit fallen dann quasi zusammen. Einen eindeutig bestimmbaren Zeitpunkt, an dem ein individuell verträglicher Konsum in einen schädlichen Missbrauch bzw. in die Abhängigkeit übergeht, kann man ohnehin nicht festlegen.[388]

Im Rahmen der zeitlichen Entwicklung des Konsums spielen nicht alle Faktoren in jedem Stadium gleichermaßen eine Rolle. Während die einen eher den Erstkonsum begünstigen, wirken sich andere bei der Konsumfortsetzung aus. Wieder andere spielen erst bei der Abhängigkeitsentwicklung eine tragende Rolle. Diesen möglichen Veränderungen der Konsumursachen im Zeitverlauf wird dadurch Rechnung getragen, dass zwei prinzipielle Einflussstärken der Faktoren auf die einzelnen Stadien unterschieden werden:

> ➤ ein (vermuteter) starker Einfluss und
> ➤ ein (vermuteter) schwacher Einfluss.

Dem Umstand, dass eine empirische Bestätigung der Faktoren und ihrer Wirkungen im Rahmen dieser Arbeit nicht möglich ist, wird durch die Annahme nur

---

[386] S. *Römer*, DVJJ-J 1993, S. 119, 120 m. w. N.
[387] Eine feinere Einteilung –etwa nach der Konsumfrequenz bei der Fortsetzung– bringt m. E. keinen weitergehenden Nutzen.
[388] NK-*Böllinger*, § 64 Rdnr. 21.

vermuteter Einflusswirkungen Rechnung getragen.[389] Zur Untermauerung derartiger Annahmen wird aber auf vorhandene Forschungsergebnisse zurückgegriffen.

Auf dieser Grundlage wurde das folgende Ursachenmodell entwickelt. Die Schaubilder 13a und 13b stellen dabei die (vermuteten) Einflüsse der einzelnen Faktoren auf die verschiedenen zeitlichen Ebenen dar. Erscheint ein Faktor in einem der beiden Schaubilder nicht, so wird ihm insoweit keine Bedeutung zugemessen.

---

[389] Es erscheint fraglich, ob jeder dieser Faktoren für eine empirische Untersuchung tatsächlich operationalisierbar wäre, etwa die Wirkung der Medien.

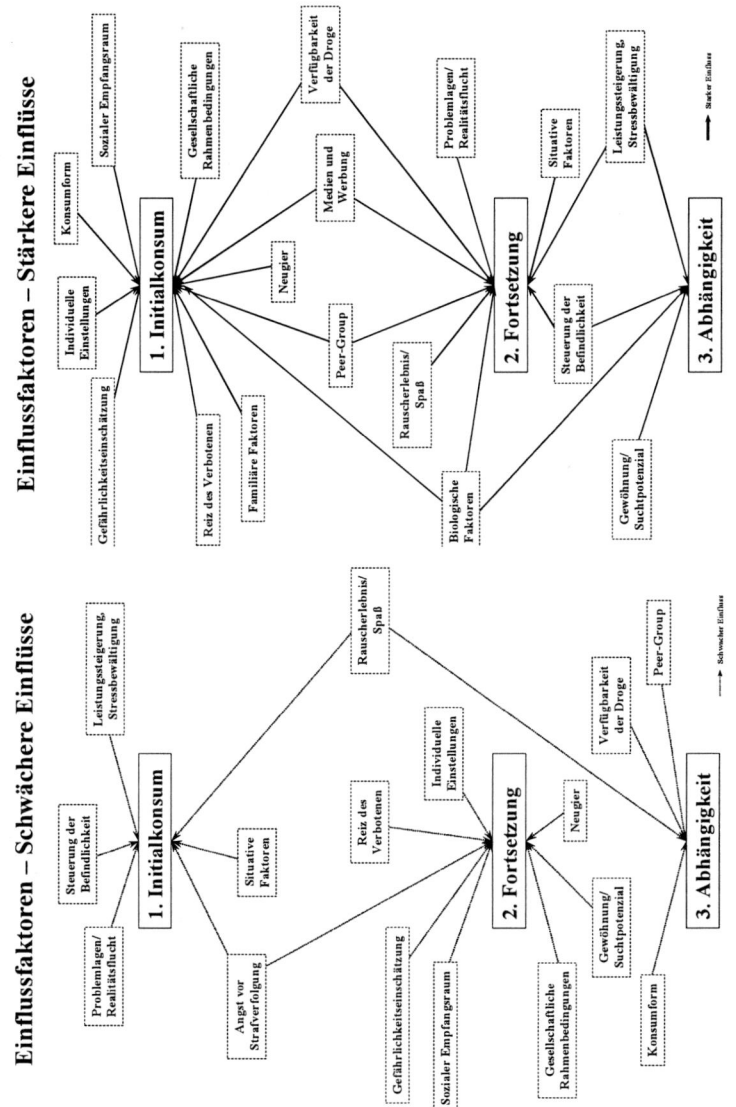

Schaubilder 13a und 13b: Faktoren und Einflusswirkungen auf Drogenkonsum

2. Die einzelnen Faktoren

Die besondere Problematik der Ursachenanalyse zeigt sich darin, dass viele der im Folgenden dargestellten Faktoren von verschiedenen Forschern als der jeweils wichtigste in der Konsumgenese angesehen werden. Da sich die Wichtigkeit m. E. jedoch nicht ohne Berücksichtigung des Einzelfalls feststellen lässt, werden die Faktoren innerhalb ihrer Gruppe alphabetisch dargestellt.

a) Persönlichkeit des Konsumenten

In dieser Gruppe sind alle Faktoren zusammengefasst, die ihre Grundlage in der Person des Konsumenten haben oder unmittelbar mit ihm zusammenhängen. Dies sind:

> ➤ Angst vor Strafverfolgung: Die Angst vor Strafverfolgung wegen des Drogenkonsums scheint bei jungen Menschen schwach ausgeprägt zu sein. Nach der Drogenaffinitätsstudie 2004 begründeten gerade 6 % der befragten 12- bis 25-Jährigen ihre Ablehnung eines ersten Drogenangebots mit diesem Argument.[390] Dies überrascht nicht, da Drogenkonsum oft in kleiner Runde im privaten Kreis vorgenommen wird, so dass das Entdeckungsrisiko verhältnismäßig gering ist. Auch im halböffentlichen Bereich bei Partys wird dieses Risiko als eher niedrig eingeschätzt.[391] Eine Ursache dürfte darin zu sehen sein, dass speziell bei der wichtigsten Droge Cannabis die Strafverfolgungspraxis als nicht sonderlich intensiv und konsequent wahrgenommen wird. Die Angst vor strafrechtlichen Folgen betrifft eher vereinzelte, mit dem Konsum nur indirekt zusammenhängende Verhaltensweisen wie Körperverletzungen oder andere Straftaten in Folge des Rauschmittelkonsums.[392]
> Die Angst vor Strafverfolgung hat als schwacher protektiver Faktor nur eine geringe Bedeutung für den Beginn der Konsumgenese. Für die Fortsetzung dürfte dies noch mehr gelten, da die mit der Angst verbundene Hemmschwelle bereits erfolgreich überwunden wurde. Dieser Faktor ist eng mit der Einschätzung des Entdeckungs- und Verfolgungsrisikos verknüpft.[393]

> ➤ Biologische Ursachen: Unter biologische Ursachen sind die biologischen Merkmale des Konsumenten zu verstehen. Der Faktor umfasst mehrere Elemente.
> Der vielleicht wichtigste Aspekt der biologischen Faktoren ist die Vermutung, dass es vererbbare biologische Prädispositionen für den Konsum von

---

[390] BZgA, Drogenaffinitätsstudie 2004 (Teilband Illegale Drogen), S. 66; ein ähnliches Ergebnis findet sich bei *Lantzsch/Lauber*, S. 55, 72; s. dazu auch *Rakete/Flüsmeier*, S. 62 f.
[391] *Reuband*, S. 112 ff.
[392] *Tossmann/Boldt/Tensil*, S. 120 f.
[393] Dieser Faktor wurde nicht als Merkmal der Person eingeordnet, da die Intensität der Strafverfolgung eine Frage des gesellschaftlichen Umgangs mit Rauschmitteln ist. Dass daraus eine „Furcht" entsteht ist insoweit nur ein Reflex.

Rauschmitteln gibt.[394] Nachgewiesen werden konnte dies bisher allerdings nur für Alkohol. Diese Erkenntnis legt es nahe, dass es für andere Substanzen ebenfalls eine derartige biologische Disposition gibt. Träfe diese Vermutung zu, so hätte dies v. a. für die Ausbildung einer Abhängigkeit große Bedeutung. Derjenige, der einmal mit dem Konsum begonnen hat, würde ihn immer wieder fortsetzen wollen. Für den Initialkonsum würde es dagegen eine untergeordnete Rolle spielen, da die Disposition sich als generell-unbewusste Bereitschaft zum Konsumbeginn widerspiegeln würde, die erst ausgelöst werden muss.

Unter biologischen Gesichtspunkten spielt weiter der individuelle Reifungsprozess eine Rolle. Das Erlernen des Umgangs mit Rauschsubstanzen ist ein wesentlicher Teil der Adoleszenz. Der Konsum von Alkohol und –in geringerem Maße– von Tabak wird heute weitgehend als normales Verhalten wahrgenommen und ist entsprechend weit verbreitet.[395] Der Verlauf des individuellen Reifungsprozesses kann daher Auswirkungen auf den Beginn des Substanzkonsums haben. Eine schneller einsetzende und fortschreitende Pubertät kann beispielsweise dazu führen, dass der junge Mensch früher in Kontakt zu älteren Jugendlichen kommt, die ihrerseits schon Erfahrungen mit Suchtmitteln haben, so dass der Zugang zu diesen Mitteln früher eröffnet wird.[396] Dies dürfte sich –über die Peer-Group– eher auf den Initialkonsum auswirken.

> Gefährlichkeitseinschätzung: Der Faktor Gefährlichkeitseinschätzung erfasst die Bewertung des Konsums einer bestimmten Substanz im Hinblick auf ihre Gefährlichkeit für den Einzelnen. In Schaubild 14 sind die Gefährlichkeitseinschätzungen (hohes Konsumrisiko) für verschiedene Betäubungsmittel bei Probierkonsum bzw. regelmäßigem Konsum dargestellt.

---

[394] *Bühringer* (1998a), § 6 Rdnr. 22 m. w. N.; *Stimmer*, Genetik (S. 270 ff.); zu Alkohol s. auch *Klein*, S. 39, 43 f.

[395] Zur Lebenszeitprävalenz bei diesen Substanzen s. oben Fn. 242.

[396] *Lehmkuhl*, S. 30, 35 m. w. N.

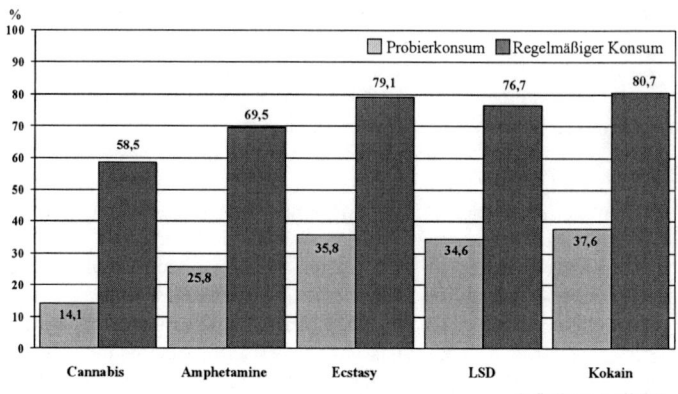

Quelle: *Kraus u. a.*, Abb. 5-14

Schaubild 14: Gefährlichkeitseinschätzung bei verschiedenen Betäubungsmitteln nach Konsumintensität

Das Schaubild zeigt, dass Jugendliche eine generelle Vorstellung von der Gefährlichkeit einzelner Rauschmittel haben. Dabei wird der Konsum von Cannabis sowohl für das Probieren als auch für den regelmäßigen Konsum als deutlich weniger risikoreich eingeschätzt als der anderer Substanzen. Dies kann zumindest zum Teil erklären, warum gerade diese Droge so oft ausprobiert wird. Allerdings scheint die Gefährlichkeitseinschätzung bei bestimmten Personengruppen erheblich zu variieren: So gilt der exzessive Drogenkonsum –vor allem von Heroin!– bei den jungen Aussiedlern als nahezu `normale` Verhaltensweise.[397]

Die Gefährlichkeitseinschätzung ist keine statische Größe, sondern sie kann sich im Laufe der Zeit erheblich verändern. Dies gilt insbesondere, wenn der eigene Konsum aufgenommen wurde.[398] Kritische Selbstreflexion über die möglichen Folgen wird dann nur noch gelegentlich betrieben. Begünstigt wird diese Problemverdrängung wohl durch beschönigend-verharmlosende Berichterstattungen in den Medien. Besonders ausgeprägt scheint diese Tendenz bei Cannabis zu sein.[399]

Die Gefährlichkeitseinschätzung steht in engem Zusammenhang mit dem unter `Eigenart der Droge` besprochenen Faktor Konsumform.[400]

Sie spielt für den Initialkonsum eine wichtige Rolle. Etwas, was man persönlich als riskant einschätzt, wird nur vorsichtig oder gar nicht ausprobiert. Diese ablehnende Einstellung muss zunächst durch andere Faktoren (etwa die Peer-Group) abgebaut werden. Wird die Substanz danach auf-

---

[397] *Czycholl*, S. 11, 14; *Osterloh*, S. 43, 50; deutlich auch *Walter* (2002), S. 67, 70 f., wonach der Anteil der aktuellen Heroinkonsumenten unter den inhaftierten Jugendlichen aus Russland bei über 75 % liegt.

[398] *Baumgärtner/Sandring*, S. 77, 78 ff. mit Tabelle A 7 (im Anhang), 83 (Übersicht V.3).

[399] *Farke/Broekmann*, S. 6, 12 f.

[400] Zu den Konsumformen s. auch oben § 1 II. 2 c).

grund der eigenen Erfahrungen als ungefährlich bewertet, hängt die Fortsetzung nicht mehr von der ursprünglichen Einschätzung ab, da die Gefahrenhemmschwelle überwunden wurde. Im Gegenteil, die nun gültige Bewertung als harmlos dürfte sogar eher zu einer Wiederholung und Intensivierung des Konsums führen, da das Risiko als akzeptabel betrachtet wird. Etwas anderes kann allerdings gelten, wenn der Initialkonsum keine oder sogar negative Folgen hatte. Derartige Erfahrungen dürften sich eher hemmend auf eine Wiederholung auswirken und müssen gegebenenfalls erst durch andere Faktoren kompensiert werden.

➢ Individuelle Einstellung: Die individuelle Einstellung spiegelt die innere Bereitschaft zum Konsum wider, die durch das zugrunde liegende Werte- und Weltbild des Konsumenten geprägt ist. Sie steht in engem Zusammenhang mit der Gefährlichkeitseinschätzung, ist damit aber nicht identisch, da sie darüber hinausgeht. Es geht um die Frage, welches Image eine bestimmte Substanz und ihr Konsum in der Meinung einer Person haben, was nicht allein von ihrer Gefährlichkeit abhängt. Deutlich wird diese Einstellung in dem Interesse, Drogen auszuprobieren. Viele Jugendliche zeigen hierzu je nach Substanz eine mehr oder minder stark ausgeprägte Bereitschaft.[401]

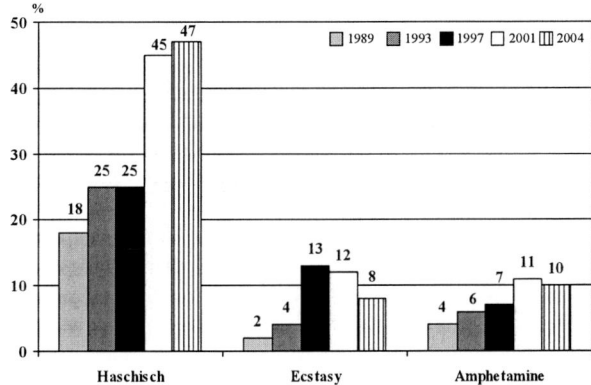

Quelle: BZgA, Drogenaffinität 2004 (Teilband Illegale Drogen), S. 30

Schaubild 15: Probierbereitschaft bezüglich verschiedener Rauschmittel

Schaubild 15 zeigt, dass die Probierbereitschaft bei dem für junge Menschen wichtigsten Rauschmittel Cannabis zwischen 1989 und 2004 stetig zugenommen hat. Dies belegt die heute weit verbreitete Akzeptanz dieser Droge. Bei den anderen dargestellten Substanzen wird zwar ein genereller Trend zu einer steigenden Offenheit für Drogen erkennbar, was für die Annahme einer positiven Einstellung pro Konsum spricht. Allerdings ist dort

---

[401] Eingehend *Reuband*, S. 94 ff. Die generelle Ablehnung ist nur schwach ausgeprägt. Bei *Lantzsch/Lauber*, S. 55, 71 ff. mit Übersicht IV. 6., gaben nur 6,5 % der Befragten eine generelle Ablehnung von Rauschmitteln an.

für die letzten drei Jahre ein Rückgang der Probierbereitschaft zu verzeichnen.

Die individuelle Einstellung ist für den Initialkonsum von Bedeutung. Wer gegenüber einer Droge positiv eingestellt ist, wird eine entsprechende Möglichkeit zum Probieren eher nutzen. Die individuelle Einstellung ist in erheblichem Maße durch Faktoren aus der Gruppe der sozialen Bedingungen beeinflussbar, da junge Menschen noch nicht über einen gefestigten Wertekanon verfügen. So wird die innere Bereitschaft zum Probieren im Vorfeld des eigentlichen Konsums von der Peer-Group geprägt.[402] Wechselwirkungen mit dem Faktor Neugier scheinen ebenfalls möglich. Das Bestehen von Problemen soll eine positive Einstellung hin zum Konsum begünstigen.[403]

Für die Fortsetzung dürfte die individuelle Einstellung eine geringere Rolle spielen. Zwar setzt die Wiederholung des Konsums das Fortbestehen einer eher positiven Grundhaltung voraus, doch wird diese Einstellung durch positive Rauscherlebnisse verstärkt.

Die individuelle Einstellung kann als protektiver Faktor wirken, wenn der Betreffende aufgrund seiner Erziehung und Entwicklung und seiner inneren Überzeugungen ablehnend gegenüber Betäubungsmitteln eingestellt ist.

➢ Neugier: Im Faktor Neugier geht es um die Frage, wie Drogen und Drogenkonsum auf den Konsumenten wirken. Wie ist es, einen Rausch –mit einer verbotenen Substanz– zu erleben? Hier zeigt sich das jugendliche Interesse am Experimentieren. Das Wissen um die Drogenwirkungen basiert zunächst nur auf den Erzählungen der (vermeintlich) erfahreneren Gleichaltrigen. Diese sind in der Regel subjektiv geprägt, so dass positive Erlebnisse in den Vordergrund gerückt werden.[404] Daneben ergibt sich auch aus Medienberichten, Kinofilmen u. ä. ein gewisses Maß an Mythenbildung über die Rauschwirkungen. Damit stellt sich für den Einzelnen die Frage, wie es denn nun ist, selbst eine bestimmte Droge zu konsumieren, einen Rausch zu erleben.

Die Neugier des Einzelnen ist für den Initialkonsum von Bedeutung. Studienergebnisse zeigen, dass dies ein wichtiges Motiv für das Probieren von Rauschmitteln ist.[405] Der Konsument will am eigenen Leibe spüren, wie es ist, high zu sein, „neben sich zu stehen". Für die Fortsetzung verliert dieser Aspekt jedoch erheblich an Bedeutung, da das Verhalten als normal betrachtet wird, der Reiz des Unbekannten, des Neuen verloren gegangen ist.[406] Der Aspekt der Neugier kann aber bei Drogenerfahrenen unter einem

---

[402] *Reuband*, S. 107.
[403] *Reuband*, S. 105.
[404] Eingehend *Reuband*, S. 103 ff.
[405] *Lantzsch/Lauber*, S. 55, 65 ff. mit Übersicht IV. 4; s. auch EBDD, Jahresbericht 2003, S. 60.
[406] Dies belegen die Ergebnisse bei *Lantzsch/Lauber*, S. 55, 60 f. Bei Probierkonsumenten dominiert die Neugier als Einstiegsmotiv, während sie bei erfahrenen Gewohnheitskon-

anderen Gesichtspunkt eine Rolle spielen: Aufgrund der bekannten Wirkung kann die konsumierte Menge immer weiter gesteigert werden, um zu sehen, wie sie dann wirkt. Neugier kann außerdem im Hinblick auf die Bereitschaft, andere Rauschdrogen zu testen, zum Tragen kommen. Ein solcher Umstieg ist wieder als Initialkonsum zu bewerten. Ähnliche Überlegungen sind bei der Kombination verschiedener Substanzen heranzuziehen. Neugier kann insoweit als protektiver Faktor in Betracht kommen, als sie durch entsprechende Informationen im Vorfeld des Konsums „gestillt" worden ist. Hierin liegt der wesentliche Ansatzpunkt für präventive Maßnahmen, wobei es nicht nur um die Darstellung der negativen Folgen gehen darf, die bei vielen Betäubungsmitteln eher mittel- bis langfristig eintreten. Erforderlich ist –v. a. bei Cannabis– eine realistische Darstellung ohne Beschönigung oder Verteufelung.

➢ Problemlagen/Realitätsflucht: Das Auftreten (akuter) individueller Problemlagen kann den Konsum von Drogen begünstigen. Teilweise wird hierin sogar die wichtigste Ursache gesehen.[407] Eine gesteigerte Form stellt die Realitätsflucht dar. In engem Zusammenhang hierzu steht der weiter unten besprochene Faktor der Steuerung der Befindlichkeit.

Dass die Pubertät als Übergangsphase der Entwicklung von einer Vielzahl von Problemen begleitet ist, wurde bereits angesprochen. Der Jugendliche muss nicht nur mit den Veränderungen im eigenen Selbst zurechtkommen, sondern er muss sich auch in einer sich für ihn verändernden Umwelt mit gesteigerten Erwartungen und zunehmend größerer Verantwortung zurechtfinden. Dabei können Schwierigkeiten mit dem oder innerhalb des Elternhauses[408] den Weg in den Konsumversuch ebenso ebnen wie solche in Schule, Ausbildung oder im Freundes- und Bekanntenkreis. Ein Ausweg aus den damit einhergehenden Konflikten, Problemen und Veränderungen kann der Konsum von Rauschmitteln sein.[409]

Bei den auslösenden Problemen muss es sich nicht um längerfristige Prozesse handeln, auch punktuelle Ereignisse fallen unter diesen Faktor. So kann beispielsweise der Tod eines Elternteils oder eine Scheidung eine Hinwendung zu Drogen zur Folge haben.[410] Migrationserfahrungen dürften hier ebenfalls zu nennen sein. Dies könnte zum Teil erklären, warum bei jungen Aussiedlern verstärkt Drogenprobleme auftreten. Durch die Auswanderung werden gerade junge Menschen mehr oder minder unvorberei-

---

sumenten eine geringere Bedeutung hat und hier die Rauschwirkungen in den Vordergrund treten.

[407] Dieser „pathologische Erklärungsansatz" findet sich etwa bei *Ladewig u. a.*, S. 19; weitere Nachweise und Kritik bei *Reuband*, S. 21 ff.; s. auch *Römer*, DVJJ-J 1993, S. 119, 120.

[408] *Kreuzer* (1998), § 3 Rdnr. 144 ff. m. w. N.

[409] *Hurrelmann*, SuchtReport 6/2000, S. 29, 30 f.; dazu auch *Rausch*, DVJJ-J 1995, S. 327, 329 f.; Drogenabhängigkeit als Symptom einer Identitätskrise, *Becker/Schmickus*, BewH 1982, S. 252.

[410] Ein Beispiel für letzteres findet sich in BGH, StV 1986, S. 307.

tet in ein anderes, neues soziales System gezwungen, zu dem sie zunächst keinerlei oder nur wenig Zugang haben. Alles wirkt fremd und sie müssen sich mit einer neuen Werte- und Sozialordnung auseinandersetzen. In diesem Anpassungsprozess ist eine Flut von Informationen –seien sie medial vermittelt oder sei aus dem neuen sozialen Umfeld– zu bewältigen. Die Jugendlichen werden in diesem Anpassungsprozess jedoch allzu oft allein gelassen, denn ihre Eltern haben infolge der Umsiedlung zu wenig Zeit für ihre Kinder.[411] Außerdem verlieren sie den Kontakt zu ihrem bis dahin bestehenden Freundeskreis, so dass ihnen jede Rückzugs- und Zufluchtsmöglichkeit fehlt. Drogenkonsum scheint dann eine Lösung zu sein. Diese Tendenz kann durch Drogenerfahrungen verstärkt werden, die im ursprünglichen Heimatland gemacht worden sind.

Deutlich wird das Auftreten von Problemlagen auch im Jugendstrafvollzug bzw. bei einem Heimaufenthalt. Die mit der Inhaftierung einhergehende Isolation, Trennung von den Bezugspersonen, Verzweiflung über die als hoffnungslos und grausam empfundene Situation sowie die als tief greifend empfundene Beschränkung des Alltagslebens in der Anstalt können den Wunsch nach einer „Flucht" nach sich ziehen.[412] Verstärkt wird diese Wirkung durch die totale Reglementierung der Haft, die mit der Entwicklungsphase der Jugend kollidiert, welche oft vom Widerstand gegen Autoritäten gekennzeichnet ist. Damit einher geht möglicherweise eine Verstärkung des Reizes des Verbotenen, da es im Strafvollzug ungleich schwerer ist, in den Besitz von Betäubungsmitteln zu gelangen. Der Genuss aus dem Konsum könnte daher auch aus dem „Sieg" über das System und seine Bediensteten resultieren.[413] Zudem ermöglicht der Rausch die –kurzfristige– Flucht aus dem tristen Gefängnisalltag.

Gemeinsam ist den geschilderten Situationen, dass sich der Jugendliche bzw. Heranwachsende allein gelassen, überfordert und ohnmächtig fühlt. Er glaubt, sein Leben mit den an ihn gestellten Anforderungen und die daraus resultierenden Schwierigkeiten nur noch durch Rauschmittel verdrängen und/oder bewältigen zu können. Der Konsum wird zum Ausdruck von Fluchttendenzen und Ohnmachtgefühlen, die aus dem Auseinanderklaffen dessen resultieren, was sich der Jugendliche wünscht und was tatsächlich ist und von ihm erwartet wird.

Für den Initialkonsum dürften akute Probleme eine eher geringe Rolle spielen. Der unerfahrene Konsument weiß nicht, wie eine Droge wirkt, geschweige denn, wie es ist, Probleme auf diese Weise auszublenden. In aller Regel wird er ohnehin vorher versuchen, seine Schwierigkeiten auf andere Weise zu verarbeiten, so dass Rauschmittelkonsum quasi die letzte Stufe

---

[411] S. dazu den kurzen Überblick bei *Czycholl*, S. 11, 13; zur Situation jugendlicher Aussiedler aus der GUS s. auch *Osterloh*, S. 43, 46.
[412] *Walter*, DVJJ-J 1992, S. 118, 119; *Borkenstein*, S. 235, 238.
[413] *Walter*, DVJJ-J 1992, S. 118, 121.

der persönlichen Problembewältigung darstellt. Probleme können diesen Prozess aber als zusätzlichen Motivator erheblich beschleunigen. Sind einschlägige Erfahrungen gemacht, kann es beim erneuten Auftreten von Problemlagen leichter zu Wiederholungen kommen. Werden Drogen gezielt zur Dämpfung und Ausblendung unangenehmer Ereignisse konsumiert, so spricht man von Realitätsflucht. Der wiederholte Konsum ist dann Ausdruck einer tiefer liegenden seelischen Notlage, eine Form von Krankheit.[414] Diese Konsumursache führt in den Bereich der Abhängigkeit, da sich der Konsument daran gewöhnt, negative Ereignisse mittels Drogenkonsum auszuschließen und zu verdrängen, was sich bei zunehmender Wiederholung zu einer normalen Verhaltensweise entwickelt.

> Reiz des Verbotenen: Was verboten ist, hat eine nahezu magisch anziehende Wirkung, insbesondere wenn andere derartige Verhaltensweisen vorleben und die entsprechenden Substanzen verfügbar sind. Da legale Suchtmittel für Kinder und illegale für Jugendliche verbotene Substanzen sind, kann schon das Verbot an sich das Interesse wecken, diese Substanzen auszuprobieren.

Im Konsum kommt unter diesem Aspekt die Auflehnung, die Rebellion gegen die gesellschaftlichen Werte zum Ausdruck. Der bewusste Verstoß ist eine Form des Protests und der Ablehnung der als zu eng empfundenen Vorgaben der Erwachsenenwelt und unterstreicht für den Konsumenten seine Unabhängigkeit und Freiheit.[415] Er zeigt seine Selbständigkeit und macht deutlich, dass nur er sein eigener Herr ist. Diese Haltung kann durch eine nachgiebige und inkonsequente Strafverfolgung weiter begünstigt werden. In diesem Zusammenhang ist die höhere Risikobereitschaft junger Menschen zu berücksichtigen. Sie sind eher bereit, im Sinne des „sensation seeking, kicks and thrills" etwas Neues auszuprobieren und sich dabei einer Gefahr zu stellen.[416] Der Reiz des Verbotenen spielt für den Initialkonsum eine sehr wichtige Rolle, da es um eine bewusste Grenzüberschreitung geht. Dieser Faktor verliert aber mit zunehmender Wiederholung des Verhaltens an Bedeutung, da es irgendwann als normal betrachtet wird.

b) Soziale Bedingungen

In der Gruppe der sozialen Bedingungen sind die Faktoren zusammengefasst, die sich aus dem Umfeld des Konsumenten ergeben. Zu nennen sind:

> Familiäre Faktoren: Die Familie als erste Sozialisationsinstanz ist für den Umgang mit Rauschmitteln von erheblicher Bedeutung. Hier können grundlegende Weichen gestellt werden.[417] Schwierigkeiten mit den Eltern

---

[414] In diese Richtung etwa *Amendt*, S. 22 f.

[415] *Hurrelmann*, Suchtreport 6/2000, S. 29, 32.

[416] *Amendt*, S. 169 f.

[417] Eingehend *Klein*, S. 39 ff. m. w. N. Zu den Zusammenhängen zwischen Rauschmittelkonsum der Eltern und späterem Konsum der Kinder s. auch *Kleiber/Soellner* (1998), S. 177 ff.

oder Probleme innerhalb der Familie (Gewalt gegen die Mutter, das Kind selbst) können zu Problemlagen führen, die sich letztlich auch in Drogenkonsum äußern.

Der Einfluss des Elternhauses kann sich auf verschiedene Weisen bemerkbar machen. So kann zunächst ein Missbrauchsverhalten in der Familie die Entwicklung von Konsummustern nachhaltig beeinflussen. Wird durch die Eltern ein sorgloser Umgang mit Betäubungsmitteln vorgelebt und diese Einstellung gar positiv vermittelt, besteht die Möglichkeit, dass derartige Verhaltensweisen von den Kindern übernommen werden. Dies betrifft sowohl den Konsum legaler als auch den illegaler Substanzen. Der Umgang mit legalen Substanzen kann zudem indirekt auf den Konsum illegaler Drogen wirken. Wenn in der Familie die Einnahme von Medikamenten zur Überwindung unangenehmer körperlicher Situationen häufig auftritt, ist es nicht nur möglich, dass die Kinder dieses Verhaltensmuster übernehmen, sondern es kann auch in einen illegalen Kontext übertragen werden: Die Einnahme einer Tablette wird als normale Verhaltensweise angesehen und führt zu einer geringeren Gefährlichkeitseinschätzung, da der Medikamentenkonsum die Gesundheit bzw. die Leistungsfähigkeit wiederherstellen soll und kann. Damit ist beispielsweise dem Ecstasykonsum der Weg (mit-) geebnet.[418]

Das Missbrauchsverhalten innerhalb der Familie wirkt v. a. auf den Initialkonsum. Wenn schon im Elternhaus keine Hemmungen gegen den übermäßigen Konsum von Betäubungsmitteln aufgebaut werden bzw. kein verantwortungsbewusster Umgang vorgelebt wird, erscheint es plausibel, dass andere Faktoren schneller und leichter ihre Konsum begünstigende Wirkung entfalten können.

Ein weiterer Aspekt in diesem Kontext ist der Erziehungsstil. Gleichgültigkeit, inkonsequentes Verhalten und geringe Zuwendungsintensität sind als Risikofaktoren für Drogenkonsum zu betrachten.[419] Derartige Erziehungsstile können zu einer frühen Außenorientierung des Kindes führen und steigern damit das Risiko, dass negative Verhaltensweisen von Dritten übernommen werden. Daneben führt die geringe Zuwendung dazu, dass sich das Kind nicht ausreichend geborgen fühlt, was wiederum Drogenkonsum unter dem Faktor Problemlagen begünstigen kann. Besonders ausgeprägt ist diese Wirkung bei der Verwendung von Gewalt als Mittel der Erziehung.

Die Erziehung kann umgekehrt auch Konsum hemmend wirken, nämlich wenn ein verantwortungs- und maßvoller Umgang mit Rauschmitteln vorgelebt und gelehrt wird. Das Kind lernt in der Familie, mit Stress und Belastungen umzugehen, und entwickelt so ein positives Selbstkonzept. Dazu gehört auch das Wissen, dass man im eigenen Interesse Betäubungsmittel

---

[418] *Amendt*, S. 18 f.; *Graß*, S. 94, 98 f.; *Küfner u. a.*, S. 9, 25 ff.
[419] *Bühringer* (1998a), § 6 Rdnr. 24; *Lehmkuhl*, S. 30, 34 m. w. N.; *Küfner u. a.*, S. 9, 13 f.

nicht zielgerichtet als Mittel zur Erreichung bestimmter Ziele oder Zustände verwenden soll.

Der Erziehungsstil spielt für den Initialkonsum eine Rolle, da er die individuellen Einstellungen des Kindes beeinflusst. Indirekt kann er auch Auswirkungen auf das Selbstwertgefühl und Selbstbild des Konsumenten haben. Für die Fortsetzung des Verhaltens ist er dagegen weniger von Bedeutung, da hierbei die autonome Entscheidung des Konsumenten überwiegt.

Allerdings kommt dem Elternhaus unter einem anderen Gesichtspunkt eine wichtige Rolle im Hinblick auf die Fortsetzung des Konsums zu: Wie wird mit der Entdeckung des Konsums des Kindes umgegangen? Bei illegalen Betäubungsmitteln werden Eltern oft keine Ahnung von den Ereignissen „hinter ihrem Rücken" haben, selbst wenn sie deutliche Anzeichen finden. Wenn der Drogenkonsum dann doch bekannt wird, reagieren Eltern entweder eher milde, das Problem wird verdrängt, was die Wiederholung und Fortsetzung begünstigen dürfte.[420] Oder aber sie reagieren mit sehr harten und oft von Kindesseite als ungerecht empfundenen Strafen, was zu Trotz und damit einer Fortsetzung führen kann.

In diesem Zusammenhang muss man heute berücksichtigen, dass viele Elternteile selbst eigene Drogenerfahrungen nicht nur mit legalen, sondern zunehmend auch mit illegalen Substanzen haben. Diese können wiederum die Einstellungen der Eltern prägen und damit mittelbar auf die Erziehung wirken. Im Übrigen kann dies ein Legitimationsproblem für erzieherische Maßnahmen bedingen, da die Kinder wenig Verständnis für familiäre Sanktionen aufbringen, wenn ihre Eltern dieselben Verhaltensweisen in ihrer Jugend selbst praktiziert haben.

> Gesellschaftliche Rahmenbedingungen: Bei den gesellschaftlichen Rahmenbedingungen geht es um Einstellungen der Gemeinschaft zu Drogen und deren Vermittlung. Die Rahmenbedingungen umfassen mehrere Dimensionen.

Zunächst ist die allgemeine gesamtgesellschaftliche Haltung gegenüber Drogen und Drogenkonsum zu nennen. Wie mit Rauschmitteln innerhalb der Gesellschaft umgegangen wird, prägt nicht nur die Einstellung der jungen Konsumenten, sondern auch die ihrer Eltern und anderer Bezugspersonen, was wiederum über die Erziehung an die Kinder weitergegeben wird. Die gesellschaftliche Entscheidung darüber, was erlaubt und was verboten ist, hat Auswirkungen auf andere Faktoren, wie z. B. den Reiz des Verbotenen oder die Angst vor Strafverfolgung. An dieser Stelle wird die Notwendigkeit einer nachvollziehbaren Begründung einzelner Verbote deutlich. Während der Konsum legaler Suchtmittel anerkannt ist und grundsätzlich akzeptiert wird, muss man dies bei den illegalen Rauschmitteln differenzierter betrachten.[421] Es besteht in unserer Gesellschaft ein breiter Konsens über die Ächtung von harten Drogen. Bei Cannabis ist er hingegen in-

---

[420] Eingehend hierzu *Reuband*, S. 114 ff., 218 ff.
[421] *Hurrelmann*, Suchtreport 6/2000, S. 29, 31 f.

zwischen aufgeweicht worden und wird zum Teil stark hinterfragt. Die anhaltenden Freigabe- und Legalisierungsüberlegungen haben mit dazu beigetragen, dass Cannabisprodukte als wenig gefährlich bewertet werden und
der Ruf nach Freigabe lauter zu werden scheint. Ähnliche Tendenzen sind
bei den Designerdrogen auszumachen.
Unter diesem Gesichtspunkt können sich die Rahmenbedingungen erheblich auf den Initialkonsum gerade bei Cannabis auswirken. Und während
die Ablehnung innerhalb der Gesellschaft grundsätzlich eine protektive
Wirkung vor Drogenkonsum haben dürfte, kann dies auf der anderen Seite
auch einen den Konsum stimulierenden Effekt haben, da es die Attraktivität
von Drogen im Sinne des Reizes des Verbotenen erhöhen kann.
Die gesellschaftlichen Rahmenbedingungen geben zudem vor, was von den
Mitgliedern der Gesellschaft generell erwartet wird. Sie stecken die Ziele
ab, die der Einzelne zu erfüllen hat. Dadurch wird ein Erwartungs- und
Leistungsdruck aufgebaut, der die Bedürfnisse des Einzelnen vollkommen
in den Hintergrund drängen kann. Die Folge können Ohnmachtgefühle und
Fluchttendenzen sein, die aus der Diskrepanz zwischen den gesellschaftlichen Sachzwängen in einer hochtechnisierten Welt und der eigenen Sinnsuche resultieren. Ursache des Konsums kann also der Widerspruch zwischen gesellschaftlich forcierter Entfremdung und ersehnter Sinnsuche
sein.[422] Dies begünstigt den Initialkonsum, kann aber auch Ursache der
Fortsetzung sein.
Die gesellschaftlichen Rahmenbedingungen können schließlich für den
Drogenkonsum von jungen Aussiedlern und anderen ausländischen Jugendlichen von Bedeutung sein. Der andere kulturelle Hintergrund, der zum
Teil von den Eltern noch vorgelebt und über die Erziehung weitergegeben
wird, kann zu Anpassungsschwierigkeiten an das Normen- und Wertesystem des Gastlandes führen. Die daraus resultierenden Konflikte zwischen
der eher traditionellen Orientierung der eigenen Familie einerseits und den
liberaleren Einstellungen der übrigen Gesellschaft andererseits kann ein
junger Aussiedler bzw. Ausländer mittels Drogenkonsum bewältigen wollen.[423] Aufgrund eines anderen gesellschaftlichen und sozialen Hinter-
grunds können sie zudem andere Einstellungen zu Betäubungsmitteln haben. So ist etwa das Kauen von Cocablättern in Südamerika als normal anerkannt; ähnliches gilt für den Konsum von Khat im Nordjemen.[424]
  ➤ Medien und Werbung: Ein wesentlicher Mittler der Einstellungen und Hal-
    tungen innerhalb der Gesellschaft sind die Medien.[425] Hierbei spielen Fil-
    me, Musik und zunehmend das Internet eine wichtige Rolle.

---

[422] NK-*Böllinger*, § 64 Rdnr. 24; *Amendt*, S. 15 ff. geht sogar soweit zu sagen, dass nur mit
      Hilfe von psychoaktiven Substanzen ein Leben möglich sein wird (S. 21).
[423] *Ostendorf*, § 105 Rdnr. 11 m. w. N.
[424] *Geschwinde*, Rdnr. 1431 ff., 1446; 1740.
[425] *Baumgärtner/Sandring*, S. 77. 81 f. mit Tabelle 7; *Goette/Röllecke*, S. 74 f.

Filme können insofern Auswirkungen auf den Konsum und die individuelle Einstellung haben, als der Konsum in diesem Medium auf eine bestimmte positive oder negative Weise dargestellt wird.[426] So haben Heroin- und Kokainkonsum beispielsweise in dem Film „Pulp Fiction" ein positives Image; ein derartiges Verhalten ist „cool".[427] Im Gegensatz dazu zeigt der Film „Christiane F." auf drastische Weise die negativen Folgen.[428] Durch die Möglichkeit der Visualisierung dieser negativen Folgen des Drogenkonsums können Filme eine protektive Wirkung entfalten.[429] Bemerkenswert ist, dass im Kontext Film und Drogengebrauch zwei gegenläufige Tendenzen deutlich sichtbar werden: Die negativen Folgen –Abhängigkeit, Verelendung und Tod– werden fast ausschließlich im Zusammenhang mit den harten Drogen dargestellt, während bei der weichen Droge Cannabis mehr die lustige, harmlose Seite in den Vordergrund gestellt wird.[430]

Auch in der Musik spielen Drogen eine wichtige Rolle. Speziell mit Cannabis wird ein durch die Musik vermitteltes Lebensgefühl verbunden[431], die Technoszene hat eine hohe Affinität zu Designer- bzw. Partydrogen. Wer in einem Gespräch Ecstasy hört, denkt unweigerlich an Techno. Auch in anderen Musikbereichen spielen Drogen eine wichtige Rolle. Damit ist zu vermuten, dass hiervon Impulse auf den Rauschmittelkonsum ausgehen können.

Der Einfluss von Filmen und Musik auf den Drogenkonsum ist bis dato kaum untersucht.[432] Es ist denkbar, dass sie Auswirkungen sowohl auf den Initialkonsum als auch auf die Fortsetzung haben, da sie durch entsprechende Darstellungen die Gefährlichkeitseinschätzung beeinflussen oder zur Übernahme durch die Gleichaltrigengruppe führen können. Die Überlegung, dass gerade Jugendliche, die sehen, wie ihr Filmidol bestimmte Substanzen unbeschadet konsumiert, ebenfalls dazu verleitet werden, erscheint plausibel. Die Bemühungen um ein schärferes Tabakwerbeverbot und die fortdauernde Cannabisdiskussion zeigen, dass derartige Wirkungen von staatlicher Seite nicht ausgeschlossen werden.

---

[426] Einen aktuellen Überblick hierzu bieten *Goette/Röllecke*, S. 21 ff.

[427] Pulp Fiction (1994, Regie: Quentin Tarantino); ähnliches gilt etwa für den Film „Trainspotting" (1996, der in Jugendkreisen ein hohes Ansehen genießt; eine Analyse im Hinblick auf die Darstellung des Drogenkonsums findet sich bei *Goette/Röllecke*, S. 31 ff. mit Nachweisen zu weiteren Filmen.

[428] „Christiane F – Wir Kinder vom Bahnhof Zoo", (1981; Regie: Uli Edel).

[429] S. dazu die Filmanalyse bei *Goette/Röllecke*, S. 28 ff.

[430] Sehr deutlich wird dies in den Analysen von *Goette/Röllecke*, S, 28 ff. (Heroin, Kokain und Crack) einerseits und 54 ff. (Cannabis) andererseits. Der Umgang mit Partydrogen (S. 60 ff.) scheint im der filmischen Darstellung zwischen diesen Extremen zu liegen.

[431] *Gantner*, S. 86, 88. Man denke nur an den Slogan „Sex, drugs & Rock`n Roll" oder die aus Jamaika kommende Reggae-Szene.

[432] S. dazu *Goette/Röllecke*.

In den letzten Jahren ist in immer stärkerem Maße das Internet als neue Kommunikationsform in Erscheinung getreten.[433] Auf vielen Websites werden Drogen und ihr Wirkungsweisen dargestellt. Dabei werden nicht nur die Risiken des Konsums erläutert, sondern es werden auch oft eingehende Informationen über die richtige Konsumweise angeboten; in Chatrooms können sich Nutzer über die Wirkungsweisen verschiedener Substanzen austauschen.[434] Und selbst der Bezug bestimmter in Deutschland illegaler Substanzen über das Internet ist möglich.

Ob das Internet eher Konsum begünstigend oder hemmend wirkt, lässt sich nach dem bisherigen Wissenstand nicht sagen. Aufgrund der Fülle an Informationen und der Möglichkeit einer undifferenzierten Darstellung besteht speziell bei privaten Websites und Chatrooms die Gefahr, dass die positiven Wirkungen zu sehr in den Vordergrund gestellt werden, ohne auch nur auf Risiken und Langzeitfolgen einzugehen.

Werbung kann als Ursache für Drogenkonsum auf mehrfache Weise Bedeutung erlangen. Zunächst zeigt Werbung, was es auf dem legalen Markt gibt, und weckt auf diese Weise Bedürfnisse, die befriedigt sein wollen. Das Leben erscheint nur lebenswert, wenn alles toll, groß, super, perfekt ist. Werbung vermittelt einen bestimmten Lebensstil, der geprägt wird von Attraktivität, Freiheit und Freizeit. Dazu muss man bestimmte Dinge sein Eigen nennen, anderenfalls wird man nicht als vollwertiger Mensch wahrgenommen. Da für junge Menschen die Befriedigung dieser Wünsche aufgrund ihrer gesellschaftlichen Stellung und ihrer begrenzten finanziellen Möglichkeiten nur eingeschränkt zu verwirklichen ist, kann dies zu Minderwertigkeitsgefühlen und Frustrationserlebnissen führen, die durch Drogenkonsum als Mittel der Ersatzbefriedigung kompensiert werden sollen.

Werbung vermittelt dabei oft ein illusorisches, falsches Bild der Realität, das junge Menschen zum Teil noch nicht als übertrieben und unrealistisch wahrnehmen können. Besonders deutlich wird diese Wirkung bei Alkohol und Tabak. Hier wird dem potenziellen jungen Konsumenten ein bestimmtes, äußerst positives Weltbild vermittelt. So stehen bei der Alkohol- und Tabakwerbung Freiheit, Coolness und schöne Menschen im Vordergrund. (Legaler) Rauschmittelkonsum fördere die Geselligkeit, werde auch von schönen Frauen praktiziert, der Konsum sei quasi ein Statussymbol. Nur wer –das Richtige– rauche und trinke, werde als wichtig und erfolgreich beachtet, nur er gehöre dazu. Konsum ist wichtig, damit man gesellschaftlich anerkannt wird. Die Darstellungen betonen dabei stets die positiven Aspekte, negative Folgen werden vollkommen ausgeblendet.[435] In ihrem

---

[433] Zur Nutzung des Internets s. *Schroers*, S. 133, 139. *Amendt*, S. 19, geht ebenfalls von einem steigenden Internetmarkt aus.

[434] Sehr informativ im positiven Sinne ist hier die Seite von drugscouts.de (http://www.drugscouts.de, zuletzt besucht am 20.09.2004).

[435] Oder hat man jemals eine Werbung für Zigaretten oder Alkohol gesehen, in der die Negativfolgen wie Raucherbeine oder Leberschäden plastisch dargestellt werden? Die grundsätzlich sinnvollen Warnhinweise auf Tabakwaren über die Gefahren des Rauchens dürf-

Selbst noch ungefestigte und unerfahrene junge Menschen können derartigen Verlockungen nicht ausreichend kritisch gegenüber stehen. Die Bilder wecken leicht den Wunsch nach eigenem Konsum. Zwar wirkt dieser Aspekt der Werbung direkt nur bei den legalen Rauschmitteln, eine Übertragung derartiger positiver Bilder auf andere Substanzen erscheint aber durchaus möglich. Nur wer die richtige Droge konsumiert, wird von der Gleichaltrigengruppe anerkannt.

Werbung wirkt nicht so sehr auf den Initialkonsum, indem sie zeigt, welche Möglichkeiten des Konsums es gibt, sie vermittelt aber gerade bei legalen Suchtmitteln eine Legitimation für die Fortsetzung.[436] Im Übrigen kann Werbung bei jungen Menschen Auswirkungen auf die Einstellungen gegenüber dem Konsum berauschender Mittel haben.

➢ Peer-Group: Mit zunehmendem Alter tritt die Peer-Group als Sozialisationsinstanz neben das oder an die Stelle des Elternhauses und verdrängt es immer mehr. Sie stellt ein neues, unter Umständen anderes Wertesystem zu Verfügung. Sie beeinflusst indirekt eine Vielzahl weiterer Faktoren. Zu nennen sind vor allem die individuelle Einstellung, Neugier, Gefährlichkeitseinschätzung, situative Faktoren sowie die Verfügbarkeit einer Droge. Die Gleichaltrigengruppe hat für die Konsumgenese daher eine erhebliche, vielleicht sogar die größte Bedeutung.[437]

Deutlich zeigt sich dies schon im Prozess des Initialkonsums: Die Neugier des angehenden Konsumenten wird durch positive Schilderungen geweckt, seine individuellen Einstellungen werden hin zum Konsum beeinflusst.[438] Da der unerfahrene Jugendliche die Wirkung einer bestimmten Substanz selbst nicht einschätzen kann, bekommt er durch entsprechende Schilderungen und Ratschläge die nötigen Anhaltspunkte. Er wird durch Diskussionen und das Miterleben des Konsums seiner Freunde auf diese neue Erfahrung eingestimmt, sozusagen „heiß gemacht". Die Gruppe vermittelt dabei die erforderliche innere Rechtfertigung. Was andere machen, kann nicht wirklich gefährlich sein.[439] Bestehende Hemmungen werden durch Verharmlosung der negativen oder Überbetonung der positiven Wirkungen überwunden.[440] Das abstrakt-generelle Wissen um die Gefährlichkeit einer Rauschsubstanz wird –soweit erforderlich– überlagert und negiert. Inner-

---

ten nur begrenzt wirksam sein, da man sich keine realistischen Vorstellungen über die Folgen machen kann, so lange man sie nie plastisch vor Augen hatte. Bei Alkoholika gibt es derartige Hinweise noch nicht einmal.

[436] Deutlich wird dies bei legalen Rauschmitteln, worauf *Amendt*, S. 22 ff., am Beispiel des Beruhigungsmittels Prozac mehrfach hinweist.

[437] Zur Bedeutung der Peer-Group s. etwa *Bühringer* (1998), § 5 Rdnr. 32 ff.; *Trautmann*, S. 155 f.; *Wilmers u. a.*, S. 263 ff. m. w. N.; *Egg* (2002), S. 27 f.; *Küfner u. a.*, S. 9, 13 f.

[438] *Kreuzer* (1998), § 3 Rdnr. 178 ff.

[439] Dies zeigen die Ergebnisse bei *Lantzsch/Lauber*, S. 55, 65 ff. mit Übersicht IV. 4. Freunde scheinen für den Initialkonsum harter Drogen eine wichtige Rolle zu spielen, was durch deren Einfluss auf die individuelle Gefährlichkeitseinschätzung belegt wird.

[440] *Reuband*, S. 107.

halb der Gruppe werden auch die nötigen Konsumtechniken erlernt. Wie drehe ich einen Joint, wie inhaliere ich richtig, wie viele Ecstasy-Pillen nimmt man auf einmal? Wenn die Bereitschaft hergestellt ist, folgt der eigentliche Konsum. Nach dem Abklingen des Rausches schließt sich die Aufbereitung der gemachten Erfahrungen an. Da Erstkonsumenten oft keine eindeutige oder eher eine negative Rauschwirkung erleben, arbeitet die Gruppe im Nachhinein das Erlebte auf und weist für zukünftige Versuche auf die zu beachtenden positiven Wirkungen hin. Der Konsument wird sensibilisiert.[441] Selbst wenn das Erlebnis negativ war, kann der Einfluss der Gruppe damit zur Wiederholung führen.[442]

Verstärkt wird die Bedeutung der Peer-Group, indem innerhalb der Gruppe ein Konsumdruck aufgebaut werden kann. Der Jugendliche muss sich ihm beugen, will er nicht als Angsthase oder Außenseiter dastehen, sondern ein anerkanntes Mitglied der Gruppe sein. Derjenige, der die Rauschmittel konsumiert, wirkt „cool" und wird innerhalb der Gruppe akzeptiert. Wer den Konsum dagegen verweigert, kann in der Gruppenhierarchie sinken. Er läuft Gefahr, den Anschluss an seine Freunde zu verlieren. Gesteigerte soziale Akzeptanz kann folglich eine subjektiv positive Folge des Konsums sein. Und die Wahrscheinlichkeit seiner Wiederholung und Fortsetzung steigt, je positiver er von den Mitgliedern bewertet wird.[443]

Die Bedeutung der Peer-Group zeigt sich auch darin, dass Rauschmittelkonsum für Jugendliche ein Gemeinschaftserlebnis ist.[444] Der Neukonsument fühlt sich innerhalb der Gruppe sicherer, unabhängig davon, ob der Konsum mit anderen Unerfahrenen oder unter Anleitung Drogenerfahrener erfolgt. Zusammen hat man den Mut, Verbote zu ignorieren und Grenzen zu überschreiten. Der gemeinsame Konsum bewirkt außerdem ein verstärktes Zusammengehörigkeitsgefühl. Wer gemeinsam einen Rausch erlebt hat, hat etwas, was ihn nur mit den Beteiligten eng verbindet. Dabei kommt auch der Spaßaspekt zum Tragen, da die Enthemmung und der teilweise Kontrollverlust von Jugendlichen als lustig erlebt werden und für spätere Anekdoten herhalten können. Drogenkonsum kann daher für die Gruppe eine Identität stiftende Funktion haben.[445] Dieses Zusammengehörigkeits- und Identitätsgefühl dürfte auch für den Konsum bei jungen Aussiedlern eine nicht zu unterschätzende Rolle spielen. Man ist unter Seinesgleichen, spricht dieselbe Sprache, und schon allein deshalb ist eine Vertrauensbasis da.[446]

---

[441] S. dazu *Reuband*, S. 127 ff.

[442] *Kreuzer* (1998), § 3 Rdnr. 185 f.

[443] Eingehend *Reuband*, S. 255 ff.

[444] Studien zeigen, dass der erste Konsum bei Rauschmitteln ganz überwiegend zusammen mit Freunden/Bekannten stattfindet, s. *Küfner u. a.*, S. 9, 18 mit Tabelle 5 (S. 24). Ähnlich sind die Befunde von *Farke/Broekmann*, S. 6, 9.

[445] *Trautmann*, S. 155, 161f.

[446] *Osterloh*, S. 43, 49.

Die Peer-Group ist zudem im Anfangsstadium die wichtigste Bezugsquelle für den Erwerb von Betäubungsmitteln. Da es für den Drogenunerfahrenen schwierig ist, allein an die gewünschten Substanzen zu gelangen, wird der Kontakt durch erfahrene Rauschmittelkonsumenten aus der Gleichaltrigengruppe hergestellt. Sie geben –kostenlos– den ersten Joint, die erste Ecstasy-Pille.[447] Erst mit zunehmender Erfahrung wächst das Interesse des Konsumenten, sich selbst mit den nötigen Mitteln zu versorgen.

Für die Fortsetzung des Konsums behält die Peer-Group ihre wichtige Rolle bei: Sie gewährleistet die soziale Akzeptanz und –soweit erforderlich– die Verfügbarkeit von Betäubungsmitteln. Die Rechtfertigung des Verhaltens wird durch eine Veralltäglichung des Konsums verstärkt.[448] Es ist normal, in der Gruppe bei bestimmten Gelegenheiten zu konsumieren. Erst wenn der Konsum weiter fortschreitet und an Intensität gewinnt, das Stadium der Abhängigkeit erreicht, verliert die Gleichaltrigengruppe an Bedeutung.[449] Der eigene Konsum wird nicht mehr von der Beteiligung Dritter abhängig gemacht, sondern findet immer häufiger alleine statt. Besonders ausgeprägt ist dies bei Heroin, wenn sich das Leben nur noch um den Konsum und das eigene entzugsarme Überleben dreht. Soziale Kontakte werden dabei zweitrangig. Allerdings kann die Drogenszene eine Art Ersatzclique darstellen.[450]

Wie das Elternhaus kann die Peer-Group auch schützend gegen Konsum wirken. Dies ist der Fall, wenn es innerhalb der Gruppe einen Konsens über die Ablehnung aller oder zumindest bestimmter Drogen gibt, der Konsum gleichsam verpönt ist. Durch positive Bestätigung dieser Haltung kann zusätzlich das Selbstvertrauen des Einzelnen gestärkt werden, so dass er einem Konsumangebot von dritter Seite eher widerstehen kann.[451] Und ein potentieller Konsument läuft Gefahr, sich innerhalb seiner Gruppe ins soziale Abseits zu stellen.

➢ Situative Faktoren: Bei den situativen Faktoren geht es im Gegensatz zu den Problemlagen um das Eintreten bestimmter Situationen, die Konsum fördernd wirken können. Gelegenheit macht nicht nur Diebe, sie ermöglicht auch Drogenkonsum. Er erfolgt selten willkürlich-planlos, sondern ist oft an bestimmte Situationen gekoppelt. Als wichtige Beispiele sind der Diskobesuch am Wochenende oder private Partys zu nennen.[452] Hier trifft man sich und hat die Möglichkeit eines mehr oder minder ungestörten Konsums. Dabei entwickeln sich gleichsam feste Rituale, wie das Treffen und ge-

---

[447] Nach der Studie von *Kleiber/Soellner* (1998), S. 39, haben 72 % der Befragten Cannabis durch Freunde bekommen; ähnlich Zahlen bei *Kreuzer* (1998), § 3 Rdnr. 184; s. dazu auch *Reuband*, S. 120.

[448] *Reuband*, S. 144.

[449] *Reuband*, S. 119 ff

[450] S. das Beispiel bei *Römer*, DVJJ-J 1993, S. 119, 120 f.

[451] S. etwa *Egg* (2002), S. 13, 28 f.

[452] *Lantzsch/Lauber*, S. 55, 65 mit Übersicht IV. 4. Speziell der Konsum von Ecstasy und Amphetaminen wird bei derartigen Gelegenheiten bevorzugen.

meinsame Konsumieren von Alkohol oder anderen Drogen bei einem Freund, bevor man zu einer Party oder in die Disko geht.[453] Und je mehr Jugendliche zusammenkommen, desto größer ist die Wahrscheinlichkeit, dass einer oder mehrere Zugang zu Betäubungsmitteln haben. Situative Faktoren sind weniger für den Initialkonsum als mehr für die Fortsetzung des Konsums von Bedeutung. Zwar kann es bei einer entsprechenden Gelegenheit zu einem Konsumangebot an einen Neuling kommen, jedoch spielt die Ritualisierung des Konsums eine größere Rolle für die Fortsetzung. Da der Lebensstil vieler junger Menschen von einer starken Freizeitorientierung geprägt ist, ergeben sich nahezu zwangsweise viele Gelegenheiten zum Rauschmittelkonsum.

➢ Sozialer Empfangsraum: Im Faktor sozialer Empfangsraum geht es um die Frage, wie der Dogengebrauch im sozialen Umfeld des Konsumenten bewertet wird. Dies kann sowohl positiv als auch negativ sein. Hierbei ist zu berücksichtigen, dass der Konsum in der Regel in einem mehr oder minder abgeschirmten privaten Umfeld stattfindet, für Nichteingeweihte bzw. Unbeteiligte also selten sichtbar wird. Diese werden vor allem mit den äußerlich wahrnehmbaren Folgen konfrontiert, also Ausfallerscheinungen oder anderen Verhaltensauffälligkeiten, die dann aber vorschnell dem –eher erkennbaren– übermäßigen Alkoholkonsum zugeschrieben werden. Auch die Eltern wissen oft nichts über den Konsum ihrer Kinder. Negative Reaktionen ihrerseits können –wie bei den familiären Faktoren beschrieben– unterschiedliche Wirkungen haben.

Wie Drogenkonsum grundsätzlich vom sozialen Umfeld bewertet wird, kann Einfluss auf den Initialkonsum haben. So dürfte die Akzeptanz oder Ablehnung durch die Peer-Group eine wichtige Rolle spielen. Im Hinblick auf eine Fortsetzung des Konsums dürfte die negative Auffälligkeit eine eher protektive Wirkung haben –der Konsument will in seinem Umfeld ja anerkannt bleiben–, die positive Auffälligkeit jedoch eine Konsum begünstigende.

c) Eigenart der Droge

In dieser Gruppe werden die substanzspezifischen Faktoren zusammengefasst. Diese sind:

➢ Gewöhnung/Suchtpotenzial: Rauschmittel haben Auswirkungen auf Körper und Geist des Konsumenten. Je häufiger ein Betäubungsmittel konsumiert wird, desto mehr gewöhnt er sich körperlich und seelisch an das damit verbundene Rauscherlebnis und die sonstigen (Folge-) Wirkungen. Der Konsum kann dabei immer mehr zur normalen Verhaltensweise werden. Ob und wie schnell sich die Gewöhnung einstellt, hängt von der Substanz und der Konsumfrequenz ab. Dies kann eine Toleranzentwicklung zur Folge haben und Dosissteigerungen können nötig werden, um wieder das ge-

---

[453] Beispiele in den qualitativen Interviews bei *Tossmann/Boldt/Tensil*, S. 44, 50, 53 f., aus denen deutlich wird, dass Drogenkonsum in der Technoszene ein fester Bestandteil des Wochenendrituals „Diskobesuch" ist.

wünschte Rauscherlebnis zu erreichen. Dadurch wird die Ausbildung einer Abhängigkeit begünstigt. Besonders ausgeprägt ist dieser Faktor im Hinblick auf das jeweilige Suchtpotenzial einzelner Drogen, so dass es unterschiedlich schnell zur Entwicklung einer Abhängigkeit kommen kann. Für den Initialkonsum hat der Faktor dagegen keine Bedeutung, für die Fortsetzung spielt er in zunehmendem Maße eine Rolle.

➢ Konsumform: Wie unter § 1 II. 2. c) besprochen, können Betäubungsmittel auf unterschiedliche Weise konsumiert werden. Dabei gibt es je nach Substanz verschiedene Präferenzen (wobei Abweichungen durchaus möglich sind): Heroin wird in aller Regel intravenös gespritzt, Cannabis mit Tabak vermengt geraucht, Ecstasy als Pille geschluckt, Kokain durch die Nase „gesnifft".

Die Konsumform kann für den Beginn des Initialkonsums eine Rolle spielen: Die als eher harmlos erachteten Formen des Rauchens und Schluckens werden eher akzeptiert als das wesentlich schwierigere und gefährlichere Spritzen. Insoweit kann dieser Faktor protektive Wirkung entfalten. Auf der Ebene der Abhängigkeit spielt die Konsumform noch insoweit eine Rolle, als dann gerade bei Heroin die gefährliche, aber sehr wirkungsintensive Injektion im Vordergrund steht.

➢ Leistungssteigerung/Stressbewältigung: Bei der Leistungssteigerung geht es um Drogenkonsum, um in Stress- oder Belastungssituationen leistungsfähig zu werden, zu sein oder zu bleiben. Dieser Faktor hängt eng mit der Steuerung der Befindlichkeit zusammen. Während es aber dort v. a. um die eigene innere Gemütslage geht, steht hier primär die Außenwirkung im Vordergrund.[454]

Mit steigenden Anforderungen in der Schule oder im Beruf, aber auch im Privatleben werden mehr körperliche und geistige Ressourcen erforderlich. Diese kann der Einzelne mittels bestimmter Drogen freisetzen wollen, etwa um nach einem Tag am Badesee am späten Abend noch für die Klausur am nächsten Tag zu lernen oder um nach dem Diskowochenende am Montag überhaupt in die Schule gehen zu können. Obwohl Körper und Geist nach Erholung verlangen, werden diese Bedürfnisse durch den Einsatz verschiedener Betäubungsmittel unterdrückt. Weit verbreitet und vergleichsweise harmlos ist der Genuss von Kaffee und anderen koffeinhaltigen Getränken, um sich wach zu halten. Zur Stressbewältigung vor Klausuren (Prüfungsangst) werden Tranquilizer benutzt, die schon bei Jugendlichen oft ärztlicherseits verschrieben werden.[455] Die bekannteste illegale Leistungssteigerungsdroge ist Kokain. Zu nennen sind in diesem Zusammenhang auch Ecstasypillen zur Ermöglichung einer langen Tanz- und Partynacht.

---

[454] S. dazu *Amendt*, S. 15 ff., für den die Herstellung des inneren Gleichgewichts zur Stressbewältigung innerhalb der neuzeitlichen Gesellschaft einen wesentlichen Risikofaktor darstellt.

[455] *Geschwinde*, Rdnr. 1974.

Der Wunsch nach Leistungssteigerung kann beim Initialkonsum auftreten, wenn in einer Belastungssituation entsprechende Angebote von Dritten kommen. Größere Bedeutung erlangt der Faktor für die Fortsetzung des Konsums. Denn erst wenn der Konsument weiß, wie die Substanz auf ihn wirkt, kann er sie gezielt zur Leistungssteigerung einsetzen. Hier ist die Gefahr eines Abgleitens in die Abhängigkeit besonders groß, da er sich daran gewöhnt, dass Psyche und Körper in einer entsprechenden Situation nur unter Substanzeinfluss funktionieren, was die geistige und körperliche Gewöhnung an die Droge und ihre Wirkung begünstigt.

> Rauscherlebnis/Spaß: Die Erschließung einer anderen Wirklichkeit scheint ein Grundstreben vieler Menschen zu sein: Außerhalb des eigenen Selbst zu stehen, die Grenzen der tagtäglichen Realität zu überwinden.[456] Wie das individuelle Rauscherlebnis aussieht, ist das Ergebnis eines diffizilen Zusammenspiels von Persönlichkeit, Konsum-Setting und Substanz.[457] Ein positives Rauscherlebnis ist nach Ansicht mancher Autoren der Schlüssel zur Fortsetzung des Konsums.[458] Doch oft wird der erste Rausch gerade nicht als angenehm empfunden; zum Teil hat er sogar erhebliche negative Wirkungen.[459] Dennoch wird der Konsum in vielen Fällen fortgesetzt.

Ein wichtiges Element des Rauscherlebnisses ist bei jungen Menschen die Suche nach Spaß.[460] Wenn man an die für Jugendliche und Heranwachsende (und zunehmend auch für Erwachsene) hedonistisch geprägte Spaßgesellschaft denkt, wird dies ohne weiteres verständlich. Der Konsum vieler Drogen bewirkt eine gelöste und enthemmte Haltung, was gemeinschaftliche Rauscherfahrungen mit einem hohen Spaßfaktor ermöglicht. Man verhält sich komisch, lacht über alles Mögliche, man steht irgendwie neben sich und ist einfach nicht mehr so ganz man selbst. Inwieweit das Spaßstreben eine Bedingung für Drogenkonsum ist, ist empirisch –soweit ersichtlich– bisher jedoch nicht untersucht worden.

Im Hinblick auf den Initialkonsum hat die Rauschwirkung für den Drogenunerfahrenen über die Peer-Group einen indirekten Einfluss auf seine Motivation, da positive Wirkungen durch Vorleben oder Erzählungen vermittelt werden. Wichtiger ist das Rauscherlebnis aber für die Fortsetzung, da jetzt die eigenen Erfahrungen des Konsumenten in den Vordergrund treten. Je positiver das Rauscherlebnis ist, desto höher ist auch die Wahrscheinlichkeit eines erneuten Konsums. Fällt es eher negativ aus, muss unter Umständen erst wieder eine positive Einstellung –insbesondere durch die Peer-Group– für die Wiederholung aufgebaut werden. Auf der Ebene der Abhängigkeit kann die Rauschwirkung noch eine gewisse Rolle spielen. Al-

---

[456] *Wanke/Täschner*, S. 12.

[457] Zum Rausch s. oben § 2 II. 3. a).

[458] Nachweise bei *Kreuzer* (1998), § 3 Rdnr. 185 f. und *Gebhardt* (1998), § 9 Rdnr. 43; *Reuband*, S. 150 ff.; *Becker*, S. 49, 51.

[459] *Geschwinde*, Rdnr. 154 (zum Ausbleiben der Cannabiswirkung), Rdnr. 1533 (Kokain).

[460] Nach *Kleiber/Soellner* (1998), S. 114, 120 f. (mit Tabelle 50) ist Spaß einer der wichtigsten Konsumgründe.

lerdings wird die Vermeidung schmerzhafter Entzugserscheinungen zunehmend wichtiger.

➤ Steuerung der Befindlichkeit: Bei der Steuerung der Befindlichkeit geht es um den gezielten Einsatz einer bestimmten Droge, um eine bestimmte Stimmung hervorzurufen.[461] Der Rauschmittelgebrauch geschieht mit dem Ziel, einen als angenehm empfundenen Zustand zu erreichen. *Amendt* spricht von Drogenkonsum als Selbstmedikation.[462] Dieser Faktor ist nicht deckungsgleich mit dem zuvor besprochenen Rauscherlebnis/Spaß oder dem der Leistungssteigerung. Bei Erstgenanntem steht der Rausch an sich im Vordergrund; bei Letztgenanntem geht es allein um die Freisetzung von körperlichen und geistigen Ressourcen. Beispiele für die Steuerung der Befindlichkeit sind etwa Cannabiskonsum zur Entspannung oder Ecstasykonsum zur Kommunikationsförderung.[463] Die Beeinflussung der eigenen Stimmung kommt zudem im Rauschmittelkonsum aus Langeweile zum Tragen.[464] Da man nichts Besseres zu tun hat, sich unmotiviert und gelangweilt fühlt, werden Rauschmittel eingenommen, um eine Weile abzuschalten und gute Laune zu haben.

An dieser Stelle ist auch die psychische Befindlichkeit des Konsumenten zu nennen. So wird ein Zusammenhang zwischen depressiven Störungen und dem Substanzmissbrauch vermutet, die mittels Betäubungsmittelkonsum bewältigt werden sollen.[465]

Da die Steuerung der eigenen Befindlichkeit die Kenntnis der Wirkung auf den eigenen Körper voraussetzt, ist dieser Faktor für den Initialkonsums eher von geringer Bedeutung und spielt v. a. auf der Fortsetzungsebene eine Rolle. Auch für die Abhängigkeit ist er von Bedeutung, da Entzugserscheinungen unterdrückt und das Dauergefühl des Berauschtseins und Abgehobenseins erreicht werden sollen.

➤ Verfügbarkeit: Ein grundlegender Faktor für jede Form des Konsums ist die Verfügbarkeit einer Droge.[466] Es mag wie eine Binsenweisheit erscheinen, aber wo eine Substanz nicht zu bekommen ist, ist die Gefahr ausgeschlossen, dass sie konsumiert wird. Erkennbar wird dies etwa daran, dass der Zugriff auf bestimmte Rauschmittel außerhalb der Großstädte auf dem Land schwieriger ist.[467] Innerhalb einer Stadt kann die Verfügbarkeit zwischen einzelnen Stadtteilen oder verschiedenen Jugendtreffpunkten variie-

---

[461] Die Bedeutung dieses Faktors zeigen die Ergebnisse von *Kleiber/Soellner* (1998), S. 114 (mit Tabelle 47), deren wichtigster Analysefaktor „stimmungsregulierende Konsumgründe" ist. Entspannung ist dann auch der wichtigste Konsumgrund, S. 120 (mit Tabelle 50).

[462] *Amendt*, S. 50 ff., 63.

[463] Eingehend *Rausch*, DVJJ 1995, S. 327 f., 329 ff.; *Farke/Boerkmann*, S. 6, 12.

[464] S. das Beispiel der Ex-viva-Moderatorin bei *Winterberg*, Kriminalistik 2003, S. 491, 494.

[465] *Lehmkuhl*, S. 30, 32 f. m. w. Bsp. Zur Komorbidität zwischen Drogen und psychischen Störungen s. auch DBDD, REITOX 2002, S. 113 ff.

[466] Dies legen Studienergebnisse nahe, s. dazu *Küfner u. a.*, S. 9, 20 f.

[467] Z. B. wird Crack derzeit fast nur in Großstädten konsumiert; BKA Rauschgiftjahresbericht 2001, S. 41; *Stöver/Nüdling*, S. 15 ff.

ren. Durch die staatliche Intervention in Gestalt einer Inhaftierung kann der Einzelne schließlich seine Bezugsquellen vorübergehend vollkommen verlieren.

Wie dieser Faktor bei verschiedenen Substanzen von jugendlichen Konsumenten bewertet wird, ist Schaubild 16 zu entnehmen.

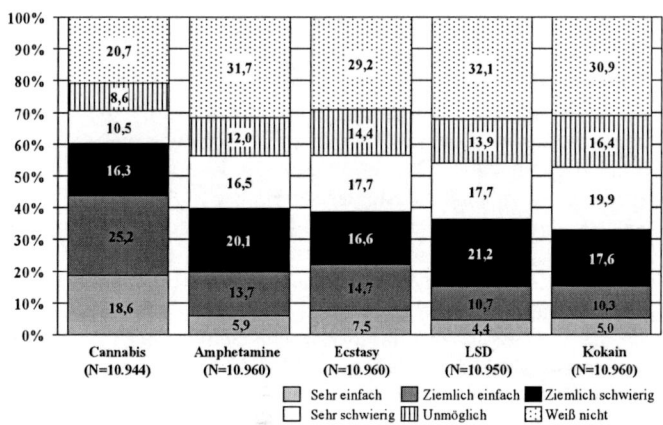

Quelle: *Kraus u. a.*, Tabelle 5-16

Schaubild 16: Einschätzung der Beschaffbarkeit verschiedener Substanzen

Die Grafik zeigt, dass Jugendliche über die Beschaffbarkeit einzelner Substanzen unterschiedliche Vorstellungen haben. Dabei wird wieder die Bedeutung von Cannabis einerseits und anderen Drogen andererseits deutlich. Über 40 % der Befragten halten Cannabis für sehr oder ziemlich einfach zu beschaffen, wobei fast 20 % es sogar für sehr einfach halten. Und weniger als 10 % glauben, es sei unmöglich zu beschaffen. Bei den anderen Substanzen –Amphetamine, Ecstasy, LSD und Kokain– ist das Bild mehr oder minder genau umgekehrt: Hier ist der Anteil derer, die eine Beschaffung für unmöglich halten, deutlich höher, während wesentlich weniger Befragte dies für sehr einfach halten. Zudem ist bei diesen Substanzen der Anteil derer, die nicht wissen, wie die Beschaffbarkeit zu beurteilen ist, höher. Daraus kann man schließen, dass mehr Befragte wissen, ob und woher sie Cannabis beziehen können.

Die Verfügbarkeit spielt für Beginn und Fortsetzung eine wichtige Rolle. Im Rahmen des Initialkonsums wird die Beschaffung bzw. Bereitstellung oft über die Peer-Group gewährleistet. Bei der Fortsetzung tritt die Notwendigkeit der eigenen Beschaffung stärker in den Vordergrund.[468] Allerdings dürften auch hier nach wie vor Freunde und Bekannte die ersten Ansprechpartner sein. Für die Abhängigkeit ist dieser Faktor dagegen nicht mehr von Bedeutung. Der Abhängige begibt sich zur Vermeidung von Entzugserscheinungen gezielt in eine Szene, in der er Zugang zu „seinem" Be-

---

[468] *Reuband*, S. 118, 120.

täubungsmittel hat. Allerdings können Lieferengpässe den Konsum zeitweise unmöglich machen und zum Wechsel auf Ausweichstoffe führen.

III. Was führt vom Erstkonsum zu Missbrauch und Abhängigkeit? – Die Drogenkarriere

Die Darstellung hat gezeigt, dass Beginn und Fortsetzung des Drogenkonsums von einer Vielzahl unterschiedlicher Faktoren abhängen. Dabei scheinen bei jungen Menschen für den Beginn vorrangig hedonistische Faktoren von Bedeutung zu sein, während problembezogene Gründe in dieser Phase eher eine untergeordnete Rolle spielen.[469] Für die Fortsetzung des Konsums können dann aber die letztgenannten Faktoren zunehmend wichtiger werden. Dass im Einzelfall nicht alle Faktoren eine Rolle spielen und dass ihre jeweilige Einflussstärke unter Umständen erheblich variieren kann, wurde bereits ausgeführt. Auch im Hinblick auf unterschiedliche Substanzen kann die Entwicklung verschiedene Stadien erreichen, wobei der Konsum der einen Substanz den Konsum einer anderen fördern kann. Daher kann es notwendig sein, nicht nur die Konsumentwicklung für eine bestimmte Droge zu betrachten, sondern auch den Gesamtverlauf bezüglich aller Rauschmittel.

Diesen Verlauf kann man als Drogenkarriere bezeichnen. Der Begriff wird in der Regel im Zusammenhang mit einer Heroinabhängigkeit verwendet, wenn Drogenkonsum und Sucht quasi das letzte Stadium erreicht haben. Vor dem Hintergrund eines sich intensivierenden Konsums von Cannabis muss man aber den Dauerkonsum dieser Droge ebenfalls als Drogenkarriere begreifen.[470]

Doch ab wann liegt eine Drogenkarriere vor? Man kann schon darüber streiten, was ihren Beginn ausmacht. Dabei stellt sich zum einen die Frage, an welchem Zeitpunkt man ansetzen soll. Denn man weiß beim allerersten Konsum nicht, ob und wie es weitergehen wird. Zum anderen kann man sich fragen, welche Substanzen man in diese Betrachtung einbezieht: Ausschließlich illegale oder auch legale? Früher wurde im Zusammenhang mit Cannabis die These von der Einstiegsdroge vertreten, die Drogenkarriere begann also mit dem Konsum dieser Substanz. Diese so genannte Schrittmachertheorie muss man heute aber im Hinblick auf den von ihr postulierten zwingenden Ablauf als widerlegt ansehen.[471] Retrospektiv kann man zwar bei vielen Heroinkonsumenten feststellen, dass sie zu Beginn ihrer Karriere Cannabis konsumierten, daraus kann man aber für eine prospektive Beurteilung keine zwingenden Schlüsse ziehen. Ein ursächlicher Zusammenhang im Sinne einer zwangsläufigen Sequenz dieser Substanzen ist nicht festzustellen.[472] Die Entwicklung des Heroinkonsums ist generell unab-

---

[469] S. etwa *Görgen/Hartmann/Oliva*, S. 34 f.

[470] Eindringlich dazu Der Spiegel Heft 27/2004 vom 28.6.04.

[471] S. dazu zusammenfassend *Kleiber/Soellner* (2004), S. 20, 22 ff.; *Kreuzer* (1998), § 3 Rdnr. 162 - 169, der zutreffend auf zahlreiche Einflussfaktoren und die große Bedeutung legaler Drogen hinweist; eingehend zum Forschungsstand s. *Kleiber/Kovar*, S. 169 ff.

[472] *Geschwinde*, Rdnr. 250 ff.; *Körner*, Anhang C 1 Rdnr. 248.

hängig von einem vorher gegebenen Cannabiskonsum.[473] Betrachtet man die
heutigen Jugendszenen, so erkennt man schnell, dass es „die Einstiegsdroge"
ohnehin nicht gibt. Zwar ist Cannabis in aller Regel die erste konsumierte illegale Substanz[474], aber bei Berücksichtigung der eher geringen Gefährlichkeitseinschätzung (und der guten Verfügbarkeit) ist es auf eine Stufe mit Alkohol und
Nikotin zu stellen. Cannabis wird heute kaum noch als der Einstieg in die Welt
des gefährlichen Drogenkonsums wahrgenommen. Durch die weite Verbreitung
politoxikomaner Konsummuster haben andere Betäubungsmittel eine wichtige
Rolle erlangt; Ecstasy und andere Amphetaminderivate haben in Jugendkreisen
einen hohen Stellenwert für die Freizeitgestaltung gewonnen.[475]
Damit ist man schon bei der Frage, ob man nicht legale Betäubungsmittel bei
der Betrachtung einer Drogenkarriere berücksichtigen muss. Für die Beschränkung auf illegale Substanzen spricht, dass der Konsum legaler Rauschmittel gesellschaftlich anerkannt ist und daher weniger problematisch zu sein scheint. Er
ist ein fast schon regelmäßig auftretender Schritt in der Entwicklung eines jungen Menschen.[476] Die Ausklammerung dieser Substanzen aus der Suchtgenese-
kette verkürzt jedoch das Problem. Es handelt sich dabei ebenfalls um Rauschmittel mit Suchtpotenzial, die in ihren Wirkungen und Folgen mit anderen illegalen Drogen ebenso vergleichbar sind wie im Hinblick auf die Ursachen und
Motive für ihren Konsum. Zu bedenken ist zusätzlich, dass der Konsum legaler
Drogen in aller Regel den ersten Kontakt eines jungen Menschen zu Rauschmitteln überhaupt darstellt.
Als Drogenkarriere muss man daher die Summe der Erfahrungen einer Person
mit Rauschsubstanzen ansehen. Legt man dies zugrunde, so weist die typische
Drogenkarriere die in Schaubild 17 dargestellten drei wesentlichen Stationen
auf.

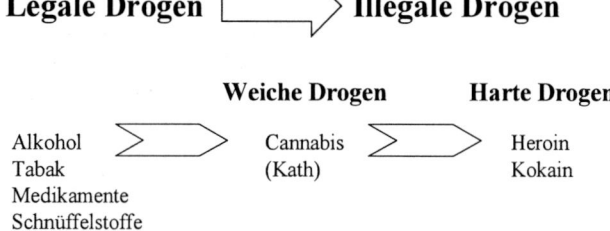

Schaubild 17: Die Drogensequenz

---

[473]   Ebenso BGH, NJW 1992, S. 2976; *Kleiber/Kovar*, S. 181 ff.
[474]   Nach *Kraus u. a.*, S. 82, war Cannabis bei 84,3 % der Befragten der ESPAD-Studie die
        erste illegale Droge.
[475]   Nach den Erkenntnissen von *Tossmann/Boldt/Tensil*, S. 29 ff., ist der Mischkonsum von
        Ecstasy und Cannabis als sehr wahrscheinlich anzusehen.
[476]   Zur Lebenszeitprävalenz bei diesen Substanzen s. oben Fn. 242.

Die klassische Drogenkarriere dauert in der Regel mehrere Jahre.[477] Sie beginnt bereits in der (frühen) Jugendphase[478] in aller Regel mit dem Konsum legaler Drogen.[479] Aus welchen Gründen auch immer kommt es zu einem Übergang zu illegalen Substanzen, wobei zunächst die weiche Droge Cannabis vorrangig von Bedeutung ist. Es folgt später der Wechsel zu den harten Drogen.[480] Dabei wird der Konsum immer weiter intensiviert, also –soweit möglich– immer häufiger und immer stärker konsumiert. Langfristig führt dies zu psychischen und somatischen Erkrankungen wie Hepatitis und AIDS, depressiven Störungen und Persönlichkeitsstörungen.[481] Am Ende der klassischen Drogenkarriere stehen das intravenöse Injizieren von Heroin und schließlich der Tod.

Dieser Ablauf ist keinesfalls zwingend. So kann die Rauschmittelerfahrung eines Menschen direkt mit Cannabis beginnen, weil er erstmals als Schüler Kontakt zu dieser Droge bekommt, vorher aber weder geraucht noch Alkohol konsumiert hat. Auch ein direkter Übergang von legalen Drogen zu Kokain ist denkbar, weil es dafür gerade eine günstige Faktorenkombination gibt: Dem Konsumenten wird es in einer beruflichen Stresssituation von einem Bekannten angeboten. Auch die Weiterentwicklung innerhalb der illegalen Substanzen ist nicht zwingend, sogar eher die Ausnahme. Die meisten Konsumenten gelangen über die gelegentliche Fortsetzung des Cannabiskonsums nicht hinaus. Und selbst bei kontinuierlich wiederholtem Cannabiskonsum wird daraus nur in seltenen Fällen ein dauerhafter Wechsel auf andere Substanzen folgen.

Schließlich ist selbst beim Konsum harter Suchtmittel das tödliche Ende der Karriere nicht unausweichlich. Ein Ausbrechen oder Herauswachsen aus dem Suchtkreislauf ist prinzipiell jederzeit möglich (sog. „maturing out" oder „selfcorrectors") – selbst nach langjährigem Konsum.[482] Während einer Drogenkarriere kommt es oft und wiederholt zu Ausstiegsversuchen. Dies äußert sich etwa in der Kontaktaufnahme zu einer Beratungsstelle oder in einem (un-)freiwilligen Therapieversuch.[483] Doch leider haben diese Ausstiegsversuche oft keinen Erfolg. Welche Ursachen zu einem derartigen unter Umständen sogar spontanen Ausstieg führen, lässt sich nicht vorhersagen. Eine wichtige Rolle spielen Außeneinflüsse in Gestalt von –neuen– Bezugspersonen außerhalb der Drogenszene, das Wirken von therapeutischer Unterstützung oder tiefgreifende persönliche Schlüsselerlebnisse, etwa der Tod eines Freundes infolge einer Überdosis oder bei Frauen eine Schwangerschaft. Auch Sättigungseffekte können von Bedeutung sein. Diese immer wieder zu beobachtende Ausstiegsversuche zeigen, dass

---

[477] *Böhmer*, S. 33.
[478] S. etwa *Dölling* (1998), S. 209, S. 213; *Böhmer*, S. 32.
[479] DBDD, REITOX Bericht 2002, S. 2. Wie die Zahlen bei *Böhmer*, S. 35, zeigen, ist der Konsumbeginn mit „harten Drogen" der seltene Ausnahmefall.
[480] S. etwa *H.-J. Albrecht* (1991), S. 1, 15 m. w. N. Man muss aber stets im Hinterkopf behalten, dass es auch Sprünge geben kann, etwa von Tabakkonsum hin zu Crack.
[481] *Kraus/Ladwig*, S. 69 f.
[482] Eingehend dazu *Kreuzer* (1998), § 3 Rdnr. 204 - 207; NK-*Böllinger*, § 64 Rdnr. 35, 40, 89 a. E., sieht die Selbstkorrekturquote bei ca. 30 %.
[483] *Böhmer*, S. 37 ff.; *Kraus/Ladwig*, S. 79 ff.

es im Umgang mit Abhängigen konstanter Unterstützung bedarf, die sich von Rückfällen nicht entmutigen lässt. Dies gilt umso mehr für junge Menschen, die, wenn sie den Absprung schaffen, noch ein langes Leben vor sich haben.

§ 5 – Verfahrensgrundsätze und strafrechtliche Verantwortlichkeit

I. Grundsätze des Jugendstrafrechts

1. Der Erziehungsgedanke

Einer der bedeutendsten Unterschiede zwischen dem Erwachsenenstrafrecht und dem Jugendstrafrecht liegt in der Ausrichtung des letztgenannten am Erziehungsgedanken.[484] Der Jugendliche bzw. Heranwachsende soll für seine begangene Tat nicht in erster Linie bestraft, sondern dazu befähigt und angehalten werden, in Zukunft ein straffreies Leben zu führen. Die Betonung des Erziehungsgedankens zeigt die besondere Zielsetzung des Jugendstrafrechts, wodurch es anders, aber keinesfalls milder als das Recht der Erwachsenen ist. Das BtMG hat daneben zwar keine explizit erzieherische Zielsetzung, aber es zeigt durch die Therapievorschriften in den §§ 35 ff. gleichfalls eine spezialpräventive Ausrichtung. Bei Süchtigen steht die helfende Einwirkung im Vordergrund.[485] Der Anwendungsbereich dieser Vorschriften ist jedoch auf Abhängige beschränkt. Eine spezifische Reaktion auf Konsumenten bietet das BtMG nicht. Diese Möglichkeit eröffnet erst das Jugendstrafrecht mit seinem ausdifferenzierten Sanktionensystem.
Aufgrund der vergleichbaren Zielsetzungen und unter Berücksichtigung der Unterschiede in den Zielgruppen sind daher die spezialpräventiven Möglichkeiten beider Gesetze zu einem sinnvollen Ganzen zu verknüpfen.

2. Der Grundsatz der Subsidiarität freiheitsentziehender Maßnahmen

Das Jugendstrafrecht wird vom Grundsatz der Subsidiarität jugendstrafrechtlicher Rechtsfolgen geprägt. Auszugehen ist stets von der Frage, mit welcher Sanktion im Einzelfall die notwendigen Erziehungs- und Strafzwecke für den jungen Delinquenten bei geringst möglicher Eingriffsintensität zu erreichen sind. Besonders deutlich wird dieser Grundsatz im Verhältnis der freiheitsent-

---

[484] Deutlich wird dies durch Begriffe wie z. B. „erzieherisch befähigt" (§ 37 JGG), „die Erziehung fördern" (§ 10 Abs. 1 S. 1 JGG), „zur Erziehung nicht ausreichen" (§ 17 Abs. 2 JGG), „erforderliche erzieherische Einwirkung", (§ 18 Abs. 2 JGG). Zur Kritik am Erziehungsbegriff, s. *Brunner/Dölling*, Einf. II Rdnr. 4 ff. und *H.-J. Albrecht* (2002), S. 97 ff.

[485] *Hellebrand* (1998a), § 17 Rdnr. 186.

ziehenden zu den nicht freiheitsentziehenden Maßnahmen.[486] Bei gleicher Tauglichkeit und Wirksamkeit ist die Sanktion zu wählen, die am wenigsten stark in die Rechte des Jugendlichen eingreift. Daher gebührt ambulanten Reaktionsformen grundsätzlich der Vorrang vor freiheitsentziehenden Sanktionen, sofern sie zur Zielerreichung ausreichen. Dies bedeutet für den Jugendrichter, dass er sich vor Verhängung einer freiheitsentziehenden Maßnahme fragen muss, ob er dasselbe Erziehungsziel nicht auch mit einer ambulanten und damit weniger einschneidenden Maßnahme erreichen kann.

Dieser Grundsatz kann bei Drogensüchtigen besonders problematisch werden. Die Bekämpfung einer Sucht mittels Zwang verspricht einerseits nur begrenzt Aussicht auf Erfolg, andererseits haben Abhängige oft nicht den erforderlichen Durchhaltewillen, um eine ambulante Maßnahme durchzustehen. So kann beispielsweise die regelmäßige Teilnahme an einem sich über mehrere Tage erstreckenden Drogenseminar einen Abhängigen überfordern. Damit ist ein erfolgloser Abbruch der Maßnahme mit den entsprechenden (jugend-)strafrechtlichen Konsequenzen nahezu vorprogrammiert. Ist dies von Anfang an abzusehen und auch nicht durch flankierende Maßnahmen zu verhindern, so verbietet sich die Verhängung der ambulanten Maßnahme.

Bei bloßen Drogenkonsumenten ohne Suchtprobleme wird man dagegen eine freiheitsentziehende Sanktion unter Subsidiaritätserwägungen nur in besonderen Einzelfällen begründen können. Allein die Feststellung des Drogenkonsums reicht dafür nicht aus. Bei ihnen haben ambulante Sanktionen Vorrang, soweit es sich nicht um Taten von einigem Gewicht handelt.

3. Das Verbot der Schlechterstellung

Im Jugendstrafrecht wird vehement das Verbot der Schlechterstellung Jugendlicher gegenüber Erwachsenen in vergleichbarer Verfahrenslage postuliert.[487] Besonders deutlich wird dies im Rahmen der Strafbemessung bei der Verhängung einer Jugendstrafe. Das Entwicklungsstadium des Jugendlichen spreche tendenziell für eine geringere Verantwortlichkeit, da die Widerstandskraft gegenüber Deliktsanreizen noch nicht so ausgeprägt sei.[488] Daher bestehe gerade im Bereich der freiheitsentziehenden Maßnahmen ein geringeres Strafbedürfnis. Umgekehrt folge daraus, dass die Sanktion in ihrer Schwere nie über der für einen Erwachsenen in vergleichbarer Situation liegen dürfe.

Dieses Prinzip findet aber im Gesetz keine ausreichende Stütze. Es wird dem Erziehungsgedanken nicht gerecht und ist daher insgesamt abzulehnen.[489] Die individuell-erzieherische Ausrichtung gibt dem Jugendstrafrecht sein besonderes

---

[486] Diesen Gedanken bringen die §§ 5 Abs. 2, 13 Abs. 1, 17 Abs. 2 JGG zum Ausdruck; s. dazu *Brunner/Dölling*, Einf II Rdnr. 18 ff. und § 5 Rdnr. 1; *Eisenberg*, § 5 Rdnr. 20.

[487] So etwa *Eisenberg*, § 45 Rdnr. 9, 12; *Ostendorf*, § 5 Rdnr. 4, § 18 Rdnr. 5. *Nothacker*, ZBl. 1985, S. 101, 111.

[488] BGH, StV 1994, S. 598, 599.

[489] *Brunner/Dölling*, Einf II Rdnr. 26a; *Schaffstein/Beulke*, § 35 III. 2., S. 237; zur Kollision mit dem Erziehungsgedanken s. unten § 7 I. 2. a).

Gepräge. Die Höhe einer Strafe hängt dabei nicht von einer irgendwie gearteten Günstigkeit im Vergleich zu einem Erwachsenen ab.[490] Maßstab ist in erster Linie die erzieherische Notwendigkeit und Geeignetheit der in Rede stehenden Maßnahme. Das JGG bietet eigenständige Regelungen an, die für die Rechtsfolgenbestimmung ein differenziertes und ausgewogenes System zur Verfügung stellen. Diese sind andersartig und grundsätzlich unabhängig von den Wertungen des allgemeinen Strafrechts, da jenes auch an generalpräventiven Zielsetzungen orientiert ist.[491] Warum soll man quasi durch die Hintertür wieder sachfremde Wertungen einführen?

II. Strafrechtliche Verantwortlichkeit und Drogenkonsum

1. Verantwortlichkeit Jugendlicher, § 3 JGG

Abweichend vom Erwachsenenstrafrecht muss materiell die Schuldfähigkeit bei Jugendlichen gem. § 3 S. 1 JGG stets positiv festgestellt werden. Das Gesetz hält sie nur für bedingt strafmündig. Bei Heranwachsenden ist § 3 JGG wegen der Nichtnennung in § 105 Abs. 1 JGG nicht anwendbar. Betäubungsmittelkonsum und seine Auswirkungen spielen bei ihnen nur im Rahmen der §§ 20, 21 StGB eine Rolle.

§ 3 S. 1 JGG verlangt, dass der Jugendliche in der Lage ist, das Unrecht seiner Tat einzusehen (Einsichtsfähigkeit) und nach dieser Einsicht zu handeln (Handlungsfähigkeit). Dies ist individuell in Bezug auf jeden einzelnen Straftatbestand zu prüfen.[492]

Der Konsum von Betäubungsmitteln oder eine bestehende Abhängigkeit können die strafrechtliche Verantwortlichkeit einschränken oder gar ausschließen. Es ist zudem schon fraglich, inwieweit der junge Täter das Verbotensein seiner Handlungen in diesem Bereich überhaupt erkennen kann. Daneben können Betäubungsmittel Auswirkungen auf die Reifeentwicklung haben und schließlich können sie die Steuerungsfähigkeit in einer Situation (akut) beeinträchtigen.

Das Vorliegen der Voraussetzungen des § 3 JGG wird in der Praxis meist mit floskelartigen Sätzen bejaht, ohne dass auf den Einzelfall näher eingegangen wird.[493] Dies erscheint bei erkennbarem Rauschmittelbezug umso bedenklicher, als sich die gründliche Befassung mit diesem Punkt aufgrund der Situation schon fast aufdrängt.

---

[490] Ähnlich *Grunewald*, NStZ 2002, S. 452, 459.

[491] *Grunewald*, NStZ 2002, S. 452, 454.

[492] *Brunner/Dölling*, § 3 Rdnr. 4 ff.; *Eisenberg*, § 3 Rdnr. 4 ff.; zur Kritik s. *Ostendorf*, Grdl. zu § 3 Rdnr. 4 m. w. N. Eine Exkulpation wegen Strafunmündigkeit wird bei vielen –einfachen– Delikten eher die Ausnahme sein.

[493] *Eisenberg*, § 3 Rdnr. 10 m. w. N.

a) Einsichtsfähigkeit

Zur Bejahung der Einsichtsfähigkeit ist es notwendig, dass der Jugendliche einen Entwicklungsstand erreicht hat, der ihn zu der Erkenntnis befähigt, dass seine konkrete Handlung mit einem geordneten und friedlichen Zusammenleben der Menschen unvereinbar ist und deshalb von der Rechtsordnung nicht geduldet werden kann.[494]

Die Beurteilung der Verstandesreife kann oft Schwierigkeiten bereiten, insbesondere da sehr große Schwankungen in der individuellen Entwicklung festzustellen sind.[495] Grundsätzlich gilt, dass der Jugendliche die Strafbarkeit seines Verhaltens nach der konkreten Strafnorm nicht zu kennen braucht. Es genügt, wenn er selbst die beanstandete Handlung als rechtlich missbilligt empfindet, also das der Tat innewohnende Unrecht erkennt. Die erforderliche geistige und sittliche Reife liegt demnach vor, wenn ihm im Zeitpunkt der Tat bewusst ist, dass er etwas Verbotenes tut.[496] Das Alter des Täters stellt dabei ein wichtiges Indiz dar: Je jünger der Täter ist, je näher er also der unteren Strafmündigkeitsgrenze von 14 Jahren ist, desto eher vermag diese Nähe zur Kindheit eine Reifeverzögerung zu begründen.[497]

Die Einsichtsfähigkeit ist bei den Strafnormen des BtMG besonders gründlich zu prüfen. Die Strafandrohungen dieses Gesetzes sind komplex, nahezu jedes denkbare Verhalten mit Ausnahme des eigentlichen Konsums ist strafrechtlich relevant. Die juristisch feine Differenzierung zwischen straflosem Konsum und allen anderen strafbaren Verhaltensweisen ist für junge Menschen jedoch nicht ohne weiteres zu begreifen und kann daher nicht pauschal unterstellt werden. Die Einsichtsfähigkeit kann von einer Vielzahl von Faktoren beeinflusst werden. Zu nennen sind z. B. besondere persönliche Belastungen, Intelligenz- oder Bildungsstand, möglicherweise die Phase der Pubertät.[498] Besonderes Augenmerk kann auf die Art der konsumierten Droge und den Umfang des Konsums zu legen sein. Während die Nachvollziehbarkeit der gesetzlichen Verbote im Zusammenhang mit Heroin eher erwartet werden kann, weil hier ein weiterreichendes Gefahrenempfinden besteht, ist dies bei Haschisch oder Ecstasy ungleich problematischer. Denn äußerlich ähnliche Verhaltensweisen –Zigarettenrauchen gegenüber Marihuanarauchen, Einnahme von Pillen als Medikament gegenüber Ecstasy– werden zum Teil bestraft, zum Teil nicht. Wie soll ein 14- oder 15-Jähriger auf den Gedanken kommen, dass die kleinen bunten Pillen, die ihm sein Freund bei einer Geburtstagsparty anbietet oder die er selbst weitergibt, nicht legal sind? Dass er jeweils etwas Verbotenes tut? Oder dass der neue „Tabak" in der selbst gedrehten Zigarette eine illegale Substanz ist?[499] Dies immer als selbstverständlich zu unterstellen, kann im Einzelfall zu

---

[494]   RG, DR 1944, S. 659, 660.
[495]   Zusammenfassend *Plate*, S. 98 ff.; *Brunner/Dölling*, Einf. II Rdnr. 1 und § 3 Rdnr. 5.
[496]   BGH, GA 1959, S. 47; *Brunner/Dölling*, § 3 Rdnr. 4.
[497]   *Eisenberg*, § 3 Rdnr. 22.
[498]   *Eisenberg*, § 3 Rdnr. 12; eingehend *Plate*, S. 105 ff. m. w. N.
[499]   Dies kann allerdings auch eine Frage des Vorsatzes sein.

weit gehen. Ein Indiz für das Bestehen der Einsichtsfähigkeit kann sich aus folgender Überlegung ergeben: Der Konsum illegaler Substanzen und mehr noch ihr Handel finden nicht in der Öffentlichkeit statt, sondern erfolgen in der Regel „unter der Hand", in nach außen abgeschirmten Kreisen. Dies kann auch einem 14-Jährigen bewusst sein, so dass er erkennen kann, dass der Umgang mit der Droge eine verbotene Verhaltensweise ist.

Das Bestehen einer Abhängigkeit an sich hat keine Auswirkungen auf die Einsichtsfähigkeit. Die herrschende Meinung steht in zutreffender Weise auf dem Standpunkt, dass bei einer bloßen Abhängigkeit, bei der keine weiteren Auffälligkeiten oder andere besondere Umstände zutage treten, kein Anlass bestehe, eine Verzögerung des Reifeprozesses durch einen Sachverständigen prüfen zu lassen. Die strafrechtliche Verantwortlichkeit bezogen auf die Verbotskenntnis sei gegeben.[500] Entscheidend ist dabei nicht, dass der Täter seine Sucht erkennt und deshalb eine Therapie beginnt[501], sondern dass er die Einsicht in das Verbotensein des konkreten Tuns besitzt. Auch bei einem Abhängigen ist daher zu prüfen, ob er die Bedeutung seiner konkreten Handlungen erkennen konnte.

Bei Beschaffungsdelikten und sonstigen Straftaten im Zusammenhang mit Rauschmittelkonsum, wie etwa Körperverletzungen im Rausch, wird man die Einsichtsfähigkeit eher bejahen können, wobei auch dies von den Umständen des Einzelfalls abhängt. So kann ein schwerer Rausch die Einsichtsfähigkeit vollkommen ausschalten. Unterhalb dieser Schwelle wird dem Jugendlichen bei derartigen Taten aber in der Regel bewusst sein, dass er etwas Verbotenes tut, wenn er seine Freunde bestiehlt, irgendwo einbricht oder einen anderen verletzt.

b) Handlungsfähigkeit

Zur Bejahung der strafrechtlichen Verantwortlichkeit im Sinne des § 3 JGG muss die Einsichtsfähigkeit mit einer entsprechenden Handlungs- bzw. Steuerungsfähigkeit korrespondieren. Der Jugendliche muss in der Lage sein, sich seiner Einsicht gemäß zu verhalten, den Verlockungen der Tat also widerstehen zu können. Wie bei einem Kind kann es bei einem Jugendlichen vorkommen, dass Triebe oder andere Reize die an sich bestehende Einsichtsfähigkeit überlagern und ausschalten.

Im Zusammenhang mit Betäubungsmitteln kann sich dieser Ausschluss der Handlungsfähigkeit etwa aus dem Einfluss der Gleichaltrigengruppe ergeben, weil sich der Jugendliche zur Weitergabe von Ecstasy-Pillen oder anderer Drogen an seine Freunde verpflichtet glaubt.[502] Das Bestehen einer Abhängigkeit oder ein akuter Rauschzustand können wie im Rahmen der §§ 20 f. StGB[503] zu einem Ausschluss der Handlungsfähigkeit führen wie beginnende oder bereits bestehende Entzugserscheinungen. Auch bei Spontan- oder Konflikttaten in Folge von Drogenkonsum ist die Verantwortungsreife im Hinblick auf die

---

[500] BGH bei *Spiegel*, DAR 1977, S. 175; OLG Köln, ZBl. 1978, S. 478; zustimmend *Brunner/Dölling*, § 3 Rdnr. 11a; *Eisenberg*, § 3 Rdnr. 57.

[501] So aber *Tilmann*, ZBl. 1978, S. 461, 466.

[502] S. oben den Eintrag Peer-Group in § 4 II. 2. b) und *Plate*, S. 109 f. m. w. N.

[503] S. unten 3.

Handlungsfähigkeit sorgfältig zu prüfen, da diese aufgrund der Situation nicht mehr gegeben sein kann.[504]

c) Fehlen der Verantwortlichkeit

Sind die Voraussetzungen des § 3 JGG zu verneinen, kann das Gericht je nach Verfahrensstadium die Eröffnung ablehnen (§§ 203 f. StPO), den Angeklagten freisprechen oder das Verfahren gem. § 47 Abs. 1 S. 1 Nr. 4 JGG einstellen. Daneben kann der Richter gem. § 3 S. 2 JGG dieselben Maßnahmen anordnen wie ein Familien- oder Vormundschaftsrichter (§§ 1666 Abs. 1 BGB, 27 ff. SGB VIII).[505]

Bei Betäubungsmittelkonsum können Maßnahmen nach den §§ 27 ff. SGB VIII jedoch nur in eingeschränktem Maße zum Einsatz kommen, denn die dort genannten Hilfen zur Erziehung sollen die Erziehung des Jugendlichen gewährleisten, soweit hier ein Mangel besteht. Da man Drogenkonsum jedoch nicht per se als Erziehungsdefizit bewerten kann, setzt dies voraus, dass er seine Ursache tatsächlich in einem derartigen Mangel hat und dass über die Bewältigung dieses Defizits eine Einschränkung oder Beendigung des Konsumverhaltens erreicht werden kann. Mögliche Ansatzpunkte können insoweit insbesondere im familiären Bereich und im Leistungsbereich bestehen, etwa im Wege der Erziehungsberatung nach § 28 SGB VIII oder über die soziale Gruppenarbeit nach § 29 SGB VIII.

Eine Abhängigkeit kann nicht als Erziehungsmangel betrachtet werden; dies gilt selbst dann, wenn sie ursprünglich –auch– Erziehungsdefizite als Grundlage hatte. Sie ist das Ergebnis eines sich immer weiter verselbständigenden Entwicklungsprozesses, den man nicht über eine bloß erzieherische Intervention bewältigen kann. Zudem wird man mit den zur Verfügung stehenden jugendhilferechtlichen Maßnahmen ohnehin kaum eine Suchtbehandlung durchführen können.

d) Das Verhältnis § 3 JGG – §§ 20, 21 StGB

Das Verhältnis von § 3 JGG einerseits und der §§ 20, 21 StGB andererseits bereitet Schwierigkeiten, da sie alle die strafrechtliche Verantwortlichkeit des Täters betreffen. Anerkannt ist, dass die Vorschriften prinzipiell unabhängig voneinander anwendbar sind.[506] § 3 JGG erfasst Mängel in der Reifeentwicklung des Jugendlichen, daneben bleiben bei vom Reifeprozess unabhängigen psychopathologischen Zuständen die §§ 20 f. StGB anwendbar.

Problematisch ist aber, wie zu verfahren ist, wenn eine Reifeverzögerung im Sinne des § 3 JGG mit einem Merkmal des § 20 StGB zusammentrifft. Dies ist bei Rauschmitteln stets möglich, wenn etwa die Handlungsfähigkeit aufgrund des Betäubungsmittelkonsums nicht gegeben war, was aber zugleich auch den Anwendungsbereich des § 20 StGB eröffnet.[507]

---

[504] *Plate*, S. 107.

[505] *Brunner/Dölling*, § 3 Rdnr. 15 f.

[506] Schönke/Schröder-*Lenckner/Perron*, § 20 Rdnr. 44; *Eisenberg*, § 3 Rdnr. 33.

[507] Zur Subsumption von Drogenkonsum und Abhängigkeit unter die Eingangsmerkmale des § 20 StGB s. unten 3.

Teilweise wird in dieser Konstellation der Vorrang der jugendstrafrechtlichen Vorschrift angenommen, da § 3 JGG als jugendspezifische Vorschrift gem. § 2 JGG Vorrang vor den allgemeinen Regeln habe.[508] Diese pauschale Lösung widerspricht aber den generell unterschiedlichen Anwendungsbereichen der beteiligten Vorschriften. Insbesondere die Rechtsprechung nimmt in derartigen Fällen einen Vorrang der §§ 20, 21 StGB an, da diese eine weitergehende und umfassendere Regelung darstellten.[509] Gegen diese Meinung werden v. a. die stigmatisierende Wirkung der dann möglichen Unterbringung nach § 63 StGB und ihrer persönlichkeitsgefährdenden Folgen geltend gemacht; dazu komme die registerrechtliche Benachteiligung des Jugendlichen.[510] Doch auch dieser Ansatz wird den verschiedenen Anknüpfungspunkten der Vorschriften nicht gerecht. Eine vermittelnde Ansicht plädiert schließlich für ein Wahlrecht, um im Einzelfall die sachgerechteste Maßnahme verhängen zu können.[511] Will man dem Erziehungsgedanken gerecht werden, erscheint diese Meinung aufgrund der damit verbundenen Flexibilität vorzugswürdig. Im Vordergrund sollte nicht allein die Sorge um das zukünftige Wohl des Jugendlichen in Folge einer Eintragung stehen, sondern die Frage, wie ihm mit den Mitteln des Jugendstrafrechts jetzt am effektivsten geholfen werden kann.

Ein wenig beachtetes Problem in diesem Kontext stellt das Zusammenspiel zwischen § 3 JGG einerseits und der Weisung, sich einer Entziehungskur zu unterziehen (§ 10 Abs. 2 JGG), bzw. der Unterbringung in einer Entziehungsanstalt (§ 64 StGB) andererseits dar. Denn wenn Anlass für eine dieser Sanktionen besteht, so bedeutet dies in der Konsequenz, dass aufgrund der (drohenden) Abhängigkeit Zweifel an der Verantwortlichkeit des Jugendlichen bestehen. Ist diese aber zu verneinen, stellt sich die Frage, inwieweit drogenspezifische Sanktionen überhaupt möglich sind.

Diese Frage wird bisher nur für den Bereich des § 63 StGB erörtert. Danach ist trotz Verneinung der strafrechtlichen Verantwortlichkeit gem. § 3 JGG eine Unterbringung nach § 63 StGB möglich, wenn zumindest die Voraussetzungen der §§ 20 f. StGB vorliegen.[512] Diese Ansicht könnte man auf § 64 StGB übertragen, so dass die Anordnung der Maßregel unter den Voraussetzungen der §§ 20 f., 64 StGB, 7 JGG möglich ist. Zwar spielt die –begrenzte– Schuldunfähigkeit für die Anordnung nach § 64 StGB grundsätzlich keine Rolle, aber im Hinblick auf die oben präferierte vermittelnde Ansicht ist die Möglichkeit eines Wahlrechts vorzugswürdig.

---

[508] *Eisenberg* § 3 Rdnr. 36, 39.

[509] BGHSt 26, S. 67 ff. mit zust. Anm. *Brunner*, JR 1976, S. 116.

[510] Eintragung auf Lebenszeit bei Vorliegen der §§ 20, 21 StGB gem. §§ 3, 11, 45 Abs. 3 Nr. 2 BZRG.

[511] *Schaffstein/Beulke*, § 7 IV., S. 68; Schönke/Schröder-*Lenckner/Perron*, § 20 Rdnr. 44; LK[11]-*Jähnke*, § 20 Rdnr. 87.

[512] BGHSt 26, S. 67 ff. mit zustimmender Anm. *Brunner*, JR 1976, S. 116. Ähnlich *Brunner/Dölling*, § 3 Rdnr. 10, die den Vorschriften des StGB den Prüfungsvorrang einräumen wollen. Soweit die Unterbringung nicht erforderlich sei, sei nach § 3 S. 2 JGG vorzugehen.

Ist die Verantwortlichkeit gem. § 3 JGG zu verneinen und liegen die Voraussetzungen der §§ 20 f. StGB nicht vor, so ist der Anwendungsbereich des § 10 JGG im Hinblick auf § 3 S. 2 JGG eindeutig gesperrt.[513] Für den Fall der Schuldunfähigkeit besteht zwar die Möglichkeit der selbständigen Anordnung der Maßregel im Sicherungsverfahren gem. §§ 71 StGB, 413 ff. StPO. Jedoch wird die fehlende strafrechtliche Verantwortlichkeit nicht als Schuldunfähigkeit angesehen.[514] Die Anordnung der Unterbringung nach § 63 StGB wird in dieser Konstellation daher abgelehnt.[515]

Diese Überlegungen könnte man ebenfalls auf § 64 StGB übertragen. Allerdings erscheint dies insoweit problematisch, als die Anordnung dieser Maßregel nach dem Wortlaut des § 64 StGB unabhängig von der Schuldfähigkeit des Täters erfolgen kann. Man kann die Zulässigkeit der Anordnung damit begründen, dass § 3 JGG ebenfalls eine Normierung der Schuldunfähigkeit darstellt und eine zwingende Schranke gegen die Anwendbarkeit der Maßregel nicht erkennen lässt.[516] Auch nach Auffassung des BGH ist bei Fehlen der Verantwortlichkeit die Maßregelanordnung nicht prinzipiell unzulässig.[517] Zudem bezieht sich § 63 StGB ausdrücklich auf die §§ 20, 21 StGB, während in § 64 StGB nur allgemein auf die Schuldfähigkeit Bezug genommen wird. Diese Auslegung lässt sich mit dem Wortlaut der betroffenen Vorschriften vereinen und wird der erzieherischen Intention des JGG gerecht. Dass die Durchführung des Sicherungsverfahrens in dieser Konstellation nicht zulässig ist, steht dem Freispruch wegen fehlender Verantwortlichkeit bei gleichzeitiger Anordnung der Maßregel nach § 64 StGB nicht entgegen.[518]

Das Sicherungsverfahren eröffnet als besondere Verfahrensart die Möglichkeit der selbständigen Anordnung einer in § 413 StPO genannten Maßregeln, wenn das Strafverfahren nicht durchgeführt wird. Kommt es dagegen zum Hauptverfahren, so ist der Weg zurück ins Sicherungsverfahren versperrt.[519] Dies alles spricht dafür, dass unabhängig von den §§ 20 f. StGB bei einer rauschmittelbedingten Reifeverzögerung im Sinne des § 3 JGG die Anordnung gem. § 64 StGB trotzdem möglich ist, soweit dessen weitere Voraussetzungen vorliegen.

Es wäre mehr als bedenklich, wenn ein abhängiger Straftäter noch nicht einmal einer absolut notwendigen Behandlung zugeführt werden könnte, sondern wenn man quasi auf eine weitere, schwerere Straftat warten müsste, bei der dann endlich –oder zufällig– die Voraussetzungen des § 3 JGG erfüllt sind.

---

[513] *Brunner/Dölling*, § 3 Rdnr. 16.
[514] BayObLGSt 58, S. 263 ff.; *Brunner/Dölling*, § 3 Rdnr. 10; *Meyer-Goßner*, § 413 Rdnr. 4 m. w. N.
[515] *Ostendorf*, § 7 Rdnr. 7 m. w. N.; LR-*Gössel*, § 413 Rdnr. 2.
[516] *Wessels/Beulke*, AT Rdnr. 414, sprechen in Zusammenhang mit § 3 JGG von bedingter Schuldfähigkeit.
[517] BGHSt 6, S. 394 ff. (zu § 69 StGB); in diese Richtung auch *Eisenberg*, § 3 Rdnr. 34.
[518] So LR-*Gössel*, Vor § 413 Rdnr. 6 m. w. N. zu § 63 StGB.
[519] LR-*Gössel*, § 413 Rdnr. 23.

Man kann dieses Problem umgehen, indem das Verfahren gem. §§ 47 Abs. 1 Nr. 2, 45 Abs. 2 JGG –einstweilig– eingestellt wird, wobei der Jugendrichter die freiwillige Befolgung der Maßregel anregt bzw. der Vormundschaftsrichter eine entsprechende Maßnahme anordnet.[520] Dies führt allerdings zu einer Verfahrensverzögerung und dürfte bei therapieunwilligen Abhängigen ohnehin ein wenig aussichtsreiches Vorgehen darstellen.

e) Das Verhältnis § 3 JGG – § 17 StGB

Nach herrschender Meinung hat § 3 S. 1 JGG einen eigenständigen Anwendungsbereich neben dem Verbotsirrtum nach § 17 S. 1 StGB. Die erstgenannte Vorschrift betrifft reifebedingte Mängel, die letztgenannte intellektuelle Irrtümer.

Ist die Altersreife zu bejahen, wird teilweise die Unvermeidbarkeit des Verbotsirrtums für den Regelfall abgelehnt, da feststehe, dass der Jugendliche das Unrecht seines Tuns hätte einsehen können.[521] Dem wird aber richtigerweise entgegengehalten, dass die Altersreife einen unvermeidbaren fallbezogenen Irrtum nicht per se ausschließen könne.[522] Bei den oben sub. 1. a) dargestellten Verstößen gegen das BtMG, bei denen die Einsichtsfähigkeit eingehend zu prüfen ist, wird dies besonders deutlich: Wenn man diese bejaht, ist es letztlich eine Frage des Einzelfalls, ob es sich dabei um vermeidbare Irrtümer handelt oder nicht.

2. Dogenkonsum und die Entwicklung Heranwachsender

Die Vorschriften des JGG gelten für Heranwachsende nur eingeschränkt. Dabei ist insbesondere die Anwendung des § 3 JGG ausgeschlossen. Während bestimmte Verfahrensvorschriften (§ 109 Abs. 1 JGG) stets zur Anwendung kommen, hängt die Anwendbarkeit der materiellen Regelungen –insbesondere der Rechtsfolgenvorschriften– von § 105 JGG ab: Der Heranwachsende muss im Einzelfall einem Jugendlichen gleichzustellen sein. Dies ist zu bejahen, wenn er zur Zeit der Tat in seiner Persönlichkeit einem Jugendlichen gleichstand (§ 105 Abs. 1 Nr. 1 JGG) oder wenn es sich um eine Jugendverfehlung handelte (Nr. 2). Anderenfalls gilt das allgemeine Strafrecht.[523] Auch hierbei kann Betäubungsmittelkonsum eine Rolle spielen.

a) Drogenkonsum als Zeichen einer Reifeverzögerung, § 105 Abs. 1 Nr. 1 JGG

Zur Beurteilung des Reifegrades eines Heranwachsenden ist eine Gesamtwürdigung der Persönlichkeit in ihrer sittlichen und geistigen Entwicklung unter Berücksichtigung der Umweltbedingungen erforderlich. Für die Anwendung des Jugendstrafrechts muss eine Verzögerung der Persönlichkeitsentwicklung vor-

---

[520] *Ostendorf*, § 10 Rdnr. 24; *Eisenberg*, § 10 Rdnr. 43.
[521] *Brunner/Dölling*, § 3 Rdnr. 12.
[522] *Ostendorf*, § 3 Rdnr. 2; *Eisenberg*, § 3 Rdnr. 32.
[523] Zu beachten ist, dass § 105 JGG keine Vorrangregel für die Anwendung von Jugend- oder Erwachsenenstrafrecht darstellt, BGH, NStZ 2004, S. 294 f. Nur bei unbehebbaren Zweifeln ist Jugendstrafrecht vorrangig.

liegen. Maßgeblich ist dabei, ob in dem Täter noch in größerem Umfang Entwicklungskräfte wirksam sind.[524] Im Hinblick auf Rauschmittel können Gelegenheits- oder Probierkonsum eine Reifeverzögerung allein nicht begründen. Hier sind weitere Hinweise auf das tatsächliche Vorliegen einer Reifeverzögerung erforderlich. Zwar weisen junge Menschen oft eine größere Neugier und Experimentierfreude in diesem Bereich auf, doch unabhängig von der Substanz lässt dies keine zwingenden Rückschlüsse auf die individuelle Reife des Täters zu. Bei Cannabisprodukten etwa zieht sich der Konsum durch alle Altersstufen.[525] Er ist nicht spezifisch einer bestimmten Altersgruppe zuzurechnen. Gegen die Annahme einer Reifeverzögerung bei Heroin und Kokain spricht, dass diese Substanzen eher in höherem Alter konsumiert werden, so dass ihr Konsum nicht als Verzögerung der Entwicklung zu bewerten ist.[526] Deswegen wird Probierkonsum zum Teil allenfalls als jugendtypische Verfehlung im Sinne der Nr. 2 angesehen.[527] Vordergründig einfacher scheint die Beurteilung bei Gewohnheitskonsum zu sein. Hier wird eher das Bestehen einer Reifeverzögerung angenommen, da der dauerhafte Konsum generell die Persönlichkeitsentwicklung und die Sozialisation beeinträchtige.[528] Für diese Ansicht würde weiter sprechen, dass der Gewohnheitskonsum schon oft in der Jugend begonnen wurde und quasi nur in die nächste Altersstufe hineinreicht. Es wird demnach indirekt unterstellt, dass man mit zunehmender Reife weniger Rauschmittel konsumieren wird. Ob dies der Realität entspricht, mag dahinstehen. Denn dieser schematischen Überlegung kann schon aus anderen Gründen nicht gefolgt werden: Eine derart generalisierende Betrachtung blendet die möglichen Ursachen des Konsums vollständig aus. Der Zusammenhang zwischen Drogenkonsum und Reifeverzögerungen ist ambivalent, so dass allein daraus nicht auf den Entwicklungsstand des Heranwachsenden geschlossen werden kann.[529] Rauschmittelkonsum ist kein spezifisch jugendliches Verhalten. Man muss vielmehr sämtliche Faktoren, die den Drogenkonsum eines Heranwachsenden bedingt haben, in die Betrachtung mit einbeziehen. Dabei kann der Konsumkontext wichtige Aufschlüsse geben.[530] Wenn etwa Betäubungsmittel vorrangig zur Leistungssteigerung im Beruf konsumiert werden, ist dies nicht ohne weiteres ein Zeichen jugendlicher Unreife, sondern eher der vermeintliche Versuch einer Anpassung an gesellschaftliche Notwendigkeiten, was aber kein jugendspezifisches Verhalten darstellt. Schließ-

---

[524] BGHSt 12, S. 116, 118; 36, S. 37, 40; eingehend *Ostendorf*, § 105 Rdnr. 5 ff.; *Brunner/Dölling*, § 105 Rdnr. 3 ff.

[525] Die Zahlen bei *Kleiber/Soellner*, S. 23 f. legen diese Überlegung nahe: 30 % der Befragten dieser Studie waren über 30 Jahre alt, der Altersdurchschnitt lag mit 26,6 Jahren deutlich über der 21-Jahres-Grenze des § 1 Abs. 2 JGG.

[526] S. oben § 3 5. a) und 6. a).

[527] *Ostendorf*, § 105 Rdnr. 18.

[528] OLG Köln, MDR 1976, S. 684; *Brunner*, JR 1973, S. 89, 92; *Brunner/Dölling*, § 105 Rdnr. 31; *Eisenberg*, § 105 Rdnr. 18; *Tilmann*, ZBl. 1978, S. 461, 464.

[529] *Täschner*, § 16 Rdnr. 202.

[530] In diese Richtung etwa BGH, StV 1994, S. 608.

lich kann der Gewohnheitskonsum noch relativ „jung" sein und erst im Heranwachsendenalter aufgenommen worden sein. Auch der Freizeitkonsum lässt sich in diesem Kontext nicht pauschal einordnen. Zwar ist die erhebliche Freizeitorientierung einerseits ein Zeichen jugendlicher Unreife, andererseits werden derartige Verhaltensweisen in immer größerem Maße auch von Erwachsenen praktiziert, so dass dies allein keine eindeutige Festlegung erlaubt.

Bei ausländischen Heranwachsenden wird zur Begründung einer Störung der Persönlichkeitsentwicklung auf den Konsum kulturfremder Drogen abgehoben.[531] Doch kann daraus ebenfalls nicht auf eine Reifeverzögerung geschlossen werden. Es ist richtig, dass Rauschmittelkonsum bei dieser Personengruppe Anzeichen für bestehende Identifikations- und Sozialisationsprobleme sein kann und oft auch ist. Doch dies sagt wenig über die tatsächliche individuelle Reifeentwicklung aus. Ein Konsument fragt ohnehin nicht danach, ob es sich bei seiner Droge um etwas „Kulturfremdes" handelt. Es ist heute kaum noch begründbar, dass bestimmte Substanzen kulturfremd sind. Inzwischen sind nahezu alle Betäubungsmittel in Deutschland erhältlich.[532] Maßgeblich für die Beurteilung der Reifeverzögerung ausländischer Heranwachsender ist daher ebenfalls der gesamte Konsumkontext.

b) Drogenkonsum als Jugendverfehlung, § 105 Abs. 1 Nr. 2 JGG

Ob eine typische Jugendverfehlung vorliegt, ist anhand objektiver oder subjektiver Kriterien zu bestimmen. Objektiv ist es erforderlich, dass die Tat nach ihrem äußeren Erscheinungsbild Merkmal jugendlicher Unreife ist. Zur Bejahung der Anwendbarkeit von Jugendstrafrecht ist es aber auch ausreichend, wenn die subjektiven Beweggründe der Tat und ihre Veranlassung als jugendspezifisch anzusehen sind.[533] Anzeichen für jugendtypisches Verhalten sind etwa Unüberlegtheit, Abenteuerlust, leichte Verführbarkeit und jugendlicher Leichtsinn. Nahezu alle Taten können eine jugendtypische Verfehlung darstellen. Dies gilt auch bei Betäubungsmitteldelikten. Maßgeblich sind die Umstände des Einzelfalls.

Erwerbstaten eines Erst-, Probier- oder Gelegenheitskonsumenten können als Indiz für die Jugendtümlichkeit der Verfehlung herangezogen werden, insbesondere wenn sie auf jugendlicher Abenteuerlust und Leichtsinn beruhen.[534] Eine pauschale Festlegung ist hier jedoch aufgrund der Vielfalt der Gründe nicht möglich.

Ein Indiz für den jugendlichen Charakter der Tat gibt die Art der konsumierten Substanz: Schnüffelstoffe sind eher klassische Jugenddrogen, während Heroin und Kokain eher als Erwachsenendrogen anzusehen sind. Cannabis nimmt wie ausgeführt eine Zwischenstellung ein, da es inzwischen in vielen Altersgruppen

---

[531] *Ostendorf*, § 105 Rdnr. 11; *Eisenberg*, § 105 Rdnr. 22.

[532] Insoweit zutreffend *Böllinger*, KritJ 1994, S. 405, 411; Ausnahmen mögen bestimmte Pilze oder Kath darstellen.

[533] Einzelheiten bei *Brunner/Dölling*, § 105 Rdnr. 14 f.; *Eisenberg*, § 105 Rdnr. 34 f.

[534] BGH, StV 1989, S. 311 (1 StR 570/88); OLG Zweibrücken, JR 1990, S. 304; *Brunner/Dölling*, § 105 Rdnr. 31; *Ostendorf*, § 105 Rdnr. 18.

weit verbreitet ist. Ähnliches gilt für Ecstasy und seine Derivate. Sie werden vor allem im Zusammenhang mit Tanz- und anderen Großveranstaltungen konsumiert, auf denen heute auch viele ältere Teilnehmer anzutreffen sind. Daher ist ihr Konsum kein eindeutiges Zeichen für eine Jugendverfehlung. Taten im Zusammenhang mit Gewohnheitskonsum und Abhängigkeit sprechen nach den sub. a) gemachten Ausführungen eher gegen die Annahme einer jugendtypischen Verfehlung. Die subjektiven Voraussetzungen werden bei diesen Tätergruppen seltener gegeben sein. Auch Erwerbstaten basieren in der Regel nicht auf den Merkmalen jugendlicher Unreife, sondern werden aus der Sucht heraus geboren und dienen der Sicherstellung des Konsumbedarfs. Auch bei objektiver Betrachtung wird man nicht zur Annahme einer jugendtypischen Verhaltensweise gelangen können.

3. Ausschluss und Einschränkung der Schuldfähigkeit gem. §§ 20 f. StGB

Rauschmittelkonsum und Abhängigkeit können Auswirkungen auf die Schuldfähigkeit und damit auf die §§ 20, 21 StGB haben. Auch das Auftreten eins Flashbacks[535] kann hierfür von Bedeutung sein, da das plötzliche Einsetzen einer –schweren– Substanzwirkung ohne akute Intoxikation einem echten Rausch vergleichbar sein kann.[536] Die Feststellungen zur Schuldfähigkeit werden bei Drogenabhängigen dadurch erschwert, dass es –anders als bei Alkohol– bisher keine Richtwerte als Indizien für den Umfang der Schuldfähigkeit gibt. Auch hier zeigt sich, wie wichtig es ist, einen Sachverständigen für die Beurteilung hinzuzuziehen.

Soweit feststellbare hirnorganische Schädigungen infolge des Konsums vorliegen, sind die §§ 20 f. StGB unproblematisch anwendbar, da dies eine krankhafte seelische Störung im Sinne dieser Vorschriften ist.[537] Probleme bereitet die Einordnung abhängigkeitsbedingter Persönlichkeitsveränderungen, bei denen es nicht zu hirnorganischen Schädigungen gekommen ist, wozu auch die so genannte Depravation[538] zählt. Sie wird als andere schwere seelische Abartigkeit eingeordnet.[539] Die Abhängigkeit selbst soll ebenfalls unter dieses Eingangsmerkmal zu subsumieren sein.[540] Akute Rauschzustände werden zum Teil als krankhafte seelische Störung[541], teilweise als tiefgreifende Bewusstseinsstörungen gewertet.[542] Auch die Subsumtion von Entzugserscheinungen ist umstritten.

---

[535] S. oben § 1 II. 3. a) (2).

[536] *Weiler/Schütz*, § 8 Rdnr. 42 f.; LK[11]-*Jähnke*, § 20 Rdnr. 52.

[537] Schönke/Schröder-*Lenckner/Perron*, § 20 Rdnr. 11; *Täschner*, § 16 Rdnr. 139.

[538] Dabei handelt es sich um eine suchtbedingte Veränderung der Persönlichkeit, die dem Betroffenen im Leben als soziales Wesen unmöglich macht; s. *Weber*, § 1 Rdnr. 41.

[539] *Theune*, NStZ 1997, S. 57 f.

[540] LK[11]-*Jähnke*, § 20 Rdnr. 51. Teilweise wird sie auch als krankhafte seelische Störung eingeordnet, s. *Theune*, NStZ 1997, S. 57, 58.

[541] *Täschner*, NJW 1984, S. 638; LK[11]-*Jähnke*, § 20 Rdnr. 42.

[542] BGHR, § 21 Bewusstseinsstörung 5 Cannabis.

Der BGH erfasst sie als tiefgreifende Bewusstseinsstörungen[543], Meinungen in der Literatur wiederum als krankhafte seelische Störung.[544] Unabhängig von der Einordnung unter die Merkmale des § 20 StGB sind die Anforderungen an die Schwere des Rauschzustandes bzw. der Entzugserscheinungen seitens der Rechtsprechung sehr hoch. Eine völlige Schuldunfähigkeit kommt eher bei akuten Rauschzuständen denn bei Entzugserscheinungen in Betracht.[545] Bei den Letztgenannten nimmt der BGH Schuldunfähigkeit nur ausnahmsweise an, nämlich, wenn sie ein besonders hohes Maß erreicht haben. Bei Beschaffungstaten soll dies voraussetzen, dass „langjähriger Betäubungsmittelgenuss zu schwersten Persönlichkeitsveränderungen geführt hat oder wenn der Täter unter starken Entzugserscheinungen leidet und durch sie dazu getrieben wird, sich mittels einer Straftat Drogen zu beschaffen, ..."[546]. Die Wirkung eines Betäubungsmittels kann die Steuerungsfähigkeit zumindest soweit einschränken, dass der Bereich des § 21 StGB erreicht ist. Bei Beschaffungsdelikten kann sich diese Einschränkung daraus ergeben, dass das Denken allein von der Sucht und dem damit verbundenen Suchen nach der nächsten Stoffdosis bestimmt wird. Entzugserscheinungen müssen unbedingt vermieden werden. Dieser starke, unüberwindlich scheinende Zwang kann die freie Willensentscheidung einschränken.[547] § 21 StGB setzt allerdings nicht voraus, dass der Täter tatsächlich unter Entzugserscheinungen leidet.[548] Sogar bei langjährigem Haschischkonsum wird eine derartige Verminderung der Schuldfähigkeit für möglich gehalten.[549] Das Vorliegen einer Abhängigkeit allein begründet vor diesem Hintergrund allerdings keinen Ausschluss der Schuldfähigkeit, sie ist nicht mit Schuldunfähigkeit gleichzusetzen.[550]
Die medizinische Forschung sieht –zumindest bei harten Drogen– einen Steuerungsverlust bei einer Deliktsbegehung im Stadium der Entzugserscheinungen eher als gegeben an als bei der Tatbegehung im Rauschzustand. Bei einer fortschreitenden Toleranzentwicklung kann die akute Wirkung eines Betäubungsmittels nur noch begrenzt als Indiz für die fehlende oder eingeschränkte Steuerungsfähigkeit herangezogen werden.[551] Die Droge gewährleistet unter Umständen lediglich das Funktionieren des Täters in einer Situation der Anspannung. Dieser Aspekt kann schon bei Langzeitkonsumenten zum Tragen kommen, deutlicher ausgeprägt ist er allerdings bei einer bestehenden Abhängigkeit. Hier kann

---

[543] BGH bei *Holtz*, MDR 1977, S. 982.
[544] *Täschner*, NJW 1984, S. 638.
[545] Kritisch zur Schuldfähigkeitsbegutachtung aufgrund nicht hinreichend gesicherter wissenschaftlicher Erkenntnisse Schönke/Schröder-*Lenckner/Perron*, § 20 Rdnr. 17 a. E.
[546] BGH, NStZ-RR 2002, S. 263; ähnlich BGH bei *Holtz*, MDR 1977, S. 982 (Rauschhunger); maßgeblich sind die Umstände des Einzelfalls, Schönke/Schröder-*Lenckner/Perron*, § 20 Rdnr. 17 m. w. N.
[547] BGH, NJW 1989, S. 2336 f.; *Täschner*, § 16 Rdnr. 148 f.
[548] BGH, StV 1991, S. 156; BGH, NStZ 1990, S. 384 f.
[549] BGH, StV 1989, S. 103 (bei gleichzeitigem Vorliegen von Diabetes); BGH, StV 1989, S. 386.
[550] BGH, StV 1988, S. 198.
[551] *Weiler/Schütz*, § 8 Rdnr. 14 f.; *Täschner*, § 16 Rdnr. 146.

der Konsum derart im Vordergrund stehen, dass er nur dem Zweck dient, die erforderliche „innere Ruhe" zu haben, die eine halbwegs geplante Straftat erfordert. Der Täter handelt dann im Moment der Tatbegehung zwar einerseits unter akutem Rauschmitteleinfluss, Ausfälle sind aber andererseits in diesem Zustand seltener zu beobachten.[552]

Bei Probier- und Gelegenheitskonsumenten ist die Annahme einer Steuerungseinschränkung im akuten Rausch daher eher anzunehmen als bei Abhängigen und Langzeitkonsumenten. Bei diesen sprechen eher Entzugserscheinungen für einen Steuerungsverlust.

---

[552] *Täschner*, § 16 Rdnr. 146. Daraus ist aber nicht der Schluss zu ziehen, dass bei Abhängigen die Schuldfähigkeit stets zu bejahen wäre.

§ 6 – Drogenkonsum und Verfahren

I. Grundsätzliche Überlegungen

Wie mit der strafrechtlichen Auffälligkeit eines jungen Menschen umzugehen ist, ist die zentrale Frage des Strafverfahrens. Dies gilt in Betäubungsmittelsachen umso mehr, da es hier nicht nur um die Straftat als solche geht, sondern mit dem Drogenkonsum eine besondere Ursache vorliegt. Das Strafrecht stellt oft die letzte und zugleich auch härteste Instanz sozialer Kontrolle dar. Und dies betrifft vorrangig die als harmlos bewerteten Konsumentendelikte im Zusammenhang mit Cannabiszubereitungen.

Doch wie problematisch der Umgang mit den Straftaten im Betäubungsmittelbereich ist, zeigt die Ambivalenz von strafrechtlicher Intervention und Nicht-Intervention. Wie aus Schaubild 18 zu ersehen ist, können beide sowohl pro als auch contra Drogenkonsum wirken.[553]

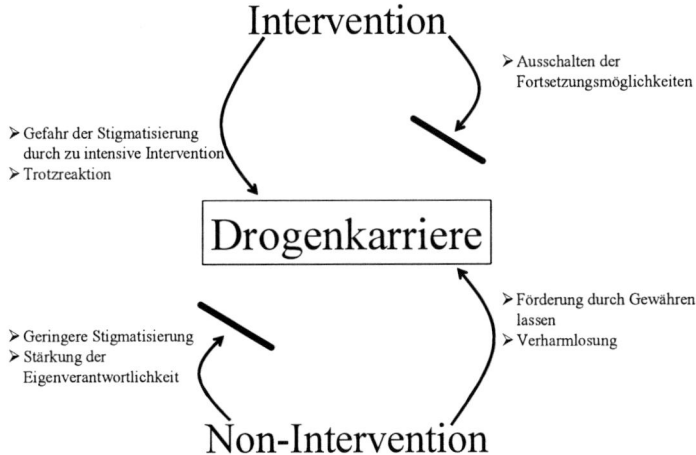

Schaubild 18: Intervention – Non-Intervention

Die Nichtintervention (vor allem in Form der folgenlosen Einstellung) kann der Verfestigung der Drogenkarriere vorbeugen, da auf diesem Wege eine Trotzhaltung des Betroffenen ebenso vermieden wird wie eine übermäßige Stigmatisierung. Zugleich wird die Eigenverantwortlichkeit des Täters betont. Ihm wurde

---

[553] Ähnlich *Gebhardt* (1998a), § 19 Rdnr. 35 a. E.

durch die Aufnahme des Strafverfahrens gezeigt, dass sein Verhalten von der Rechtsgemeinschaft nicht hingenommen wird. Er kann nun selbst darüber entscheiden, ob er sich dies zur Warnung gereichen lässt und sich in Zukunft an das gesetzliche Verbot hält. Die Non-Intervention kann den Drogenkonsum aber auch fördern, da dem Täter der Eindruck vermittelt wird, sein Verhalten sei eigentlich harmlos, er könne so weitermachen, da de facto nichts passiert. Dieses Risiko scheint bei der Nicht-Verfolgung von Cannabisstraftaten besonders hoch. Auch eine strafrechtliche Intervention kann im Hinblick auf die weitere Entwicklung positiv wie negativ wirken. So kann sie auf der einen Seite eine aus einer Trotzhaltung gegen die strafrechtliche Ahndung resultierende Verstärkung des Konsums nach sich ziehen („Jetzt erst recht"). Daneben besteht bei leichten Konsumentendelikten die Gefahr einer übermäßigen Stigmatisierung des Täters. Die strafrechtliche Intervention kann auf der anderen Seite aber protektiv gegen die Fortsetzung des Konsums wirken, da der Betroffene mit den Mitteln des Strafrechts aktiv beeinflusst wird. Ihm werden die Grenzen seines Tuns aufgezeigt, die Reaktion hat eine erzieherische Wirkung und es wird ihm –wo nötig– auch zusätzliche Hilfe zuteil.

Bei Delikten im Zusammenhang mit Cannabiszubereitungen befindet man sich bei der Frage nach dem Ob und Wie der strafrechtlichen Reaktion in einer gesellschaftlichen Zwickmühle: Einerseits soll und muss auf die Verfehlung des Jugendlichen bzw. Heranwachsenden reagiert werden. Es handelt sich nach geltendem Recht um eine Straftat. Andererseits führt die seit Jahren andauernde Liberalisierungsdebatte immer mehr zu einem Legitimations- und Glaubwürdigkeitsproblem für die staatliche Ahndung. Wie soll man es einem jungen Menschen begreiflich machen, dass Cannabis etwas für ihn Gefährliches (und deshalb auch Verbotenes) ist und er für den Umgang auch noch bestraft wird, wenn zugleich in der öffentlichen Diskussion über die vollständige Entkriminalisierung bzw. Legalisierung nachgedacht wird?

Ziel des gesamten Jugendstrafverfahrens muss es vor diesem Hintergrund sein, im Einzelfall eine Sanktion zu finden, die unter erzieherischen Gesichtspunkten am ehesten eine Abkehr vom oder zumindest Einschränkung des Betäubungsmittelkonsums nach sich ziehen wird, ohne anderweitige negative Folgen oder gar eine Intensivierung des Drogenkonsums zu provozieren. Bei Drogenkonsumenten ist dafür –auch– das Ziel zu verfolgen, das Bewusstsein für und die Einsicht in die Gefährlichkeit des Konsums zu wecken. Wenn dies gelingt, ist eine dauerhafte Prävention für die Zukunft möglich. Dabei spielt nicht nur die Wahl der letztlich zu verhängenden Sanktion eine Rolle, schon dem Verfahren selbst und seiner Ausgestaltung wohnt der Charakter einer Intervention inne. Allein der Kontakt mit einer Instanz der strafrechtlichen Kontrolle kann den jungen Rechtsbrecher in hohem Maße prägen. Daneben hat dies Auswirkungen auf das soziale Umfeld, etwa in Form einer Reaktion der Eltern.[554]

Daher verlangen die Auswahl der jugendstrafrechtlichen Maßnahme und die Verfahrensgestaltung vom Jugendstaatsanwalt bzw. dem Jugendrichter –und

---

[554] S. etwa *Eisenberg*, § 45 Rdnr. 18 m w. N.; *Brunner/Dölling*, § 45 Rdnr. 17a.

auch von anderen Verfahrensbeteiligten wie dem zuständigen Jugendgerichtshelfer oder dem Verteidiger– viel Fingerspitzengefühl.[555] Sie müssen sich eine Vielzahl von Fragen stellen. Zu nennen sind hier vor allem:

> Um was für eine Straftat handelt es sich?
> Welche Bedeutung hatte der Drogenkonsum für die Tat? In welcher Situation kam es dazu?
> Habe ich es mit einem Dauerkonsumenten zu tun (der bisher nicht aufgefallen ist), oder ist es ein Probieren gewesen? Oder ist der Täter gar rauschmittelabhängig?
> Ist die Durchführung einer Gerichtsverhandlung erforderlich oder reicht eine Sanktion im Wege der Diversion aus, um den jungen Täter so zu beeindrucken, dass er seine Einstellung zu Drogen überdenkt?
> Wenn er abhängig ist, wie kann auf eine Therapie hingewirkt werden? Ist dafür oder daneben die Verhängung einer Jugendstrafe geboten?[556]

Von der Beantwortung dieser Fragen hängt ab, wie eine erzieherische Verfahrensgestaltung und die anschließende Sanktion aussehen können.

II. Erkennbarkeit von Konsum und Abhängigkeit

1. Bedeutung des Betäubungsmittelbezugs

Der Bezug einer Straftat zu Betäubungsmitteln betrifft nicht erst die Entscheidung über die Art der Verfahrensbeendigung und die Wahl der schließlich zu verhängenden Sanktion. Die vorherige Aufnahme einer entsprechenden Behandlung oder die Anbahnung eines Kontaktes zu einer Drogenberatungsstelle können sich auf die Abschlussverfügung der Staatsanwaltschaft bzw. die gerichtliche Entscheidung auswirken, da die Durchführung einer solchen Maßnahme bei der Einstellung nach §§ 45 Abs. 2, 47 Abs. 1 S. 1 Nr. 2 JGG berücksichtigt werden kann. Je früher der Bezug zu Drogen und ihre Bedeutung für die konkrete Tat daher erkannt werden, desto eher kann gezielt darauf reagiert werden. Schon im Ermittlungsverfahren ist dieses Thema damit von Relevanz.

Das möglicherweise größte Problem im Umgang mit Betäubungsmittelkonsumenten liegt darin, wie Konsum bzw. Abhängigkeit zu erkennen sind. Wenn es sich nicht um Rauschgiftkriminalität nach dem BtMG oder um direkte Beschaffungskriminalität handelt, wird oft nicht offenbar, dass hinter der begangenen Tat Drogen eine (mit)bestimmende Rolle gespielt haben.

---

[555] So schon zutreffend *Brunner*, ZBl. 1971, S. 243, 246.
[556] Ähnlich *Kühne* (1998), § 22 Rdnr. 4, der zu Recht von einem Konkurrenzverhältnis der Interventionstechniken spricht.

2. Wie kann man Konsum oder Sucht erkennen?

Die Erkennbarkeit des Rauschmittelkonsums gestaltet sich in der Praxis oft schwierig. Die erste Stelle im Strafverfahren, die Hinweise auf einen Drogenbezug bei einem Jugendlichen oder Heranwachsenden feststellen kann, ist in aller Regel die Polizei. Bei einer Verkehrskontrolle oder im Rahmen der Beschuldigtenvernehmung kann der Beamte Anzeichen für einen Rauschmittelkonsum entdecken. Der Konsument selbst wird ohne Grund selten von sich aus darauf hinweisen.[557] Wichtig ist daher, welche Möglichkeiten die Polizei zur Feststellung des Rauschmittelbezugs hat. Daneben bzw. im Anschluss daran kommen labortechnische Nachweismethoden und die psychologische Begutachtung in Betracht.

a) Möglichkeiten der Feststellung

(1) Polizeiliche Feststellung[558]

Im Bereich der Betäubungsmitteldelikte müssen für die Einleitung eines Ermittlungsverfahrens und damit für ein Tätigwerden der Polizei äußerlich feststellbare Anzeichen für den Besitz, Erwerb, Handel o. ä. mit Drogen vorliegen, um einen entsprechenden Anfangsverdacht (s. § 152 Abs. 2 StPO) begründen zu können; in anderen Deliktsbereichen ergibt sich der Verdacht einer Deliktsbegehung aus den Umständen des jeweiligen Einzelfalls.[559]

Anzeichen für Drogenkonsum sind in erster Linie das Auffinden von Betäubungsmitteln bei der körperlichen Durchsuchung, typische Konsumutensilien wie Haschischpfeifen oder Fixerbesteck, Einstichstellen oder bei Cannabis der typische Geruch. Daneben kann es tattypische Situationen geben, wie ein auffälliges Fahrverhalten im Straßenverkehr. Ansonsten gibt es keine sicheren und eindeutig feststellbaren äußerlichen Anzeichen für den Konsum eines bestimmten illegalen Betäubungsmittels, da typische Merkmale nicht auftreten. Deutlich wird dies beispielsweise bei der Reaktion der Pupillen: Kokain, Amphetamine und seine (Ecstasy-)Derivate führen zu einer Pupillenerweiterung (Mydriasis), Opiate dagegen zu einer Pupillenverengung (Miosis).[560] Bei Cannabis kann je nach Dosis sowohl die eine als auch die andere Reaktion auftreten.[561] Jedoch kann eine bestimmte feststellbare Augenreaktion auch andere Ursachen haben, wie z. B. Übermüdung, oder sie kann auf Alkoholkonsum oder Medikamente zurückzuführen sein.

Drogenkonsum lässt sich demnach oft erst durch eine Gesamtschau verschiedener Hinweiszeichen erkennen. Dafür gibt es eine Reihe von Indikatoren.[562] Zu

---

[557] *Brunner*, ZBl. 1971, S. 243, 245; *ders.*, JR 1973, S. 89.
[558] Eine Übersicht möglicher Indikatoren findet sich bei *Harbort* (1996), Rdnr. 401 ff.
[559] Zur Durchführung des Ermittlungsverfahrens S. unten III.
[560] *Geschwinde*, Rdnr. 846 (Ecstasy), 1129 (Opiate), 1500 (Kokain), 1865 (Amphetamine); zusammenfassend *Schreiber*, Kriminalistik 1997, S. 737 ff.
[561] *Geschwinde*, Rdnr. 120 (Miosis bei hohen Dosierungen) und Rdnr. 125 (Mydriasis).
[562] Eine Aufstellung findet sich bei *Hein/Schulz*, Blutalkohol 1992, S. 225, 232. Dies variiert allerdings je nach Droge, s. dazu die Ausführungen zu den einzelnen Betäubungsmitteln in § 3 und die Übersicht bei *Täschner*, § 16 Rdnr. 37 ff.

nennen sind die mit einem akuten Rausch verbundenen Ausfallerscheinungen wie unsicherer Gang, motorische Störungen, auffällige Sinnestäuschungen (z. B. Reden mit unsichtbaren Personen) und/oder eine lallende Sprechweise. Derartige Auffälligkeiten sind für sich genommen wiederum kein sicheres Indiz für den Konsum einer bestimmten illegalen Substanz, da sie unspezifisch auf viele Drogen zutreffen können.[563] Erschwert wird die Feststellung dadurch, dass oft mehrere Substanzen, darunter in der Regel Alkohol, konsumiert wurden. Durch diese Mischintoxikation können sich die Wirkungen überlagern, so dass spezifische Charakteristika einzelner Rauschmittel kaum noch zu erkennen sind. Da es für Alkohol geeignete Schnelltests gibt, besteht das Risiko, dass weiterführende Untersuchungen unterlassen werden und damit die Möglichkeit eines Drogenkonsums nicht mehr geprüft wird, da man ja eine nachweisbare Erklärung für ein Einschreiten hat.[564] Besonders augenscheinlich wird diese Problematik im Zusammenhang mit Diskothekenbesuchen. Nahezu an jedem Wochenende erscheinen in der lokalen Presse Meldungen über (schwere) Unfälle junger Menschen auf dem Weg zur oder von der Diskothek. Berücksichtigt man die generell größeren Konsumerfahrungen in dieser Szene, so liegt die Wahrscheinlichkeit nahe, dass hier oft nicht allein Alkohol eine Rolle gespielt hat, sondern auch Designerdrogen und andere Substanzen, die die Wirkungen potenziert haben. Doch eingehende Untersuchungen im Hinblick auf eine Beeinflussung durch illegale Betäubungsmittel werden nach Verkehrsunfällen nur selten durchgeführt.[565]

Bei Drogenabhängigen können äußere Anzeichen infolge der unmittelbaren Drogenwirkung fehlen. Wenn die Droge schon länger wirkt, sind auffällige Verhaltensabweichungen sogar seltener zu beobachten, da sich der Abhängige durch den Konsum auf seinen Normalzustand reguliert hat, bei dem sein Verhalten nach außen hin weitestgehend als normal und angepasst erscheint.[566] Dafür kann es bei Abhängigen andere äußerlich wahrnehmbare Merkmale geben, wie z. B. schmerzhafte Entzugserscheinungen.[567] Daneben weisen intravenös injizierende Konsumenten Einstichstellen an den Armen oder Beinen auf. Zudem treten Verwahrlosung, körperlicher Verfall, Gleichgültigkeit und Passivität auf und können damit als Indizien für den Betäubungsmittelbezug herangezogen werden.[568]

(2) Labortechnische Untersuchungen

Die sicherste Möglichkeit, einen aktuellen Rauschmittelkonsum nachzuweisen, sind entsprechende Testverfahren. Bis dato muss hierfür vorrangig auf Laboruntersuchungen von Blut-, Urin- und Haarproben zurückgegriffen werden. Je nach Betäubungsmittel kann man dort die verschiedenen Substanzen unterschiedlich

---

[563] *Weiler/Schütz*, § 8 Rdnr. 156.
[564] *Salger*, DAR 1994, S. 433, 436; ähnlich *Kreuzer*, NStZ 1993, S. 209, 211, zum Abstellen auf Alltagstheorien.
[565] *Weiler/Schütz*, § 8 Rdnr. 8; *Körner*, Anhang C 4 Rdnr. 2.
[566] *Täschner*, § 16 Rdnr. 48; *Geschwinde*, Rdnr. 1128 speziell für Heroinabhängige.
[567] Eingehend *Täschner*, § 16 Rdnr. 49 ff.
[568] Bei Ecstasykonsum fehlen derartige Anzeichen aber wiederum oft.

lang nachweisen.[569] Zwischenzeitlich gibt es für den Einsatz durch die Polizei vor Ort funktionstüchtige Schnelltests wie beispielsweise „Drugwipe" der Firma securetec, der Betäubungsmittelrückstände im Speichel nachweisen kann.[570] Labortechnische Untersuchungen setzen das Bestehen eines Anfangsverdachts voraus, da ansonsten eine Blutentnahme gem. § 81a StPO unzulässig wäre.[571] Ein solcher kann sich aus den oben sub. (1) beschriebenen Anzeichen ergeben.

(3) Begutachtung

In der medizinischen Praxis wird das Vorliegen einer Abhängigkeit anhand von Klassifikationssystemen im Wege einer eingehenden psychiatrischen Exploration festgestellt, bei der auch die Ursachen des Konsums und die aktuelle Befindlichkeit zur Tatzeit begutachtet werden.[572] Wichtige Merkmale einer Abhängigkeit sind danach u. a. der starke Wunsch, die Substanz erneut zu konsumieren, Entzugserscheinungen, Toleranzentwicklung, anhaltender Konsum trotz erkannter nachteiliger Folgen und verminderte Kontrollfähigkeit im Hinblick auf die Konsumsteuerung.[573]

Das Manko neben dem großen zeitlichen Aufwand derartiger Explorationen ist, dass sie nur zur Feststellung einer Abhängigkeit bestimmt sind. Rauschmittelkonsum an sich ist damit nicht nachweisbar. Wird eine derartige Begutachtung angeordnet, ist aber ohnehin bereits bekannt, dass es sich um einen Rauschmittelkonsumenten handelt.

Diese Klassifikationssysteme sind in der polizeilichen Praxis nur begrenzt taugliche Hilfsmittel. Die Feststellung der dort zusammengestellten Merkmale erfordert eine längere Beobachtung des Probanden, was bei der polizeilichen Kontrolle oder Vernehmung aber gar nicht geleistet werden kann. Außerdem können einige der dort genannten Kriterien auch andere Ursachen haben, so dass die Interpretation der Befunde eine entsprechende fachliche Ausbildung voraussetzt.

b) Folgen der Feststellung

Sobald der Bezug zu Betäubungsmitteln erkannt worden ist, sollte man meinen, dass diese Erkenntnis Eingang in die Akte finde. Denn gerade bei Jugendlichen ist sie ein wesentlicher Punkt der Persönlichkeitserforschung (s. unten III. 2.). Verschiedene Länderrichtlinien (für das Verfahren nach § 31a BtMG) sehen vor,

---

[569] *Körner*, Anhang C 4 Rdnr. 2; Einzelheiten bei *Weiler/Schütz*, § 8 Rdnr. 27 ff., 237 ff. mit Tabelle 8.

[570] Zu den verfügbaren Tests s. *Weiler/Schütz*, § 8 Rdnr. 157 ff.; Informationen zu Drugwipe können über die Homepage der Firma (http://www.securetec.net/index.php?%20Sprache=DE& abgerufen werden (zuletzt besucht am 20.09.2004). Allerdings ist dieses Testverfahren aufgrund einer empirischen Untersuchung des Instituts für Rechtsmedizin der Universität Köln in die Kritik geraten, s. *Schattauer*, Focus 39/2004, S. 76, 78.

[571] Einzelheiten zum Vorgehen nach § 81a StPO bei *Meyer-Goßner*, § 81a Rdnr. 1 ff.

[572] *Täschner*, § 16 Rdnr. 70 ff.; für die Exploration bei Cannabis s. *Simon*, S. 58, 66 ff.

[573] S. im Einzelnen: DSM-IV (Diagnostic Statistic Manual der American Psychiatric Association) bzw. ICD-10 (International Classification of Diseases der WHO; Kapitel V (F10-19) Psychische und Verhaltensstörungen durch psychotrope Substanzen). Beide Systeme werden in Deutschland benutzt, s. etwa DBDD, Jahresbericht 2002, S. 26 ff. Zur Diagnostik s. den Überblick bei *Bühringer* (1998), § 5 Rdnr. 105 ff.

dass es zumindest bei Feststellung des Verdachts einer Drogenabhängigkeit zur Einschaltung der entsprechenden sozialen Dienste kommen soll, um dem Betroffenen Beratung und Hilfe leisten zu können.[574] Doch leider zeigt sich die polizeiliche und staatsanwaltschaftliche Praxis hier eher zurückhaltend. Nach der Studie von *Aulinger* werden selbst in Fällen des § 31a BtMG (also erkennbarer Rauschgiftkriminalität!) nur vereinzelt Bemerkungen der Sachbearbeiter zu einer möglicherweise bestehenden Drogenproblematik aufgenommen; weitergehende Untersuchungen im Ermittlungsverfahren werden nicht durchgeführt.[575] Woher diese „Zurückhaltung" der Verfolgungsbehörden kommt, ist schwer zu erklären. Sie scheint zum Teil durch mangelnde Kenntnisse der beteiligten Beamten über die Wirkungen von Betäubungsmittel und –damit eng verbunden– der Unterschiede zwischen alleiniger Alkoholaufnahme und Mischkonsum mehrerer Substanzen begünstigt zu werden. Auf weiterführende Laboruntersuchungen wird nicht nur verzichtet, wenn ein einfach durchzuführender Alkomat-Test bestimmte Grenzwerte erreicht hat; dies geschieht selbst dann, wenn dieser ein negatives Ergebnis bringt. Stattdessen werden für die beobachteten Auffälligkeiten Alltagstheorien herangezogen.[576] Möglicherweise will man auch –unbewusst– vermeiden, den Beschuldigten in weitere Schwierigkeiten zu bringen, da der Rauschmittelkonsum nur indirekt mit der Tat zusammenhängt. Oder es werden die mit einer weitergehenden Analyse verbundenen Kosten und Mühen gescheut.
Eine weitere Ursache könnte darin zu sehen sein, dass speziell Abhängige schon derart uneinsichtig im Hinblick auf ihre Sucht sind bzw. so von den Beamten eingeschätzt werden, dass die Weitergabe von Hilfsangeboten o. ä. von vornherein für sinnlos gehalten wird.

III. Das Ermittlungsverfahren in Jugendsachen

Dem Ermittlungsverfahren kommt im Jugendstrafverfahren große Bedeutung zu. Die Wahl der späteren Sanktion wird schon in der frühen Phase des Ermittlungsverfahrens vorgezeichnet. Schon das Ermittlungsverfahren allein kann ausreichende Grundlage einer Einstellung nach § 45 Abs. 1 JGG sein. Die Polizei als Ermittlungsbehörde beeinflusst mit ihrer Tätigkeit, was dem Staatsanwalt und später dem Richter bekannt werden wird. Sorgfalt und angemessener kriminalistischer Spürsinn sind hier oberstes Gebot.
Die Durchführung des Ermittlungsverfahrens folgt prinzipiell den Regeln des allgemeinen Strafprozessrechts (§§ 151 – 200 StPO, § 2 JGG). Gleiches gilt für die Anwendung strafprozessualer Maßnahmen. Allerdings enthält das JGG ver-

---

[574] Dabei wird diese Aufgabe zum Teil der Polizei, zum Teil der ermittelnden Staatsanwaltschaft übertragen; s. etwa Hamburgisches Justizverwaltungsblatt 1999, S. 83; MBl LSA 1995, S. 15; Nds. Rpfl. 1994, S. 351 f.

[575] *Aulinger*, S. 268.

[576] Weitere, die Untersuchung hemmende Faktoren, bei *Hein/Schulz*, Blutalkohol 1992, S. 225, 234 f.

schiedene vorrangige Sonderregelungen, um der größeren Schutzbedürftigkeit
junger Menschen gerecht werden zu können. Die Verfahrensgestaltung wird zudem von den tragenden Prinzipien des Jugendstrafrechts –insbesondere dem Erziehungsgedanken– beeinflusst.[577]

1. Allgemeine Voraussetzung – Bestehen eines Anfangsverdachts

Die Einleitung eines Ermittlungsverfahrens und die Anwendung verschiedener
strafprozessualer Zwangsmittel, wie z. B. die Entnahme einer Blutprobe nach
§ 81a Abs. 1 StPO, aber auch das Entstehen der Beschuldigtenrechte setzen das
Bestehen eines Anfangsverdachts gem. § 152 Abs. 2 StPO voraus. Es müssen
nach kriminalistischer Erfahrung konkrete tatsächliche Anzeichen vorliegen, die
die Begehung einer strafbaren Handlung möglich erscheinen lassen.[578] Dies bereitet der Praxis für den Bereich der Betäubungsmittelkriminalität keine großen
Schwierigkeiten. Zwar ist der Konsum von Drogen selbst nicht strafbar, jedoch
ist ihm in aller Regel eine illegale Erwerbshandlung bzw. zumindest eine Form
des Besitzes vorausgegangen,[579] was als Anknüpfungspunkt für einen entsprechenden Tatverdacht dient. Vor dem Hintergrund der Straflosigkeit des Konsums ist dieses Vorgehen allerdings nicht unproblematisch, denn es führt letztlich zur Kriminalisierung der straflosen Selbstschädigung. Dies gilt umso mehr,
als der Erwerb zum sofortigen Gebrauch noch zum Konsum zählt und daher
nicht strafbar ist.[580]

Bei Delikten, die keinen direkten Bezug zu Betäubungsmitteln aufweisen –also
indirekte Beschaffungskriminalität, Straftaten unter Betäubungsmitteleinfluss–
muss sich der Anfangsverdacht aus entsprechenden tatsächlichen Umständen ergeben.

2. Ermittlungen gegen junge Straftäter

a) Umfang der Ermittlungen, § 43 JGG

(1) Persönlichkeitserforschung

Um die Erziehungsorientierung des Jugendstrafverfahrens zu gewährleisten, verlangt § 43 JGG eine umfassende Ermittlung der Persönlichkeit des jungen Täters. Dieser Vorschrift kommt eine erhebliche Bedeutung zu, da die Persönlichkeitserforschung wesentlich zur Bestimmung der erzieherisch sinnvollsten Sanktion beiträgt.[581] Sie betrifft bei Jugendlichen auch die Verantwortlichkeit gem.
§ 3 JGG; für Heranwachsende ist sie im Rahmen des § 105 JGG relevant. Die
möglichen Auswirkungen des Drogenkonsums auf diese Punkte wurden bereits
erörtert.

---

[577] *Brunner/Dölling*, § 2 Rdnr. 2, 6.
[578] *Meyer-Goßner*, §152 Rdnr. 4.
[579] *Hund*, § 12 Rdnr. 93.
[580] S. oben § 3 I. 1.
[581] *Brunner/Dölling*, § 43 Rdnr. 2, 5; *Eisenberg*, § 43 Rdnr. 9; eingehend zum Ermittlungs-
umfang bei der Vernehmung *Rieke*, S. 159 ff.

Die Ermittlungen sollen sich nicht auf die Betrachtung der Persönlichkeit des Beschuldigten selbst beschränken, sondern auch seine Lebens- und Familienverhältnisse und alle weiteren in § 43 Abs. 1 JGG genannte Merkmale umfassen. Zu diesem Zweck sollen alle verfügbaren Erkenntnisquellen genutzt werden (s. Richtlinie Nr. 2 zu § 43 JGG). Dazu zählen v. a. die Eltern oder gesetzlichen Vertreter des Jugendlichen, Schule und Ausbildungsstätte, das soziale Umfeld in Form von Freunden und Bekannten sowie die Auszüge aus dem Erziehungs- und Strafregister.[582] Von der Möglichkeit, an sich unbeteiligte Dritte wie die Schule in das Verfahren einzubeziehen, ist nur Gebrauch zu machen, wenn es unbedingt erforderlich ist, um weitergehende Stigmatisierungen und Probleme für den betroffenen Beschuldigten zu vermeiden (§ 43 Abs. 1 S. 3 JGG).[583] Der Umfang der Ermittlung wird zum einen durch die in § 244 Abs. 2 StPO normierte Aufklärungspflicht vorgegeben, ist im Hinblick auf den Grundsatz der Verhältnismäßigkeit und das Beschleunigungsgebot zum anderen aber auch an der Bedeutung der Sache auszurichten.[584]

Vor dem Hintergrund des weiten Ermittlungsauftrags im Jugendstrafverfahren stellt sich die Frage, inwieweit Indizien auf Konsum und Abhängigkeit nachzugehen und zu dokumentieren sind, auch wenn es für die konkrete Tat nicht von Bedeutung ist. Ermittlungen in diese Richtung setzen zuallererst voraus, dass es entsprechende Hinweise gibt. Nur weil viele Jugendliche Erfahrungen mit illegalen Rauschmitteln sammeln, heißt das nicht, dass dies in jedem Fall relevant war, oder noch weniger, dass dies generell bei allen Jugendlichen üblich ist. Eine „präventive" Ermittlung in diese Richtung ist nicht angezeigt. Auch unter Berücksichtigung des Erziehungsgedankens kann sich nichts anderes ergeben. Zwar kann Drogenkonsum ab einer gewissen Intensität (abhängig von der Substanz) für die Entwicklung des Einzelnen schädlich sein, so dass ein steuerndes Eingreifen angezeigt sein kann. Doch dies vermag keine Ermittlungspflicht losgelöst von einem konkreten Anlass zu begründen. Denn die Strafbarkeit eines Verhaltens richtet sich auch bei Jungendlichen und Heranwachsenden nach den allgemeinen Regeln. Die Unterbindung eines lediglich unerwünschten Verhaltens mit den Mitteln des repressiven Strafrechts ist erst möglich, wenn es tatsächlich zu einer strafbaren Handlung gekommen ist, d. h. es muss zumindest das Stadium des strafbaren Versuchs erreicht sein. Zur Vermeidung unnötiger Stigmatisierung und um das Persönlichkeitsrecht des Betroffenen nicht mehr als nötig zu beinträchtigen, muss die Ermittlungtätigkeit stets auf eine Straftat bezogen erfolgen. Im Übrigen stellt das Experimentieren mit Rauschmitteln in gewissen Grenzen ein durchaus normales Verhalten im Entwicklungsverlauf eines Jugendlichen dar.

Wird bekannt, dass der Täter Drogen konsumiert hat, so sind Feststellungen und weitere Ermittlungen hierüber dann nicht erforderlich, wenn es sich um eine längst abgeschlossene Episode handelt, die heute keine Rolle mehr spielt. Glei-

---

[582] Einzelheiten zu diesen Möglichkeiten bei *Ostendorf*, § 43 Rdnr. 9 - 14.
[583] *H.-J. Albrecht* (2002), S. 129 f.; *W. Heinz*, DVJJ-J 1999, S. 131, 138 f.
[584] *Brunner/Dölling*, § 43 Rdnr. 9; *Eisenberg*, § 43 Rdnr. 11.

ches kann gelten, wenn es sich um einen Gelegenheitskonsumenten handelt, bei dem der Konsum mit der gegenwärtigen Straftat nichts zu tun hat. Hier ist Feingefühl erforderlich, da eine Straftat letztlich doch auch eine Beschaffungstat sein kann.

Hinweisen auf eine Abhängigkeit ist dagegen stets nachzugehen, da es sich dabei sehr oft um einen relevanten Faktor sowohl für die Straftatgenese als auch für die zu verhängende Sanktion handelt.

Die Ermittlungsleitung liegt formal beim Jugendstaatsanwalt (§§ 37 JGG, 160 StPO). Die Persönlichkeitserforschung wird jedoch grundsätzlich vom Jugendamt in Gestalt des Jugendgerichtshelfers durchgeführt (s. unten 3.). Die Einschaltung der Polizei ist dadurch nicht ausgeschlossen.[585]

(2) Pflicht zur Begutachtung

Die §§ 43 Abs. 2 JGG, 246a StPO verlangen die Hinzuziehung eines Sachverständigen, wenn dies für das Verfahren erforderlich ist, insbesondere wenn damit zu rechnen ist, dass eine Unterbringung gem. § 64 StGB angeordnet werden wird.[586] Aber auch wenn Ausmaß und Grad des Drogenumgangs unklar sind, ist die Beiziehung eines Gutachters unerlässlich.

Teilweise wird gegen die Pflicht zur Begutachtung die Gefahr einer frühzeitigen Festlegung bezüglich der Art und Weise der Behandlung sowie die Möglichkeit eines Eigeninteresses des Sachverständigen geltend gemacht.[587] Der erstgenannte Punkt dürfte nur in sehr seltenen Fällen zu bejahen sein, denn wenn man die Möglichkeit einer Suchtbehandlung in Betracht zu ziehen hat, kommt man nicht umhin, eine entsprechend Begutachtung vorzunehmen. Wenn es keine Hinweise darauf gibt, ist auch eine Begutachtung nicht erforderlich. Durch die gesetzliche Regelung soll die Gefahr einer ungeeigneten Entscheidung eingeschränkt werden, so dass die Vorteile der Untersuchung deren mögliche Nachteile insgesamt überwiegen. Der zweite Punkt lässt sich zwar nicht mit absoluter Sicherheit ausschließen, aber man sollte von einem Gutachter eine unparteiische Darstellung erwarten können.

Trotz der möglichen Auswirkungen des Rauschmittelkonsums auf die Reifeentwicklung (§§ 3, 105 JGG) wird in vielen Fällen auf sachverständige Unterstützung durch Psychologen oder Psychiater verzichtet. Die Gerichte nehmen entgegen der gesetzlichen Vorgabe oft eine eigene Sachkompetenz an.[588] Dabei kann ein Sachverständiger die Auswirkungen des Drogenkonsums auf die Entwicklung eines Jugendlichen oder Heranwachsenden wesentlich besser als das erkennende Gericht beurteilen. Dies würde auch die Feststellung erleichtern, welche Maßnahme in concreto notwendig und am ehesten geeignet ist. Zudem

---

[585] Dazu *Brunner/Dölling*, § 43 Rdnr. 3, 12 ff.; *Eisenberg*, § 43 Rdnr. 15 ff.; *Ostendorf*, § 43 Rdnr. 7 f.

[586] § 10 Richtlinie Nr. 9; allgemein zur Sachverständigenzuziehung *Brunner/Dölling*, § 43 Rdnr. 15 ff. und *Meyer-Goßner*, § 246a Rdnr. 1 ff.

[587] Bedenken bei *Eisenberg*, § 10 Rdnr. 38.

[588] Eindringlich für die Zuziehung eines Sachverständigen BGH, StV 2001, S. 665 (LS); s. hierzu etwa *Winkler*, S. 129, 130; Ergebnisse aus der Praxis etwa bei *Böhmer*, S. 80.

kann ein Gutachter besser die Motivationsbereitschaft des jungen Menschen im Hinblick auf eine Therapie einschätzen, da er sich in seiner Exploration intensiver mit ihm auseinandersetzen kann. Wenn schon Sachverständige nur begrenzt in der Lage sind, verlässlich vorherzusagen, ob eine bestimmte Maßnahme bei einem Abhängigen Erfolg versprechen wird oder nicht, wie soll dann ein nichtsachverständiger Richter, der sich vorrangig nur auf seine Lebenserfahrung und Intuition stützen kann, eine wirklich sachgerechte Entscheidung treffen können? Dies verdeutlicht, wie wichtig die gutachterliche Beratung ist.

b) Die Bedeutung von Bezugspersonen

Eine wichtige Erkenntnisquelle neben den eigenen Angaben des Jugendlichen zu seiner Persönlichkeit sind seine Bezugspersonen. Dazu zählen neben den Erziehungsberechtigten auch andere Familienmitglieder, Freunde und ggf. auch der Ausbilder im Beruf. Diese Personen können am ehesten die Entwicklung und das Verhalten des Jugendlichen beurteilen und auf tiefer gehende Veränderungen aufmerksam machen. Dieser Aspekt kann im Zusammenhang mit Betäubungsmitteln Relevanz haben, da mit dem fortschreitenden Konsum in vielen Fällen eine Veränderung der Persönlichkeit einhergeht, die etwa durch eine Abkehr von der Familie zum Ausdruck kommt.

Die Anhörung der Erziehungsberechtigten gibt zudem Aufschluss über die Familienverhältnisse und den familieninternen Umgang mit den erhobenen Vorwürfen. Dies kann für die Wahl der Sanktion oder die spätere formlose Einstellung von Bedeutung sein, wenn es bereits familienintern zu Reaktionen auf das Fehlverhalten des Jugendlichen gekommen ist.[589] Zudem ist die Mitwirkung und Unterstützung der Eltern für den Erfolg einiger Sanktionen unerlässlich.

3. Die Jugendgerichtshilfe, § 38 JGG

a) Allgemeines

Der Jugendgerichtshilfe (JGH) kommt im Jugendstrafverfahren eine besondere Bedeutung zu. Sie ist ein unabhängiges Organ der Strafrechtspflege, das an die Weisungen der Ermittlungsbehörden nicht gebunden ist. Ihre zentrale Aufgabe besteht in der Information von Staatsanwalt und Richter über den jungen Beschuldigten. Ihr Aufgabenbereich ist näher in § 38 JGG geregelt.[590] Sie wird auch im Verfahren gegen Heranwachsende tätig (§§ 107, 109 Abs. 1 S. 2 JGG). Die Mitarbeiter der JGH, die Jugendgerichtshelfer, sollen durch den direkten Kontakt zum Beschuldigten zur Persönlichkeitserforschung beitragen. Ihre Erkenntnisse werden in einem entsprechenden Bericht zusammengefasst. Dabei soll sie sich zu den zu ergreifenden Maßnahmen äußern (§ 38 Abs. 2 S. 2 JGG). Um diese Aufgaben wahrnehmen zu können, soll sie so früh wie möglich in das Verfahren eingebunden werden (§ 38 Abs. 2 S. 2 JGG), also bereits in das Ermittlungsverfahren.[591] Dies hat zwar eine Überschneidung mit den polizeilichen

---

[589] *Eisenberg*, § 43 Rdnr. 20; zur Einstellung gem. § 45 Abs. 2 JGG s. unten § 7 I. 2.a) (2).
[590] Einzelheiten bei *Brunner/Dölling*, § 38 Rdnr. 1 ff.; *Eisenberg*, § 38 Rdnr. 1 ff.
[591] Zur Kritik an der Praxis *Eisenberg*, § 38 Rdnr. 24a.

Ermittlungen zur Folge, doch eine strikte Trennung in Persönlichkeitserforschung durch die JGH einerseits und Sachverhaltserforschung durch die Polizei andererseits lässt sich in praxi nicht umsetzen.[592]

b) Die JGH im Verfahren gegen Betäubungsmittelkonsumenten

Die JGH trägt im Verfahren gegen Betäubungsmittelkonsumenten wesentlich dazu bei, dass das Gericht eine realistische Einschätzung der Bedeutung des Umgangs mit illegalen Suchtmitteln des jungen Täters bekommt. Sie leistet einen sehr wichtigen Beitrag, damit der Richter oder Staatsanwalt auf der Suche nach der angemessenen erzieherischen Sanktion eine breitere Entscheidungsbasis erhält.[593] Daneben kann die JGH auch unterstützende Funktionen wahrnehmen, etwa bei der Suche nach einem geeigneten Therapieplatz.

Es stellt sich die Frage, inwieweit auch die JGH bei entsprechenden Anzeichen ihre Tätigkeit auf einen möglichen Drogenkonsum ausrichten soll. Hier kann im Ergebnis nichts wesentlich anderes gelten als für die Ermittlungen der Polizei. Die JGH hat Hinweisen auf Betäubungsmittelkonsum nachzugehen, wenn dies ihrer Ansicht nach für die Beurteilung des Täters, seiner Tat und die Rechtsfolgenentscheidung von Bedeutung ist. Eine sonstige Erstreckung der Persönlichkeitserforschung über den für diese Tat relevanten Bereich hinaus ist ausgeschlossen, da dies für den Auftrag der JGH ohne Belang ist.

Zwar muss nach der gesetzgeberischen Intention in § 38 Abs. 3 S. 1 JGG die JGH bei allen Verfahren gegen Jugendliche hinzugezogen werden, in der Praxis wird aber eine Beteiligung bei Fällen der leichten bis mittleren Kriminalität für entbehrlich gehalten, soweit es zu einer Einstellung kommt.[594] Dies erscheint auf den ersten Blick im Hinblick auf den Verhältnismäßigkeitsgrundsatz und das Beschleunigungsgebot angemessen. Nicht jede Bagatelltat erfordert eigene umfassende Ermittlungen der JGH; hier können polizeiliche Ermittlungsmaßnahmen oft ausreichend sein. Nicht nur der betroffene Jugendliche würde durch die damit verbundenen „Doppelvernehmungen" übermäßig belastet, auch das Jugendamt würde durch eine Vielzahl zeitintensiver Ermittlungen in seinen Möglichkeiten erheblich eingeschränkt. Doch je schwerer die Tat ist, desto eingehender müssen die Ermittlungen durch die JGH selbst sein.[595] Die damit einhergehende Doppelbelastung des jungen Täters ist insoweit unvermeidbar.

Daraus ist aber umgekehrt nicht zu folgern, dass die JGH bei Bagatellsachen nie zu informieren sei. Die Nichteinschaltung kann schon dazu führen, dass der Bezug einer Straftat zu Betäubungsmitteln gar nicht erst zur Kenntnis der Strafverfolgungsbehörden gelangt. Kaum ein Täter wird von sich aus auf seinen Kon-

---

[592] S. dazu *Rieke*, S. 165 ff.

[593] *Gebhardt* (1998a), § 19 Rdnr. 34 f.

[594] *Aulinger*, S. 293 mit Hinweis auf *Hügel*, BewH 1988, S. 308 ff.; *Ostendorf*, § 45 Rdnr. 10 für § 45 Abs. 1 JGG. Die Richtlinien zu § 45 sehen nur in Nr. 4 für die Einstellung nach § 45 Abs. 3 JGG eine Beteiligung der JGH vor. Die Länderrichtlinien sehen eine Mitteilung an die JGH zum Teil in bestimmten Fällen vor, insbesondere soweit dies zur Verfahrensdurchführung erforderlich ist, s. etwa DVJJ-J 1999, S. 201, 204 für Berlin.

[595] *Brunner/Dölling*, § 43 Rdnr. 10.

sum hinweisen, wenn er wegen eines beliebigen Delikts im Ermittlungsverfahren vernommen wird. Da sich die Verfolgungsbehörden und insbesondere die Polizei nicht die Mühe machen werden, in dieser Richtung nachzuhaken, solange sie dazu keinen Anlass sehen, ist es nicht auszuschließen, dass eine Vielzahl von Verfahren vordergründig betrachtet ordnungsgemäß abgeschlossen werden, allerdings ohne die wirklichen Probleme zu erkennen, geschweige denn erzieherisch darauf einzuwirken. Wie die Praxis in Betäubungsmittelsachen zeigt, wird die JGH jedoch selbst bei schwereren Fällen oder wenn es um harte Drogen geht oft noch nicht einmal über die Einleitung des Verfahrens informiert.[596] Wenn aufgrund des Konsums ein zu behandelndes Drogenproblem erkennbar wird, handelt es sich nicht mehr um eine reine Bagatelle. Auch der Umgang mit harten Drogen weist auf das Bestehen schwerwiegenderer Problemlagen hin, die sich auch im vorliegenden Strafverfahren ausdrücken. Die JGH darf in derartigen Fällen nicht übergangen werden.

Unabhängig von der Schwere der Anschuldigungen sollte es daher der JGH überlassen bleiben, ob und wie intensiv sie ihrer Ermittlungsaufgabe im Rahmen der Persönlichkeitserforschung nachkommen möchte. Da sie wertvolle Informationen bezüglich der Ursachen des Drogenkonsums zusammentragen kann, sollten Gerichte und Staatsanwaltschaften hiervon auch Gebrauch machen. Dies hat durch eine frühzeitige Information seitens der ermittelnden Behörden zu geschehen. Das weitere Vorgehen und die Intensität der eigenen Maßnahmen bleiben dann der JGH überlassen.

4. Drogenkonsum und Vernehmung

a) Zur Vernehmung junger Drogenkonsumenten

Der polizeilichen Vernehmung des Beschuldigten kommt im Jugendstrafverfahren eine erhebliche Bedeutung zu, die noch über die im allgemeinen Strafverfahren hinausgeht.[597] Sie dient im Jugendstrafverfahren nicht allein der Sachverhaltsermittlung, sie ist aufgrund der größeren Diversionsmöglichkeiten im Jugendstrafverfahren oft der einzige direkte Kontakt des jugendlichen Beschuldigten mit einem Organ der Strafverfolgung.[598] Damit kann sie einen prägenden Eindruck auf den jungen Täter hinterlassen, so dass schon in diesem frühen Verfahrensstadium eine Chance besteht oder vertan wird, auf ihn erzieherisch zu wirken. Hier können entscheidende Weichen für den weiteren Fortgang des gesamten Verfahrens gestellt werden.[599] *Spiess* spricht daher zu Recht von der „Psychologie des ersten Eindrucks".[600]

---

[596] Selbst wenn sie Kenntnis erlangt, schaltet sie sich oft nicht ein, s. dazu *Aulinger*, S. 294 f. mit Tabelle 53.

[597] Das JGG enthält in § 44 eine weitere Sondervorschrift über die persönliche Vernehmung Jugendlicher durch den Jugendrichter bzw. Jugendstaatsanwalt, wenn eine Jugendstrafe zu erwarten ist; eingehend dazu *Brunner/Dölling*, § 44 Rdnr. 1 ff.

[598] *H.-J. Albrecht* (2002), S. 41.

[599] *P. A. Albrecht*, § 45 II. 1., S. 357; *Wieben*, DVJJ-J 1992, S. 65.

[600] *Spiess*, Kriminalistik 1994, S. 111, 116; ähnlich *Wieben*, DVJJ-J 1992, S. 65.

Jugendliche und Heranwachsende sind wie andere Beschuldigte auch vor der Vernehmung über ihre Rechte zu belehren, §§ 136, 163, 163a StPO, 2 JGG.[601] Dazu gehört auch das Recht auf Elternkonsultation (s. § 67 Abs. 1 JGG).[602] Ein Problem bei jungen Tätern kann sich dabei insoweit ergeben, als das Verständnis für das Schweigerecht bzw. die Aussagefreiheit zwar prinzipiell bestehen mag, aber die Fähigkeit diese tatsächlich auszuüben, aufgrund der Situation eingeschränkt ist. Die Vernehmung stellt für den jungen Betroffenen eine besondere Belastungssituation dar: Nicht nur, dass seine Tat entdeckt wurde, er wird darüber hinaus mit den Folgen derselben konfrontiert und tritt –anfangs unter Umständen ganz allein– der als übermächtig empfundenen Staatsgewalt in Gestalt der Polizei gegenüber.[603] Schon diese Situation bedingt die nicht unerhebliche Gefahr belastender Spontanaussagen, was durch eine entsprechende Vernehmungstaktik weiter verstärkt werden kann, ohne dass der Betroffene seine prozessualen Rechte noch angemessen wahrnehmen könnte.[604]

Auch beim Ablauf der Vernehmung ist auf die besondere Situation jugendlicher Beschuldigter Rücksicht zu nehmen. Da sie oft anfälliger für Suggestivfragen oder andere Vernehmungstechniken sind, die sich an der Grenze der Täuschung bewegen, wird in der Literatur zum Teil eine Ausweitung des Anwendungsbereichs des § 136a StPO bei Vernehmungen Jugendlicher gefordert. Hier hätten jugendgerechtere Maßstäbe zu gelten.[605] Dem ist generell zuzustimmen, da die Vorschrift die Beeinträchtigung der Willensentschließung und –betätigung verhindern will. Dies kann man bei Jugendlichen nicht mit denselben Maßstäben messen wie bei Erwachsenen. Junge Beschuldigte zeichnen sich bei Vernehmungen durch eine in der Regel größere Unerfahrenheit und Unsicherheit im Umgang mit behördlichen Autoritäten aus, was durch eine mangelnde Durchsetzungsfähigkeit in der konkreten Vernehmungssituation noch verstärkt werden kann. Aus situativen und emotionalen Gründen –durch eine in Aussicht gestellte Verfahrenseinstellung oder auch den Druck der Eltern– kommt es daher schneller zu –möglicherweise sogar falschen– Geständnissen, um dem Druck der Situation zu entgehen.[606] Dem ist durch geeignete Maßnahmen wie die Beteiligung der Erziehungsberechtigten (§ 67 Abs. 1 JGG)[607] oder soweit zulässig durch die frühzeitige Beiordnung eines Rechtsanwalts gem. §§ 68 JGG, 140 StPO entgegenzuwirken.[608]

Bei der Vernehmung von Jugendlichen im Zusammenhang mit Rauschmittelkonsum kann das Anwesenheitsrecht der Eltern gem. § 67 Abs. 1 JGG ein wei-

---

[601] S. dazu *Rieke*, S. 25 ff.

[602] Zur rechtlichen Begründung s. *Eisenberg*, NJW 1988, S. 1250, 1251; *Brunner/Dölling*, § 67 Rdnr. 19 f.

[603] Eingehend zur Situation junger Beschuldigter in der Vernehmung *Rieke*, S. 12 ff.

[604] *Eisenberg*, NJW 1988, S. 1250; zum Problem der Belehrung Jugendlicher s. eingehend *Rieke*, S. 43 ff.

[605] *Eisenberg*, NJW 1988, S. 1250 f. speziell zur Frage der Übermüdung.

[606] *Rieke*, S. 145 f.; kritisch zur bestehenden Praxis *P. A. Albrecht*, § 45 II. 1., S. 357 f.

[607] S. *Rieke*, S. 243 ff.

[608] Zur notwendigen Verteidigung s. unten 5. a).

teres Problem bedingen.[609] Der Beschuldigte muss nicht nur seine Straftatbeteiligung darlegen[610], sondern er muss sich in dieser ohnehin schwierigen Situation zusätzlich gegenüber den Eltern offenbaren und erklären, da jene oft nichts von den Drogenerfahrungen ihres Zöglings wissen. Durch ihre Anwesenheit bei der Vernehmung erfahren sie folglich Dinge, die der Jugendliche ihnen gegenüber nicht oder zumindest nicht in dieser Situation offen legen wollte. Dies kann dazu führen, dass der Beschuldigte bei der Vernehmung noch weiter gehemmt ist. Daneben können Eltern wie ausgeführt Druck auf den Beschuldigten ausüben, um das Verfahren abzukürzen und so ein falsches oder zumindest unnötiges Geständnis provozieren. Ob in der Vernehmung tatsächlich eine derartige Drucksituation entstehen wird, hängt vom Verhältnis des Beschuldigten zu seinen Eltern ab.[611] Es ist angezeigt, vor der eigentlichen Vernehmung (ggf. in Abwesenheit der Eltern und unter Hinzuziehung eines Verteidigers) den Jugendlichen hierzu zu befragen.

Bei jungen Menschen besteht schließlich auch die Möglichkeit einer Ideologisierung der Situation und eine damit einhergehende Protesthaltung. Ohnehin wird er nur das zugeben, was aufgrund von Substanzfunden nicht mehr zu leugnen ist. Süchtige werden zudem (anwaltlich beraten) versuchen, durch die Aussage einerseits den schützenden Bereich des § 21 StGB zu erreichen, ohne gleichzeitig das Risiko einer Unterbringung gem. § 64 StGB gewärtigen zu müssen.[612]

b) Vernehmungsfähigkeit und Betäubungsmittelkonsum

Ein wesentlicher zu berücksichtigender Aspekt bei der Vernehmung von Drogenkonsumenten ist die Frage nach ihrer Vernehmungsfähigkeit. Dies gilt nicht nur für das Ermittlungsverfahren, sondern auch während der Hauptverhandlung im Rahmen der Verhandlungsfähigkeit, da es vorkommen kann, dass der Beschuldigte vor der Verhandlung Rauschmittel konsumiert.

Ob und inwieweit Rauschmittel Einfluss auf die Vernehmungsfähigkeit haben, hängt unabhängig vom Bestehen einer Abhängigkeit von verschiedenen Faktoren ab. Dabei kommt es neben der individuellen Verfassung des Beschuldigten auf das Rauschstadium an.[613] So führen viele Substanzen während der akuten Intoxikation zu einer erheblichen Störung der Sinneswahrnehmung. Halluzinationen, Synästhesien, aber auch Panikattacken machen dann eine geordnete Vernehmung unmöglich. Je ausgeprägter die Rauschsymptome sind, desto eher ist die Vernehmungs- bzw. Verhandlungsfähigkeit ausgeschlossen.[614] Dies setzt voraus, dass die Intoxikation als solche tatsächlich erkannt wird. Ist das akute

---

[609] Die Vorschrift gilt im Verfahren gegen Heranwachsende nicht, § 109 JGG.

[610] S. dazu *Rieke*, S. 272 ff.

[611] *Eisenberg*, NJW 1988, S. 1250.

[612] *Brunner/Dölling*, Einf. I Rdnr. 50 ff.

[613] *Täschner*, § 16 Rdnr. 114 ff. unterscheidet für Opiatabhängige Intoxikationsstadium, subjektives Normalstadium, Ahnung des Entzuges, beginnender Entzug und Entzugsstadium: *ders.*, NStZ 1993. S. 322, 324; aus psychiatrischer Sicht s. *Glatzel*, StV 1981, S. 191 ff.

[614] S. dazu auch LG Mannheim, NJW 1977, S. 346.

Intoxikationsstadium abgeklungen, ist die Vernehmungsfähigkeit in der Regel wieder gegeben, soweit nicht Substanz bedingt eine tiefe Müdigkeitsphase einsetzt.

Im Hinblick auf die Beschuldigtenrechte und die damit korrespondierenden Belehrungspflichten ist zudem zu berücksichtigen, dass durch einen akuten Rausch die Fähigkeit zum Verstehen und Wahrnehmen der Rechte vermindert, in aller Regel sogar ausgeschlossen ist. Diese Einschränkung verstärkt die oben sub. a) angesprochenen generellen Wirkungen der obrigkeitlichen Vernehmung auf einen jungen Menschen. Auch deshalb verbietet sich jede Vernehmung eines jugendlichen oder heranwachsenden Beschuldigten im Rauschzustand. Der Vernommene wird –unabhängig davon, ob er Drogen gewöhnt ist oder nicht– in diesem Stadium nicht in der Lage sein, dem Geschehen zu folgen, geschweige denn einen geordneten Willen zu bilden oder seine Rechte sinnvoll wahrzunehmen.

Problematisch ist in diesem Kontext die akute Substanzwirkung nach Cannabiskonsum. Hier soll der Ausschluss der Vernehmungsfähigkeit die Ausnahme sein, da sich diese Droge nicht so erheblich auf das Bewusstsein auswirke, die Wahrnehmung und Orientierung in der Regel erhalten bleibe (sog. „klarer Rausch"[615]). Wenn dies auch in vielen Fällen zutreffen mag, so kann Cannabis gleichwohl Sinnestäuschungen und Halluzinationen hervorrufen, so dass man doch von einem Ausschluss der Vernehmungsfähigkeit auszugehen hat. Vergleichbares gilt für den Ecstasyrausch, da bei höherer Dosierung ebenfalls Halluzinationen auftreten können.

Bei Abhängigen folgt nach dem Rauschstadium das subjektive Normalstadium, das bei Ausbleiben des Drogennachschubs früher oder später in den Entzug einmündet.[616] In dieser Zwischenphase sind sie –soweit es keine anderen Gründe gibt– vernehmungsfähig. Je länger der Wirkstoffnachschub jedoch ausbleibt, umso stärker drängen sich Schmerzen und andere Entzugserscheinungen in den Vordergrund des Denkens und Fühlens. Dies schließt die Wahrnehmung anderer Sinneseindrücke in zunehmendem Maße aus, so dass mit steigender Entzugsintensität Vernehmungsunfähigkeit anzunehmen ist. Dies äußert sich beispielsweise in sichtbarer Unruhe, erheblichen Konzentrationsstörungen und Schmerzanfällen. Zugleich können beginnende Entzugserscheinungen zu einer erhöhten Aussagefreudigkeit führen, da der Abhängige die Vernehmung möglichst schnell beenden möchte, um sich erneut Drogen zuzuführen. Damit steigt das Risiko eines Falschgeständnisses.[617]

Die Vernehmung Abhängiger wird zusätzlich dadurch erschwert, dass Beschuldigte mit einer ausgeprägten Suchtproblematik ihrem Schicksal gegenüber oft gleichgültig sind, da der körperliche (und geistige) Verfall bereits eingesetzt hat oder zu weit vorangeschritten ist, als dass etwas anderes als die Suche nach der

---

[615] *Geschwinde*, Rdnr. 119.
[616] *Täschner*, § 16 Rdnr. 132.
[617] *Körner*, Anhang C 1 Rdnr. 66; zu den Auswirkungen der Entzugserscheinungen s. *Glatzel*, StV 1981, 191, 192 ff.

nächsten Konsumeinheit noch Bedeutung hätte. Dies dürfte die Vernehmungsfähigkeit als solche aber nicht derart beeinträchtigen, dass sie aufgehoben wäre.
Die rechtliche Einordnung der Vernehmungsfähigkeit ist in Hinblick auf § 136a
StPO umstritten. Teilweise wird die Einbeziehung in § 136a Abs. 1 4. Alt. StPO
(Verabreichung von Mitteln) mit der Überlegung verneint, dass es der Beschuldigte sonst selbst in der Hand hätte, eine verwertbare Vernehmung zu verhindern. Die Vorschrift setze vielmehr ein aktives Tätigwerden der Strafverfol-
gungsorgane voraus. Zudem sei die Verhandlungsfähigkeit kein relevanter Maßstab im Rahmen dieser Vorschrift.[618] Zu Recht wird dem aber von der herrschenden Meinung der Schutzzweck des § 136a StPO entgegengehalten. Der
Beschuldigte solle umfassend in seiner Aussagefreiheit geschützt werden. Diese
Fähigkeit könne durch den Einfluss von Betäubungsmitteln wesentlich beeinträchtigt werden, unabhängig davon, ob er das Mittel selbst genommen hat oder
ob es verabreicht worden ist. Allerdings schließe nicht jeder Rauschzustand die
Vernehmungsfähigkeit aus. Maßgeblich sei, ob der Vernommene in der Lage
sei, aufgrund seiner physischen und psychischen Verfassung der Vernehmung
zu folgen und sich sachgerecht einzulassen. Er müsse sich der Bedeutung seiner
Aussage bewusst sein. Anderenfalls hat er nicht die Möglichkeit, seine Interessen angemessen wahrnehmen und darstellen zu können.[619]
Wird für den Vernehmenden erkennbar, dass der Beschuldigte vernehmungsun-
fähig ist, ist die Vernehmung abzubrechen und zu einem späteren Zeitpunkt zu
wiederholen bzw. fortzusetzen. Wann dies der Fall ist, ist eine Frage des Einzelfalls. Bei Unsicherheit bzgl. des Zustandes kann eine ärztliche Untersuchung erforderlich sein.[620]

5. Die Verteidigung junger Drogenkonsumenten

Die Verteidigung eines Jugendlichen oder Heranwachsenden geschieht entweder
durch einen vom Angeklagten (bzw. seinen Eltern) benannten Wahlverteidiger
oder –im Falle der notwendigen Verteidigung gem. §§ 68 JGG, 140 StPO–
durch einen vom Gericht bestellten Pflichtverteidiger.

a) Notwendige Verteidigung, §§ 68 JGG, 140 StPO

Die Fälle der notwendigen Verteidigung (§ 140 StPO) sind durch § 68 Nr. 1 bis
4 JGG im Verfahren gegen Jugendliche erweitert. Zu beachten ist, dass bei Heranwachsenden nur die Nr. 1 und 3 gelten (§ 109 Abs. 1 S. 1 JGG).
Wichtige spezifisch jugendstrafrechtliche Beiordnungsfälle in Betäubungsmittelsachen ergeben sich aus § 68 Nr. 3 JGG i. V. m. 73 JGG für die Unterbringung zur Feststellung des Entwicklungsstandes sowie aus § 68 Nr. 4 JGG für die
Begutachtung nach § 126a StPO.[621]

---

[618] *Kramer*, Kriminalistik 1991, S. 309, 311 f.; SK-StPO-*Rogall*, § 136a Rdnr. 40.
[619] BGH, MDR 1958, S. 141 f.; NJW 1978, S. 601; LG Mannheim, NJW 1977, S. 346 f.; kritisch zur Praxis *Böllinger* (2002), S. 451, 495.
[620] *Glatzel*, StV 1994, S. 46, 47; *ders.*, StV 1981, S. 191, 193.
[621] S. unten § 6 V. 2. b).

Im Jugendstrafverfahren gelten weiterhin alle Beiordnungsgründe des allgemeinen Prozessrechts, § 68 Nr. 1 JGG. Von den in § 140 Abs. 1 StPO genannten Gründen ist für den hier interessierenden Kontext die Nr. 5 von Bedeutung. Die länger andauernde Unterbringung in einer Anstalt begründet eine notwendige Verteidigung. Zu den Anstaltsunterbringungen zählen neben den verschiedenen Inhaftierungsmöglichkeiten auch anderweitige Unterbringungen nach § 64 StGB sowie die Maßnahme nach § 35 BtMG. Im letzten Fall ist die Vorschrift zumindest analog anzuwenden.[622] Daneben kann bei Abhängigen § 140 Abs. 1 Nr. 6 StPO eine Rolle spielen (Unterbringung zur Begutachtung gem. § 81 StPO).[623] Im Rahmen der Beiordnung nach der Generalklausel gem. §§ 68 Nr. 1 JGG, 140 Abs. 2 StPO ist eine extensive Auslegung geboten, da sich junge Menschen schlechter selbst verteidigen bzw. interessengerechte Anträge stellen können. Zur Durchsetzung ihrer Rechte bedürfen sie daher in einem höheren Maße als Erwachsene der Hilfe eines Anwalts.[624] Im Übrigen ist für die Anordnung nach § 68 Nr. 1 JGG i. V. m. § 140 Abs. 2 StPO die zu erwartende Strafe für die Beurteilung der „Schwere der Tat" der wichtigste Gesichtspunkt. Ab einer zu erwartenden (Jugend-) Strafe von einem Jahr ohne Bewährung wird von der Rechtsprechung eine notwendige Verteidigung bejaht. In der Literatur wird dies sogar schon bei der Möglichkeit einer Bewährungsstrafe gefordert.[625] Drogenkonsum allein wird unabhängig von seiner Intensität keinen Fall der notwendigen Verteidigung begründen können. Die gerichtliche Verpflichtung zur Beiordnung muss sich aus anderen Umständen ergeben. Hierfür kommt etwa die Frage nach der Schuldfähigkeit (§§ 20 f. StGB) sowie der strafrechtlichen Verantwortlichkeit nach § 3 JGG in Betracht, da diese durch Rauschmittelkonsum eingeschränkt bzw. ausgeschlossen sein können.[626] Auch die Notwendigkeit der –ambulanten– Begutachtung außerhalb der bereits genannten Fälle stellt einen Beiordnungsfall dar.[627] Die Zuziehung eines Sachverständigen zur Begutachtung der Schuldfähigkeit oder weil eine Unterbringung nach § 64 StGB in Rede steht macht deutlich, dass die Beurteilung der Sach- und Rechtslage Schwierigkeiten bereitet.[628] Die Beiordnung eines Verteidigers ist in diesen Fällen erforderlich, um eine angemessene Verteidigung des Beschuldigten zu gewährleisten. Allein die Unterstützung durch seine Eltern wäre nicht ausreichend. Dies ergibt sich zum einen aus der Überlegung, dass die

---

[622] Ob § 140 Abs. 1 Nr. 5 StPO auf die Unterbringung nach § 35 BtMG analog oder direkt anzuwenden ist, ist umstritten. Für eine direkte Anwendung etwa LR-*Lüderssen*, § 140 Rdnr. 35 m. w. N.; a. A. LG Gießen, StV 1991, S. 204 m. zust. Anm. *Nix*. Nach LG Kleve, StV 1986, S. 240, soll dies unter § 140 Abs. 2 StPO zu subsumieren sein.

[623] LR-*Lüderssen*, § 140 Rdnr. 43.

[624] *P. A. Albrecht*, § 43 C I. 2., S. 346. Die mangelnde Fähigkeit sich selbst zu verteidigen kann auf subjektiven und objektiven Gründen beruhen, s. AG Saalfeld, StV 2002, S. 406, zur Pflichtverteidigerbestellung bei verteidigtem Mitangeklagtem.

[625] *P. A. Albrecht*, § 43 C I. 2. a), S. 346 f. m. w. N.

[626] *Oellerich*, StV 1981, S. 434, 439 f.

[627] S. dazu (zum allgemeinen Strafrecht), *Lehmann*, StV 2003, S. 356 ff.

[628] Etwa OLG Düsseldorf, AnwBl 1978, S. 355; *Ostendorf*, § 68 Rdnr. 9; *Eisenberg*, § 68 Rdnr. 26 jeweils m. w. N.; zur Kritik an der herrschenden Praxis s. *Winkler*, S. 129, 130 f.

Begutachtung generell Schwierigkeiten juristischer wie auch tatsächlicher Art mit sich bringt, zum anderen aber v. a. daraus, dass sich der junge Betroffene in einer deutlich unterlegenen Stellung befindet. Die Begutachtung stellt eine besondere Belastungssituation dar, die er hinzunehmen und zu bewältigen hat. In der Regel weiß er nicht, was ihn bei der Exploration erwarten wird. Und er kann innere Vorbehalte gegen den Kontakt mit dem Sachverständigen haben. Damit besteht das nicht unerhebliche Risiko, dass er seine Rechte nicht ausreichend artikulieren, geschweige denn dementsprechend handeln kann. Er ist dem Gutachter quasi ausgeliefert und fühlt sich allzu schnell als hilf- und machtloser „Spielball der Justizinteressen". Dem kann nur durch einen Verteidiger entgegengewirkt werden.[629]

Da die Verteidigungsmöglichkeiten bei Drogenabhängigen aufgrund ihrer Sucht noch weitergehender eingeschränkt sind, ist bei dieser Gruppe unabhängig von der Straferwartung allein schon aufgrund der bestehenden Abhängigkeit ein Verteidiger zu bestellen.[630]

Nach der gesetzlichen Konzeption muss der Pflichtverteidiger grundsätzlich erst mit Zustellung der Anklageschrift an den Beschuldigten beigeordnet werden, § 141 Abs. 1 StPO. Für die Phase des Ermittlungsverfahrens ist die Verteidigerbestellung in § 141 Abs. 3 S. 1 StPO lediglich als Kann-Vorschrift ausgestaltet. Dies gilt nach S. 2 insbesondere, wenn schon jetzt erkennbar wird, dass ein Beiordnungsfall nach Abs. 1 oder 2 vorliegen wird. Der Pflichtverteidiger ist im Verfahren gegen Jugendliche jedoch nicht erst mit Abschluss der Ermittlungen beizuordnen. Dies sollte vielmehr schon im Vorverfahren, möglichst vor der ersten polizeilichen Vernehmung, erfolgen, sobald das Bestehen eines Beiordnungsgrundes erkennbar wird.[631] Gerade (abhängige) Jugendliche sind aufgrund ihrer Unerfahrenheit und der oftmals geringeren Handlungskompetenz in ihrer Verteidigung erheblich eingeschränkt. Dies kann auch nicht durch eine Beteiligung der Eltern kompensiert werden, da diese ebenfalls in der Regel keine Erfahrungen im Umgang mit den Strafverfolgungsbehörden haben. Ein Abwarten bis zum Ermittlungsabschluss begegnet im Hinblick auf Art. 6 Abs. 3 MRK das Gebot einer rechtstaatlichen Verfahrensgestaltung erheblichen Bedenken.[632]

b) Aufgaben des Verteidigers

Neben der eigentlichen Verteidigung hat man die wichtigste Aufgabe eines Verteidigers in Jugendstrafsachen darin zu sehen, den Beschuldigten vor den Beeinträchtigungen des Jugendstrafverfahrens zu schützen.[633] Neben seiner Funktion als Verteidiger ist er die Ansprechperson für den Jugendlichen, aber auch für dessen Eltern. Er kann helfen, die prozessualen Abläufe richtig einzuordnen und

---

[629] Im Ergebnis ebenso *Lehmann*, StV 2003, S. 356, 358.

[630] OLG Düsseldorf, StV 2002, S. 236.

[631] Dies ist umstritten, wird aber von der wohl h. M. befürwortet, s. *Eisenberg*, § 68 Rdnr. 34; LR-*Lüderssen*, § 141 Rdnr. 24a m .w. N.; differenzierend *Brunner/Dölling*, § 68 Rdnr. 15.

[632] In diese Richtung auch BGHSt 46, S. 93 ff.

[633] Eingehend *Eisenberg*, § 68 Rdnr. 6 ff.

die Betroffenen mit dem vertraut machen, was sie während des Verfahrens, speziell in der Hauptverhandlung, zu erwarten haben. Er fungiert quasi als Ansprechpartner und hilft, Unsicherheit, Angst und den Druck der Prozesssituation abzumildern.[634] Im Verfahren gegen einen Drogenabhängigen kann er sich –in Zusammenarbeit mit der JGH– zudem darum bemühen, für seinen jungen Mandanten einen geeigneten Therapieplatz zu finden.

Problematisch ist die Frage, wie der Verteidiger zu handeln hat, wenn er selbst den Drogenbezug oder die Abhängigkeit bei seinem Mandanten feststellt. Man könnte im Hinblick auf den Erziehungsgedanken der Ansicht sein, dass er dies dem Gericht oder zumindest der JGH mitzuteilen habe, um eine erzieherisch sinnvolle Sanktion zu gewährleisten. So wünschenswert ein derartiges Vorgehen auf den ersten Blick scheinen mag, so ist es dennoch abzulehnen. Der Anspruch des Beschuldigten auf effektive Verteidigung darf nicht durch einen Vertrauensbruch seitens seines Anwalts unterwandert werden.[635] Ein Jugendlicher würde sich anderenfalls durch „seinen Verteidiger" missbraucht fühlen. In Betracht kommt in dieser Situation nur, dass der Verteidiger bei seinem jungen Mandanten darauf hinwirkt, dass dieser selbst sein Drogenproblem offenbart.

IV. Untersuchungshaft gegen Drogenkonsumenten

1. Voraussetzungen

Die Anordnung der Untersuchungshaft ist im Jugendstrafverfahren gem. § 72 JGG grundsätzlich zulässig. In der Praxis spielt diese Maßnahme eine nicht unbedeutende Rolle.[636] Sie dient der Sicherung der Durchführung des Strafverfahrens. Die Voraussetzungen ergeben sich im Wesentlichen aus den allgemeinen Vorschriften der §§ 112 ff. StPO. Die Anordnung der Untersuchungshaft setzt materiell einen dringenden Tatverdacht und das Vorliegen eines Haftgrundes voraus. Diese Anforderungen werden für Jugendliche durch § 72 JGG modifiziert und verschärft.

a) Dringender Tatverdacht

Dringender Tatverdacht liegt vor, wenn der Beschuldigte mit großer Wahrscheinlichkeit Täter oder Teilnehmer der ihm vorgeworfenen Straftat ist. Dies setzt wie beim Anfangsverdacht das Vorliegen bestimmter Tatsachen voraus, bloße Vermutungen sind nicht ausreichend.[637]

Bei Jugendlichen muss zusätzlich die Altersreife gem. § 3 JGG geprüft werden.[638] Ist sie zu verneinen, ist die Anordnung der Untersuchungshaft unzuläs-

---

[634] *Brunner/Dölling,* § 68 Rdnr. 9.

[635] Streitig, eingehend *Brunner/Dölling,* § 68 Rdnr. 8 ff.; *Eisenberg,* § 68 Rdnr. 9 ff.

[636] *Eisenberg/Tóth,* GA 1993, S. 293 ff.; *Eisenberg,* § 72 Rdnr. 4 ff. kritisch *H.-J. Albrecht* (2002), S. 130 ff.

[637] *Meyer-Goßner,* § 112 Rdnr. 5, 7.

[638] *Brunner/Dölling,* § 72 Rdnr. 7.

sig; ist der Entwicklungsstand dagegen unklar, kommt die Unterbringung nach § 73 JGG in Betracht.[639]

Bei den Verstößen gegen das BtMG ist zu berücksichtigen, dass allein die Feststellung des Rauschmittelkonsums –etwa durch Nachweis im Blut oder aufgrund von Verhaltensauffälligkeiten– ohne weitere Indizien die Annahme einer strafbaren Handlung wie ausgeführt nicht zu begründen vermag. Dies stellt eine bloße Vermutung für den strafbaren Besitz oder Erwerb dar, für die es aber keine nachweisbaren Tatsachen gibt. Erst wenn tatsächlich Rauschmittel gefunden werden, ist der dringende Tatverdacht zu bejahen, da nun die Möglichkeit des strafbaren Besitzes oder Erwerbs gem. § 29 Abs. 1 BtMG tatsächlich wahrscheinlich ist.

Bei anderen Delikten kommt es für das Vorliegen des dringenden Tatverdachts auf die Umstände des Einzelfalls an.

b) Haftgründe

Das Gesetz kennt in § 112 Abs. 2 Nr. 1 - 3c, Abs. 3, 112a StPO verschiedene Haftgründe: Es sind dies Flucht bzw. Fluchtgefahr, Verdunkelungsgefahr, Schwerkriminalität und die Wiederholungsgefahr. Diese Haftgründe sind restriktiv auszulegen.[640]

(1) Flucht und Fluchtgefahr, § 112 Abs. 2 Nr. 1 und 2 StPO

Der Haftgrund der Flucht besteht, wenn bestimmte Tatsachen dafür sprechen, dass der Beschuldigte flüchtig ist oder sich verborgen hält. Dies setzt voraus, dass er sich für die Ermittlungsbehörden unerreichbar gemacht hat.[641] Der Haftgrund der Fluchtgefahr ist erfüllt, wenn bestimmte Tatsachen die Annahme stützen, dass sich der Beschuldigte dem Strafverfahren entziehen werde. Dabei sind alle Umstände des Einzelfalls zu berücksichtigen, insbesondere die persönlichen Verhältnisse des Täters.[642]

Die Anordnung der Untersuchungshaft ist bei Tätern, die das 16. Lebensjahr noch nicht vollendet haben, für den Haftgrund der Fluchtgefahr gem. § 72 Abs. 2 JGG weiter eingeschränkt. Sie darf nur angeordnet werden, wenn sich der Beschuldigte dem Verfahren bereits einmal entzogen hat, Anstalten dazu macht oder er keinen festen Wohnsitz innerhalb des Bundesgebiets hat.[643]

Die Anforderungen an die Flucht bzw. die Fluchtgefahr werden bei Jugendlichen nur in sehr seltenen Fällen zu bejahen sein. Aus der Tatsache, dass der Verdächtige seine Erreichbarkeit einschränkt, kann nicht ohne weiteres auf das Vorliegen eines der genannten Gründe geschlossen werden.[644] Zwar kann es infolge des Ermittlungsverfahrens leicht zu einer jugendlichen Kurzschlussrealkti-

---

[639] S. unten V. 2. a) (1).

[640] OLG Hamm, StV 1996, S. 275 f.

[641] Einzelheiten bei *Meyer-Goßner*, § 112 Rdnr. 12.

[642] S. *Meyer-Goßner*, § 112 Rdnr. 17 ff.   Diese Haftgründe machten 2003 fast 96 % aller Haftbefehle im Betäubungsmittelbereich aus, s. Statistisches Bundesamt, Strafverfolgungsstatistik 2003, S. 356.

[643] *Brunner/Dölling*, § 72 Rdnr. 9.

[644] *Eisenberg*, § 72 Rdnr. 6a.

on kommen. Doch ist hier sorgfältig zu prüfen, ob tatsächlich eine ernstzuneh-
mende Fluchtgefahr besteht. Jugendliche haben oft nicht die –finanziellen–
Möglichkeiten und zum Teil noch nicht einmal die Fähigkeiten, sich dem Verfahren ernsthaft und dauerhaft zu entziehen[645], so dass die Durchführung des
Strafverfahrens nicht gefährdet ist. Es bestehen in der Regel ausreichend feste
familiäre Bindungen, die der Annahme der Fluchtgefahr entgegenstehen.[646]
Bei Abhängigen wird zum Teil der Haftgrund der Fluchtgefahr pauschal mit
nicht bestehenden Bindungen und einem fehlenden festen Wohnsitz begründet.[647] Dies mag in vielen Fällen die Annahme des Haftgrunds stützen, doch
muss man sich vor einer pauschalen Sichtweise hüten. Auch bei einem Abhängigen können ausreichend feste Bindungen bestehen und er kann einen festen
Wohnsitz haben, so dass entlastende Umstände gegen die Fluchtgefahr sprechen. Zu bedenken ist, dass eine tatsächliche Flucht den Süchtigen unter Umständen von seinem Drogennachschub abschneiden würde.

(2) Verdunkelungsgefahr, § 112 Abs. 2 Nr. 3 StPO
Verdunkelungsgefahr liegt vor, wenn bestimmte Tatsachen dafür sprechen, dass
der Beschuldigte auf sachliche oder persönliche Beweismittel einwirkt und da-
durch die Ermittlung der Wahrheit erschwert.[648]
Dieser Haftgrund wird bei jugendlichen Drogenkonsumenten gleichfalls nur sel-
ten zu bejahen sein. Wurden sie mit Betäubungsmitteln angetroffen und diese sichergestellt und wurde ggf. ihre Wohnung bzw. ihr Zimmer durchsucht, ist die
Wahrscheinlichkeit gering, dass sie durch Einwirkung auf Dritte oder sachliche
Beweismittel die weitere Wahrheitsfindung noch wirksam erschweren können.
Bei Delikten unter Betäubungsmitteleinfluss kommt es auf den Einzelfall an,
inwieweit tatsächliche Verdunkelungsmaßnahmen ergriffen werden können.
Denkbar erscheint dieser Haftgrund vorrangig bei fest strukturierten delinquen-
ten Gruppen.[649]

(3)   Schwerkriminalität, § 112 Abs. 3 StPO
Für bestimmte besonders schwere Delikte (etwa Tötungsdelikte, schwere For-
men der Brandstiftung) sieht § 112 Abs. 3 StPO als weiteren Haftgrund den der
Schwerkriminalität vor.[650] Dieser ist bei Jugendlichen, wenn überhaupt, nur sehr
selten gegeben. Betäubungsmitteldelikte sind in der abschließenden Aufzählung
nicht enthalten, so dass dieser Haftgrund nur in Betracht kommt, wenn es im
Zusammenhang mit Rauschmitteln zu einem der in der Vorschrift genannten
Delikte kommt.

---

[645] *Brunner/Dölling*, § 72 Rdnr. 8; eingehend OLG Hamm, StV 1996, S. 275 f.
[646] *Weider*, § 15 Rdnr. 65 a. E. In der Praxis scheint dies jedoch anders bewertet zu werden,
s. *H.-J. Albrecht* (2002), S. 130.
[647] So beispielsweise *Tilmann*, ZBl. 1978, S. 461, 463 f.; *Brunner*, ZBl. 1971, S. 243, 244 f.
[648] *Meyer-Goßner*, § 112 Rdnr. 26 ff.
[649] *Eisenberg*, § 72 Rdnr. 7.
[650] Zur verfassungskonformen Auslegung der Vorschrift s. BVerfGE 19, S. 342 ff.; *Meyer-
Goßner*, § 112 Rdnr. 37 f. m. w. N.

(4) Wiederholungsgefahr, § 112a Abs. 1 Nr. 2 StPO (Sicherungshaft)[651]

Der Haftgrund der Wiederholungsgefahr bei schweren Straftaten gem. 112a Abs. 1 Nr. 2 StPO setzt neben einer wiederholten oder fortgesetzten Begehung erheblicher Katalogtaten (im Betäubungsmittelbereich §§ 29 Abs. 1 Nr. 1, 4, 10, Abs. 3, 29a Abs. 1, 30 Abs. 1, 30a Abs. 1 BtMG) voraus, dass eine Jugend- bzw. Freiheitsstrafe von mehr als einem Jahr zu erwarten ist. Zudem muss die Gefahr weiterer erheblicher Straftaten gleicher Art bestehen und die Untersuchungshaft muss zur Abwendung dieser Gefahr erforderlich sein. Da es sich mindestens um Taten mittlerer Kriminalität handeln muss, ist Sicherungshaft bei bloßem Erwerb von Betäubungsmitteln zum Eigenkonsum ausgeschlossen.[652]

Dieser Haftgrund ist im Jugendstrafrecht anwendbar.[653] In der Praxis werden Kleindealer oft wegen wiederholter Verstöße gegen das BtMG nach dieser Vorschrift in Sicherungshaft genommen, wovon auch Jugendliche betroffen sind, die ihren Freundes- oder Bekanntenkreis mit Betäubungsmitteln versorgen. Betrachtet man das Deliktsspektrum jugendlicher Drogenkonsumenten näher[654], wird deutlich, dass dieser Haftgrund in der Regel nicht zu bejahen ist. Bei ihren Delikten handelt es sich nur in den seltensten Fällen um derart schwerwiegende und wiederholte Verstöße gegen eine der genannten Vorschriften. Eine Straferwartung von einem Jahr wird nur in sehr wenigen Fällen erreicht bzw. überstiegen.

Im Übrigen besteht ein Konkurrenzverhältnis zur einstweiligen Unterbringung nach § 71 Abs. 2 JGG. Diese jugendrechtliche Vorschrift hat unter Berücksichtigung des Verhältnismäßigkeitsprinzips (§ 71 Abs. 1 S. 1 JGG) Vorrang, soweit dadurch der Gefahr einer Wiederholung vorgebeugt werden kann.[655]

c) Verhältnismäßigkeit der Anordnung

Weitere Anordnungsvoraussetzung ist die Verhältnismäßigkeit der Maßnahme. Ein Untersuchungshaftbefehl darf nur erlassen werden, wenn er im Hinblick auf die Bedeutung der Sache und die Rechtsfolgen angemessen ist und weniger intensive Maßnahmen nicht möglich erscheinen (Subsidiarität der Untersuchungshaft, § 72 Abs. 1 S. 1 JGG).[656] Dabei sind einerseits die Schwere des Eingriffs in die Lebenssphäre des Jugendlichen und andererseits die Bedeutung der Strafsache und die Rechtsfolgenerwartung gegeneinander abzuwägen.[657] Deshalb können auch –wiederholte– Konsumentendelikte die Anordnung der Untersuchungshaft nicht rechtfertigen, da sie schon nicht die erforderliche Schwere besitzen.

---

[651] Einzelheiten bei *Meyer-Goßner*, § 112a Rdnr. 7 ff.

[652] *Meyer-Goßner* § 112a Rdnr. 12. Zur Kritik an der undifferenzierten Erfassung von Verstößen gegen das BtMG, s. *Hund*, § 12 Rdnr. 323.

[653] OLG Hamm, StV 1996, S. 275, 276 und StV 2002, S. 432 f.; *Eisenberg*, § 71 Rdnr. 7.

[654] S. oben § 3.

[655] OLG Hamm, StV 2002, S. 432 f.

[656] Dazu *Eisenberg*, § 72 Rdnr. 3 ff.

[657] OLG Zweibrücken, StV 2002, S. 433 f.

Bei Jugendlichen ist darüber hinaus die Wirkung des Untersuchungshaftvollzugs in besonderem Maße zu berücksichtigen, § 72 Abs. 1 S. 2 JGG. Sie erfahren die mit der Inhaftierung verbundene Isolierung und Untätigkeit oft als noch bedrückender und belastender als ein Erwachsener. Sie werden aus ihrem vertrauten sozialen Umfeld herausgerissen, sind eingesperrt und müssen sich plötzlich mit der harten Gefängnissubkultur auseinandersetzen. So können Depressionen oder dauerhafte Störungen der seelischen Entwicklung, sogar Selbstmord(versuche) die Folge sein.[658] Verstärkt wird dies dadurch, dass inhaftierte Jugendliche entgegen § 93 Abs. 2 JGG oft sich selbst überlassen bleiben, da aus finanziellen und personellen Gründen eine erzieherische Einwirkung in der Untersuchungshaft gar nicht möglich ist. Ein weiteres Risiko besteht im Untersuchungshaftvollzug insoweit, als er entgegen § 93 Abs. 1 JGG oft zusammen mit älteren Gefangenen durchgeführt wird, so dass schädliche Einflüsse der Älteren auf die Jüngeren möglich werden.[659]

Bei der Gruppe der Abhängigen ist weiter zu berücksichtigen, dass sie durch die Einweisung in die Untersuchungshaftvollzugsanstalt in die Phase des körperlichen Entzugs geraten können. Durch die Inhaftierung wird ihnen die Versorgung mit Rauschmitteln abgeschnitten. Dies ist auf den ersten Blick sicher von Vorteil, aber es ist zweifelhaft, ob die medizinische Versorgung in den Anstalten für diese problematische Phase immer ausreichend ist. Das ohnehin oftmals knappe Personal hat unter Umständen keine ausreichenden Kenntnisse, wenn es um die Erkennung und Behandlung akuter Notfälle während der körperlichen Entzugsphase geht. Eine ausreichende ärztliche Versorgung dürfte nicht immer gewährleistet sein, da zum Teil ein Arzt für mehrere Anstalten zuständig sein kann.[660] Das Risiko erheblicher Schädigungen oder gar eines Todesfalles kann nicht ausgeschlossen werden. Wenn Untersuchungshaft angeordnet werden muss, ist daher zu prüfen, ob der Abhängige nicht zunächst in ein Vollzugskrankenhaus zu verlegen ist. Im Übrigen kann der Verhältnismäßigkeit der Untersuchungshaftanordnung auch die Aufnahme einer Therapie entgegenstehen.[661]

Trotz dieser Bedenken und Risiken wird der Untersuchungshaft im Hinblick auf den Beginn einer Therapie durchaus eine positive Wirkung zugeschrieben. Anders als im späteren Strafvollzug sollen hier Angebote eher freiwillig angenommen werden, da sie nicht vom Vollzugsplan vorgegeben sind. Daneben seien die Rahmenbedingungen in dieser Situation insgesamt günstiger.[662] Dem kann man zwar bei Erwachsenen zustimmen, bei Jugendlichen stehen jedoch die oben geschilderten negativen Wirkungen der Untersuchungshaft stärker im Vordergrund. Außerdem dürfen die strengen Voraussetzungen des Haftbefehls nicht aus Therapieerwägungen heraus umgangen werden.

---

[658] *Eisenberg*, § 72 Rdnr. 3; kritisch zur gegenwärtigen Situation *Schaffstein/Beulke*, § 39 I., S. 266 f.

[659] *Ostendorf*, § 93 Rdnr. 4 m. w. N.

[660] Zur Personalsituation s. Schwind/Böhm-*Romkopf/Riekenbrauck*, § 158 Rdnr. 2.

[661] OLG Frankfurt, StV 1992, S. 425.

[662] *Dolde* (2002), S. 131, 137 f.; ähnlich *Adams/Gerhardt*, NStZ 1981, S. 241, 242 f.

Deshalb bestehen grundsätzliche Bedenken, gegen junge Rauschgiftkonsumenten oder Abhängige Untersuchungshaft anzuordnen. Der Haftrichter hat stets eine sorgfältige Einzelfallprüfung vorzunehmen, ob nicht weniger einschneidende, jugendgemäßere Sicherungsmaßnahmen ausreichend sind. Dies gilt vor allem im Hinblick auf Maßnahmen nach §§ 72 Abs. 1 S. 1, Abs. 4, 71 JGG.[663]

d) Apokryphe Haftgründe?

Untersuchungshaft darf nur angeordnet werden, wenn einer der im Gesetz genannten Haftgründe vorliegt. Leider wird in Umgehung dieser Voraussetzung in der Praxis den so genannten apokryphen (= geheim, verdeckt, außergesetzlich) Haftgründen eine wichtige Rolle zugedacht.[664] Die Untersuchungshaftanordnung wird vordergründig mit einem „offiziellen" Haftgrund begründet, der aber an sich gar nicht vorliegt. Dahinter verbergen sich stattdessen andere Motive. So sieht mancher Jugendrichter in der Untersuchungshaft eine gute Möglichkeit, erzieherisch auf den Beschuldigten einzuwirken. Er soll durch die Inhaftierung aus seinem (kriminogenen) Milieu herausgenommen werden und es wird ihm zugleich gezeigt, was ihn in Zukunft erwartet. Ihm soll in Form eines „short sharp shock" ein Schuss vor den Bug verpasst werden, der ihn dazu bringt, über sich, sein Verhalten und seine Situation nachzudenken.[665] Daneben wird in der Untersuchungshaft ein Ersatz für den nach geltendem Recht nicht möglichen Einstiegsarrest gesehen bzw. der Ersatz für eine kurze Freiheitsstrafe.[666] Diese Erwägungen greifen nicht nur bei Drogenkonsumenten, sondern v. a. auch bei Abhängigen. Durch die Untersuchungshaft kann der Täter aus der Drogenszene herausgenommen werden und ist so vor weiterer Selbstgefährdung und Verwahrlosung geschützt. Gleichzeitig könnte durch die Inhaftierung die Therapiebereitschaft gefördert werden, da der Jugendliche schon mal einen „Vorgeschmack" auf den Strafvollzug bekommt.[667] Daneben wird er einem „Zwangsentzug" unterworfen.

Auch wenn derartige Überlegungen im Hinblick auf erzieherische Belange oder eine Suchtbehandlung erwägenswert scheinen, ist ihnen doch eine klare Absage zu erteilen. Die Anordnung der Untersuchungshaft ist an gesetzliche Vorgaben geknüpft. Nur wenn diese erfüllt sind, ist sie zulässig; ansonsten hat sie zu unterbleiben. In geeigneten Fällen kann aber eine vorläufige Maßnahme nach § 71 JGG angezeigt sein.

---

[663] § 72 Abs. 1 S. 3 JGG normiert insoweit eine Begründungspflicht, die die Praxis eher oberflächlich zu handhaben scheint, s. *H.-J. Albrecht* (2002), S. 130 m. w. N.

[664] Zum Begriff und Einzelheiten s. *Eisenberg/Tóth*, GA 1993, S. 293, 302 ff.; *Eisenberg*, § 72 Rdnr. 9 m. w. N.; *Ostendorf*, § 72 Rdnr. 4 m. w. N.

[665] *Ostendorf*, § 72 Rdnr. 4.

[666] *Eisenberg/Tóth*, GA 1993, S. 293, 304; kritisch auch *Schaffstein/Beulke*, § 39 I., S. 269.

[667] Allgemein zu den apokryphen Haftgründen bei Drogenkonsumenten *Weider*, § 15 Rdnr. 66.

2. Untersuchungshaft gegen Heranwachsende

Im Verfahren gegen Heranwachsende sind die §§ 71 ff. JGG nicht anwendbar, § 109 JGG. Hier gelten allein die allgemeinen Vorschriften der StPO. Für sie gilt das oben zu den Haftgründen Ausgeführte entsprechend. Aufgrund ihrer in der Regel besseren Möglichkeiten –höheres Einkommen, zumeist größere Mobilität durch ein eigenes Auto– können die Voraussetzungen eines Haftbefehls unter Berücksichtigung des Verhältnismäßigkeitsgrundsatzes eher zu bejahen sein.

V. Weitere Maßnahmen

Stellt sich im Ermittlungsverfahren heraus, dass eine Drogenproblematik besteht, sollte schon in diesem frühen Verfahrensstadium nach Möglichkeiten der Intervention gesucht werden, da dies im Hinblick auf die später zu verhängenden Maßnahmen von Bedeutung sein kann. Bei Abhängigen kann man zumindest darauf hinwirken, dass bis zur Hauptverhandlung der körperliche Entzug erfolgt ist. Hierzu bieten sich neben dem freiwilligen Beginn einer Therapie verschiedene Möglichkeiten an.[668]

1. Vorläufige Anordnungen über die Erziehung, § 71 JGG

Eine nach der gesetzgeberischen Intention vorrangige Alternative zur Untersuchungshaft sind bei Jugendlichen vorläufige Anordnungen über die Erziehung gem. § 71 JGG. Die praktische Bedeutung der Vorschrift ist allerdings gering.[669] Die beiden Absätze des § 71 JGG stehen in einem Stufenverhältnis: Vorrangig sind Maßnahmen in Form von Weisungen nach Abs. 1, die einstweilige Unterbringung in einem Heim gem. Abs. 2 ist demgegenüber subsidiär.[670] Anordnungsvoraussetzungen sind der Verdacht einer Verfehlung i. S. d. § 1 Abs 1. JGG und die dringende Erziehungsbedürftigkeit mit dem vorrangigen Ziel der Krisenintervention.

a) Vorläufige Anordnungen für die Erziehung, § 71 Abs. 1 JGG

Abs. 1 setzt weiter voraus, dass es sich um Taten von einiger Schwere handelt, da es anderenfalls nicht zu einer rechtskräftigen Verurteilung kommen wird. Ziel der Anordnung muss die vorläufige Einflussnahme auf die Lebensführung des Jugendlichen sein, um einer andauernden Beeinträchtigung zu begegnen. Die möglichen Maßnahmen werden als Weisungen im Sinne des § 10 JGG verstanden, deren Durchführung allerdings nicht erzwingbar ist. Stationäre Maßnahmen sind nach dieser Alternative unzulässig.[671]

---

[668] *Tilmann*, ZBl. 1978, S. 461, 463 ff.

[669] *Ostendorf*, Grdl. z. §§ 71-73 Rdnr. 4. Auf Heranwachsende findet die Vorschrift keine Anwendung, § 109 Abs. 1 S. 1 JGG.

[670] *Brunner/Dölling*, § 71 Rdnr. 5.

[671] Zu den Einzelheiten s. *Brunner/Dölling*, § 71 Rdnr. 4; *Eisenberg*, § 71 Rdnr. 5; *Ostendorf*, § 71 Rdnr. 6.

Der wiederholte Konsum von Betäubungsmitteln und die damit einhergehende Begehung von Straftaten kann ein dauerhaftes Fehlverhalten darstellen, was eine vorläufige Anordnung prinzipiell zu begründen vermag. Dies gilt aber nicht für Probierkonsum sowie leichte Formen des Gelegenheitskonsums. Hier fehlt es an der Schwere des Fehlverhaltens, eine Verurteilung ist nicht zu erwarten. Das Bestehen einer Abhängigkeit allein rechtfertigt eine vorläufige Anordnung in der Regel ebenfalls nicht, da sie gleichfalls nicht ohne weiteres eine Verurteilung zur Folge haben muss. Hier sind aber die Umstände des Einzelfalls maßgeblich.

Von den möglichen Maßnahmen kommt im Zusammenhang mit Betäubungsmittelkonsum neben der Weisung, an einem sozialen Trainingskurs teilzunehmen (§ 10 Abs. 1 S. 3 Nr. 6 JGG, s. unten § 9 V. 2. b. (6)), insbesondere die Weisung, eine Entziehungskur gem. § 10 Abs. 2 JGG aufzunehmen, in Betracht. Ob die Anordnung der letztgenannten Maßnahme nach dieser Vorschrift zulässig ist, wurde, soweit ersichtlich, bis dato nicht erörtert. Doch kann dies nicht von vornherein unzulässig sein. Je nach Ausgestaltung handelt sich bei einer Entziehungskur nicht um eine nach § 71 Abs. 1 JGG unzulässige stationäre Maßnahme. Sie kann vielmehr auch ambulant durchgeführt werden.[672] Soweit die weiteren Voraussetzungen der Anordnung vorliegen und sich der Betroffene damit einverstanden erklärt, gibt es daher keinen Grund, diese Weisung aus dem Maßnahmenkatalog des § 71 Abs. 1 JGG grundsätzlich auszuklammern. Damit können bei Abhängigen wichtige Voraussetzungen für eine informelle Verfahrensbeendigung geschaffen werden und der Betroffene bekommt frühzeitig wichtige und nötige Hilfe. Sollte er sich als ungeeignet oder unwillig erweisen, so hat der Jugendrichter immer noch die Möglichkeit, in geeigneten Fällen eine Heimunterbringung gem. § 71 Abs. 2 JGG anzuordnen.[673]

b) Unterbringung in einem geeigneten Heim, § 71 Abs. 2 JGG

§ 71 Abs. 2 JGG stellt gegenüber Abs. 1 eine Steigerung der Eingriffsintensität dar. Der Jugendliche kann nach dieser Vorschrift in einem geeigneten Heim der Jugendhilfe, also stationär, untergebracht werden.[674]

Dies ist bei Drogenkonsumenten in geeigneten Fällen zumindest insoweit eine zu erwägende Alternative, als sie dadurch aus dem kriminogenen Umfeld herausgenommen werden können. Dies setzt natürlich voraus, dass sich eine geeignete Einrichtung findet, die bereit ist, einen Jugendlichen mit Drogenproblemen aufzunehmen.[675] Bei Abhängigen wird sich dieses Vorgehen aber von vornherein verbieten. Zum einen besteht eine erhebliche „Ansteckungsgefahr" für die übrigen Bewohner.[676] Zum anderen ist dort eine wirksame Hilfe in Rich-

---

[672] S. unten § 9 III 2.

[673] *Brunner/Dölling*, § 71 Rdnr. 5.

[674] *Eisenberg*, § 71 Rdnr. 7 ff.

[675] Neben Informationen der jeweiligen Bundesländer und Regionen bietet etwa die Seite http://www.kinderheimsuche.de (zuletzt besucht am 12.09.2004) eine einfache Möglichkeit, eine geeignete Einrichtung zu finden.

[676] *Tilmann*, ZBl. 1978, S. 461, 463

tung auf ein drogenfreies Leben kaum zu bewerkstelligen. Die Sucht zwingt den Betroffenen weiterhin, sich Drogen zu beschaffen, so dass es nahezu zwangsweise zu Problemen kommen wird.

2. Möglichkeiten der vorläufigen Unterbringung

Kann der Jugendrichter auf anderem Wege den Stand der Entwicklung eines Jugendlichen oder andere Auffälligkeiten nicht klären, so hat er wie ausgeführt gem. § 43 Abs. 2 JGG einen Sachverständigen hinzuzuziehen. Daneben sehen JGG und StPO noch weitere Sonderfälle der Begutachtung vor. Dabei haben ambulante Untersuchungsmöglichkeiten stets Vorrang.

a) Unterbringung zur Beobachtung

(1) Unterbringung gem. § 73 JGG

§ 73 JGG ermöglicht die Unterbringung eines Jugendlichen oder Heranwachsenden (§ 109 Abs. 1 S. 1 JGG) zur ausschließlichen Erforschung seiner Persönlichkeit im Hinblick auf seinen Entwicklungsstand im Rahmen der §§ 3, 105 JGG. Neben einem dringenden Tatverdacht[677] muss die Maßnahme insbesondere verhältnismäßig sein. Nicht nur ist die Möglichkeit einer ambulanten Untersuchung vorrangig zu nutzen[678], die Verhältnismäßigkeit ist auch bei leichten Delikten zu verneinen oder wenn nur ambulante Sanktionen zu erwarten sind.[679]

Im Hinblick darauf, dass Drogenkonsum und Abhängigkeit Auswirkungen auf die geistige Entwicklung des Jugendlichen haben können, kann eine Unterbringung nach dieser Vorschrift im Einzelfall erforderlich sein.

(2) Unterbringung gem. § 81 StPO

Im Gegensatz zu § 73 JGG regelt § 81 StPO die Unterbringung zur Vorbereitung eines Sachverständigengutachtens über den psychischen Zustand des Beschuldigten.[680] Dabei geht es vor allem um Fragen der Schuldfähigkeit im Rahmen der §§ 20 f. StGB. Auch die Unterbringung gem. § 81 StPO ist nur zulässig, wenn sie unerlässlich ist.[681]

Da der Konsum von Rauschdrogen zu Beeinträchtigungen der Schuldfähigkeit führen kann, ist eine Unterbringung nach dieser Vorschrift bei Jugendlichen und Heranwachsenden grundsätzlich möglich. Jedoch wird man einer wenn auch nur vorübergehenden Unterbringung in einem psychiatrischen Krankenhaus kritisch gegenüber stehen müssen. Diese Einrichtungen sind zwar zur Erfassung psychischer Störungen geeignet, aber oft nicht auf die Behandlung junger Konsumen-

---

[677] *Eisenberg*, § 73 Rdnr. 8.

[678] Einzelheiten bei *Brunner/Dölling*, § 43 Rdnr. 15 ff.; *Eisenberg*, § 43 Rdnr. 25 ff.; § 73 Rdnr. 8 und oben III. 2. a) (2).

[679] S. *Ostendorf*, § 73 Rdnr. 1 ff., der den Anwendungsbereich im Hinblick auf das Verhältnismäßigkeitsprinzip auf die Erwartung einer unbedingten Jugendstrafe beschränken will (Rdnr. 4).

[680] *Brunner/Dölling*, § 73 Rdnr. 4; zur Verbindung mit der Unterbringung nach § 73 JGG s. *Eisenberg*, § 73 Rdnr. 6.

[681] BVerfGE 17, S. 108, 117; BVerfG, StV 1995, S. 617; zu den Voraussetzungen s. *Meyer-Goßner*, § 81 Rdnr. 5 ff.

ten und Abhängiger eingerichtet. Bei jungen Menschen kommt erschwerend hinzu, dass sie durch die Unterbringung in besonders hohem Maße beeinträchtigt werden. Die unvermeidbare Konfrontation mit anderen psychisch gestörten Menschen in der Einrichtung kann erhebliche psychische Belastungen für den jungen Betroffenen nach sich ziehen. Daher wird man diese Maßnahme nur in ganz eng begrenzten Ausnahmefällen für zulässig erachten können, wenn auf eine andere –ambulante– Weise die Begutachtung nicht möglich ist.

b) Die einstweilige Unterbringung gem. § 126a StPO

Die einstweilige Unterbringung gem. § 126a StPO kann angeordnet werden, wenn der Beschuldigte in dem dringenden Verdacht steht, eine rechtswidrige Tat im Zustand der Schuldunfähigkeit oder der verminderten Schuldfähigkeit begangen zu haben und deshalb mit der Unterbringung in einem psychiatrischen Krankenhaus (§ 63 StGB) oder einer Entziehungsanstalt (§ 64 StGB) zu rechnen ist. Es muss die Wahrscheinlichkeit bestehen, dass er weitere rechtswidrige Taten begehen wird, so dass der Schutz der Allgemeinheit die Unterbringung gebietet.

Es ist umstritten, ob die Vorschrift auf Jugendliche und Heranwachsende anwendbar ist. Dies wird zum Teil abgelehnt, da es im Hinblick auf die Verhältnismäßigkeit der Maßnahme an der strafrechtlichen Erheblichkeit der von ihnen begangenen Taten fehlen würde.[682] Dagegen ist § 126a StPO nach Ansicht des OLG Düsseldorf auf diese Altersgruppen anwendbar, da es für diese Fälle keine entgegenstehende jugendstrafrechtliche Sonderregelung gebe.[683] Soweit die ablehnende Auffassung auf die Unverhältnismäßigkeit der Maßnahme abstellt, ist ihr insoweit zuzustimmen, als die Anordnung nach § 126a StPO dem Verhältnismäßigkeitsgrundsatz unterliegt. Jedoch kann man daraus keinen Schluss für oder gegen die Anwendbarkeit der Vorschrift auf eine bestimmte Personengruppe ziehen. Weder die Regelungen des JGG noch seine tragenden Prinzipien stehen der Anwendung des § 126a StPO auf diese Altersgruppen entgegen. Allerdings ist die Anordnung gegenüber anderen nicht freiheitsentziehenden Maßnahmen subsidiär.[684]

Ob die Anordnungsvoraussetzungen erfüllt sind, hängt demnach von den Umständen des Einzelfalls ab. Aufgrund der spezifischen Ausrichtung im Hinblick auf § 64 StGB eröffnet § 126a StPO die Möglichkeit, einen Drogenabhängigen schon während des Ermittlungsverfahrens einer Behandlung zuzuführen. Dies ist aufgrund der ärztlichen Versorgung und der spezielleren Ausrichtung gegenüber der Untersuchungshaft vorzugswürdig.[685] Allerdings wird bei Jugendlichen mehr als bei Heranwachsenden die Gefahr erheblicher weiterer Taten nur in sehr wenigen Fällen zu bejahen sein können. Im Übrigen wird man voraussetzen müssen, dass die Maßnahme im Hinblick auf § 93a JGG in einer für Jugendliche geeigneten Einrichtung vollzogen wird, was in der Praxis aber wohl in der Regel

---

[682] SK-StPO-*Paeffgen*, § 126a Rdnr. 2.
[683] OLG Düsseldorf, MDR 1984, S. 603.
[684] *Meyer-Goßner*, § 126a Rdnr. 5.
[685] *Meyer-Goßner*, § 126a Rdnr. 2 m. w. N.

auch geschieht.[686] Das bietet den großen Vorteil, dass der Süchtige die Einrichtung bei Übergang in die Vollstreckung der Maßregel bereits kennt und er selbst bekannt ist.

VI. Besondere Verfahrensarten

Das Jugendstrafrecht kennt auf der Verfahrensebene als besondere Verfahrensart das vereinfachte Jugendverfahren (§§ 76 ff. JGG). § 79 JGG enthält außerdem Sonderregeln für das Strafbefehlsverfahren (§§ 407 ff. StPO) und das beschleunigte Verfahren (§§ 417 ff. StPO).
Daneben ist auch das selbständige Sicherungsverfahren gem. §§ 71 StGB, 413 ff. StPO im Verfahren gegen Jugendliche und Heranwachsende zulässig.

1. Das vereinfachte Jugendverfahren, §§ 76 - 78 JGG

Für den Bereich der nicht ganz unbedeutenden Fälle der kleineren und mittleren Kriminalität, bei denen ein förmliches Hauptverfahren aber noch nicht erforderlich scheint, sieht das JGG in den §§ 76 - 78 JGG das sog. vereinfachte Jugendverfahren vor.[687] Es ermöglicht gem. § 78 Abs. 3 JGG die Vereinfachung, Beschleunigung und jugendgemäße Ausgestaltung des Verfahrens, so dass innerhalb (verfassungs-)rechtlicher Grenzen ein Abweichen von Verfahrensvorschriften zulässig ist.[688] Die Entscheidung ergeht durch Urteil aufgrund einer mündlichen Verhandlung, § 78 Abs. 1 S. 1 JGG. Es können mit Ausnahme einiger in § 78 Abs. 1 S. 2 JGG genannter Rechtsfolgen (u. a. Jugendstrafe, Unterbringung in einer Entziehungsanstalt) alle zulässigen Sanktionen des Jugendstrafrechts verhängt werden.
Auf Heranwachsende finden die Vorschriften keine Anwendung.[689] Für sie besteht die Möglichkeit des beschleunigten Verfahrens (§§ 417 ff. StPO) nach allgemeinem Recht.
Formell setzt das vereinfachte Jugendverfahren einen Antrag des Staatsanwalts voraus, § 76 JGG. Sachliche Voraussetzung ist, dass sich die Strafsache für diese Verfahrensart eignet. Dies ist der Fall, wenn mit der Anordnung einer der in § 76 JGG genannten Maßnahmen als Sanktion (u. a. Erziehungsmaßregeln, Zuchtmittel, Fahrverbot) zu rechnen ist und keiner der Ablehnungsgründe des § 77 Abs. 1 JGG –insbesondere eine umfangreiche Beweisaufnahme– vorliegt. Bei der Tatschwere darf es sich einerseits nicht um Bagatelltaten handeln, da dieses Verfahren hier unverhältnismäßig wäre.[690] Andererseits scheiden insbesondere Taten aus, die die Verhängung einer Jugendstrafe erforderlich machen, §§ 77 Abs. 1 S. 1, 78 Abs. 1 S. 2 JGG.

---

[686] S. unten § 9 IV. 5.
[687] *Brunner/Dölling*, §§ 76 - 78 Rdnr. 1.
[688] Zu den Einzelheiten s. *Brunner/Dölling*, §§ 76-78 Rdnr. 18.
[689] *Brunner/Dölling*, § 109 Rdnr. 9.
[690] Allg. Ansicht, s. etwa *Eisenberg*, §§ 76-78 Rdnr. 4.

Das vereinfachte Jugendverfahren überschneidet sich in seinem Anwendungsbereich mit dem Diversionsverfahren nach den §§ 45, 47 JGG, da es hinsichtlich der Delikte und der Tatschwere einen ähnlichen Bereich erfasst. Für das Verhältnis zu den Diversionsvorschriften der §§ 45, 47 JGG gilt Folgendes: Es ist gegenüber der Diversion nach § 45 JGG subsidiär; wurde das Verfahren jedoch aufgenommen, kann im späteren Verfahren nach § 47 JGG entschieden werden.[691]

Das Verfahren nach §§ 76 ff. JGG bietet sich im Betäubungsmittelbereich für Delikte an, die einerseits nicht mehr folgenlos im Wege der Diversion eingestellt werden können, bei denen andererseits ein vollständig förmliches Verfahren aber noch nicht erforderlich ist. Da in diesem Deliktsbereich die Beweislage durch entsprechende Betäubungsmittelsicherstellungen oft geklärt ist, gestaltet sich die Beweisaufnahme verhältnismäßig einfach. Damit kommen insbesondere wiederholte Konsumentendelikte unabhängig von der Substanz in Betracht, bei denen eine Einstellung nicht mehr angezeigt oder im Hinblick auf die erforderliche Sanktion nicht möglich ist. Allerdings muss man –speziell bei den Verstößen im Zusammenhang mit Cannabis– prüfen, ob es sich nicht doch insgesamt um ein belangloses Bagatelldelikt handelt. Dies wird man zu bejahen haben, wenn es sich bei der sichergestellten Menge um eine geringe Menge im Sinne der §§ 29 Abs. 5, 31a BtMG handelt. Damit kommen für das vereinfachte Jugendverfahren vor allem Verfahren im Bereich der normalen Menge[692] in Betracht.

Diese Verfahrensart ist bei Abhängigen nicht von vornherein ausgeschlossen, da es eine breite Palette an Reaktionsmöglichkeiten zulässt, die im Einzelfall auch für diese Tätergruppe in Betracht zu ziehen sein können. Zwar ist die Anordnung der Unterbringung in einer Entziehungsanstalt gem. §§ 77 Abs. 1 S. 1, 78 Abs. 1 S. 2 JGG ausdrücklich ausgeschlossen, aber es ist z. B. die Weisung nach § 10 Abs. 2 JGG (Entziehungskur) zulässig.

Soweit die strafrechtliche Verantwortlichkeit infolge des Drogenkonsums oder der Abhängigkeit beeinträchtigt oder ausgeschlossen, oder wenn aus anderen Gründen eine sachverständige Begutachtung notwendig ist, ist der Antrag auf Entscheidung im vereinfachten Jugendverfahren nach § 77 Abs. 1 JGG abzulehnen. Die Zuziehung eines Sachverständigen steht einer beschleunigten Verfahrensdurchführung entgegen und macht eine insgesamt eher umfangreiche Beweisaufnahme erforderlich.[693]

---

[691] S. Richtlinie Nr. 1 zu § 76 und Richtlinie zu § 77; *Eisenberg*, § 45 Rdnr. 4, 47 Rdnr. 3.

[692] S. oben § 1 I. 2. d).

[693] Im Ergebnis ebenso *Brunner/Dölling*, §§ 76-78 Rdnr. 5; *Eisenberg*, §§ 76-78 Rdnr. 5; *Ostendorf*, §§ 76-78 Rdnr. 4;.

2. Strafbefehlsverfahren (§§ 407 ff. StPO) und beschleunigtes Verfahren (§§ 417 ff. StPO), § 79 JGG

Nach § 79 Abs. 1 JGG darf gegen einen Jugendlichen kein Strafbefehl erlassen werden. Bei Heranwachsenden ist diese Verfahrensart nur zulässig, soweit Erwachsenenstrafrecht zur Anwendung kommt, § 109 Abs. 2 JGG.[694] Die Durchführung des beschleunigten Verfahrens nach §§ 417 ff. StPO ist gem. § 79 Abs. 2 JGG nur gegen Heranwachsende möglich. Dies gilt unabhängig davon, ob Erwachsenen- oder Jugendstrafrecht zur Anwendung kommt.[695]

3. Das Sicherungsverfahren, §§ 71 StGB, 413 ff. StPO

Das Sicherungsverfahren nach §§ 71 StGB, 413 ff. StPO ermöglicht eine selbständigen Anordnung verschiedener Maßregeln der Besserung und Sicherung. Für den hier interessierenden Themenkomplex betrifft dies insbesondere die Unterbringung in einer Entziehungsanstalt gem. § 64 StGB.

Anordnungsvoraussetzung ist neben einem entsprechenden Antrag der Staatsanwaltschaft, dass der Täter schuld- oder verhandlungsunfähig ist. Dabei ist zu beachten, dass Schuldunfähigkeit nur der in § 20 StGB umschriebene Zustand ist. Die fehlende strafrechtliche Verantwortlichkeit oder eine verminderte Schuldfähigkeit sind als Antragsvoraussetzung nicht ausreichend.[696] Im Hinblick auf die fehlende Verhandlungsunfähigkeit kann Rauschmittelkonsum zwar eine Rolle spielen[697], aber das Sicherungsverfahren setzt die dauerhafte Verhandlungsunfähigkeit voraus.[698] Dies wird in aller Regel selbst bei Schwerstabhängigen zu verneinen sein. Akute Rauschmittelbeeinträchtigungen reichen ohnehin nicht aus.

Schließlich darf das regelmäßige Strafverfahren nicht durchgeführt werden. Damit ist das Sicherungsverfahren insbesondere dann ausgeschlossen, wenn Anklage erhoben und die Eröffnung nicht wegen Schuldunfähigkeit abgelehnt wird.[699]

---

[694] *Brunner/Dölling*, § 79 Rdnr. 1 f., § 109 Rdnr. 12.

[695] *Brunner/Dölling*, § 79 Rdnr. 2, § 109 Rdnr. 9.

[696] LR-*Gössel*, Vor § 413 Rdnr. 6, § 413 Rdnr. 2; *Brunner/Dölling*, § 3 Rdnr. 10; zur Möglichkeit der Anordnung einer Maßregel bei fehlender Verantwortlichkeit i. S. d. § 3 JGG s. oben § 5 II. 1. d).

[697] Zur Vernehmungs- und Verhandlungsfähigkeit s. oben III. 4. b)

[698] LR-*Gössel*, § 413 Rdnr. 8.

[699] LR-*Gössel*, § 413 Rdnr. 3.

§ 7 – Die Verfahrenserledigung

Das Jugendstrafrecht kennt eine Vielzahl verschiedener Möglichkeiten der Verfahrenserledigung. Soweit die Voraussetzungen erfüllt sind, gibt es neben der Anklage verschiedene Arten der Einstellungen mit (§§ 153a StPO, 45 Abs. 2 und 3 JGG, 37 BtMG) und ohne (§§ 153 StPO, 45 Abs. 1 JGG, 31a BtMG) Auflage. Welches Vorgehen angemessen und erforderlich ist, ist eine Frage des Einzelfalls. Dabei sind verfassungsrechtliche Vorgaben zu berücksichtigen: Bei Delikten zur Deckung des Eigenbedarfs, bei denen eine Fremdgefährdung ausgeschlossen ist, ist aus Verhältnismäßigkeitsgründen von der Verfolgung durch –folgenlose– Einstellung des Verfahrens abzusehen, wenn die Schuld gering und das öffentliche Interesse nur in sehr geringem Umfang tangiert ist.[700]

I. Einstellung im Wege der Diversion, §§ 45, 47 JGG

Aus der Erkenntnis heraus, dass Kriminalität in jungen Jahren eine mehr oder minder normale Entwicklung ist, wird bei Gelegenheitsdelinquenz die Durchführung eines förmlichen Gerichtsverfahrens mit einer abschließenden Verurteilung aus Erziehungsgründen soweit möglich für obsolet gehalten. Nicht jede Tat macht die Durchführung der Hauptverhandlung erforderlich, denn schon die Einleitung des Verfahrens selbst kann eine erzieherische Wirkung haben.[701] Um dem gerecht zu werden und um eine unter erzieherischen Gesichtspunkten schädliche übermäßige Belastung zu vermeiden, eröffnen die §§ 45, 47 JGG die Möglichkeit der Diversion. Diese Art der Verfahrensbeendigung ermöglicht einen eher formlosen Abschluss und damit eine schnellere Reaktion auf das jugendliche Fehlverhalten. Sie bietet außerdem den Vorteil, dass sie für den Betroffenen aufgrund der geringeren Eingriffsintensität weniger stigmatisierend wirkt. Man erhofft sich von der individuellen Konfliktaufarbeitung eine stärkere Präventionswirkung.[702] Dabei ist zu berücksichtigen, dass diese Form der Nichtintervention nicht dazu führen soll, dass der Betroffene den Ernst der Situation vergisst, sie quasi als Freispruch versteht. Auch eine Verfahrenseinstellung soll ihm bewusst machen, dass er für eine begangene Straftat die Verantwortung zu tragen hat.[703]

---

[700] BVerfGE 90, S. 145 ff.; s. unten 1. a) (1) sowie oben § 3 I. 1.
[701] Zur Ubiquität der Jugendkriminalität s. *Brunner/Dölling*, Einf I Rdnr. 5 und oben § 3 II. 2. sowie § 6 I.
[702] S. *W. Heinz*, DVJJ-J 1999, S. 131 ff.
[703] *Brunner/Dölling*, § 45 Rdnr. 10.

Die Möglichkeiten der Diversion sind nach der gesetzgeberischen Intention für den weiten Bereich der „normalen" Jugendkriminalität (Schaden bis ca. € 25 bei Ladendiebstahl, Sachbeschädigung, Fahren ohne Fahrerlaubnis) gedacht. Sie kommt insbesondere bei Erst- und Bagatelltätern in Betracht, ist aber nicht auf diese beschränkt. Delikte der mittleren Kriminalität (Schaden bis ca. € 250) und auch die Anwendung auf Wiederholungstäter sind nicht generell ausgeschlossen.[704]

Die Diversionsvorschriften haben in der Justizpraxis erhebliche Bedeutung erlangt. Heute werden etwa zwei Drittel aller Jugendstrafverfahren auf diese Weise beendet.[705] Im Rahmen der Rauschgiftdelikte scheinen die §§ 45, 47 JGG allerdings eine geringere Rolle zu spielen; im Jahre 2003 erfolgten bei den Betäubungsmitteldelikten etwa 18 % aller Aburteilungen nach § 47 JGG, 6 % der Verfahren wurden gem. § 45 Abs. 3 JGG eingestellt.[706]

1. Voraussetzungen und Anwendungsbereich bei Drogenkonsumenten

§ 45 JGG regelt die Einstellung im Vorverfahren ohne (Abs. 1, 2) bzw. mit (Abs. 3) Zustimmung des Richters. § 47 JGG betrifft die Einstellung durch den Richter nach Anklageerhebung mit Zustimmung der Staatsanwaltschaft. Ihre Anwendung wird durch die Diversionsrichtlinien der Länder konkretisiert.[707] Die Vorschriften sind auch im Verfahren gegen Heranwachsende anwendbar, soweit Jugendstrafrecht zur Anwendung kommt (§ 109 Abs. 2 S. 2 JGG).

Grundvoraussetzung für die Einstellung ist das Bestehen eines Anfangsverdachts für eine Straftat. Nur soweit dieser vorliegt, kann von der Verfolgung abgesehen werden. Bei Jugendlichen muss außerdem die strafrechtliche Verantwortlichkeit gem. § 3 JGG vorliegen.

a) Einstellung durch die Staatsanwaltschaft, § 45 JGG

(1) Einstellung durch den Staatsanwalt ohne Folgen gem. § 45 Abs. 1 JGG i. V. m. § 153 StPO

Nach § 45 Abs. 1 i. V. m. § 153 Abs. 1 StPO JGG ist die form- und folgenlose Einstellung durch den Jugendstaatsanwalt möglich, wenn es sich bei der Tat um ein Vergehen (§ 12 Abs. 2 StGB) handelt, die Schuld des Täters als gering anzusehen wäre und kein öffentliches Interesse an der Strafverfolgung besteht. Dies ist vor allem der Fall, wenn schon die Durchführung des Ermittlungsverfahrens den Jugendlichen ausreichend beeindruckt, so dass eine weitergehende erziehe-

---

[704] *Spiess*, Kriminalistik 1994, S. 111; *Ostendorf*, Grdl. z. §§ 45 u. 47 Rdnr. 4 m. w. N.; *Schaffstein/Beulke*, § 36 II., S. 245.

[705] *Schaffstein/Beulke* § 36 I., S. 243 mit Schaubild 10; *Schöch*, S. 125, 129.

[706] S. Anhang Tabelle 3; Zahlen zu den Einstellungen nach § 45 Abs. 1 und 2 JGG im Bezug auf Betäubungsmitteldelinquenz sind leider nicht verfügbar.

[707] Eine Übersicht dazu findet sich bei *Ostendorf* Grdl. z. §§ 45 u. 47 Rdnr. 8.

rische Maßnahme nicht mehr notwendig ist (s. Richtlinie Nr. 2 zu § 45 JGG).[708] Ein Geständnis wird prinzipiell nicht für erforderlich gehalten.[709] Da es sich um eine sanktionslose Einstellung handelt, stellt sich die Frage nach dem polizeilichen Ermittlungsaufwand. In vielen Länderrichtlinien wird hierzu festgehalten, dass die Ermittlungen (insbesondere im sozialen Umfeld) auf ein Minimum zu beschränken sind, um eine unnötige Stigmatisierung des Täters zu vermeiden.[710] Da es sich um sehr leichte Taten –von Erstauffälligen– handelt, ist dies unter Erziehungsgesichtspunkten vertretbar und richtig. Allerdings birgt dieses Vorgehen die Gefahr, dass weitergehende Anhaltspunkte für eine Sucht unentdeckt bleiben.

Diese Möglichkeit der Verfahrenserledigung ist vor allem für Ersttäter gedacht.[711] Bei Wiederholungstätern soll eine Einstellung nach dieser Vorschrift möglich sein, wenn zwischen den Taten ein längerer Zeitraum liegt oder es sich im Hinblick auf das geschützte Rechtsgut und die Tatbegehung um unterschiedliche Taten handelt.[712] Von den Delikten kommen z. B. Diebstahl geringwertiger Sachen, leichte Beleidigungen oder fahrlässige Körperverletzungen in Betracht.[713]

Der Hauptanwendungsbereich des § 45 Abs. 1 JGG bei Verstößen gegen das BtMG liegt bei den Konsumentendelikten gem. § 29 Abs. 1 Nr. 1, 3 BtMG im Zusammenhang mit Cannabiszubereitungen, soweit es sich um eine geringe Menge handelt. In den Diversionsrichtlinien vieler Länder sind diese Delikte ausdrücklich erwähnt.[714] In anderen Bundesländern, in denen dies nicht der Fall ist, kann man sie ebenfalls unter § 45 JGG subsumieren, da dort für die Einstellungsfälle mit offenen Straftatenkatalogen gearbeitet wird und Konsumentendelikte mit Cannabis, wie der Vergleich mit den Richtlinien zu § 31a BtMG zeigt, geringfügige Taten sind.[715] *Aulinger* hat in ihrer Untersuchung nachgewiesen, dass die Verfahrenserledigung nach dieser Vorschrift in der Betäubungsmittelpraxis häufig vorkommt. Allerdings erfolgt zum Teil auch bei anderen Substanzen wie Heroin, LSD und Ecstasy eine Einstellung nach § 45 Abs. 1 JGG.[716] Bei Erstauffälligen sollte das Vorgehen nach § 45 Abs. 1 JGG bei Cannabisverstößen zum Eigenkonsum im Hinblick auf verfassungsgerichtliche Vorgaben den Regelfall darstellen. Beim Erwerb und Besitz von Cannabis zur Deckung des Eigenbedarfs gebieten es der Grundsatz der Verhältnismäßigkeit, das

---

[708] Zu den Voraussetzungen s. *Brunner/Dölling*, § 45 Rdnr. 17 f. und oben § 6 I.

[709] *Diemer/Schoreit/Sonnen*, § 45 Rdnr. 11; *Eisenberg*, § 45 Rdnr. 18; einschränkend *Ostendorf*, § 45 Rdnr. 10. Die Länderrichtlinien sind uneinheitlich. So ist im Saarland ein Geständnis beispielsweise stets erforderlich, ABl. Saarland 1992, S. 62, 63.

[710] S. etwa Baden-Württemberg, Die Justiz 1998, S. 20, 22; ähnlich Regelungen gibt es beispielsweise in Berlin, Nordrhein-Westfalen oder Sachsen.

[711] S. Richtlinie Nr. 2 zu § 45; BT-Drs. 11/5829, S. 23.

[712] *Diemer/Schoreit/Sonnen*, § 45 Rdnr. 12.

[713] S. dazu die Übersicht bei *Ostendorf*, § 45 Rdnr. 10.

[714] S etwa Baden-Württemberg, Die Justiz 1998, S. 20, 21.

[715] S. etwa Schleswig-Holstein, DVJJ-J 1998, S. 260, 262 und ABl. Schleswig-Holstein 1993, S. 675 f.

[716] *Aulinger*, S. 282 f.

Schuldprinzip und das Übermaßverbot, grundsätzlich von der Strafverfolgung abzusehen, wenn eine Fremdgefährdung ausgeschlossen ist. Nur auf diese Weise kann dem diesen Verhaltensweisen innewohnenden geringen Unrechts- und Schuldgehalt angemessen Rechnung getragen werden.[717]
Bei Wiederholungstätern ist eine Einstellung nach dieser Vorschrift möglich, soweit zwischen den Taten ein längerer Zeitraum liegt und es keine Hinweise für einen Handel gibt. Dieses Vorgehen ist insbesondere dann zu erwägen, wenn es sich um abgeschlossene, episodenhafte Ereignisse gehandelt hat, deren Auslöser der Täter mit Hilfe von Familie, Lebensgefährten, Drogenberatung o. ä. bewältigt hat.[718] Im Rahmen dieser Beurteilung ist die Motivation zum Konsum zu berücksichtigen. So können Einflüsse der Gleichaltrigengruppe (im Zusammenspiel mit spezifischen situativen Bedingungen wie einem Diskothekenbesuch) für den Cannabiskonsum im Vordergrund gestanden haben. Dies ist jedoch ein Grund, der eher gegen die Episodenhaftigkeit des Verhaltens spricht, da in solchen Fällen eine jederzeitige Wiederholungsmöglichkeit besteht, sogar wahrscheinlich sein kann. Im Übrigen ist mit zunehmender Zahl der Wiederholungsfälle der Anwendungsbereich des § 45 Abs. 2 JGG eröffnet.
Beim Umgang mit anderen Betäubungsmitteln wie Heroin, Kokain, Ecstasy und sonstigen Amphetaminderivaten ist die folgenlose Einstellung unter Erziehungsgesichtspunkten kaum zu begründen. Zwar könnte man die Schuld – speziell bei Konsumentendelikten zum Eigenbedarf– als gering ansehen. Doch wird man das öffentliche Interesse an der Strafverfolgung wegen der deutlich höheren Gefährlichkeit hier nicht verneinen können. Eine Einstellung nach § 45 Abs. 1 JGG würde weder der erzieherischen Zielsetzung des Jugendgerichtsgesetzes noch der präventiven Orientierung des Betäubungsmittelgesetzes gerecht werden. Da Ecstasy als die Partydroge Nr. 1 in den Köpfen vieler junger Konsumenten eine eher harmlose Glückssubstanz ist, würde zudem die Gefahr einer Verfestigung dieser Haltung bestehen.[719]
Bei den übrigen Tatmodalitäten des § 29 BtMG (also außerhalb der Konsumentendelikte) ist ein Vorgehen nach § 45 Abs. 1 JGG in aller Regel nicht geeignet, um mit dem Verstoß des jungen Menschen umzugehen. Dies gilt –unabhängig von der Substanz– für den Rauschgifthandel, aber auch für sonstige Formen der Weitergabe an Dritte. Hier wird der Bereich der bloßen Selbstgefährdung verlassen, so dass das öffentliche Interesse an der Strafverfolgung zu bejahen ist. Diese Taten machen eine intensivere Reaktion erforderlich, schon um dem Täter die Gefährlichkeit seines Tuns für sich und vor allem auch für andere zu verdeutlichen.
Bei Abhängigen ist ein Vorgehen nach § 45 Abs. 1 JGG nicht von vornherein ausgeschlossen. Die landesrechtlichen Richtlinien zu § 45 JGG machen hierüber

---

[717] BVerfGE 90, S. 145, 171 ff.; s. unten IV. 1.

[718] *Körner*, § 31a Rdnr. 37.

[719] *Brunner*, JR 1973, S. 89, 90, vertritt die Auffassung, dass jegliche folgenlose Einstellung abzulehnen sei.   Zum Verhältnis Therapiemotivation – strafrechtliche Reaktion s. unten § 9 I.

allerdings keine Angaben. Man könnte sich bei dieser Frage insoweit an den entsprechenden Richtlinien zu § 31a BtMG orientieren, die zum Teil diese Tätergruppe explizit erfassen, da es sich bei ihren Konsumentendelikten letztlich um Taten mit geringem Schuldgehalt handelt.[720] Allerdings bestehen gegen die Übertragung dieses Ansatzes Bedenken. Die pauschale Anwendung würde zur Aushebelung jugendstrafrechtlicher Prinzipien, insbesondere des Erziehungsgedankens, führen. Die bei Abhängigen notwendigerweise wiederholte folgenlose Einstellung würde der Suchtentwicklung Vorschub leisten und nur ihre Intensivierung fördern. Unter strafrechtlichen Gesichtspunkten würde es ein Zuwarten auf ein ausreichend schweres anderes Delikt bedeuten, das dann eine breitere Reaktionspalette im Hinblick auf eine Suchtbehandlung zulässt. Betäubungsmittelabhängigkeit darf aber kein Freifahrtschein zur Begehung leichter Delikte werden. Wo eine erkennbare Abhängigkeit besteht, muss soweit möglich und rechtlich zulässig nach Möglichkeiten gesucht werden, mit denen zumindest die Therapiebereitschaft beeinflusst werden kann. Deshalb wird man eine Einstellung bei Cannabisverstößen hier vertreten können. Für andere Substanzen, ein höheres Suchtpotenzial aufweisen, gilt dies jedoch nicht. Es ist in diesen Fällen zu prüfen, ob nicht durch die Durchführung der Hauptverhandlung eine weiterführende Lebensperspektive eröffnet und die Therapiemotivation gefördert werden kann.[721]

Bei indirekten Beschaffungsdelikten (etwa Ladendiebstahl) ist eine Einstellung nach dieser Vorschrift eher abzulehnen, da eine erhebliche Wiederholungsgefahr besteht. Allein die Verfahrensdurchführung wird kaum eine Wirkung auf den Täter haben. Maßgeblich ist aber auch hier der Einzelfall.

Bei Straßenverkehrsdelikten ist eine folgenlose Einstellung nach § 45 Abs. 1 JGG im Hinblick auf spezialpräventiv-erzieherische Überlegungen nicht möglich. Dies gilt selbst dann, wenn es zu keiner konkreten Gefährdung i. S. d. § 315c StGB gekommen ist, also lediglich ein Verstoß gegen § 316 StGB vorliegt. Der Täter bekommt sonst fälschlicherweise das Gefühl, es sei nichts passiert und er habe nichts Schlimmes –in diesem Fall Gefährliches– getan. Da Jugendliche und noch mehr Heranwachsende bei der Teilnahme am Straßenverkehr eine Risikogruppe darstellen, ist in derartigen Fällen eine gezielte Reaktion erforderlich. Es muss dem Täter begreiflich gemacht werden, dass die Teilnahme am Straßenverkehr unter Rauschmitteleinfluss keine Lappalie ist und dass er damit nicht nur sich selbst, sondern vor allem auch andere –erheblich– gefährdet. Dass ihn die Polizei entdeckt hat und es noch nicht zu einem Unfall gekommen ist, kann ihm nicht zugute kommen.

Spielen schließlich bei anderen Delikten Rauschmittel eine Rolle, so ist sorgfältig zu prüfen, ob die folgenlose Einstellung nach dieser Vorschrift angemessen ist. Dies kann in Erwägung zu ziehen sein, wenn es sich um leichte Taten vom oben beschriebenen Typ handelt, die in der akuten Rauschmittelbeeinflussung

---

[720] S. etwa Nds. Rpfl. 1994, S. 351 und oben I. 1. a) und II. 2.
[721] KG, StV 1997, S. 640, 641; *Körner*, § 31a Rdnr. 24 ff., 36 ff.

ihren Ursprung haben, und es zu erwarten ist, dass es keine Wiederholung derartiger Situationen geben wird.

(2) Einstellung durch den Staatsanwalt mit erzieherischer Maßnahme ohne Einschaltung des Jugendrichters gem. § 45 Abs. 2 JGG

§ 45 Abs. 2 JGG stellt gesteigerte Anforderungen an die Diversionsentscheidung. Bei der Tat muss es sich anders als bei Abs. 1 nicht um ein Vergehen handeln.[722] Wenn der Jugendstaatsanwalt eine folgenlose Einstellung nach Abs. 1 für nicht mehr ausreichend hält, eine erzieherische Maßnahme jedoch bereits durchgeführt oder eingeleitet ist und die Einschaltung eines Richters für nicht erforderlich gehalten wird, kann er nach dieser Vorschrift von der Verfolgung absehen. Erzieherische Maßnahmen sind alle Maßnahmen und Einwirkungen, die privat oder öffentlich in Erfüllung einer Erziehungsaufgabe gegenüber dem Jugendlichen vorgenommen werden.[723] Dies umfasst neben familien- oder vormundschaftsrichterlichen Maßnahmen jede Form der erzieherischen Einwirkung, die in einem Zusammenhang mit der Straftat steht. Dazu zählen z. B. Maßnahmen der Eltern, Schulstrafen oder auch ein erzieherisches Gespräch bei der Polizei.[724] Daneben ist gem. § 45 Abs. 2 S. 2 JGG die Durchführung eines Täter-Opfer-Ausgleichs möglich.

Der Ermittlungsaufwand ist bei dieser Form der Einstellung schon deshalb gegenüber Abs. 1 erhöht, da hier Feststellungen zur Reaktion Dritter auf das Fehlverhalten des Jugendlichen erforderlich sind.

Die Einstellung nach Abs. 2 kommt für zwei verschiedene Tätertypen in Betracht. Zum einen ist sie für Wiederholungstäter leichterer Delikte gedacht, die an sich nach Abs. 1 einstellbar wären, aber aufgrund der wiederholten Begehung eine intensivere Reaktion erforderlich machen. Zum anderen ist § 45 Abs. 2 JGG bei Ersttätern schwerer Delikte anwendbar. Dabei wird in der Praxis etwa bei Vermögensdelikten eine im Vergleich zu Abs. 1 höhere Schadensgrenze herangezogen.[725]

Ob für die Einstellung nach § 45 Abs. 2 JGG ein Geständnis erforderlich ist, ist umstritten.[726] Anders als in § 45 Abs. 3 ist diese Voraussetzung in Abs. 2 nicht genannt. Doch zumindest wenn der Täter vehement die Tatbegehung leugnet, wird man eine Einstellung abzulehnen haben. Denn dann würde jedweder erzieherische Zweck des gesamten Verfahrens verpuffen. Dieses Problem wird sich im Bereich des BtMG allerdings nur in seltenen Fällen stellen, da mit dem Fund von Betäubungsmitteln bzw. über eine Blutprobe der Konsum und der vorherige

---

[722] S. etwa *Eisenberg*, § 45 Rdnr. 19a.

[723] *Eisenberg*, § 9 Rdnr. 6; § 45 Rdnr. 19.

[724] S. Richtlinie Nr. 3 S. 2 zu § 45 JGG; *Brunner/Dölling*, § 45 Rdnr. 18; eingehend mit weiteren Beispielen *W. Heinz*, DVJJ-J 1999, S. 131, 135.

[725] S. etwa die Diversionsrichtlinien des Landes Brandenburg, DVJJ-J 2001, S. 183 ff.: Vermögensdelikte bis zu einem Schaden von 25 € können nach Abs. 1, bei einem höheren Schaden bis zu einer Grenze von ca. 75 € nach Abs. 2 eingestellt werden.

[726] Dafür etwa *Brunner/Dölling*, § 45 Rdnr. 24; dagegen *Eisenberg*, § 45 Rdnr. 19a; *Ostendorf*, § 45 Rdnr. 14.

Besitz nachgewiesen sind, so dass der Beschuldigte zumindest insoweit geständig sein wird.

Ein Vorgehen nach § 45 Abs. 2 JGG ist im Betäubungsmittelbereich bei Konsumentendelikten außerhalb von Cannabis zu bedenken. Im Zusammenhang mit Cannabis ist sie bei höheren Sicherstellungsmengen und vor allem bei wiederholten Verstößen in Betracht zu ziehen, da die Einstellung nach Abs. 1 unter Erziehungsgesichtspunkten in solchen Fällen weniger sinnvoll ist. Man kann dem Täter den Sinn einer wiederholten Durchführung des Ermittlungsverfahrens nur begrenzt begreiflich machen, wenn man zu Recht einerseits die Gefährlichkeit von Rauschmitteln propagiert, andererseits dann aber Verstöße mit einem „freundlichen Lächeln" ungeahndet lässt.[727] Damit setzt man ein falsches Zeichen und der Betroffene bekommt den Eindruck, dass das Ganze ohnehin nicht so ernst zu nehmen sei. Man läuft dabei Gefahr, ein Problem zu verharmlosen, das größere Dimensionen annehmen kann. Bei wiederholten Verstößen kommt daher beispielsweise ein aufklärendes Gespräch über die Gefahren des Dauerkonsums mit dem Staatsanwalt, der Polizei oder einem Drogenberater als Reaktion in Betracht. Auf diese Weise soll in dem jungen Täter einerseits das Bewusstsein für die Gefahren geweckt bzw. gestärkt werden, andererseits können so Fehlinformationen ausgemerzt werden.[728]

§ 45 Abs. 2 JGG eröffnet generell die Möglichkeit, helfend auf den jungen Täter einzuwirken, um ein schon bestehendes Drogenproblem lösen zu können. Neben den bereits erwähnten Maßnahmen ist insbesondere die Einschaltung einer Einrichtung der Drogenhilfe denkbar. Daher kann man eine Einstellung nach dieser Vorschrift prinzipiell auch bei einem Abhängigen erwägen. Sie kann bei ihm zudem in Betracht kommen, wenn er sich bis zum Abschluss des Verfahrens erfolgreich einer Therapie unterzogen hat.[729] In der Praxis bleibt eine echte erzieherische Hilfe trotz erkennbarer Betäubungsmittelprobleme jedoch allzu oft aus.[730]

Die Einstellung unter dem Gesichtspunkt des Täter-Opfer-Ausgleichs (S. 2) scheint bei Betäubungsmittelkonsumenten nur einen begrenzten Anwendungsbereich zu haben. Bei reiner Betäubungsmittelkriminalität scheidet diese Option mangels persönlichen Opfers ohnehin aus. Es bleiben demnach vor allem Fälle der Beschaffungskriminalität sowie Taten in Folge des Rauschmittelkonsums, also etwa Körperverletzungen im berauschten Zustand, soweit ein persönliches Opfer existiert.

Ähnlich wie bei der Einstellung nach Abs. 1 wird in der Praxis Abs. 2 im Betäubungsmittelbereich v. a. bei Konsumentendelikten häufig angewendet. Es handelt sich dabei vorwiegend um Cannabis-Fälle, wobei die Gewichtsmengen tendenziell höher sind.[731]

---

[727] Ähnlich *Kreuzer*, NJW 2002, S. 2345, 2347.
[728] *Brunner*, JR 1973, S. 89, 90.
[729] *Wagner*, Anm. zu BGH, StV 1993, S. 302, 303; von der Zielsetzung her ähnlich *Kreuzer*, NJW 1989, S. 1505, 1508.
[730] *Aulinger*, S. 292
[731] *Aulinger*, S. 288 f.

(3) Einstellung unter Einschaltung des Jugendrichters gem. § 45 Abs. 3 JGG

Die Anforderungen an die Einstellungen sind für Abs. 3 noch weiter gesteigert. Der Jugendstaatsanwalt muss eine Ermahnung, die Erteilung einer bestimmten Weisung gem. § 10 Abs. 1 S. 3 Nr. 4, 7, 9 JGG (Arbeitsleistung, Täter-Opfer-Ausgleich, Teilnahme an einem Verkehrsunterricht) oder einer Auflage (§ 15 JGG) durch den Richter für erzieherisch erforderlich halten, ohne dass zugleich eine Anklage geboten wäre.[732] Der Täter muss in diesem Fall nach dem eindeutigen Wortlaut geständig sein.[733] Hält der Jugendstaatsanwalt dies für ausreichend, regt er das Vorgehen nach § 45 Abs. 3 JGG bei dem zuständigen Jugendrichter an. Ob dieser dem Vorschlag entsprechen will, liegt in seinem pflichtgemäßen Ermessen.

§ 45 Abs. 3 JGG ist bei Verstößen gegen das BtMG von den Reaktionsmöglichkeiten her eher wenig geeignet, eine erzieherisch angemessene Sanktion zu ermöglichen. Die zulässigen Weisungen sind im Bereich der Betäubungsmittelkriminalität entweder nicht oder nur mit begrenztem erzieherischen Nutzen anwendbar. Vergleichbares gilt für die möglichen Auflagen.[734] Die Ermahnung überschneidet sich mit der Einstellung nach § 45 Abs. 2 JGG, so dass es der Einschaltung des Jugendrichters nur bedarf, um dem jungen Täter den Ernst der Lage zu verdeutlichen. Dies kann im Einzelfall durchaus in Erwägung zu ziehen sein. Im Übrigen kommt diese Form der Verfahrenserledigung in Betracht, wenn es sich um andere Delikte im Zusammenhang mit Betäubungsmittelkonsum handelt. So kann die Teilnahme an einem Verkehrsunterricht für einen Unfallverursacher in Folge von Rauschmittelkonsum eine adäquate Sanktion darstellen. Vergleichbares gilt für die Erbringung von Arbeitsleistungen oder die Durchführung eines Täter-Opfer-Ausgleichs.

In der Praxis erfolgt die Einstellung nach § 45 Abs. 3 JGG im Betäubungsmittelbereich seltener als nach den Absätzen 1 und 2. Zwar kommt die Vorschrift entsprechend der gesetzgeberischen Intention erst bei gravierenderen Verstößen (in Gestalt größerer Gewichtsmengen) zur Anwendung. Allerdings kommt es nicht zu einer gezielten fachlichen Intervention, um ein ggf. bestehendes Drogenproblem zu bewältigen, da § 45 Abs. 3 JGG hierfür wie angesprochen keine Möglichkeiten zur Verfügung stellt.[735]

b) Einstellung durch den Richter nach Anklageerhebung, § 47 JGG

Nach Anklageerhebung kann der Staatsanwalt nicht mehr nach § 45 JGG vorgehen. Die Einstellungsentscheidung obliegt nun dem Jugendrichter. Sie ist im Zwischenverfahren und auch noch in der Hauptverhandlung (§ 47 Abs. 2 S. 2

---

[732] Einzelheiten zu den genannten Sanktion s. unten § 8 III.; für die näheren Einzelheiten der Einstellung s. *Brunner/Dölling*, § 45 Rdnr. 29 ff.
[733] Zum Risiko falscher Geständnisse s. oben § 6 III. 4.
[734] Einzelheiten zu den möglichen Sanktionen s. unten § 8 II.
[735] *Aulinger*, S. 292 f.

JGG) und dem Rechtsmittelverfahren möglich.[736] Sie erfolgt durch Beschluss mit Zustimmung des Staatsanwalts.

(1) Einstellung gem. § 47 Abs. 1 Nr. 1 - 3 JGG

Die Einstellungsmöglichkeiten nach § 47 JGG ähneln denen nach § 45 JGG; die Nummern 1 bis 3 entsprechen in ihren Voraussetzungen den Absätzen 1, 2 und 3 des § 45 JGG.[737] Regelmäßig wird in diesem Verfahrensstadium der Bericht der JGH vorliegen, so dass sich ein umfassenderes Bild von der Persönlichkeit des Jugendlichen für die Entscheidung ergibt. Daher ist die Einstellung nach § 47 JGG auch möglich, wenn sich erst nach Anklageerhebung herausstellt, dass ausreichende Maßnahmen im Sinne des § 45 JGG durchgeführt bzw. eingeleitet worden sind.

Der wesentliche Unterschied zur Einstellung durch die Staatsanwaltschaft liegt in der größeren erzieherischen Wirkung, die aus der Beteiligung des Jugendrichters resultiert. Der junge Täter wird von dem Verfahren in größerem Maße beeindruckt sein und es aufgrund der drohenden Verurteilung insgesamt ernster nehmen. Damit können die Voraussetzungen der Einstellung auch erst in diesem Verfahrensabschnitt geschaffen werden.[738]

Diese Art der Verfahrensbeendigung ist insbesondere bei Wiederholungstätern angebracht, um ihnen nachdrücklich zu Bewusstsein zu bringen, dass Taten im Zusammenhang mit Betäubungsmitteln eine schwerwiegende Angelegenheit darstellen können und von der Rechtsordnung auch im Interesse des Täters nicht toleriert werden.[739]

(2) Mangelnde strafrechtliche Reife, § 47 Abs. 1 Nr. 4 JGG

Schließlich enthält § 47 Abs. 1 Nr. 4 JGG einen weiteren Einstellungsgrund für den Fall der fehlenden Reife gem. § 3 JGG.[740] Wie ausgeführt kann der Rauschmittelkonsum Auswirkungen auf die strafrechtliche Verantwortlichkeit haben, so dass hier familien- oder vormundschaftsrichterliche Maßnahmen zu ergreifen sein können.[741]

2. Verhältnis zu anderen Einstellungsvorschriften

Die §§ 45, 47 JGG können in ihrem Anwendungsbereich mit einer Reihe anderer Einstellungsvorschriften kollidieren. Hierbei spielen neben den §§ 153 ff. StPO auch betäubungsmittelrechtliche Vorschriften eine Rolle.

---

[736] Allg. Meinung, s. *Diemer/Schoreit/Sonnen*, § 47 Rdnr. 6.

[737] Einzelheiten bei *Brunner/Dölling*, § 47 Rdnr. 7 ff.

[738] Nach *Brunner/Dölling*, Einf. I Rdnr. 53 sollte die Hauptverhandlung als „Lernfeld" genutzt werden.

[739] So auch *Brunner*, JR 1973, S. 89, 90.

[740] Stellt sich die fehlende Verantwortlichkeit schon vorher heraus, so ist die Eröffnung gem. § 204 StPO abzulehnen bzw. das Verfahren von der Staatsanwaltschaft gem. § 170 Abs. 2 StPO einzustellen; *Eisenberg*, § 3 Rdnr. 55, § 47 Rdnr. 12.

[741] S. oben § 5 II. 1. a) (3).

a) §§ 153 ff. StPO

Das Verhältnis der jugendstrafrechtlichen Diversionsvorschriften zu den §§ 153 ff. StPO ist besonders umstritten. Einigkeit besteht, soweit es die §§ 153b - 154b StPO betrifft: Diese Vorschriften sind im Jugendstrafrecht uneingeschränkt anwendbar, da sie selbständige, von der Täterpersönlichkeit weitgehend unabhängige Einstellungsgründe enthalten und damit nicht von den §§ 45, 47 JGG berührt werden.[742]

Überschneidungen hinsichtlich der zu behandelnden Sachverhalte bestehen aber zwischen den §§ 45 Abs. 1, 47 Abs. 1 S. 1 Nr. 1 JGG und § 153 StPO bzw. den §§ 45 Abs. 2, 3, 47 Abs. 1 S. 1 Nr. 2 und 3 JGG und § 153a StPO.

Der wesentliche Unterschied auf der Rechtsfolgenseite liegt in der registerrechtlichen Behandlung. Während Einstellungen nach dem JGG immer in das Erziehungsregister eingetragen werden (§ 60 Abs. 1 Nr. 7 BZRG), sind die Einstellungen nach §§ 153 f. StPO eintragungsfrei. Darin sehen ein Teil der Rechtsprechung und Literatur den ausschlaggebenden Grund, § 153 StPO den Vorrang einzuräumen. Nur so könne die Benachteiligung des Jugendlichen bzw. Heranwachsenden infolge einer Eintragung in das Erziehungsregister gegenüber einem Erwachsenen in vergleichbarer Lage vermieden werden. Anderenfalls sei das Verbot der Schlechterstellung verletzt.[743] § 153 StPO habe daher grundsätzlich Vorrang, es sei denn, der Staatsanwalt hält im Einzelfall die Eintragung aus erzieherischen Gründen für geboten und geht daher nach § 45 JGG vor. Zum Teil wird der Vorrang des § 153 StPO auf die Fälle beschränkt, in denen das Gericht seine Zustimmung erteilt hat.[744]

Bezüglich § 153a StPO wird angenommen, dass diese Vorschrift gegenüber § 45 Abs. 1, 2 JGG subsidiär sei. Neben § 45 Abs. 3 JGG sei sie dagegen anwendbar, wenn die Voraussetzungen der letztgenannten Vorschrift nicht vorliegen würden, weil der junge Täter kein Geständnis abgelegt hat.[745]

Die Gegenauffassung geht dagegen von einem generellen und abschließenden Vorrang der jugendstrafrechtlichen Vorschriften aus.[746] Das Argument der Schlechterstellung sei nicht durchgreifend, da es einen derartigen allgemeinen Grundsatz im Jugendstrafrecht nicht gebe.[747] Auch im Hinblick auf Art. 3 Abs. 1 GG lasse sich keine andere Wertung begründen. Jugendstrafrecht und allgemeines Erwachsenenstrafrecht seien zwei qualitativ unterschiedliche Sachverhalte, so dass eine Ungleichbehandlung nicht willkürlich sei, sondern auf einem sachlichen Grund beruhe.

---

[742] Allgemeine Ansicht, Nachweise bei *Brunner/Dölling*, § 45 Rdnr. 3 m. w. N.
[743] LG Itzehoe, StV 1993, S. 537 f. mit zust. Anm. *Ostendorf*; anders LG Aachen, NStZ 1991, S. 450 mit krit. Anm. *Eisenberg*.
[744] *Eisenberg*, § 45 Rdnr. 10 f.; *Nothacker*, JZ 1982, S. 57, 61; *Ostendorf*, § 45 Rdnr. 5 (für den generellen Vorrang).
[745] *Nothacker*, JZ 1982, S. 57, 61; *Ostendorf*, § 45 Rdnr. 6.
[746] *Brunner/Dölling*, § 45 Rdnr. 3; *Diemer/Schoreit/Sonnen*, § 45 Rdnr. 9 jeweils m. w. N.
[747] S. oben § 5 I. 3.

Diese zuletzt genannte Auffassung ist vorzugswürdig. Zunächst sprechen für sie Wortlaut und Systematik. Dass § 45 Abs. 1 JGG auf die Voraussetzungen des § 153 StPO verweist, legt es nahe, der jugendstrafrechtlichen Vorschrift den Vorrang einzuräumen. Ansonsten wäre dieser Verweis überflüssig. Nach § 2 JGG kommen außerdem die allgemeinen Regeln nur zur Anwendung, wenn sie zu jugendgemäßen Ergebnissen führen und nicht mit den Grundsätzen des JGG kollidieren.[748] Es ist in diesem Zusammenhang mehr als fraglich, ob der von der Gegenauffassung geforderte „Günstigkeitsvergleich" im Hinblick auf stigmatisierende Folgen überhaupt zulässig ist. Das Jugendstrafrecht ist anderen Zielen verpflichtet als das allgemeine Strafrecht. Der Erziehungsgedanke spielt bei letzterem gerade keine Rolle, so dass die Vergleichsgrundlage ohnehin schief ist. Bei Delikten im Zusammenhang mit Drogenkonsum wird die Kollision mit dem Erziehungsgedanken besonders deutlich: Wird die Einstellung (nach §§ 153, 153a StPO) nicht im Register vermerkt, hat dies zur Folge, dass gegen einen Jugendlichen immer wieder Verfahren eingestellt werden können, ohne dass die dahinter stehende Drogenproblematik zu erkennen wäre.[749] Wenn sich die strafrechtliche Auffälligkeit auf verschiedene Gerichtsbezirke bezieht, bleibt eine sich entwickelnde Drogenkarriere möglicherweise unbemerkt, da keiner der in den einzelnen Verfahren Beteiligten merkt, dass der Beschuldigte anderweitig bereits vergleichbare Taten begangen hat. Jeder zur Entscheidung berufene Jugendrichter bzw. Staatsanwalt unterstellt aufgrund des Zentralregisterauszugs, diese Tat sei das „erste Mal", der Täter sei insoweit vollkommen unvorbelastet. Entsprechend zurückhaltend fällt die Reaktion aus. Weder kann –soweit jugendstrafrechtlich zulässig und möglich– auf ein sich abzeichnendes Abgleiten in die Sucht reagiert werden, noch auf eine tatsächlich bestehende Abhängigkeit. Dies ist unter Erziehungsgesichtspunkten kontraproduktiv.[750] Die Nichteintragung geschieht nur zum vermeintlich Besten des Täters, da die dahinter stehenden Problematiken vorschnell ausgeblendet werden. Unterbleibt die Eintragung, so wird auch die Zwecksetzung des § 60 Abs. 1 Nr. 7 BZRG unterlaufen.[751]
Es ist ohnehin zweifelhaft, ob die Eintragung tatsächlich so belastend wirkt, wie behauptet wird. Der stigmatisierende Effekt resultiert vorrangig aus der Durchführung des Strafverfahrens selbst. Die Eintragung ist daneben eine schriftliche Formalie in einem Register ohne unmittelbare Außenwirkung. Der Betroffene wird sie nach dem aufwühlenden und belastenden Verfahren kaum noch zur Kenntnis nehmen. Gegen die Annahme einer Stigmatisierung spricht zudem, dass der Kreis der einsichtsberechtigten Stellen in das Erziehungsregister begrenzt ist (§ 61 BZRG), neben den Gerichten sind es v. a. die Jugendämter. Beide Stellen haben aber auch ein berechtigtes Interesse an diesen Informationen. Negative Auswirkungen auf die Arbeitsplatzsuche oder die Schulbildung sind

---

[748] *Brunner/Dölling*, § 2 Rdnr. 2.

[749] *Aulinger*, S. 58, für die ebenfalls nicht einzutragende Einstellung nach § 31a BtMG.

[750] Eine ähnliche Auffassung wurde im Gesetzgebungsverfahren im Hinblick auf § 31a BtMG deutlich, s. BT-Drs. 12/934, S. 8

[751] Ebenso *Dölling* (1989), S. 243, 256.

dagegen nicht zu erwarten. Zwar kann von der Eintragung eine gewisse stigmatisierende Wirkung bei späteren gerichtlichen Entscheidungen ausgehen, aber dies ist ohnehin jeder Registereintragung immanent. Mit diesem Argument müsste man streng genommen jede Eintragung im Jugendstrafrecht ablehnen. Bedenken muss man in diesem Zusammenhang auch die Episodenhaftigkeit der Jugenddelinquenz. Nur wenige Täter werden mehrfach auffällig, so dass eine stigmatisierende Folgewirkung in späteren Prozessen nur in solchen Fällen auftreten kann, für die die frühere Delinquenz wirklich von Bedeutung und Interesse ist. Außerdem können alle ergangenen Entscheidungen unabhängig von der registerrechtlichen Bewertung zwischenzeitlich über das staatsanwaltschaftliche Informationssystem abgerufen werden (§§ 474 ff. StPO).

Diese Überlegungen zeigen, dass die Eintragungspflicht durchaus auch einen erzieherischen Zweck hat. Unterbleibt sie, gehen wichtige Informationen über den Täter verloren, die für spätere Entscheidungen von Bedeutung sein können. Deshalb ist den §§ 45, 47 JGG der Vorrang vor den §§ 153 f. StPO einzuräumen. Die jugendrechtlichen Vorschriften werden der jugendstrafrechtlichen Zielsetzung des JGG besser gerecht als die Einstellungsvorschriften der StPO.

b) §§ 170 Abs. 2, 203 StPO

Die Einstellung nach § 170 Abs. 2 StPO hat Vorrang vor den Diversionsvorschriften. Wenn aus rechtlichen oder tatsächlichen Gründen ein Verfahrenshindernis besteht, muss die Sache eingestellt werden.[752] Ein wichtiger Anwendungsfall hierfür ist neben dem fehlenden Tatverdacht die fehlende strafrechtliche Verantwortlichkeit gem. § 3 JGG.

Nach Anklageerhebung besteht für den Richter die Möglichkeit, die Eröffnung mangels hinreichenden Tatverdachts gem. § 204 StPO abzulehnen.

c) § 31a BtMG[753]

In der betäubungsmittelrechtlichen Praxis spielt neben den §§ 45, 47 JGG die Einstellung nach § 31a BtMG eine erhebliche Rolle.[754] Wie das Verhältnis dieser Vorschrift zu den jugendrechtlichen Spezialvorschriften zu bewerten ist, ist ebenfalls umstritten und bis dato nicht abschließend geklärt.[755] Augenscheinlich werden die teilweise sehr unterschiedlichen Vorstellungen über die Anwendungsbereiche dieser Vorschriften bei den entsprechenden Richtlinien der Län-

---

[752] *Ostendorf,* § 45 Rdnr. 4.

[753] Zu den Voraussetzungen s. unten II. 2.

[754] Nach *Aulinger,* S. 275, reichen die Einstellungsanteile von etwa 21 % in Bayern bis zu knapp 45 % in Berlin. Es ist trotz Bestehens von landesrechtlichen Verwaltungsvorschriften und Diversionsrichtlinien über die Anwendung der Einstellungsvorschriften kaum nachzuvollziehen, wann die Einstellung nach welcher Bestimmung erfolgt. Viele Einstellungsfälle nach § 31a BtMG könnten genauso gut nach § 45 JGG eingestellt werden, *Aulinger,* S. 290.

[755] *Körner,* § 31 a Rdnr. 12; aus den Verwaltungsvorschriften der Länder lässt sich eine unterschiedliche Bewertung deutlich erkennen, Nachweise bei *Aulinger,* S. 127 f.

der zu § 31a BtMG bzw. §§ 45, 47 JGG.[756] Allerdings dürfte dies v. a. politische Gründe haben. Überschneidungen sind im Bereich der Betäubungsmitteldelikte vor allem bei den allgemeinen Verstößen in Gestalt der Konsumentendelikte gem. § 29 BtMG möglich.

Eine systematische Analyse scheint auf den ersten Blick gegen die Anwendbarkeit des § 31a BtMG im Jugendstrafverfahren zu sprechen. § 38 BtMG erklärt ausdrücklich nur die Vorschrift des § 37 BtMG auf Jugendliche und Heranwachsende für anwendbar. Ein Verweis auf § 31a BtMG fehlt. Für ihre Anwendbarkeit wird jedoch angeführt, dass eine stigmatisierende Eintragung im Erziehungsregister bei Bagatelldelikten, wie sie von dieser Vorschrift erfasst werden, weder verhältnismäßig noch sinnvoll sei. Die wohl herrschende Meinung in der Literatur geht daher vom Vorrang des § 31a BtMG vor den §§ 45, 47 JGG aus.[757]

Im Hinblick auf die erzieherische Zielsetzung wird man aber den Vorschriften des Jugendstrafrechts auch hier den Vorrang einräumen müssen.[758] Wie schon bei der inhaltlich identischen Streitfrage bei der Abgrenzung zu § 153 StPO ermöglichen die jugendstrafrechtlichen Diversionsvorschriften aufgrund ihrer erzieherischen Ausrichtung ein gezielteres Einwirken. Gerade im Hinblick auf Drogenkonsum und die Gefahr einer bestehenden oder sich entwickelnden Abhängigkeit ist es unter Erziehungsgesichtspunkten nicht hinnehmbar, dass die spezialpräventive Zielsetzung des Jugendstrafrechts durch Anwendung des § 31a BtMG unterwandert wird. Auch der Verweis auf den Bagatellcharakter greift nicht durch, denn die §§ 45, 47 JGG sind ebenfalls zur Reaktion auf Bagatelldelikte konzipiert. Zudem sind sie in ihrem Anwendungsbereich bei Verstößen gegen das BtMG nicht auf das Merkmal der „geringen Menge" beschränkt, so dass insoweit schwerere Fälle erfasst werden können. Und noch ein weiterer Gesichtspunkt spricht für den Vorrang der JGG-Vorschriften: Sie eröffnen ein breiteres, besser auf den Einzelfall zugeschnittenes Reaktionsinstrumentarium. Denn es kann erforderlich sein, sich nicht nur auf eine folgenlose Einstellung zu beschränken, sondern die auslösenden Faktoren einzukreisen und zu bewältigen. Hierfür kann die Verhängung einer Weisung oder anderer erzieherischer Maßnahmen (§§ 45 Abs. 2, 47 Abs. 1 S. 1 Nr. 2 JGG) erforderlich sein. Dies kann die Einstellung nach § 31a BtMG aber nicht leisten.

---

[756] Für den Vorrang des § 31a BtMG etwa Schleswig-Holstein, DVJJ-J 1998, S. 260, 261; für den Vorrang der jugendstrafrechtlichen Vorschriften etwa Baden-Württemberg, Die Justiz 1995, S. 366.

[757] *Brunner/Dölling*, § 45 Rdnr. 3 a. E.; *Eisenberg*, § 45 Rdnr. 10b; *Ostendorf*, § 45 Rdnr. 8; im Ergebnis auch *Körner*, § 31a Rdnr. 12, 37.

[758] Befürwortend *Weber*, § 31a Rdnr. 19; *Aulinger*, S. 58 ff. In dieselbe Richtung zielte die Stellungnahme der Bundesregierung im Gesetzgebungsverfahren, BT-Drs. 12/934, S. 8. Dort war befürchtet worden, dass sich die Nicht-Eintragung der Einstellung nach § 31a BtMG negativ auf den Jugendlichen auswirken könne. Die Möglichkeit erzieherischer Einwirkung werde vereitelt. Das Fehlen der Eintragung könne zudem dazu führen, dass die zuständigen Stellen wiederholt Verfahren einstellen, ohne dass dem Jugendlichen eine erzieherisch angemessene Reaktion zuteil werden würde.

Daher haben die jugendstrafrechtlichen Diversionsvorschriften Vorrang vor § 31a BtMG.

d) § 29 Abs. 5 BtMG[759]

Überschneidungen zwischen § 29 Abs. 5 StGB und den Diversionsvorschriften des JGG können sich sowohl vor wie auch nach Anklageerhebung (s. § 153b StPO) und sogar noch in der Hauptverhandlung ergeben. Die jugendstrafrechtliche Vorschriften genießen jedoch aus den oben genannten Gründen Vorrang. Ein eigenständiger Anwendungsbereich für § 29 Abs. 5 BtMG besteht aber in Fällen, bei denen eine Einstellung wegen des entgegenstehenden öffentlichen Interesses oder bei verweigerter Zustimmung der Staatsanwaltschaft nicht möglich ist.

e) §§ 38 Abs. 2, 37 Abs. 1 BtMG[760]

Aufgrund der unterschiedlichen Voraussetzungen gibt es nur selten Überschneidungen zwischen §§ 38 Abs. 2, 37 Abs. 1 BtMG und den §§ 45, 47 JGG. Die betäubungsmittelrechtliche Vorschrift hat mit einer Straferwartung von bis zu zwei Jahren Jugendstrafe einen weit über die §§ 45, 47 JGG hinausgehenden Anwendungsbereich, wobei sie zusätzlich das Bestehen einer Abhängigkeit voraussetzt.

Soweit eine Kollision möglich ist, wird zum Teil der Vorrang der jugendstrafrechtlichen Vorschriften angenommen, da das Verfahren nach § 37 BtMG sehr umständlich sei.[761] Die Gegenauffassung räumt dagegen der betäubungsmittelrechtlichen Vorschrift den Vorrang ein.[762] Anders als im Falle des § 31a BtMG erscheint dies unter Erziehungsgesichtspunkten speziell bei Abhängigen vertretbar. Es ist auf diesem Wege möglich, den Süchtigen einer Entzugsbehandlung zuzuführen, so dass unter spezialpräventiven Gesichtspunkten die besseren Argumente für den Vorrang der betäubungsmittelrechtlichen Vorschriften sprechen.

Von Bedeutung kann ein Vorgehen nach §§ 38 Abs. 2, 37 Abs. 1 BtMG daher bei einer bereits freiwillig begonnenen Therapie sein, da sie auf diese Weise nicht unnötig unterbrochen wird. Allerdings ist in solchen Fällen ein Vorgehen nach §§ 45 Abs. 2, 47 Abs. 1 Nr. 2 JGG mit demselben Ergebnis möglich.

II. Weitere Möglichkeiten der Verfahrensbeendigung

In der Praxis spielen bei Betäubungsmittelkonsum die anderen Einstellungsvorschriften ebenfalls eine mehr oder minder große Rolle. Auch wenn hier ein prin-

---

[759] Zu den Voraussetzungen s. unten II. 4.
[760] Zu den Voraussetzungen s. unten § 9 V. 2.
[761] *Weber*, § 37 Rdnr. 4.
[762] *Brunner/Dölling*, § 45 Rdnr. 3; *Ostendorf*, § 45 Rdnr. 8; *Körner*, § 38 Rdnr. 7. Die freiwillige Aufnahme einer Therapie dürfte gegen die Gefahr erheblicher zukünftiger Taten sprechen, so dass § 64 StGB ausscheidet; *Körner*, § 37 Rdnr. 8 a. E.

zipieller Vorrang der §§ 45, 47 JGG befürwortet wird, werden diese aus Vollständigkeitsgründen gleichfalls dargestellt.

1. Einstellung gem. §§ 153 ff. StPO

Nach § 153 StPO kann ein Verfahren wegen eines Vergehens eingestellt werden, wenn die Schuld des Täters als gering anzusehen wäre und kein öffentliches Interesse an der Strafverfolgung besteht. Diese Voraussetzungen sind vor allem bei Konsumentendelikten nach dem BtMG oft erfüllt, da hier in der Regel keine über den Rechtskreis des Täters hinausgehende Störung des Rechtsfriedens vorliegt (s. Nr. 86 Abs. 2 RiStBV).

Bei der Einstellung nach § 153a StPO wird das an sich bestehende öffentliche Interesse durch die Erfüllung von Weisungen und Auflagen beseitigt. Der Maßnahmenkatalog ermöglicht die Einstellung sowohl bei Verstößen gegen das BtMG (Nr. 2 – Zahlung eines Geldbetrags zugunsten einer gemeinnützigen Einrichtung) als auch bei anderen Delikten mit Betäubungsmittelbezug (Nr. 1 – Schadenswiedergutmachung). Durch die Neufassung der Vorschrift im Jahr 1999 ist der bis dahin abschließende Katalog geöffnet worden. Daher ist jetzt auch die Teilnahme an einem Drogenseminar eine denkbare Weisung.

2. Einstellung gem. § 31a BtMG

§ 31 a BtMG ermöglicht es der Staatsanwaltschaft (Abs. 1) oder dem Gericht (Abs. 2), bei Verstößen gegen § 29 Abs. 1, 2 und 4 BtMG unter bestimmten Voraussetzungen von der Strafverfolgung abzusehen, wenn es sich um ein sog. Konsumentenverfahren handelt.[763] Diese Möglichkeit ist insbesondere bei Besitz geringer Mengen zum Eigengebrauch zu erwägen, wenn eine Fremdgefährdung ausgeschlossen ist.[764] Eigenverbrauch liegt vor, wenn der Täter ein Betäubungsmittel ausschließlich selbst konsumiert hat oder konsumieren will.[765] Die Vorschrift ist unabhängig von der Art des Betäubungsmittels anwendbar, also auch bei Heroin und Kokain, denn eine Beschränkung auf weiche Drogen kennt das Gesetz nicht.[766] Die Einstellung ist für den strafrechtlichen Umgang mit Probierern und auch Gelegenheitskonsumenten gedacht. Ist die Gefährdung Dritter ausgeschlossen, so ist der staatliche Verfolgungszwang gelockert, da Erwerb und Besitz in diesen Fällen kein öffentliches Strafverfolgungsinteresse begründen. Die ausschließliche Selbstschädigung mit einer geringen Menge Betäubungsmittel soll gerade nicht verfolgt werden müssen.

Damit muss die Annahme des Eigenverbrauchs beim Kreisen lassen eines Joints ausscheiden, wenn nur einer der Beteiligten das Cannabis erworben hat und die

---

[763] S. dazu den Gesetzentwurf BT-Drs. 12/934, S. 5.

[764] BVerfGE 90, S. 145 ff.

[765] Nachweise bei *Körner*, § 31a Rdnr. 18.

[766] Nachweise und Übersicht über die landesrechtlichen Richtlinien bei *Körner*, § 31a Rdnr. 31 f.

anderen daran teilhaben lässt.[767] Zwar liegt hinsichtlich der übrigen Beteiligten nur ein strafloser Konsum vor, für den abgebenden Täter ist aber der reine Eigenverbrauch wegen der Weitergabe und des Überlassens zu verneinen. Haben die Beteiligten die Droge dagegen zum gemeinsamen Konsum gemeinsam angeschafft, liegt hinsichtlich jedes Einzelnen ein Eigenverbrauch vor, so dass § 31a BtMG prinzipiell anwendbar ist.

Für die Einstellung nach § 31a BtMG muss die Schuld des Täters gering sein und es darf kein öffentliches Interesse an der Strafverfolgung bestehen. Es muss sich zudem um eine geringe Menge zum Eigenverbrauch handeln.[768] Aus der sichergestellten Menge kann allerdings nicht direkt auf das Merkmal des Eigenverbrauchs geschlossen werden.[769]

Ob die Vorschrift bei Abhängigen zur Anwendung kommen kann, ist umstritten. Während dies viele Länderrichtlinien ausdrücklich vorsehen[770], wird es teilweise mit dem Verweis auf § 29 Abs. 5 BtMG abgelehnt.[771] Für die pauschale Ausklammerung der genannten Gruppe besteht aber kein durchgreifender Grund. Eine Einstellung ist bei ihnen beispielsweise in Betracht zu ziehen, wenn sich der Täter wegen seiner Sucht in Behandlung befindet. Die Einstellung erscheint auch insoweit sinnvoll, als bei dieser Tätergruppe die Durchführung eines Strafverfahrens oft keinen Sinn macht und es sich in aller Regel um Taten zum Eigenkonsum handelt.

Das in der Kommentarliteratur an dieser Stelle angeführte Anwendungsbeispiel der Erfolglosigkeit bisheriger Therapieprogramme[772] ist aber nicht unproblematisch. Damit kann allzu schnell eine Art Freibrief für leichte Straftaten Schwerstabhängiger ausgestellt werden. Die folgenlose Einstellung erweckt den Anschein der Aufgabe, was gerade bei jungen Menschen kaum zu akzeptieren ist und letztlich weder den spezialpräventiven Zielsetzungen des BtMG noch denen des JGG gerecht wird. Damit wird nur der Leidensweg weiter verlängert und es steigt die Gefahr eines tödlichen Ausgangs der Drogenkarriere. Eine strafrechtliche Intervention mag zwar vordergründig hoffnungslos scheinen, aber dies bedeutet nicht, dass es keinen Sinn macht, es zumindest weiter zu versuchen. Daher sollte von dieser Möglichkeit der Einstellung –soweit man sie für zulässig erachtet– im Verfahren gegen süchtige Jugendliche oder Heranwachsende nur zurückhaltend Gebrauch gemacht werden.

Im Verhältnis zu anderen Vorschriften ist Folgendes zu beachten: Den jugendstrafrechtlichen Diversionsvorschriften nach §§ 45, 47 JGG ist wie ausgeführt generell der Vorrang vor § 31a BtMG einzuräumen. Soweit man § 31a BtMG bei einem Gelegenheitskonsumenten anwenden möchte, sollte es sich ähnlich wie bei der folgenlosen Einstellung nach § 45 Abs. 1 JGG um abgeschlossene,

---

[767] S. oben § 3 I. 1.
[768] S. oben § 2 II. 2. e) (2).
[769] *Körner*, § 31a Rdnr. 18.
[770] S. etwa die Richtlinie des Landes Nordrhein-Westfalen, JMBl. NW 1994, S. 133 f.; anders Baden-Württemberg, Die Justiz 1995, S. 366 ff.
[771] *Weber*, § 31a Rdnr. 14.
[772] *Körner*, § 31a Rdnr. 24.

episodenhafte Ereignisse handeln.[773] Überschneidungen im Anwendungsbereich zu § 37 BtMG sind nur sehr selten möglich. § 31a BtMG erfasst unabhängig von anderen Faktoren allein Konsumentendelikte mit geringer Menge zum Eigenverbrauch. § 37 BtMG setzt dagegen u. a. die Straftatbegehung aufgrund einer Abhängigkeit und die Aufnahme einer Therapie voraus. Sollte allerdings ein Abhängiger ein Konsumentendelikt begehen, so kommt es auf den Einzelfall an, welches Vorgehen wirkungsvoller zu sein verspricht.

3. Einstellung gem. §§ 38 Abs. 2, 37 Abs. 1 BtMG

§ 37 BtMG ermöglicht der Staatsanwaltschaft (Abs. 1) bzw. dem Gericht (Abs. 2) ein Absehen von der Anklageerhebung, wenn sich der Täter in eine Behandlung nach § 35 BtMG begibt. Diese Möglichkeit wird in § 9 V. 2. behandelt.

4. Absehen von der Bestrafung gem. § 29 Abs. 5 BtMG

§ 29 Abs. 5 BtMG ermöglicht als materielle Strafzumessungsregel ein Absehen von Strafe bei bestimmten Handlungsalternativen der Absätze 1, 2 und 4 des § 29 BtMG, soweit es um eine geringe Menge Betäubungsmittel zum Eigenverbrauch geht.[774] Die Vorschrift erfasst Taten mit Bagatellcharakter und ist eine spezielle Ausprägung des verfassungsrechtlichen Übermaßverbots.[775] Die Einstellung kann gem. § 153b StPO auch schon im Ermittlungsverfahren mit Zustimmung des Gerichts durch die Staatsanwaltschaft erfolgen.

Die Anwendung des § 29 Abs. 5 BtMG steht im pflichtgemäßen Ermessen. Für die Entscheidung sind alle Umstände des Einzelfalls zu berücksichtigen, wobei vor allem die Person des Täters, das Bestehen einer Abhängigkeit, die Art der konsumierten Droge und das Fehlen einer Fremdgefährdung zu berücksichtigen sind.[776]

Ein Vorgehen nach § 29 Abs. 5 StGB ist im Jugendstrafrecht grundsätzlich möglich.[777] Die Vorschrift ist unabhängig von der Drogenart insbesondere für Probierer und Gelegenheitskonsumenten gedacht, aber auch bei Wiederholungstätern anwendbar.[778]

§ 29 Abs. 5 BtMG weist in seinem Anwendungsbereich Überschneidungen zu § 31a BtMG auf, da beide Vorschriften Konsumentendelikte mit geringer Menge zum Eigenverbrauch betreffen. Während es sich bei § 29 Abs. 5 BtMG um eine Strafzumessungsregel handelt, ist § 31a BtMG eine Verfahrensvorschrift, die aber eine Einstellung an höhere Voraussetzungen knüpft. Insbesondere muss hier die Schuld als gering anzusehen sein, während § 29 Abs. 5 BtMG unabhän-

---

[773] *Körner*, § 31a Rdnr. 24 ff., 37; s. dazu auch KG, StV 1997, S. 640, 641.
[774] Zur geringen Menge s. oben § 1 II. 2. e) (2).
[775] *Körner*, § 29 Rdnr. 1640.
[776] Eingehend *Körner*, § 29 Rdnr. 1652 ff.
[777] LG Mainz, NStZ 1984, S. 121 f.
[778] BGH, StV 1987, S. 250; anders BayObLG, NJW 1994, S. 3021, 3022 bei politoxikoman Rauschgiftsüchtigen; kritisch dagegen *Körner*, § 29 Rdnr. 1653,1672 f.

gig von der Schuldschwere zum Einsatz kommen kann. Soweit diese Voraussetzungen aber erfüllt sind, ist § 31a BtMG als lex specialis anzusehen.[779] In der Praxis bleibt jedoch oft unklar, warum in welchen Fällen welche der beiden Vorschriften zur Anwendung kommt.[780]

III. Entscheidung durch Urteil – Drogenkonsum und Hauptverhandlung

Kommt eine Einstellung des Verfahrens nicht in Betracht, so muss der Staatsanwalt Anklage erheben, soweit ein hinreichender Tatverdacht (§§ 170 Abs. 1, 203 StPO) besteht, und es ist eine Hauptverhandlung durchzuführen. Dabei ist in geeigneten Fällen die Möglichkeit des vereinfachten Jugendverfahrens zu bedenken.[781]

Für die Durchführung der Hauptverhandlung und die Entscheidungsfindung gelten die Vorschriften der StPO, soweit diese nicht durch die §§ 47 ff. JGG modifiziert werden. Bei der Verhandlung gegen Drogenkonsumenten ist das sub. § 6 III. 4. b) zur Vernehmungsfähigkeit Ausgeführte zu beachten. Steht eine Unterbringung in einer Entziehungsanstalt in Rede –sei es nach § 64 StGB, sei es nach § 35 BtMG– muss bei Abhängigen außerdem die Möglichkeit einer Therapie angesprochen und erörtert werden, um ihre Therapiemotivation einschätzen zu können.

Wenn eine noch in diesem Verfahrensstadium prinzipiell mögliche Einstellung – insbesondere § 47 JGG– nicht in Betracht kommt, hat eine Verurteilung zu erfolgen. Inwieweit dies erforderlich ist, hängt von der in Rede stehenden Tat, der Person des Täters, den persönlichen Beziehungen zu einem vorhandenen Opfer, der Bedeutung des Rauschmittelkonsums bei der Tatgenese oder einem Bestreiten des Tatvorwurfs ab. Je schwerer die Tat ist, umso eher wird es zu einer richterlichen Entscheidung kommen müssen. Bei Verstößen gegen das BtMG kann maßgeblich sein, ob der Täter nur sich selbst gefährdete oder ob er Betäubungsmittel an andere veräußerte oder durch Dealen seinen eigenen Bedarf finanzierte. Bei leichteren Delikten kann die Durchführung der Verhandlung als Mittel genutzt werden, um dem jungen Täter den Ernst der Lage zu verdeutlichen, selbst wenn es dann doch noch zu einer Einstellung kommt.[782] Für Abhängige stellen die jugendstrafrechtlichen Diversionsvorschriften in der Regel keine geeigneten Maßnahmen bereit, so dass bei dieser Tätergruppe die Durchführung der Hauptverhandlung oft unumgänglich sein wird. Insbesondere ist nur auf diesem Wege eine Anordnung gem. § 64 StGB möglich.

---

[779] *Körner,* § 31a Rdnr. 10.
[780] *Aulinger,* S. 310 f.
[781] S. oben § 6 VI. 1.
[782] S. oben I. 1. a) (3).

IV. Wie ist im Einzelfall vorzugehen?

1. Allgemeines

Im Anschluss an diese Ausführungen soll zusammenfassend erörtert werden, wie im Einzelfall auf den Betäubungsmittelkonsum formal zu reagieren ist. Bei Jugendlichen und Heranwachsenden ist vorrangig immer die Möglichkeit einer Einstellung des Verfahrens zu bedenken. Im Rahmen der Verstöße gegen das BtMG eignen sich hierfür besonders die Konsumentendelikte zum Eigenverbrauch, da es in der Regel nicht zu einer Drittgefährdung kommt. Prinzipiell kommt dieses Vorgehen umso eher in Betracht, je leichter die Tat zu bewerten ist.

Nach welcher Vorschrift letztlich einzustellen ist, hängt von verschiedenen Faktoren ab. Hierbei spielen Art und Menge der Substanz sowie die konkrete Tat und ihre Entstehung eine Rolle. Je gefährlicher die Droge ist, umso zurückhaltender ist die Möglichkeit einer reaktionslosen Einstellung zu beurteilen. Denn mit zunehmendem Suchtpotenzial wächst die Gefahr des Bestehens oder zumindest der Entwicklung einer Abhängigkeit, der man im Einzelfall mit Durchführung einer Hauptverhandlung und ggf. durch eine angemessene Sanktion etwa in Form einer Therapieweisung begegnen muss. Es kann nicht im Sinne des Jugendstrafrechts sein, wirksame und notwendige Interventionsmöglichkeiten bis zuletzt hinauszuzögern, bis es quasi zu spät ist.

2. Einstellung bei Cannabiszubereitungen und anderen Rauschmitteln

Von besonderem Interesse sind aufgrund der Häufigkeit der Taten die Einstellungsmöglichkeiten im Zusammenhang mit Cannabiszubereitungen. Zwar wird in immer größerem Maße über eine Entkriminalisierung oder gar Legalisierung nachgedacht, aber nach der geltenden Rechtslage und unter dem Gesichtspunkt des Jugendschutzes wird man auf eine staatliche Reaktion auch bei Cannabis nicht gänzlich verzichten können.

Die folgende Darstellung will dazu Richtlinien geben: Grundsätzlich wird bei Konsumentendelikten eine Entscheidung durch Urteil nicht erforderlich sein. Eine angemessene Reaktion kann im Hinblick auf verfassungsrechtliche Vorgaben[783] über die Diversionsvorschriften der §§ 45, 47 JGG erreicht werden. Dies gilt unabhängig von der Substanz. Die jugendstrafrechtlichen Vorschriften sind in diesen Fällen stets vorrangig heranzuziehen, da sie eine gezieltere und flexiblere Einwirkung mit steigender Eingriffsintensität ermöglichen. Neben der sichergestellten Menge ist die Konsumfrequenz ein wichtiges Indiz für diese Beurteilung.

---

[783] Zur Frage der Strafbarkeit des Konsums s. oben § 3 I. 1.

a) Einstellung nach § 45 Abs. 1 JGG

Im Bereich des BtMG kommt die Einstellung nach § 45 Abs. 1 JGG ohne weitere Maßnahme bei Delikten im Zusammenhang mit Cannabiszubereitungen in Betracht, soweit es sich um Konsumentendelikte handelt. Die sichergestellte Gewichtsmenge sollte im Hinblick auf die von der Rechtsprechung festgelegte Wirkstoffmenge die Obergrenze von 3 g nicht überschreiten; alternativ kann man auch auf die geringe Menge i. S. d. § 29 Abs. 5 und 31a BtMG abstellen.[784] Allerdings kann dies eine Feststellung des Wirkstoffgehalts erforderlich machen, was im Hinblick auf die geplante Einstellung einen unverhältnismäßigen Zeit- und Kostenaufwand bedeutet. Darüber hinausgehende Mengen sprechen eher für einen gewohnten Konsum, der Tendenzen zum Dauerkonsum aufweist, oder können als Anzeichen für einen Cannabishandel zu werten sein. Anderenfalls besteht kein Bedarf, eine derart große Menge Cannabis mit sich zu führen.[785] Zielgruppe sind zunächst polizeilich Erstauffällige. Neuere Studienerkenntnisse lassen allerdings den Schluss zu, dass auch bei ihnen eine spürbare Reaktion nach § 45 Abs. 2 JGG möglicherweise die sinnvollere Alternative gegenüber einer nahezu folgenlosen Einstellung zu sein scheint. Denn durch eine gezielte fachspezifische Frühintervention kann eine Einstellungsänderung ausgelöst werden.[786]

Bei anderen Verstößen gegen das BtMG ist eine Einstellung nach § 45 Abs. 1 JGG nicht angebracht. Hier kommt es in aller Regel zu einer Fremdgefährdung, so dass die Einleitung des Verfahrens als Reaktion allein nicht ausreichend ist.

Probleme bereitet der Umgang mit Wiederholungsfällen. Die im Bereich des § 31a BtMG häufig anzutreffende Beschränkung der Anwendung auf die erste und zweite Auffälligkeit[787] erscheint prinzipiell angemessen, zumindest soweit es sich um den Umgang mit Cannabisprodukten handelt. Allerdings darf man nicht allein die Zahl der Vorahndungen im Blick haben, entscheidend ist die Konsummotivation. Lässt diese erkennen, dass sich das Verhalten zur Gewohnheit zu entwickeln droht, etwa beim Konsum aus Langeweile oder vorrangig um des Rausches Willen oder zum Ausblenden der Realität, so ist eine spürbare Intervention notwendig; eine folgenlose Einstellung wäre fehl am Platze. In solchen Konstellationen ist es erforderlich, auf eine Einstellungsänderung insbesondere im Hinblick auf die Gefährlichkeitseinschätzung hinzuarbeiten. Ähnliches gilt, wenn zu befürchten ist, dass wegen des Konsums ein Risiko für die Persönlichkeitsentwicklung besteht.

Dominieren dagegen Neugier und Experimentierfreude oder auch der Einfluss der Peer-Group, spricht das zunächst einmal eher gegen die Gefahr einer Gewöhnung und damit einer Wiederholung des Verhaltens. Experimente mit Cannabis sind eine verhältnismäßig normale Verhaltensweise im Verlauf der Pubertät, die man auch strafrechtlich nicht überbewerten sollte. Hier ist eine folgenlo-

---

[784] Zur geringen Menge s. oben § 1 I. 2. d) (2).
[785] Zum Kreisen lassen eines Joints s. oben § 3 I. 1.
[786] S. die Ergebnisse der FreD-Studie bei *Goergen u. a.*, S. 32 f.5053 f.
[787] S. etwa JMBl. NW 1994 , S. 133 f.; Nds. Rpfl. 1994, S. 351.

se Einstellung durchaus der richtige Weg. Soweit der Probier- und Experimentiercharakter bestehen bleibt, kann sie auch bei einer einfachen oder zweifachen Wiederholung noch ausreichend sein.

Bei in ihrer Persönlichkeit gefestigteren Heranwachsenden wird man bei bis zu drei Wiederholungen innerhalb eines Jahres eine Einstellung nach § 45 Abs. 1 JGG in Betracht ziehen können. Im Hinblick auf die geringe Gefährlichkeit von Cannabis und die Eigenverantwortlichkeit eines Erwachsenen sowie die verfassungsrechtlichen Vorgaben wird man bei ihnen bei dieser Substanz auf jugendstrafrechtliche Maßnahmen grundsätzlich noch verzichten können.

Für Verstöße im Zusammenhang mit Pilzen oder Schnüffelstoffen –soweit betäubungsmittelrechtlich von Bedeutung– gelten vergleichbare Erwägungen. Es handelt sich um eher harmlose Substanzen, so dass eine intensive Reaktion prinzipiell nicht erforderlich ist. Konsumentendelikte im Zusammenhang mit anderen Substanzen –Ecstasy, Heroin, Kokain– sollten prinzipiell nicht nach dieser Vorschrift eingestellt werden. Allenfalls bei erstmaliger Auffälligkeit kann man dies in Erwägung ziehen, wobei neben Art und Schwere der begangenen Tat vorrangig die die Tat auslösenden Ursachen zu berücksichtigen sind. Es wird bei gefährlicheren Substanzen oft notwendig sein, erzieherisch auf das Risikobewusstsein des Konsumenten einzuwirken. Dies kann mit der Einstellung nach § 45 Abs. 1 JGG kaum geleistet werden.

Bei Abhängigen ist eine Einstellung nach § 45 Abs. 1 JGG nicht grundsätzlich ausgeschlossen, aber wie ausgeführt auf Verstöße mit Cannabis zu beschränken. Bei anderen Betäubungsmitteln sollte ein Vorgehen nach § 45 Abs. 1 JGG wegen der größeren Gefährlichkeit die seltene Ausnahme sein.

b) Einstellung nach § 45 Abs. 2, 47 Abs. 1 Nr. 1, 2 JGG

Die Einstellung kommt nach § 45 Abs. 2 JGG kommt sowohl bei Konsumentendelikten Erstauffälliger als auch bei Wiederholungstätern in Betracht. Zur Intensivierung der erzieherischen Wirkung kann auch je nach Einzelfall die Durchführung einer Hauptverhandlung mit Einstellung nach § 47 Abs. 1 Nr. 1, 2 JGG erforderlich sein.

Durchgeführte oder eingeleitete erzieherische Maßnahmen sind u. a. aufklärende Gespräche durch die Polizei, den Staatsanwalt oder die Eltern. Daneben sind andere erzieherische Reaktionen, speziell solche des Elternhauses, zu berücksichtigen; ebenso eine Schulstrafe.

Bei Ersttätern im Zusammenhang mit Cannabis kann bei Taten, die an sich nach Abs. 1 eingestellt werden könnten, ein Vorgehen nach Abs. 2 angezeigt sein, wenn es erforderlich scheint, dem Täter eindringlicher vor Augen zu führen, welche Bedeutung und Folgen Cannabiskonsum haben kann. Dies kommt beispielsweise in Betracht, wenn er zu erkennen gibt, dass er erhebliche Defizite in seinem Drogenwissen bezüglich Cannabis aufweist und er deshalb seinen Konsum übermäßig verharmlost. Hierzu können auch die Fälle gehören, bei denen sich ein polizeilich Erstauffälliger im Verfahren als Dauerkonsument entpuppt. Aufgrund der intensiveren Reaktion kann als Richtwert eine größere Gewichtsmenge zugrunde gelegt werden, die jedoch 6 g nicht überschreiten sollte.

Bei Wiederholungsfällen im Zusammenhang mit Cannabis ist ein Vorgehen nach Abs. 2 zu erwägen, wenn eine folgenlose Einstellung nach Abs. 1 nicht mehr ausreichend zu sein scheint, weil eine merkliche Intervention erzieherisch notwendig wird.

Eine Einstellung nach § 45 Abs. 2 JGG ist auch bei Erst- und Gelegenheitskonsum härterer Betäubungsmittel, speziell bei Ecstasy, möglich, sofern sich keine Hinweise auf einen schon länger andauernden Konsum ergeben. Damit kann eine ausreichende erzieherische Beeinflussung erreicht werden.

Bei Abhängigen ist wiederum zu prüfen, inwieweit eine Einstellung mit den damit zur Verfügung stehenden Möglichkeiten erzieherisch sinnvoll und möglich ist. Insoweit wird auf die sub. a) gemachten Ausführungen verwiesen. Wann ein solches Vorgehen in Betracht zu ziehen sein wird, lässt sich nur anhand des Einzelfalls bestimmen. Dabei kann etwa eine Rolle spielen, dass der Betroffene eine Therapie aufgenommen hat.

Andere Verstöße gegen das BtMG können in geeigneten Fällen prinzipiell auch nach Abs. 2 eingestellt werden. So kann die strafrechtliche Intervention obsolet sein, wenn es bereits von elterlicher Seite eine ausreichende Reaktion gab. Dies kann etwa bei der Abgabe einer Ecstasypille oder bei der Weitergabe von Cannabis an einen Freund in Erwägung zu ziehen sein. Auch nicht schwerwiegende Handelsdelikte können auf diesem Wege geahndet werden. Zu beachten ist, dass diese Möglichkeit der Einstellung nicht auf Vergehen beschränkt ist.

c) §§ 45 Abs. 3, 47 Abs. 1 Nr. 3 JGG

Als letzte Stufe kann die Einstellung nach § 45 Abs. 3, 47 Abs. 1 Nr. 3 JGG angezeigt sein. Dies setzt voraus, dass mit den dort genannten Maßnahmen eine erzieherische Einwirkung auf den Jugendlichen oder Heranwachsenden möglich scheint. Dies wird bei reinen Konsumentendelikten eher zu verneinen, kann aber bei anderen Delikten im Zusammenhang mit Drogenkonsum in Erwägung zu ziehen sein.

d) Anklage und vereinfachtes Jugendverfahren

Sind die Möglichkeiten einer Diversion aus Gründen der Tat oder des Täters nicht ausreichend, so ist bei Bestehen eines hinreichenden Tatverdacht Anklage zu erheben. In geeigneten Fällen kann auch Antrag auf Durchführung eines vereinfachten Jugendverfahrens nach §§ 76 ff. JGG gestellt werden.

§ 8 – Drogenkonsum und Sanktion

I.   Die Rechtsfolgenentscheidung im Jugendstrafverfahren

1.   Sanktionen nach Jugendstrafrecht

Das Jugendstrafrecht hat in den § 5 ff. JGG ein eigenständiges Rechtsfolgensystem, das sich von dem des allgemeinen Strafrechts zum Teil wesentlich unterscheidet. Als spezifische Sanktionen mit eigenständigen Voraussetzungen kennt es Erziehungsmaßregeln (§§ 9, 12 JGG), Zuchtmittel (§§ 13 - 16 JGG) sowie die Jugendstrafe (§§ 17 - 30 JGG) als einzige echte Kriminalstrafe.[788] Soweit materielles Jugendstrafrecht zur Anwendung kommt, gelten diese Vorschriften nahezu vollständig auch im Verfahren gegen Heranwachsende (§ 105 Abs. 1 JGG).

Die Sanktionsmöglichkeiten des Jugendstrafrechts stehen nicht in einem abgestuften Schwereverhältnis, die Erziehungsmaßregeln sind also nicht für die leichtesten, die Jugendstrafe für die schwersten Verfehlungen konzipiert. Es gilt vielmehr das Prinzip der Subsidiarität jugendstrafrechtlicher Folgen. Es darf nur die Rechtsfolge ausgewählt werden, die unter Berücksichtigung des Sanktionsziels die am wenigsten einschneidende Wirkung auf den Betroffenen hat.[789] Um der Zielvorstellung der Erziehung des Täters bestmöglich gerecht werden zu können, erlaubt es das JGG, verschiedene Sanktionen in den Grenzen der §§ 8 Abs. 1 und 2, 5 Abs. 3 JGG zu kombinieren.[790]

---

[788] Zu den Reformbestrebungen in diesem Bereich s. *H.-J. Albrecht* (2002), S. 140 ff.
[789] S. oben § 5 I. 2.
[790] Auf mögliche Kombinationen wird bei der Darstellung der einzelnen Sanktionen eingegangen, s. insbesondere § 9 III. 2. b) zur Entziehungskur nach § 10 Abs. 2 JGG und IV. 2. f) zur Unterbringung in einer Entziehungsanstalt gem. § 64 StGB.

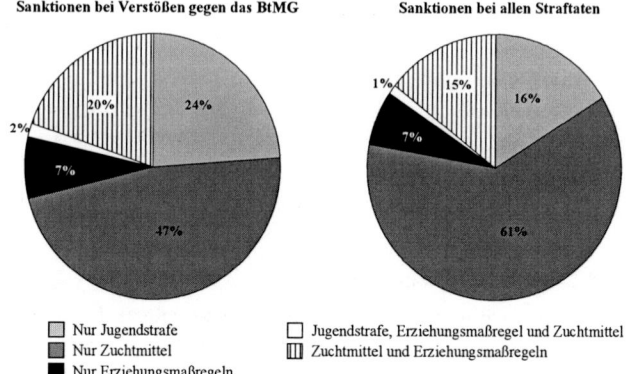

Schaubild 19: Sanktionen nach Jugendstrafrecht bei Verstößen gegen das BtMG und bei allen Straftaten[791]

Wie Schaubild 19 zeigt, spielen bei den Verstößen gegen das BtMG die Zuchtmittel eine sehr große Rolle. Sie stellen allein fast die Hälfte aller verhängten Sanktionen; berücksichtigt man die Verbindung mit anderen Maßnahmen, wächst ihr Anteil auf über 2/3 der Strafen! Die Jugendstrafe macht immerhin ein Viertel der Sanktionen aus. Die Erziehungsmaßregeln sind als alleinige Sanktion dagegen selten; sie werden v. a. mit Zuchtmitteln kombiniert.

Die Sanktionsverteilung bei allen Straftaten weist eine ähnliche Tendenz auf. Die Zuchtmittel spielen hier eine noch weit größere Rolle; Jugendstrafe wird dagegen deutlich seltener verhängt. Für die Sanktionen bei Verstößen gegen das BtMG kann man somit in der Sanktionspraxis eine Verschiebung weg von den Zuchtmitteln hin zur Jugendstrafe erkennen. Dies legt die Vermutung nahe, dass in diesem Deliktsbereich härter bestraft wird.[792]

2. Zulässige Sanktionen des allgemeinen Strafrechts

Neben diesen spezifisch jugendstrafrechtlichen Rechtsfolgen sind gem. §§ 6, 7, 8 Abs. 3 JGG bestimmte Maßregeln der Besserung und Sicherung, Nebenstrafen und Nebenfolgen des allgemeinen Strafrechts zulässig.[793]

---

[791] S. Anhang Tabelle 3.

[792] *Böhmer*, S. 85 f.; der Anteil der zu Jugendstrafe Verurteilten wegen eines Betäubungsmitteldelikts nimmt stetig zu, s. *Walter*, S. 81, 91 ff.

[793] S. unten II. 4. und 5.

II. Die einzelnen Sanktionen

1. Erziehungsmaßregeln, §§ 10, 12 JGG

Erziehungsmaßregeln werden „aus Anlass der Straftat" verhängt (§ 5 Abs. 1 JGG). Sie haben nach h. M. keinen Strafzweck, ihr Ziel ist nicht die Ahndung der Tat, sondern allein die Erziehung des Täters.[794] Bei der Auswahl stehen demnach die Erforderlichkeit und Zweckmäßigkeit im Hinblick auf die Erziehung im Vordergrund.[795]

Das JGG kennt zwei Arten der Erziehungsmaßregeln: Weisungen gem. § 10 JGG und Anordnungen über die Hilfe zur Erziehung gem. § 12 JGG. Erstere sind auch gegenüber Heranwachsenden anwendbar, soweit materielles Jugendstrafrecht angewendet wird, § 105 Abs. 1 JGG.

Die Erziehungsmaßregeln scheinen sich mit den erzieherischen Maßnahmen im Rahmen der Diversionsvorschriften nach §§ 45 Abs. 2, 47 Abs. 1 Nr. 2 JGG zu überschneiden.[796] Hier besteht aber kein echtes Abgrenzungsproblem, da es sich bei den genannten Vorschriften um Möglichkeiten der Verfahrensbeendigung *nach* Durchführung einer Maßnahme handelt, während die Erziehungsmaßregeln Rechts*folgen* des Jugendstrafrechts darstellen. Die Anordnung von Erziehungsmaßregeln zur Herbeiführung der Einstellungsvoraussetzung ist damit gerade nicht möglich. Sie können in diesem Verfahrensstadium noch nicht eingeleitet sein. Lediglich im Rahmen der §§ 45 Abs. 3, 47 Abs. 1 Nr. 3 JGG können über die dort genannten Weisungen die Voraussetzungen einer Einstellung unter Beteiligung des Richters geschaffen werden.

Erziehungsmaßregeln haben bei Drogenkonsumenten das vorrangige Ziel, die dem Konsum zugrunde liegenden Ursachen zu bewältigen.[797] Ihre Anwendung bietet sich v. a. für Delikte junger Probier- und Gelegenheitskonsumenten an, da sie ein breit gefächertes Instrumentarium bereitstellen, das es ermöglicht, im Einzelfall flexibel auf diese Täter einzuwirken.

a) Allgemeine Voraussetzungen

Grundvoraussetzung für die Verhängung von Erziehungsmaßregeln sind neben dem Vorliegen einer Straftat und der Strafmündigkeit gem. § 3 JGG die Erziehungsbedürftigkeit und Erziehungsfähigkeit des jungen Täters.[798]

---

[794] Anders *Brunner/Dölling*, § 5 Rdnr. 3, die den Erziehungsmaßregeln auch eine Sühnefunktion zuschreiben.

[795] Verständlicherweise wird der betroffene Jugendliche die Weisung als –harten– Eingriff empfinden. Dies steht aber der Absicht des Gesetzes nicht entgegen, da es nicht darauf ankommt, wie er die Sanktion empfindet, sondern was erzieherisch erfolgversprechend ist.

[796] S. oben § 7 I. 1 a) (2); *Eisenberg*, § 45 Rdnr. 19 ff.

[797] *Brunner*, JR 1973, S. 89, 90.

[798] S. dazu *Brunner/Dölling*, § 9 Rdnr. 3.

(1) Erziehungsbedürftigkeit und Drogenkonsum

Entscheidend für die Frage der Erziehungsbedürftigkeit ist es, ob die Auslöser der Straftat auf Erziehungsmängeln beruhten oder nicht.[799] Man kann nun darüber streiten, ob dies bei Drogenkonsum zu bejahen ist. Betrachtet man den Umgang mit legalen Betäubungsmitteln, wird man dies mit Ausnahme des übermäßigen, exzessiven Konsums verneinen müssen, da insoweit kein Erziehungsmangel zu Tage tritt. Bei den illegalen Substanzen wird man dies selbst bei maßvollem Konsum dagegen bejahen können. Der Umgang mit diesen Betäubungsmitteln zeigt, dass der Täter sich über die Verbote des Strafrechts hinwegsetzt, dass also seine Erziehung i. w. S. –noch– nicht abgeschlossen ist. Allerdings muss man in diesem Zusammenhang die zum Konsum hinführenden Motive berücksichtigen. Diese können ergeben, dass die Tat nicht Folge eines Erziehungsmangels war, sondern ganz andere Ursachen hatte, etwa den bestimmenden Einfluss der Peer-Group oder bei mit dem Rausch zusammenhängenden Taten andere situative Faktoren. In derartigen Fällen kann die Anordnung von Erziehungsmaßregeln ausscheiden.

(2) Erziehungsfähigkeit und Drogenabhängigkeit

Erziehungsfähigkeit (Erziehbarkeit) ist gegeben, wenn der Täter durch die Erziehungsmaßregel erzieherisch beeinflussbar erscheint.[800] Auch hier können Drogen und ihre Wirkungen relevant werden. Zwar wird Drogenkonsum allein insoweit grundsätzlich keine Einschränkungen nach sich ziehen, doch eine bestehende Drogenabhängigkeit kann die Erziehungsfähigkeit derart beeinträchtigen, dass Erziehungsmaßregeln keine Wirkung mehr zeigen können. Drogenabhängige sind nahezu ausschließlich mit der Aufrechterhaltung ihrer Sucht beschäftigt, erzieherische Maßnahmen versprechen deshalb keinen oder nur sehr wenig Erfolg. Wenn das Denken von dem Verlangen nach der nächsten Konsumeinheit bestimmt und gesteuert wird, kann man kaum an den Täter mit einer an sich gut gemeinten Weisung herankommen. Die Versorgung mit dem nötigen Stoff überlagert jegliche anderweitige Motivation, so dass erzieherische Effekte wirkungslos verpuffen. Der Abhängige wird von den erteilten Verboten und Geboten eher unbeeindruckt sein. Der gem. § 11 Abs. 3 S. 1 JGG drohende Ungehorsamsarrest ändert daran wenig.[801] Deshalb soll die Verhängung von Erziehungsmaßregeln gegenüber Drogenabhängigen grundsätzlich ausscheiden.[802]

In der Literatur wird bei Drogenabhängigen vor der Verhängung von Weisungen ein erfolgreich abgeschlossener körperlicher Entzug verlangt.[803] Es erscheint jedoch wenig plausibel, warum schon allein deswegen die Anordnung erfolgversprechend(er) sein soll. Denn wenn nicht zugleich die Behandlung der psychischen Abhängigkeit gewährleistet ist, ist die Gefahr eines Fehlschlages äußerst

---

[799] *Eisenberg*, § 5 Rdnr. 14.

[800] *Diemer/Schoreit/Sonnen*, § 9 Rdnr. 6.

[801] Zum Jugendarrest und den Bedenken bei der Anordnung gegenüber Abhängigen s. unten 2. e).

[802] *Brunner*, JR 1973, S. 89, 90.

[803] *Brunner/Dölling*, § 10 Rdnr. 23 m. w. N.

groß. Durch die auferlegten Weisungen werden an den Abhängigen zu erfüllende Anforderungen gestellt, aus denen wiederum Belastungs- und Stresssituationen resultieren können, etwa bei der Erbringung von Arbeitsleistungen. Auf diese Weise wird ein erhebliches Rückfallrisiko provoziert. Um dem vorzubeugen, ist es unumgänglich, Weisungen nur zu verhängen, wenn gleichzeitig sichergestellt ist, dass auch die psychische Abhängigkeit behandelt wird. Dies muss nicht auf strafrechtlichem Wege –beispielsweise über die Weisung nach § 10 Abs. 2 JGG– geschehen, auch eine Entzugsbehandlung auf freiwilliger Basis kann die nötige Stabilität bringen.

Vor diesem Hintergrund ist es wenig plausibel, stets einen bereits abgeschlossenen körperlichen Entzug zu verlangen. Er stellt insgesamt betrachtet das geringere Problem der Suchtbehandlung dar, was u. U. über eine Weisung unterstützt werden kann. Soweit durch geeignete Maßnahmen die Suchtbehandlung insgesamt gewährleistet ist, spricht daher wenig dagegen, bei Abhängigen Weisungen anzuordnen.

(3) Weitere Voraussetzungen bei Weisungen

Der Erteilung von Weisungen sind zudem (verfassungs-)rechtliche Grenzen gezogen.[804] Es dürfen an den Jugendlichen keine unzumutbaren Anforderungen gestellt werden, § 10 Abs. 1 S. 2 JGG, und die Weisungen dürfen nicht gegen Vorschriften des JGG, des StGB oder andere Gesetze verstoßen. Dem Jugendlichen dürfen auch keine Weisungen auferlegt werden, die in keinem Verhältnis zur auslösenden Tat stehen. Die Weisungen müssen schließlich klar, bestimmt und überprüfbar sein.[805]

Weitere Einschränkungen ergeben sich aus der Funktion der Weisungen: Da sie einen erzieherischen Charakter haben, dürfen sie keinen rein repressiven Inhalt haben, weil sie sonst ihren Zweck verfehlen würden.[806] Die einzelne Weisung muss ein spezialpräventives Element enthalten; der Schutz der Allgemeinheit oder generalpräventive Gesichtspunkte scheiden als alleiniger Weisungszweck mithin aus.[807]

Es ist umstritten, inwieweit bei den einzelnen Weisungen die Eltern als Erziehungsberechtigte wegen ihres Erziehungsrechts aus Art 6 Abs. 2 GG ihre Zustimmung erklären müssen.[808] Nach dem Gesetz ist dies nur im Rahmen des § 10 Abs. 2 JGG bei der heilerzieherischen Behandlung und der Entziehungskur ausdrücklich erforderlich. Hieraus kann man zwar kein generelles Zustim-

---

[804] S. hierzu *Eisenberg*, § 10 Rdnr. 2 ff.; *Diemer/Schoreit/Sonnen*, § 10 Rdnr. 5 ff.

[805] *Brunner/Dölling*, § 10 Rdnr. 3 m. w. N.

[806] *Eisenberg*, § 10 Rdnr. 5. Aus Sicht des betroffenen Jugendlichen hat jede Weisung einen strafenden Charakter, da sie ihn Zeit (und Geld) kosten wird. Dies wird man nicht in Abrede stellen können. Maßgeblich ist aber, ob mit der Weisung das Erziehungsinteresse befriedigt werden kann.

[807] Die Weisung, sich nicht in ein bestimmtes Land zu begeben, um von dort Betäubungsmittel nach Deutschland zu bringen und hier zu verkaufen, ist daher unzulässig.

[808] Für das generelle Zustimmungserfordernis z. B. *P. A. Albrecht*, § 18 B II. 4., S. 162; gegen eine generelle Zustimmungspflicht: *Schaffstein/Beulke*, § 15 II. 1. (7) m. w. N. in Fn. 11, S. 109.

mungserfordernis herleiten.[809] Es ist jedoch zu vermeiden, den Jugendlichen in einen Konflikt mit seinen Eltern zu bringen, da dies erzieherisch kontraproduktiv wäre. Daher sollte stets darauf hingewirkt werden, Maßnahmen im Einverständnis mit den Eltern zu finden. Denn dies kann die Bereitschaft des Jugendlichen fördern, ihnen nachzukommen.

b) Die einzelnen Weisungen

Die zulässigen Weisungen sind in § 10 JGG geregelt. Die dortige Aufzählung hat Beispielscharakter. Der Jugendrichter hat innerhalb der oben aufgezeigten Grenzen die Möglichkeit, weitere Weisungen „zu erfinden", um eine erzieherisch sinnvolle Sanktionierung zu erreichen.[810]

Weisungen bieten sich v. a. bei Jugendlichen und Heranwachsenden an, die aus Konfliktsituationen heraus –etwa akute Probleme, Realitätsflucht, situative Faktoren– oder durch die Beeinflussung der Peer-Group zu Betäubungsmitteln greifen. Hier kann über geeignete Weisungen steuernd in die Lebensweise des Betroffenen eingegriffen werden.[811]

Die Weisungen machen zwar das Gros der Erziehungsmaßregeln im Betäubungsmittelbereich aus, im Vergleich mit anderen jugendstrafrechtlichen Sanktionen spielen sie aber eine eher untergeordnete Rolle.[812]

Weisungen können nicht nur als eigenständige Sanktionen angeordnet werden, sie kommen auch bei der Strafaussetzung zur Bewährung gem. § 23 Abs. 1 JGG als Bewährungsmaßnahme in Betracht. Einzelne Weisungen sind schließlich im Verfahren nach §§ 45 Abs. 3, 47 Abs. 1 Nr. 3 JGG zulässig.

(1) § 10 Abs. 1 S. 3 Nr. 1 JGG – Weisung bzgl. des Aufenthaltsortes

Mittels dieser Weisung kann dem jungen Täter aufgegeben werden, sich an einem bestimmten Ort aufzuhalten oder bestimmte Orte zu meiden. Im Zusammenhang mit Rauschmitteln kommt das Verbot in Betracht, den Ort, an dem der Täter Rauschmittel erworben hat (etwa ein Fußballstadion oder eine Grünanlage).

Das Manko dieser Weisung liegt in ihrer schwer zu gewährleistenden Überwachung. Verstöße sind geradezu vorprogrammiert. Bei geeigneten Tätern, bei denen eine Wiederholungsgefahr relativ gering scheint, bietet sie sich dennoch bei leichten Verfehlungen im Zusammenhang mit Betäubungsmittelkonsum als flankierende Maßnahme neben anderen Weisungen oder Zuchtmitteln an, um den Anreiz zur Betäubungsmittelbeschaffung zu minimieren.

(2) § 10 Abs. 1 S. 3 Nr. 2 JGG – Wohnen bei einer Familie oder in einem Heim

Mit dieser Weisung wird dem Betroffenen aufgegeben, für einen bestimmten Zeitraum bei einer Familie oder in einem Heim zu wohnen.[813]

---

[809] So die wohl h. Lit. und die Rechtsprechung, Einzelheiten bei *Schaffstein/Beulke*, § 15 II. 1. (7) m. w. N. in Fußnote 11, S. 109.
[810] Beispiele für den Drogenbereich s. unten (10).
[811] *Brunner*, ZBl. 1971, S. 243, 248.
[812] S. oben I. 1. und Anhang Tabelle 4.
[813] Einzelheiten bei *Diemer/Schoreit/Sonnen*, § 10 Rdnr. 28.

Für die Verhängung dieser Weisung wird bei Drogenkonsumenten oft keine erzieherische Notwendigkeit bestehen. Die meisten Jugendlichen sind in ausreichendem Maße sozial in ihre eigenen Familien integriert. Eine Trennung wird nur in den seltensten Fällen erforderlich und erzieherisch sinnvoll sein. Jedoch kann sie im Einzelfall als flankierende Maßnahme in Betracht zu ziehen sein, um den Täter in ein anderes stützendes soziales Umfeld einzugliedern, wenn etwa innerhalb der eigenen Familie schwere Suchtprobleme bei einem oder beiden Elternteilen bestehen oder innerfamiliäre Probleme den Konsum erheblich begünstigt haben.

(3) § 10 Abs. 1 S. 3 Nr. 3 JGG – Weisung bzgl. Ausbildungs- oder Arbeitsstätte

Mit dieser Weisung kann dem Täter aufgegeben werden, eine Arbeits- bzw. Ausbildungsstelle anzunehmen.[814] Innerhalb der verfassungsrechtlichen Grenzen kann der Jugendliche oder Heranwachsende auf diese Weise in die arbeitende Gesellschaft (re-)integriert bzw. an sie herangeführt werden. Und er bekommt so zusätzlich die Möglichkeit, sich selbst durch seine Arbeit zu versorgen. Diese Weisung ist nur für Drogenkonsumenten ohne Suchtproblematik relevant. Bei einer bestehenden Abhängigkeit ist sie ungeeignet, da sich die Erfordernisse eines geregelten Arbeitslebens nicht mit den Problemen der Suchtbehandlung in Einklang bringen lassen.[815]

(4) § 10 Abs. 1 S. 3 Nr. 4 JGG – Erbringung von Arbeitsleistungen

Mit der Erbringung von Arbeitsleistungen soll die Einstellung des Betroffenen zur Arbeit beeinflusst werden. Daneben soll sie auch unter einem allgemein erzieherischen Zweck zulässig sein.[816] Die oben unter (3) gemachten Ausführungen in Bezug auf Abhängige gelten auch hier. Die Arbeitsweisung kommt nur bei nicht-abhängigen Drogenkonsumenten in Betracht, wenn die Einstellung des Täters zur Arbeit sich als Konsum fördernd erwiesen hat. Dies kann sich beispielsweise daraus ergeben, dass er die leistungsverweigernde Haltung von Freunden übernommen hat und die Arbeitslosigkeit durch Cannabiskonsum zu „genießen" sucht oder wenn zu erledigende Aufgaben zugunsten des Drogenkonsums vernachlässigt werden. Damit kann diese Weisung bei allen Arten von Delikten in Betracht zu ziehen sein, also auch bei Verstößen gegen das BtMG. Da das Gesetz keine Festlegungen über die Art der Arbeitsleistungen trifft, kommt die Erbringung in einer Drogenberatungsstelle in Betracht.[817] Dies hat den zusätzlichen erzieherischen Effekt, dass dem Täter quasi nebenbei die möglichen Folgen seines oft noch geringen Konsums vor Augen geführt werden.

---

[814] Einzelheiten bei *Brunner/Dölling*, § 10 Rdnr. 8a; *Diemer/Schoreit/Sonnen*, § 10 Rdnr. 30.
[815] Im Ergebnis ebenso *Brunner/Dölling*, § 10 Rdnr. 23.
[816] Einzelheiten bei *Brunner/Dölling*, § 10 Rdnr. 9a; *Eisenberg*, § 10 Rdnr. 20 ff. Diese Weisung hat in der jugendgerichtlichen Praxis eine große Bedeutung und Akzeptanz erlangt, *Schaffstein/Beulke*, § 16 I., S. 115 ff.; *Dünkel/Geng/Kirstein*, S. 214.
[817] *Leune/Kreuzer*, § 20 Rdnr. 51.

(5) § 10 Abs. 1 S. 3 Nr. 5 JGG – Unterstellung unter einen Betreuungshelfer
Durch die Betreuungsweisung wird dem Täter für eine bestimmte Zeit (§ 11 Abs. 1 S. 2 JGG) ein Betreuungshelfer zur Seite gestellt. Dieser soll ihm Hilfestellung bei Familien-, Schul- Berufs- oder Wohnungsproblemen geben. Da hiervon eine erhöhte Eingriffsintensität ausgeht, ist sie bei Bagatelldelikten ausgeschlossen. Diese Weisung kommt in Fällen der mittleren Kriminalität betracht oder bei Tätern, die vermehrt kleine Taten begangen haben.[818]
Die Unterstellung unter einen Betreuungshelfer kann bei Drogenkonsumenten ein wirksames Instrument sein, wenn der Konsum seine Ursache in schulischen, familiären oder finanziellen Problemen hat. Diese können dann mit Unterstützung des Betreuungshelfers angegangen und gelöst werden. Wenn sich z. B. ein Jugendlicher infolge seines regelmäßigen Ecstasykonsums am Wochenende verschuldet hat, kann er zusammen mit dem Betreuungshelfer die finanzielle Situation wieder in den Griff bekommen.
Diese Weisung ist bei Abhängigen nicht von vornherein ausgeschlossen, unabhängig davon, ob der körperliche Entzug bereits erfolgt ist oder nicht. Voraussetzung ist im letzten Fall aber, dass ein ernsthafter Ausstiegswille besteht. Wenn das soziale Umfeld zerstört ist und die früheren Bezugspersonen wie Freunde oder Familie infolge der Abhängigkeit nicht mehr zur Verfügung stehen (wollen), kann mit der Betreuungsweisung in Verbindung mit anderen Maßnahmen wertvolle Hilfe geleistet werden. Der Betreuungshelfer steht nicht nur bei der Lösung der oben genannten Probleme helfend zur Seite, sondern er kann in dem Abhängigen wieder Vertrauen in seine Mitmenschen wecken und aufbauen. Speziell im Hinblick auf eine ambulant durchgeführte Therapie bietet sich die Betreuungsweisung daher an, um dem Probanden eine Vertrauensperson an die Hand zu geben, die ihm nicht nur bei der Aufnahme der Behandlung hilft, sondern auch währenddessen seine Motivation fördert und in Krisensituationen Hilfe und Unterstützung bieten kann.
Es wird in der Literatur –im Hinblick auf die Bestimmtheit der Weisung– empfohlen, den Bereich der Betreuung genau festzulegen (etwa Arbeits- oder Wohnungssuche, Schuldenregulierung).[819] Dem wird man bei Konsumenten oft zustimmen können. Speziell bei Abhängigen kann dies jedoch mit erheblichen Schwierigkeiten behaftet sein, da diese Personengruppe oft in vielen oder nahezu allen sozialen Bereichen Probleme hat, so dass eine Begrenzung auf einzelne Bereiche oft faktisch nicht möglich und sinnvoll ist.

(6) § 10 Abs. 1 S. 3 Nr. 6 JGG – Teilnahme an einem sozialen Trainingskurs
Der soziale Trainingskurs dient der intensiven Aufarbeitung der zu Straftaten führenden Ursachen und Probleme. Dies umfasst alle Formen der erzieherischen Gruppenarbeit. Dabei sollen insbesondere die Sozialkompetenzen des Täters in

---

[818] Einzelheiten bei *Brunner/Dölling*, § 10 Rdnr. 10 f.; *Diemer/Schoreit/Sonnen*, § 10 Rdnr. 36 ff; zu den Zielen der Betreuungsweisung in der Praxis s. auch *Dünkel/Geng/Kirstein*, S. 196.

[819] *Schaffstein/Beulke*, § 16 II., S. 117 f.; zustimmend *Brunner/Dölling*, § 10 Rdnr. 10a; *Diemer/Schoreit/Sonnen*, § 10 Rdnr. 39.

bestimmten Bereichen (etwa bei der Konfliktlösung) verbessert oder ihm auf andere Weise geholfen werden, zukünftig ein Leben ohne Straftaten zu führen (etwa bei einem Drogenseminar). Derartige Kurse haben in den letzten Jahren erheblich an Bedeutung gewonnen.

Sie werden v. a. gegenüber Wiederholungstätern an der Schwelle zur freiheitsentziehenden Sanktion verhängt, wenn deutlich wird, dass eine gezielte Intervention in einem bestimmten Bereich erforderlich ist, um die zur Straftat hinführenden Probleme bewältigen zu können.[820] Aufgrund der mit der Teilnahme verbundenen Belastung in persönlicher wie auch zeitlicher Hinsicht scheidet diese Weisung bei Bagatelltaten aus.[821]

Im Zusammenhang mit Betäubungsmittelkonsum steht die Weisung zur Teilnahme an einem Drogen(informations)seminar im Vordergrund.[822] Dies kann Einzelveranstaltungen, Wochenendseminare oder auch länger dauernde Maßnahmen umfassen. Damit kann und soll die Eigenverantwortlichkeit des Jugendlichen gegen Drogenkonsum gestärkt werden. Er soll lernen, mit Konsum auslösenden Situationen umgehen zu können, ohne zu Rauschmitteln zu greifen. Zudem kann er etwas über die Gefährlichkeit der von ihm konsumierten Substanzen und die möglichen Folgen lernen. Dieser Gesichtspunkt betrifft vorrangig Cannabis und Ecstasy, soweit hier Fehlvorstellungen und Verharmlosungstendenzen bestehen.

Derartige Seminare sind sowohl für Erstauffällige als auch für Wiederholungstäter geeignet, da bei ihnen die Chance groß ist, eine Einstellungsänderung in Bezug auf den Umgang mit Drogen zu bewirken. Bei polizeilich Erstauffälligen im Zusammenhang mit Cannabis zur Deckung des Eigenbedarfs könnte man die Zulässigkeit dieser Sanktion im Hinblick auf den Bagatellcharakter der Tat wegen Unverhältnismäßigkeit verneinen. Doch lässt die Art der Substanz allein keine Rückschlüsse auf die Schwere der Tat zu. Ein die Anordnung ausschließendes Bagatelldelikt wird nur vorliegen, wenn es sich um eine geringe Menge Cannabis handelt, die auch eine Einstellung nach § 45 Abs. 1 JGG rechtfertigen würde[823], und wenn es keine Hinweise auf eine schon länger bestehende Cannabiskarriere gibt.[824]

Bei der besonderen Problemgruppe der jungen Spätaussiedler ist an dieser Stelle als mögliche Weisung auch die Teilnahme an einem Sprachkurs in Erwägung zu ziehen.[825] Die Verbesserung der sozialen Integration durch das Erlernen der Sprache kann helfen, die Ursachen für den Drogenkonsum zurückzudrängen.

Diese Weisung in Gestalt eines Drogeninformationsseminars ist prinzipiell auch für Abhängige sinnvoll, da sich die Teilnahme an einem solchen Seminar positiv

---

[820] *Brunner/Dölling*, § 10 Rdnr. 11; Einzelheiten zu den in der Praxis avisierten Zielgruppen bei *Dünkel/Geng/Kirstein*, S. 134 ff., 225 f.

[821] *Ostendorf*, § 10 Rdnr. 17; *Diemer/Schoreit/Sonnen*, § 10 Rdnr. 41.

[822] S. etwa *Schaar*, ZBl. 1985, S. 118 f.

[823] S. oben § 7 IV. 2.

[824] Eingehend zu den durchaus positiven Erfahrungen mit der „Frühintervention bei erstauffälligen Drogenkonsumenten" (FreD), *Görgen/Hartmann/Oliva*, 2003.

[825] S. dazu *Moser*, ZJJ 2004, S. 78 f.

auf die Therapiemotivation auswirken kann.[826] Es ist aber eingehend zu prüfen, ob der Täter in der Lage ist, das Training mit Erfolg zu beenden, da es in der Regel einen nicht unerheblichen zeitlichen Aufwand mit sich bringt und eine aktive Teilnahme am Programm –etwa in Form eines Rollenspiels– erforderlich ist. Hier kommt es auf die Einschätzung des Richters bei der Entscheidungsfällung an.

(7) § 10 Abs. 1 S. 3 Nr. 7 JGG – Täter-Opfer-Ausgleich

Die Weisung des Täter-Opfer-Ausgleichs zielt darauf ab, dem Täter den Verletzungscharakter seiner Tat vor Augen zu führen und ihn mit der Situation des Opfers zu konfrontieren. Voraussetzung ist, dass es ein persönliches Opfer gibt. Sie ist nicht auf leichte Taten oder Vergehen begrenzt.[827]

Ein Täter-Opfer-Ausgleich bietet sich bei Delikten im Zusammenhang mit Drogenkonsum nur zum Teil an. Im Vordergrund stehen Vermögensdelikte zur Rauschmittelfinanzierung sowie Gewaltdelikte in Folge des Rauschmittelkonsums, soweit es ein persönliches Opfer gibt –etwa Freunde oder Bekannte, aber auch Fremde. Dem Täter kann so der angerichtete Schaden bewusst gemacht und eine Wiedergutmachung herbeigeführt werden. Bei Verstößen gegen das BtMG scheidet ein Täter-Opfer-Ausgleich von vornherein aus, da es kein persönliches Opfer gibt, mit dem ein Ausgleich erzielt werden könnte.

Diese Weisung kann auch bei Abhängigen in Betracht zu ziehen sein, wenn sie damit beeinflussbar scheinen und die Sucht der Erfüllung der Ausgleichsleistung nicht entgegensteht. Dies ist insbesondere bei einem Ausgleich in Form von Arbeits- oder Geldleistungen problematisch, da dies mit den Zwängen der Sucht kollidieren kann. Dagegen spricht in geeigneten Fällen nichts gegen eine persönliche Entschuldigung.

(8) § 10 Abs. 1 S. 3 Nr. 8 JGG – Beschränkung des Verkehrs mit Personen oder des Besuchs von Vergnügungsstätten und Gaststätten

Durch diese Weisung soll der junge Täter aus einem schädlichen Umfeld herausgenommen bzw. herausgehalten werden und dadurch vor den Anreizen zur Begehung weiterer Straftaten geschützt werden, indem er diesen nicht weiter ausgesetzt wird.[828]

Im Drogenbereich bietet sich das Verbot an, bestimmte Vergnügungs- oder Gaststätten zu besuchen, in denen sich die lokale Drogenszene trifft, um zu verhindern, dass weiter Konsum- bzw. Tatanreize auf den Täter wirken können. Mit dem Verbot, eine bestimmte Diskothek aufzusuchen, in der mit Ecstasy gehandelt wird, würde er beispielsweise von einer Drogenbezugsquelle abgeschnitten werden.

Das Problem dieser Weisung liegt wie bei derjenigen nach Nr. 1 in ihrer kaum zu gewährleistenden Überwachbarkeit. Bei Gast- und Vergnügungsstätten kann dies bei verantwortungsbewussten Betreibern noch funktionieren. Ein Verbot des Umgangs mit bestimmten Personen ist dagegen nicht zu kontrollieren. Eine

---

[826] *Ostendorf*, § 10 Rdnr. 17.

[827] Einzelheiten bei *Brunner/Dölling*, § 10 Rdnr. 12 ff.

[828] Einzelheiten bei *Diemer/Schoreit/Sonnen*, § 10 Rdnr. 44 ff.

Weisung, sich nicht mehr mit den Freunden aus seiner Clique zu treffen, würde den Jugendlichen zwar dem möglichen schädlichen Einfluss der Peer-Group entziehen, würde aber zugleich einen Verstoß nahezu sicher provozieren. Im Übrigen darf mittels dieser Weisung dem Betroffenen nicht jegliche Kontaktaufnahme mit Altersgenossen unmöglich gemacht werden. Auch eine Beschränkung des Verbots auf bestimmte Personen ist oft kaum umsetzbar, da in Jugendkreisen das Treffen in Gruppen mit unterschiedlicher Zusammensetzung weit verbreitet ist. Es ist nicht absehbar, wer sich zu einer bestimmten Zeit an einem bestimmten Ort aufhalten wird. Man kann von dem Verurteilten nicht erwarten, dass er eine Party verlässt, weil jemand, mit dem er aufgrund gerichtlicher Anordnung keinen Kontakt haben darf, ebenfalls erscheint. Diese Umgangsbeschränkung kommt daher wohl nur in Betracht, wenn auch der Betroffene gewillt ist, der betreffenden Person aus dem Wege zu gehen.

(9) § 10 Abs. 1 S. 3 Nr. 9 JGG – Teilnahme an einem Verkehrsunterricht
Die Teilnahme an einem Verkehrsunterricht kann bei nicht abhängigen Tätern in Betracht zu ziehen sein, die wegen eines Verkehrsdelikts im Zusammenhang mit Betäubungsmittelkonsum auffällig geworden sind. Dies umfasst alle Straftaten im Straßenverkehr wie §§ 315c f., 229 StGB oder auch 323a StGB.[829]

(10) Sonstige Weisungen nach § 10 Abs. 1 JGG
Im Betäubungsmittelbereich sind die folgenden sonstigen Weisungen von Interesse:

a. Verbot des Drogenkonsums
Eine grundlegende Weisung zur Einschränkung des Drogenkonsums ist das Verbot, Drogen zu konsumieren. Nach Ansicht des BVerfG verstößt sie weder gegen die allgemeine Handlungsfreiheit aus Art. 2 Abs. 1 GG noch gegen ein sonstiges Grundrecht.[830] Diese Entscheidung bezieht sich allerdings auf die Weisung im Rahmen einer Bewährungsauflage gegen einen Erwachsenen (s. § 56c Abs. 1 StGB). Ob dies auch für Weisungen gem. § 10 JGG gilt, ist umstritten. *Hoferer* verneint dies mit der Überlegung, dass es sich bei dem Konsumverbot nicht um eine präventiv stützende Maßnahme handle, sondern im Ergebnis nur um die Wiederholung eines gesetzlichen Verbots des BtMG, da dem Konsum in aller Regel zumindest der strafbare Besitz vorausgehe. Dies sei aber unzulässig, da über den drohenden Ungehorsamsarrest gem. § 11 Abs. 3 JGG eine Ahndung außerhalb der Voraussetzungen des BtMG normiert werde. Damit werde ein zusätzlicher spezifisch jugendstrafrechtlicher Unrechtstatbestand geschaffen, der zur Anwendung komme, ohne dass Beweise für das Vorliegen einer Strafbarkeit –positive Urinprobe– vorliegen.[831]
Diese Argumentation geht fehl. Der Arrest droht nicht wegen Verstoßes gegen das BtMG, sondern allein wegen des Verstoßes gegen eine auferlegte Weisung. Er wird ausschließlich deswegen angeordnet. Da im BtMG der Konsum als bloße Selbstschädigung nicht unter Strafe gestellt ist, hat ein positives Testergebnis

---

[829] *Brunner/Dölling*, § 10 Rdnr. 14 m. w. N.
[830] BVerfG, NStZ 1993, S. 482 f.
[831] *Hoferer*, NStZ 1997, S. 172, 173. *Ostendorf*, § 11 Rdnr. 8 ff.

nicht zwingend die Einleitung eines Strafverfahrens zur Folge. Es gibt –wenn überhaupt– nur einen indirekten (und letztlich oft nicht nachweisbaren) Hinweis auf strafbaren Erwerb oder Besitz. Damit kann in dieser Weisung keine Wiederholung des gesetzlichen Verbots gesehen werden.

Die Unzulässigkeit der Weisung soll sich aber aus der nicht zu gewährleistenden Überwachung ergeben.[832] Dem ist in dieser Allgemeinheit nicht zuzustimmen. Zwar ist das Verbot des Konsums leicht zu umgehen, doch es ist deshalb noch nicht sicher, dass der Täter ohne die zusätzliche Kontrolle gegen das Verbot verstoßen wird; eine freiwillige Befolgung ist nicht per se ausgeschlossen. Zudem kann der Verstoß auch auf andere Weise bekannt werden, etwa durch eine erneute Straffälligkeit. Schon das Verbot selbst hat daher erzieherische Wirkung. Wo erforderlich kann die Einhaltung der Weisung durch in regelmäßigen Abständen oder stichprobenartig durchgeführte Urinkontrollen überprüft werden.[833]

Im Rahmen dieser Weisung stellt sich die Frage, ob eine Beschränkung auf bestimmte Substanzen, z. B. kein Haschisch zu konsumieren, sinnvoll und unter Bestimmtheitsgesichtspunkten erforderlich ist. Dagegen spricht die nicht zu leugnende Befürchtung, dass dies den Täter nur dazu verleiten würde, auf andere Substanzen umzusteigen oder zumindest den Konsum von Alkohol zu intensivieren. Gerade bei erkennbarem Mischkonsum ist eine Begrenzung des Verbots auf eine einzige Substanz abzulehnen. Zu erwägen ist, das Verbot auf illegale Betäubungsmittel im Sinne des BtMG zu beschränken. Man muss bei dieser Entscheidung Persönlichkeit und Konsumgewohnheiten des Betroffenen berücksichtigen: Gegen einen ausschließlichen Gelegenheitskiffer kann das alleinige Verbot des Cannabiskonsums durchaus sinnvoll sein. Ähnliche Überlegungen gelten für andere Substanzen.

Das Verbot des Drogenkonsums hat einen weiten Anwendungsbereich. Es kann schon bei Probierkonsumenten eingesetzt werden, wenn es Hinweise auf eine mögliche Wiederholung gibt. Wie auch bei Gelegenheits- und Dauerkonsumenten gewährleistet das Verbot die Kontrolle der Abstinenz. Zudem ist kein Grund ersichtlich, sie auf bestimmte Straftaten zu beschränken. Die Weisung ermöglicht es dem Gericht, erzieherisch und selbstdisziplinierend auf diese Tätergruppen einzuwirken. Die Angst vor dem bei einem Verstoß drohenden Ungehorsamsarrest kann sich positiv auf die Lebensführung des Jugendlichen bzw. Heranwachsenden auswirken.

Zur Sicherung der erzieherischen Wirkung kann es unerlässlich sein, die Weisung zur Überwachung mit der Anordnung von Urinkontrollen zu verbinden. Auf diese Weise wird dem Betroffenen verdeutlicht, dass es sich um eine ernst zu nehmende Maßnahme handelt, die mehr beinhaltet als nur mahnende Worte. Eine Verbindung mit einer Weisung nach § 10 Abs. 1 S. 3 Nr. 1 JGG bietet sich ebenfalls an. In geeigneten Fällen kann sie mit der Entziehungskur gem. § 10 Abs. 2 JGG kombiniert werden, so dass sie auch bei einem Abhängigen verhängt werden kann. Ansonsten besteht bei ihnen nur ein sehr schmaler Anwen-

---

[832] *Brunner*, JR 1973, S. 89, 90.
[833] Zur Zulässigkeit dieser Weisung s. unten b.

dungsbereich, etwa wenn anderweitig eine Suchtbehandlung aufgenommen wurde.

b. Abgabe von Urin zur Kontrolle (Drogen-Screening)

Ob als Weisung ein Drogen-Screening angeordnet werden kann, ist ebenfalls umstritten. Im allgemeinen Strafrecht wird eine solche Weisung für zulässig erachtet.[834] Doch soll sie nach teilweise vertretener Auffassung im Jugendstrafrecht wie das Drogenkonsumverbot gleichfalls unzulässig sein. Der in diesem Zusammenhang vom BVerfG herangezogene Verweis auf § 81a StPO gehe fehl, da diese Vorschrift in der fraglichen Verfahrenssituation (Vollstreckungsverfahren) nicht anwendbar sei. Da der Jugendliche bereits verurteilt sei, könne er nicht als Beschuldigter angesehen werden. Schließlich werde er verfassungswidrig gezwungen, sich selbst zu bezichtigen.[835]

Auch hier greift die Argumentation der Gegner nicht: Es handelt sich bei der Urinkontrolle um einen geringfügigen, unmittelbar der Resozialisierung dienenden Eingriff, der mehr ist als eine bloße Kontrolle der Abstinenz. Das Drogen-Screening nimmt auf die Lebensführung des Betroffenen Einfluss. Der Täter kennt die drohenden Folgen eines Verstoßes und es soll ihm durch diese Weisung ermöglicht werden, sein eigenes Verhalten zu steuern, sich selbst zu disziplinieren und damit einen Rückfall zu vermeiden. Im Vordergrund steht daher die erzieherische Wirkung, dem Verurteilten „in seiner künftigen Lebensführung zu helfen"... und „eine stabilisierende Einwirkung auf die Lebensführung zu erreichen, um damit in erster Linie der Vermeidung eines Rückfalls vorzubeugen".[836] Der kritisierte Verweis auf § 81a StPO diente daneben nur als zusätzliches, aber nicht tragendes Argument. Dies stellt auch keine verfassungswidrige Selbstbezichtigung dar. Ein positives Testergebnis belegt lediglich den Verstoß gegen die Weisung. Dass es sich zugleich um eine Straftat handelt, kann aber wegen der Straflosigkeit des Betäubungsmittelkonsums auf diese Weise nicht nachgewiesen werden.

Urinkontrollen bieten sich (in Verbindung mit dem Verbot, Drogen zu konsumieren) vor allem für Gelegenheits- und Dauerkonsumenten an. Bei Probierern wird ihre Anordnung in der Regel einen im Verhältnis zur Anlasstat unverhältnismäßigen Eingriff darstellen, da sie eine länger andauernde Überwachung zur Folge haben. Dies ist aber eine Frage der Ausgestaltung. Man wird es als zulässig erachten können, innerhalb der Verbotszeit zumindest eine einmalige Überprüfung anzuordnen. Daneben kann diese Weisung im Zusammenhang mit ambulanten Therapieangeboten oder bei der Zurückstellung der Strafverfolgung

---

[834] BVerfG, NStZ 1993, S. 482 f.; auf dieser Linie auch OLG Stuttgart, Die Justiz 1987, S. 234 f.; LG Detmold, StV 1999, S. 662 f.; OLG Zweibrücken, JR 1990, S. 121 f. mit Anm. *Stree.*

[835] Eindringlich *Hoferer*, NStZ 1997, S. 172, 174.

[836] BVerfG, NStZ 1993, S. 482 (die widersprüchliche Formulierung soll (wohl) bedeuten, dass durch die Weisung ein Rückfall vermieden bzw. ihm vorgebeugt werden soll); OLG Zweibrücken, JR 1990, S. 121 f. mit grundsätzlich zust. Anm. *Stree*; befürwortend auch *Weber*, Vor §§ 29 ff. Rdnr. 1178.

gem. §§ 35 ff. BtMG eine wichtige Kontrollfunktion einnehmen, so dass sie auch bei Abhängigen in Betracht zu ziehen ist.[837]

Gegen Urinkontrollen wird allerdings von nichtjuristischer Seite vorgebracht, dass ihre Anordnung vom Betroffenen als bloße Kontrollmaßnahme angesehen werde, so dass gerade bei den schwierig zu erreichenden Abhängigen die Bildung einer Vertrauensbasis erschwert werde.[838] Damit lässt sich die Zulässigkeit dieser Weisung aber nicht verneinen. Es ist dies lediglich eine Frage der Umsetzung bei einer besonderen Problemgruppe. Erfahrungen mit derartigen Programmen zeigen, dass dieses Instrument von Drogenabhängigen durchaus akzeptiert wird, wenn die Motivation zur Konsumbeendigung besteht. Die Akzeptanz kann durch eine behutsame Annäherung an dieses Programm gefördert werden.[839] Zudem hängt sie ohnehin von der individuellen Einstellung des Betroffenen ab. Es ist nicht von vornherein auszuschließen, dass Jugendliche oder Heranwachsende freiwillig an dieser Maßnahme teilnehmen.

In diesem Zusammenhang stellt sich schließlich die Frage, wie mit einem positiven Testergebnis umzugehen ist. Nicht jeder Verstoß gegen die Weisung sollte einen Grund darstellen, Ungehorsamsarrest zu verhängen. Zunächst sollte von der Möglichkeit einer Ermahnung Gebrauch gemacht werden. Erst wiederholte Fälle des Verstoßes rechtfertigen die Verhängung von Jugendarrest, da erst dies als ausreichend erheblicher Verstoß zu bewerten ist.[840] Die Einleitung eines Strafverfahrens wegen Verstoßes gegen das BtMG ist in diesen Fällen wie ausgeführt keine zwingende Folge.

c. Aufsuchen einer Drogenberatungsstelle

Bei Betäubungsmittelkonsumenten kommt zudem die Weisung in Betracht, eine Drogenberatungsstelle aufzusuchen und sich dort beraten zu lassen.[841] Ihre Zulässigkeit ist unbestritten.

Diese Weisung kommt v. a. bei Wiederholungskonsumenten, die bereits eine gewisse Regelmäßigkeit des Konsums mit einer entsprechenden Konsumfrequenz erkennen lassen, den sie nicht mehr aus eigener Kraft in den Griff bekommen können. Sie bietet sich etwa auch an, wenn der Wunsch nach Problembewältigung Ursache des Konsums war. Auf diesem Wege wird der Täter mit den Folgen seines Konsums konfrontiert und muss sich mit der Frage nach einer Einstellungsänderung auseinandersetzen. Für Erstkonsumenten ist die Weisung dagegen in aller Regel ungeeignet. Der Betroffene fühlt sich allzu leicht als quasi schon süchtig stigmatisiert.

Bei Abhängigen kann mittels dieser Weisung ein Kontakt zu einer Hilfseinrichtung initiiert werden und damit ein –erster– Schritt zum Weg aus der Sucht.

---

[837] S. dazu das Konzept von *Hess u. a.*, Öffentliche Gesundheit 1982, S. 740 ff; sowie den Forschungsbericht von *Leber u. a.*, BewH 1981, S. 45 ff.

[838] *Burgheim*, BewH 1995, S. 456, 466.

[839] *Leber u. a.*, BewH 1981, S. 45, 46 f. hatten deshalb eine Phase der „Vertrauensarbeit" vor den eigentlichen Kontrollen angesetzt.

[840] Zu den Voraussetzungen der Verhängung von Ungehorsamsarrest s. unten c).

[841] S. LG Bielefeld, StV 2001, S. 175 bzgl. des Verstoßes gegen diese Weisung.

Durch die Beratung kann die Bereitschaft zu einer Therapie geweckt und gefördert werden. Allerdings besteht bei dieser Tätergruppe das Problem, ob und inwieweit eine Befolgung dieser Weisung zu erwarten ist. Hier bietet sich flankierend eine Betreuungsweisung nach Nr. 5 an. Unter Umständen kann auch die Beratungsstelle –in Absprache mit dem Gericht– die Initiative ergreifen.

Um dem Bestimmtheitsgebot zu genügen und eine Überprüfung zu gewährleisten, muss die Weisung die Benennung der Einrichtung und auch Art und Häufigkeit der wahrzunehmenden Termine enthalten. Anderenfalls besteht die Gefahr, dass der Jugendliche bzw. Heranwachsende die an ihn gestellten Anforderungen nicht ausreichend erkennen und ihnen deshalb nicht nachkommen kann.[842] Es ist daher sinnvoll, bei der Anordnung der Maßnahme die nähere Kontaktaufnahme mit dem Betroffenen durchzusprechen, um sicherzustellen, dass die Weisung tatsächlich erfüllt wird.[843] In jedem Fall ist eine vorherige Absprache zwischen Gericht und Beratungsstelle wünschenswert, um zu klären, welche Maßnahmen für den Betroffenen ergriffen werden können.

Die Verhängung dieser Weisung setzt natürlich voraus, dass der Jugendrichter die Beratungsstellen seines Gerichtsbezirks kennt.

d. Besuch einer Gesundheitsraumes

Eine weitere sonstige Weisung ist bei Abhängigen die Benutzung eines Gesundheitsraumes. Dort können sie bei Einhaltung bestimmter Rahmenbedingungen mitgebrachte Betäubungsmittel konsumieren.[844]

Dies fördert die gesundheitliche Stabilisierung des Süchtigen, da er sein Rauschmittel in einer hygienisch einwandfreien Umgebung konsumieren kann. Daneben wird ein Kontakt zu einer stützenden Einrichtung hergestellt, da hier auch oft Beratungsangebote wahrgenommen werden können. Therapie und Drogenfreiheit sind das Fernziel dieser ersten Anlaufstelle.[845] Bei nicht süchtigen Tätern scheidet diese Weisung unabhängig von der Konsumfrequenz oder der Art der Droge aus, da gem. § 10a BtMG nur der Betrieb für Drogenabhängige zugelassen ist, andere Konsumentengruppen also keinen Zugang haben.[846]

e. Therapiefortsetzungsweisung

Diese Weisung kommt bei Abhängigen in Betracht, wenn das Strafverfahren beendet wird, bevor die bereits anderweitig begonnene Therapie zum erfolgreichen Abschluss gelangt ist. Auf diese Weise werden erreichte positive Ansätze nicht unnötig durch andere strafrechtliche Maßnahmen wieder zerstört.[847]

---

[842] S. OLG Frankfurt am Main, NStZ-RR 2003, S. 199 f. für eine Bewährungsweisung zur ambulanten Therapie (nach allgemeinem Strafrecht).

[843] S. dazu LG Bielefeld, StV 2001, S. 175.

[844] Zur Zulässigkeit von so genannten Drogenkonsumräumen s. *Körner*, § 10a Rdnr. 1 f.; § 29 Rdnr. 1463 ff.

[845] *Burgheim*, BewH 1995, S. 456, 462; *Körner*, § 29 Rdnr. 1466.

[846] *Körner*, § 29 Rdnr. 1470.

[847] *Wagner*, Anm. zu BGH, StV 1993, S. 302, 303, der diese Weisung unter § 10 Abs. 1 S. 3 Nr. 1 JGG fallen lassen will.

f. Abfassen eines „Besinnungsaufsatzes"

In Betracht kommt schließlich auch die Weisung, einen „Besinnungsaufsatz" über den Rauschmittelkonsum und seine Folgen zu schreiben.

Zwar wird diese Weisung zum Teil generell abgelehnt[848], doch wird man den Charakter des Beschuldigten und den Einzelfall ins Auge fassen müssen.[849] Denn auf diesem Wege kann der junge Täter dazu angeregt werden, über seinen Rauschmittelkonsum nachzudenken und sich mit den Folgen auseinanderzusetzen. Die Wirkung kann dadurch verstärkt werden, dass er seine Erkenntnisse aus der Beschäftigung mit der Materie im Beisein des Jugendrichters und seiner Eltern als kurzes Referat vorträgt. Dadurch wird verhindert, dass sich der Jugendliche den Aufsatz aus dem Internet von einer entsprechenden Website herunterkopiert[850], ohne sich inhaltlich mit ihm zu befassen.

(11) § 10 Abs. 2 S. 1 JGG – Heilerzieherische Behandlung

Die heilerzieherische Behandlung dient der Behandlung seelischer Konflikte, die in kriminelle Entgleisungen gemündet sind.[851] Dies umfasst neben der eigentlichen Heilpädagogik alle Formen der stützend-führenden, symptomorientierten oder aufdeckenden Behandlung, wie sie die Gesprächs-, Gruppen- oder Verhaltenstherapie beinhalten. Maßgeblich ist für die Anordnung, dass die Tat Ausfluss eines seelischen Konflikts (Neurosen, Selbstwertkonflikte, Kleptomanie) ist, der mit dieser Weisung behandelt werden soll.[852] Sie setzt die ausdrückliche Zustimmung der Erziehungsberechtigten voraus, § 10 Abs. 2 S. 1 JGG. Auch ein Sachverständiger soll nach den Richtlinien zu § 10 JGG (Nr. 9) zugezogen werden.

Da die heilerzieherische Behandlung ein weites Feld therapeutischer Maßnahmen eröffnet, ist sie prinzipiell gut als Reaktion auf erhebliche Straftaten junger Rechtsbrecher geeignet. Die Begehung von Betäubungsmitteldelikten ist für sich betrachtet jedoch kein ausreichender Grund für eine derartige Behandlungsmaßnahme. Diese muss nicht Ausdruck einer psychischen Störung in der Entwicklung des jungen Menschen sein. Betäubungsmittelkonsum kann aber Indiz für eine erhebliche Störung der Persönlichkeitsentwicklung sein. Soweit man ein amotivationales Syndrom in Folge von dauerhaftem, exzessivem Cannabiskonsum für möglich hält, ist diese Maßnahme daher ebenfalls in Erwägung zu ziehen. Allerdings setzt dies voraus, dass auf diesem Weg die Ursachen des Konsums tatsächlich angegangen werden können. Anderenfalls erscheint die Wirksamkeit dieser Maßnahme im Hinblick auf die Erziehungsfähigkeit sehr unsicher. Zur Klärung dieser Frage müssen von einem Sachverständigen die Konsumursachen gründlich geprüft und analysiert werden.

---

[848] Etwa *Brunner/Dölling*, § 10 Rdnr. 3 a. E.

[849] *Eisenberg*, § 10 Rdnr. 36.

[850] Z. B. bei http://www.pausenhof.de (zuletzt besucht am 11.08.2004).

[851] Zu Voraussetzungen und Anwendungsbereich s. *Brunner/Dölling*, § 10 Rdnr. 15 ff.; *Diemer/Schoreit/Sonnen*, § 10 Rdnr. 50 ff.; eingehend auch *Engstler*, S. 41 ff.

[852] *Engstler*, S. 47.

Bei Abhängigen ist die Weisung, sich einer Entziehungskur zu unterziehen, als geeignetere Lösung grundsätzlich vorzuziehen. Allerdings kann bei ihnen wie auch im Verhältnis § 63 – § 64 StGB eine vorrangig psychologisch orientierte Behandlung im Einzelfall erfolgversprechend sein.[853] Denn wenn die Behandlung der psychischen Probleme anschlägt, fällt möglicherweise auch eine wesentliche Ursache für den Konsum und die Sucht weg.

(12) § 10 Abs. 2 S. 1 JGG – Entziehungskur
Die Weisung, sich einer Entziehungskur zu unterziehen, ist speziell auf Drogenkonsumenten ausgelegt. Sie wird eingehend in § 9 III. behandelt.

c) Dauer, nachträgliche Änderung, Ungehorsamsarrest
Die Dauer einer Weisung ist in § 11 Abs. 1 JGG geregelt. Die Obergrenze beträgt zwei Jahre, für einzelne Weisungen legt das Gesetz kürzere Laufzeiten fest. Insbesondere sind Weisungen von unbestimmter Dauer unzulässig.[854] Bei der Festlegung der konkreten Dauer ist zu berücksichtigen, dass ein zu langer Zeitraum die erzieherischen Wirkungen der angeordneten Weisung wieder negieren kann, da der Bezug zur Tat zunehmend verloren geht und die Motivation des Jugendlichen darunter leidet, wenn das Ziel der Maßnahme in seiner Wahrnehmung zu weit entfernt ist.[855] Das Problem der Motivation ist bei Abhängigen stets zu gewärtigen.

Gem. § 11 Abs. 2 JGG dürfen die angeordneten Weisungen nachträglich geändert werden, wenn sich die Notwendigkeit hierzu aus Gründen der Erziehung ergibt. Die bestehenden Weisungen dürfen abgewandelt, ersetzt, ergänzt oder gar aufgehoben werden.[856]

Kommt der Täter den angeordneten Weisungen nicht nach, kann der Jugendrichter unter den Voraussetzungen des § 11 Abs. 3 JGG Ungehorsamsarrest anordnen.[857] Dies setzt eine hinreichende Bestimmtheit der Weisung voraus.[858] Die Arrestanordnung ist allerdings nicht zwingend („...kann..."), sie steht im pflichtgemäßen Ermessen des Jugendrichters. Maßgeblich sind dabei innerhalb der Grenzen der Verhältnismäßigkeit allein erzieherische Erwägungen. Ungehorsamsarrest wird nur bei erheblichen Verstößen in Betracht zu ziehen sein.[859] Soweit möglich, sind mildere Maßnahmen –Änderung der Weisung nach Abs. 2– vorrangig zu erwägen.

---

[853] S. oben § 8 II. 4. a) (2).
[854] Z. B. LG Bielefeld, StV 2001, S. 175, zur unbestimmten Dauer einer Weisung, Kontakt zu einer Drogenberatung zu halten; Einzelheiten bei *Eisenberg*, § 11 Rdnr. 2.
[855] *Brunner/Dölling*, § 11 Rdnr. 1; *Ostendorf*, § 11 Rdnr. 3.
[856] Einzelheiten bei *Diemer/Schoreit/Sonnen*, § 11 Rdnr. 4 ff. Das Verschlechterungsgebot gilt nach h. M. nicht, s. *Brunner/Dölling*, § 11 Rdnr. 3; einschränkend im Hinblick auf das Vertrauensprinzip aber *Ostendorf*, § 11 Rdnr. 4.
[857] *Diemer/Schoreit/Sonnen*, § 11 Rdnr. 10 ff. Es muss insbesondere eine Verurteilung zu Grunde liegen, OLG Düsseldorf, MDR 1994, S. 505, so dass die Anordnung von Ungehorsamsarrest bei einer Einstellung im Rahmen der Diversion ausscheidet. Allgemein zum Jugendarrest bei Drogenkonsumenten und Abhängigen s. unten 2. e).
[858] S. dazu LG Bielefeld, StV 2001, S. 175 (LS).
[859] Allg. Meinung, s. etwa *Diemer/Schoreit/Sonnen*, § 11 Rdnr. 17.

Im Zusammenhang mit Betäubungsmitteln kann die Erheblichkeit der Verstöße Probleme bereiten. Versäumnisse bei der Weisungserfüllung infolge von Rauschmittelkonsum –der Verurteilte war beispielsweise rauschbedingt nicht in der Lage, einen Termin zur Erbringung von Arbeitsleistungen wahrzunehmen– scheinen eine erzieherische Reaktion auf diesen Verstoß erforderlich zu machen. Doch allein weil der Täter aufgrund von Drogenkonsum seiner auferlegten Pflicht nicht nachgekommen ist, wird man nicht sofort Ungehorsamsarrest verhängen können. Zumindest beim ersten Verstoß dieser Art ist eine derartige Reaktion unverhältnismäßig. Kommt es dagegen zu wiederholten Verstößen, wird man selbst bei an sich nicht als schwer einzuordnendem Cannabiskonsum eine Arrestanordnung in Erwägung zu ziehen haben. Denn dann ist eine erzieherische Einwirkung in Gestalt des Arrestes erforderlich.

Soweit bei einem Abhängigen eine Weisung angeordnet wurde und er sie abhängigkeitsbedingt nicht erfüllt hat, ist der Jugendarrest keine erzieherisch sinnvolle Alternative. Die unten sub. 3. e) dargestellten Bedenken gegen diese Maßnahme gelten prinzipiell auch hier. Einschränkend ist zu berücksichtigen, dass durch die verhängten Weisungen die ehemals bestehende Abhängigkeit soweit eingedämmt worden sein kann, dass die Betroffenen durch den Ungehorsamsarrest ansprechbar sein können. Allerdings ist dabei auch zu berücksichtigen, inwieweit Behandlungsmaßnahmen durch den Arrest unterbrochen oder empfindlich gestört werden.

d) Hilfen zur Erziehung, § 12 JGG[860]

(1) Erziehungsbeistandschaft

Gem. §§ 12 Nr. 1 JGG, 30 SGB VIII kann zur Beseitigung eines Erziehungsdefizits aus Anlass einer Straftat eines Jugendlichen die Erziehungsbeistandschaft angeordnet werden. Wegen des fehlenden Verweises auf § 9 Nr. 2 JGG in § 105 Abs. 1 JGG ist dies im Verfahren gegen Heranwachsenden nicht möglich.[861] Anordnungsvoraussetzung ist neben der Erziehungsbedürftigkeit die vorherige Anhörung des Jugendamtes. Die Zustimmung der Personensorgeberechtigten ist zwar nicht erforderlich; um die Wirkung der Maßnahme zu gewährleisten, sollte aber zumindest ihr Einverständnis erlangt werden.[862] Ähnlich dem Betreuer hat der Erziehungsbeistand die Aufgabe, den Jugendlichen unterstützend zu beraten. Damit stellt sich das Problem der Abgrenzung von der Betreuungsweisung nach § 10 Abs. 1 S. 3 Nr. 5 JGG. Zum Teil wird die Weisung für vorrangig gehalten, da sie aufgrund der zurückhaltenderen Intervention größere Erfolge verspreche.[863] Dagegen wird eingewandt, dass die Erziehungsbeistandschaft erzieherisch günstiger sei, weil ihr die Möglichkeit eines Ungehorsamsarrests nach § 11 Abs. 3 JGG fehlt.[864] Beide Überlegungen sind nur begrenzt stichhaltig. Dass die

---

860 Zu den Anordnungsvoraussetzungen s. *Brunner/Dölling*, § 12 Rdnr. 2 ff.
861 Die Maßnahme kann über die Vollendung des 18. Lebensjahres fortgesetzt werden; *Brunner/Dölling*, § 12 Rdnr. 8.
862 *Eisenberg*, § 12 Rdnr. 15.
863 *Ostendorf*, § 12 Rdnr. 5; kritisch auch *Brunner/Dölling*, § 12 Rdnr. 4.
864 *Eisenberg*, § 12 Rdnr. 8.

Betreuungsweisung tatsächlich weniger eingriffsintensiv ist, ist nur in Grenzen plausibel, da beide Maßnahmen in ihrer Durchführung sehr ähnlich sind. Gegen das Argument der fehlenden Möglichkeit einer zwangsweisen Durchsetzung der Erziehungsbeistandschaft und der damit angeblich verbundenen größeren erzieherischen Wirksamkeit spricht, dass schon die Maßnahme selbst vom Betroffenen als Belastung empfunden wird. Ob dahinter eine weitere „Sanktion" für den Fall der Nichtbefolgung droht, ist ihm zunächst einmal gleichgültig. Damit beschäftigt er sich erst, wenn es tatsächlich erforderlich werden sollte. Für den Vorrang der Weisung spricht, dass sie nachträglich gem. § 11 Abs. 2 JGG geändert werden kann, was insgesamt betrachtet eine größere Flexibilität bedeutet. Die besseren Argumente sprechen daher für die Weisung nach § 10 Abs. 1 S. 3 Nr. 5 JGG.

Eine Erziehungsbeistandschaft ist bei Drogenkonsumenten nicht generell ausgeschlossen; sie hat allerdings keinen großen Anwendungsbereich.[865] Aus einem wiederholtem Konsum allein kann nicht auf ein Erziehungsdefizit geschlossen werden, das eine derart intensive Sanktion erforderlich machen würde. Bei Erst- und Gelegenheitskonsumenten wird die Anordnung nicht geboten sein, solange sich die Notwendigkeit nicht in anderen Umständen äußert. Bei bestehender Abhängigkeit ist die Erziehungsbeistandschaft allein hingegen nicht ausreichend, um auf den Jugendlichen angemessen einwirken zu können, da die Sucht nicht behandelt wird.[866]

(2) Heimerziehung
Gem. §§ 12 Nr. 2 JGG, 34 Abs. 1 SGB VIII kann bei Jugendlichen die Heimerziehung angeordnet werden, um gravierende erzieherische Mängel zu beheben, die in Serienstraftaten zum Ausdruck gekommen sind.[867]
Auch diese Form der Erziehungshilfe hat im Bereich des Rauschmittelkonsums nur einen sehr begrenzten Anwendungsbereich.[868] Der Drogenkonsum selbst wird in der Regel nicht als Ansatzpunkt für eine derart schwere Maßnahme dienen können. Bei Probierkonsum ist dies augenscheinlich. Bei einem Gelegenheitskonsumenten können die Anordnungsvoraussetzungen zwar eher vorliegen, doch wird die Heimerziehung aufgrund der hohen Eingriffsintensität nur sehr selten geboten sein. Hier müssen noch andere Gründe hinzutreten. Bei abhängigen Drogenkonsumenten bestehen gleichfalls keine Anwendungsmöglichkeiten, da die Heimunterbringung im Hinblick auf die Suchtbehandlung wenig bis gar keine Wirkung haben wird. Es besteht zudem das Risiko einer „Ansteckung" der anderen Untergebrachten.

---

[865] *Brunner*, JR 1973, S. 89, 91. Im Bereich des BtMG wurde diese Sanktion 2002 in 47 Fällen verhängt, s. Anhang Tabelle 4.
[866] Ähnlich *Brunner*, JR 1973, S. 89, 91.
[867] Einzelheiten bei *Eisenberg*, § 12 Rdnr. 20 ff.
[868] Sie wurde im Bereich des BtMG im Jahre 2002 lediglich in fünf Fällen verhängt, s. Anhang Tabelle 4.

3. Zuchtmittel, §§ 13 ff. JGG

a) Funktion und Arten

Zuchtmittel sind Erziehungsmittel mit Denkzettelfunktion.[869] Sie kommen zur Anwendung, wenn dem Jugendlichen aus Erziehungsgründen das Unrecht seiner Tat eindringlich zu Bewusstsein gebracht werden soll, Jugendstrafe aber nicht geboten ist. Im Gegensatz zu den Erziehungsmaßregeln haben sie einen auch sühnenden Charakter, sie sollen eine Ahndung der Tat bewirken.[870]

Das Gesetz kennt in § 13 JGG drei Arten der Zuchtmittel: Verwarnung (§ 14 JGG), Auflagen (§ 15 JGG) und als schwerste Form Jugendarrest (§ 16 JGG). Sie können gem. § 105 Abs. 1 auch gegen Heranwachsende verhängt werden, wenn materielles Jugendstrafrecht zur Anwendung kommt.

Zuchtmittel sind für den hier interessierenden Täterkreis generell zur Ahndung von Beschaffungstaten geeignet. Bei Abhängigen besteht wiederum das Problem, dass sie auch unter dem Sühneaspekt mit Zuchtmitteln kaum zu beeinflussen sind. Besonders deutlich wird dies beim Jugendarrest. Möglichkeiten einer gezielten Suchtbehandlung eröffnen die Zuchtmittel nicht. Wie in Schaubild 19 (S. 176) dargestellt, spielen die Zuchtmittel im Bereich des BtMG eine große Rolle.

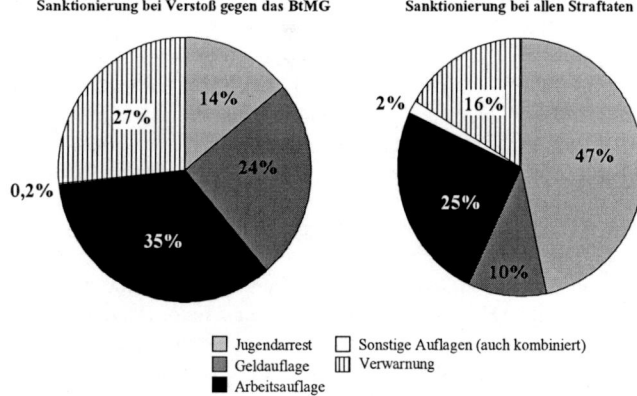

Schaubild 20: Zuchtmittel bei Verstößen gegen das BtMG und bei allen Straftaten

Betrachtet man in Schaubild 20 die einzelnen Zuchtmittel bei den Verstößen gegen das BtMG, so machen die Auflagen etwa 60 % der Sanktionen aus, wobei Geld- und Arbeitsauflagen dominieren. Auf die Verwarnung entfällt etwas mehr als ein Viertel der Sanktionen, Jugendarrest wurde in 14 % der Fälle verhängt. Damit zeigt sich eine im Vergleich zu den Sanktionen bei allen Straftaten andere Schwerpunktsetzung: Während der Jugendarrest bei Betäubungsmitteldelikten

---

[869]   BGHSt 18, S. 207, 209 speziell für den Jugendarrest.
[870]   *Brunner/Dölling*, § 13 Rdnr. 2; *Eisenberg*, § 13 Rdnr. 7 f.

weit seltener verhängt wird, kommen Arbeits- und vor allem die Geldauflage häufiger zur Anwendung und auch die Verwarnung spielt eine größere Rolle.[871]

b) Verwarnung, § 14 JGG

Die Verwarnung gem. § 14 JGG ist eine förmliche, auf die individuelle Tat abgestimmte Zurechtweisung des Täters. Ihm wird sein Fehlverhalten ausdrücklich dargelegt, wobei auf die Schwere des Tatvorwurfs und die Folgen für den Verletzten oder die Allgemeinheit einzugehen ist. Dabei wird er vor einer Wiederholung gewarnt.[872] Der Anwendungsbereich erstreckt sich auf Taten, bei denen es erforderlich ist, dem Täter das Unrecht seiner Handlung eindringlich vor Augen zu führen. Diese Sanktion kommt auch bei wiederholter Tatbegehung in Betracht.

Eine Verwarnung bietet sich bei Konsumentendelikten eher weniger an, da dem Täter wegen des Selbstschädigungsaspekts das Unrecht seines Tuns nur begrenzt vorgeworfen werden kann: Wenn die Risikowahrnehmung in Bezug auf das eigene Handeln gering ist, wird eine Verwarnung kaum Wirkung zeigen. Von Bedeutung ist diese Maßnahme dagegen bei Beschaffungsdelikten, die über den Bereich der Bagatellkriminalität hinausgehen, sowie bei anderen Straftaten im Zusammenhang mit Rauschmittelkonsum.

Ob neben der Verwarnung andere Maßnahmen erforderlich sind, ist eine Frage des Einzelfalls.[873] Teilweise wird zwar die Verbindung mit anderen Rechtsfolgen abgelehnt, doch steht dem die Erwägung entgegen, dass die isolierte Verwarnung oft nicht als Sanktion empfunden wird und daher wenig wirkungsvoll ist.[874] Je nach Einzelfall kann daher eine Verbindung mit einer geeigneten Weisung angezeigt sein, was vor allem von der Täterpersönlichkeit abhängt. Soweit schon die Durchführung des Verfahrens eine erzieherische Wirkung hatte, kann eine isolierte Verwarnung ausreichend sein. In geeigneten Fällen kann auch eine Ermahnung gem. § 45 Abs. 3 JGG in Betracht zu ziehen sein. Zumindest bei einem Drogenabhängigen scheidet eine isolierte Verwarnung aber aus, da er sie einfach nur unbeeindruckt hinnehmen und weitermachen würde.

c) Auflagen

Die zulässigen Auflagen sind abschließend in § 15 JGG aufgeführt. Auf den ersten Blick ähneln sie inhaltlich den entsprechenden Weisungen gem. § 10 JGG. Aufgrund des auch sühnenden Charakters haben sie aber eine andere Akzentuierung. Auflagen können ebenfalls bei einer Strafaussetzung zur Bewährung gem. § 23 Abs. 1 JGG sowie im Rahmen der §§ 45 Abs. 3 S. 1, 47 Abs. 1 Nr. 3 JGG angeordnet werden. Folgende Auflagen sind abschließend möglich:

---

[871] Einzelheiten s. Anhang Tabelle 4.
[872] *Brunner/Dölling*, § 14 Rdnr. 1; *Eisenberg*, § 14 Rdnr. 2.
[873] Ähnlich *Brunner*, ZBl. 1971, S. 243, 245; *ders.*, JR 1973, S. 89, 91.
[874] Gegen die Verbindung mit anderen Maßnahmen *Eisenberg*, § 14 Rdnr. 7, dagegen aber *Brunner/Dölling*, § 14 Rdnr. 3. Allerdings ist zu prüfen, ob nicht eine Ermahnung gem. § 45 Abs. 3 JGG ausreichend ist.

(1) Schadenswiedergutmachung, § 15 Abs. 1 S. 1 Nr. 1 JGG

Bei bestehenden zivilrechtlichen Schadensersatzansprüchen kann dem jungen Täter die Auflage gemacht werden, den verursachten Schaden nach Kräften wieder gutzumachen. Dies muss nicht durch die Zahlung eines Geldbetrages erfolgen, in Betracht kommt auch die Erbringung einer Arbeits- oder Ersatzleistung. Eine vollständige Kompensation ist nicht erforderlich. Der Täter soll und kann dazu nur nach seinem persönlichen und wirtschaftlichen Leistungsvermögen herangezogen werden („...nach Kräften...").[875] Diese Auflage setzt voraus, dass es ein Opfer gibt, bei dem ein wieder gutzumachender Schaden entstanden ist. Sie kommt also v. a. bei Körperverletzungs- und Eigentumsdelikten im sozialen Nahraum gegen Eltern, Freunde oder Bekannte, aber auch gegenüber anderen geschädigten Dritten in Betracht.[876]

Damit kann diese Auflage bei indirekten Beschaffungsdelikten und anderen Straftaten im Zusammenhang mit Betäubungsmittelkonsum in Erwägung zu ziehen sein. Es ist dabei allerdings zu prüfen, inwieweit nicht die Weisung, an einem Täter-Opfer-Ausgleich gem. § 10 Abs. 1 S. 2 Nr. 7 JGG teilzunehmen, vorzugswürdig ist. Denn durch die direkte Konfrontation mit dem Opfer werden dem Täter die Folgen seines Handelns eindringlicher zu Bewusstsein gebracht, was für eine größere erzieherische Wirkung spricht. Die Schadenswiedergutmachung bietet sich daher dann an, wenn das Opfer zu einem direkten Täter-Opfer-Ausgleich mit persönlichem Kontakt nicht bereit ist[877] oder wenn der Täter eine freiwillige Schadenswiedergutmachung ablehnt.[878] In beiden Konstellationen kann ihm auf diesem Wege sein Fehlverhalten wirksam verdeutlicht werden.

Die Wiedergutmachungsauflage ist bei Drogenabhängigen in aller Regel nicht auszusprechen, da diese das vorhandene Geld in die Aufrechterhaltung ihrer Sucht investieren. Durch diese Auflage würden sie nur zur Begehung weiterer Beschaffungsdelikte verleitet.

Eine Verbindung mit anderen Maßnahmen wird zum Teil kritisch bewertet. Man wird dies aber ob der Vielschichtigkeit der möglichen Sachverhaltsgestaltungen nicht generell ablehnen können.[879] Allerdings darf dies nicht zu einer Überforderung des Täters führen, den eine Geldleistung in aller Regel schon sehr schmerzen wird.

(2) Persönliche Entschuldigung beim Verletzten, § 15 Abs. 1 S. 1 Nr. 2 JGG

Bei dieser Auflage soll sich der Täter bei seinem Opfer persönlich entschuldigen.[880] Es ist in diesem Zusammenhang umstritten, unter welchen Vorausset-

---

[875] Einzelheiten bei *Diemer/Schoreit/Sonnen*, § 15 Rdnr. 6; *Eisenberg*, § 15 Rdnr. 4 ff.

[876] Dementsprechend spielt diese Auflage bei den Verstößen gegen das BtMG nur eine untergeordnete Rolle, s. Anhang Tabelle 4.

[877] Voraussetzung ist aber stets die prinzipielle Bereitschaft des Opfers; *Ostendorf*, § 15 Rdnr. 6.

[878] *Brunner/Dölling*, § 15 Rdnr. 3 m. w. N.

[879] *Diemer/Schoreit/Sonnen*, § 15 Rdnr. 12; speziell für die Verbindung mit der Betreuungsweisung *Brunner/Dölling*, § 15 Rdnr. 8; ablehnend *Eisenberg*, § 15 Rdnr. 12.

[880] Aufgrund der Deliktsart kommt eine Entschuldigung bei Verstößen gegen das BtMG so gut wie nie in Betracht, s. Anhang Tabelle 4.

zungen dies zu erfolgen hat. Während teilweise zumindest die Abbittebereitschaft des Opfers für erforderlich gehalten wird, wird teilweise allein die Bereitschaft auf Seiten des Täters als maßgeblich vorausgesetzt.[881]
Beide Ansichten erscheinen unter Erziehungs- und Sühnegesichtspunkten nicht unproblematisch. Wenn der Täter nicht zur Entschuldigung bereit ist, kann eine derartige Auflage weder erzieherische Wirkung entfalten noch wird ihm das Unrecht seiner Tat vor Augen gehalten. Er empfindet es allerhöchstens als lästig. Im Übrigen bleibt er nach seinem subjektiven Empfinden straffrei –was ist schon eine Entschuldigung? Dass ihm bei der Weigerung ein Ungehorsamsarrest droht, vermag daran wenig zu ändern. Er wird sich der Maßnahme unter Umständen nur beugen, was aber für die zukünftige Legalbewährung keinen wirklichen Nutzen bringen wird. Ist das Opfer nicht zur Annahme der Entschuldigung bereit, so verpufft der erzieherische Zweck ebenfalls. Zwar will der Täter für sein Unrecht einstehen, ihm wird aber durch die Weigerung des Opfers deutlich gemacht, dass dies de facto gar keine Rolle spielt. Damit drängt sich nicht nur der Eindruck einer gewissen Sinnlosigkeit auf, sondern es besteht auch die Gefahr, dass der junge Täter die Folgenlosigkeit der Tatbegehung in Erinnerung behält. Daher ist diese Auflage nur anzuordnen, wenn beide Seiten tatsächlich hierzu bereit sind.[882]
Die Sanktion nach § 15 Abs. 1 S. 1 Nr. 2 JGG kommt bei Beschaffungsdelikten und vor allem bei Taten im Rausch in Betracht. Sie ist auch bei Abhängigen anwendbar, da sie echte Reue für ihre Tat zeigen können, so dass hiervon ein erzieherischer und sühnender Effekt ausgehen kann.

(3) Erbringung von Arbeitsleistungen, § 15 Abs. 1 S. 1 Nr. 3 JGG
Für die Arbeitsauflage gelten die Ausführungen zur Arbeitsweisung gem. § 10 Abs. 1 S. 3 Nr. 4 JGG sinngemäß.[883]

(4) Zahlung eines Geldbetrages, § 15 Abs. 1 S. 1 Nr. 4 JGG
Unter Berücksichtigung der wirtschaftlichen Verhältnisse des Jugendlichen kann schließlich die Zahlung eines Geldbetrages zugunsten einer gemeinnützigen Einrichtung angeordnet werden.[884]
Was die Höhe des zu zahlenden Betrages betrifft, ist zu beachten, dass der Täter die Zahlung aus eigenen Mitteln bestreitet, da anderenfalls der Ahndungscharakter verloren geht, § 15 Abs. 2 Nr. 1 JGG.[885] Grundsätzlich wird man bei Heranwachsenden höhere Beträge ansetzen können als bei Jugendlichen, da erstere heute in der Regel über größere finanzielle Möglichkeiten verfügen. Sie stehen häufig schon mit (Neben-)Jobs im Arbeitsleben. Es muss aber dem Eindruck vorgebeugt werden, dass man mit Geld alles erreichen könne. Zudem besteht die

---

[881] Für die Bereitschaft allein des Opfers *Diemer/Schoreit/Sonnen*, § 15 Rdnr. 13; für die vorrangige Bereitschaft des Täters *Brunner/Dölling*, § 15 Rdnr. 9, nach denen die Mitwirkung des Opfers nur sichergestellt sein sollte.
[882] *Eisenberg*, § 15 Rdnr. 13; *Ostendorf*, § 15 Rdnr. 11.
[883] S. oben II. 1. b) (4).
[884] Einzelheiten bei *Eisenberg*, § 15 Rdnr. 14 ff.; *Diemer/Schoreit/Sonnen*, § 15 Rdnr. 16 ff.
[885] *Brunner/Dölling*, § 15 Rdnr. 10.

Gefahr, dass der Täter durch die Geldauflage zur Begehung weiterer Beschaffungstaten verleitet wird.[886] § 15 Abs. 2 Nr. 2 JGG eröffnet daneben die Möglichkeit, diese Auflage bei Dealertätigkeiten anzuwenden, um dem Täter den Gewinn aus seinen Drogengeschäften zu entziehen, soweit dieser noch vorhanden ist. Vergleichbares gilt für Beschaffungsdelikte ohne persönliches Opfer, etwa einem Ladendiebstahl. Bei Drogenkonsumenten und Kleindealern bietet sich die Zahlung zugunsten einer Hilfseinrichtung zur Betreuung von Drogenkonsumenten an.[887] Dies kann –soweit möglich– mit der Weisung verbunden werden, das Geld persönlich zu übergeben. Damit wird der Täter ein Stück weit mit den negativen Folgen des Drogenkonsums konfrontiert, was wiederum positive Lernprozesse auslösen kann. Problematisch ist in diesem Zusammenhang, dass die Zahlungsauflage für den Täter nicht unzumutbar sein darf (§ 15 Abs. 1 S. 2 JGG). Dies soll nach teilweise vertretener Auffassung insbesondere dann der Fall sein, wenn er die begünstigte Institution aus vertretbaren, nicht offensichtlich vorgeschobenen Gründen ablehnt.[888] Wenn also der Jugendliche gegen Drogenberatungsstellen negativ eingestellt wäre und daher keine Zahlung an derartige Einrichtungen leisten will, wäre nach dieser Ansicht eine Geldauflage in dieser Form unzulässig. Dem ist nicht zuzustimmen. Allein aus der ablehnenden Haltung die Unzulässigkeit dieser Auflage herzuleiten, wird ihrem Charakter nicht ausreichend gerecht. Es ist zwar richtig, dass die erzieherische Wirkung größer ist, wenn eine positive Identifikation mit der begünstigten Einrichtung besteht. Aber gerade der Sühneaspekt würde umgangen, wenn es der Täter in der Hand hätte, dem Gericht vorzuschreiben, an wen er zu zahlen gedenke und an wen nicht.

(5) Änderungen und Befreiung von Auflagen, Ungehorsamsarrest, § 15 Abs. 3 S. 1 und 2 JGG

Aus erzieherischen Gründen können Auflagen gem. § 15 Abs. 3 S. 1 JGG nachträglich geändert werden.[889] Bei erheblichen Verstößen kann Ungehorsamsarrest gem. §§ 15 Abs. 3 S. 2, 11 Abs. 3 JGG angeordnet werden. Insoweit wird auf die oben sub. 1. c) gemachten Ausführungen verwiesen.

e) Jugendarrest, § 16 JGG

Der Jugendarrest gem. § 16 JGG ist eine bis zu vier Wochen dauernde stationäre Maßnahme, die aber nicht die Wirkungen einer Jugendstrafe hat.[890] Das Gesetz nennt drei Arten des Arrestes: Freizeitarrest (ein bis zwei Freizeiten, in der Regel am Wochenende), Kurzarrest (anstelle des Freizeitarrestes; Dauer zwei bis vier Tage) und Dauerarrest (eine bis zu vier Wochen).[891] Wie sich aus § 8 Abs. 1

---

[886] *Eisenberg*, § 15 Rdnr. 16.

[887] *Brunner*, JR 1973, S. 89, 91; *Leune/Kreuzer*, § 20 Rdnr. 51.

[888] *Diemer/Schoreit/Sonnen*, §15 Rdnr. 20; *Ostendorf* § 15 Rdnr. 17.

[889] Einzelheiten bei *Diemer/Schoreit/Sonnen*, § 15 Rdnr. 22 ff.

[890] *Brunner/Dölling*, § 16 Rdnr. 1.

[891] *Brunner/Dölling*, § 16 Rdnr. 16 ff.

S. 2, Abs. 2 JGG ergibt, darf der Jugendarrest nicht mit anderen stationären Maßnahmen kombiniert werden.[892] In der Praxis werden zur Ahndung von Verstößen gegen das BtMG v. a. Dauer- und Freizeitarrest angeordnet. Sie machen zusammen über 90 % der Verurteilungen aus.[893] Jugendarrest ist bei leichten Verfehlungen nicht erforderlich; hier stellen Weisungen oder Auflagen ein angemessenes Instrumentarium zur Verfügung. Erst wenn diese nicht mehr ausreichend sind, kommt diese Sanktion in Betracht.[894] Bei Konsumentendelikten, speziell dem Erwerb geringer Mengen von Cannabiszubereitungen zum Eigenverbrauch, ist damit Jugendarrest aufgrund der geringen Tatschwere ausgeschlossen.[895] Da es erforderlich ist, dass der Täter mit den Mitteln des Jugendarrests ansprechbar ist, ist er nur bei nicht abhängigen Tätern erzieherisch sinnvoll.[896] Er kommt bei allen Arten von Delikten in Betracht, sofern sie die nötige Schwere aufweisen. Um die Wirkungen des Arrests zu verstärken, kann es ratsam sein, flankierende Maßnahmen etwa in Form einer anschließenden Betreuungsweisung gem. § 10 Abs. 1 S. 3 Nr. 5 JGG für die Zeit nach dem Arrest anzuordnen.[897] Möglich ist auch eine zeitweilige Überwachung der Abstinenz mittels eines Urinkontrollprogramms.

Für Rauschmittelabhängige ist diese Sanktion generell ungeeignet. Zwar werden sie durch die Inhaftierung einem Zwangsentzug unterworfen und zeitweise aus ihrem kriminogenen Umfeld herausgenommen. Diese Tätergruppe stellt aber für die Jugendarrestanstalten eine Belastung dar, da mit ihnen kaum oder nicht erzieherisch gearbeitet werden kann. In der Anfangsphase dominieren oft Entzugserscheinungen. Sind diese überstanden, folgen Lethargie, Passivität und allgemeine Ablehnung, so dass man diese Tätergruppe insgesamt als arrestuntauglich betrachten muss.[898]

Bei der Verhängung des Jugendarrestes ist generell Zurückhaltung geboten. Zum einen sind Betäubungsmittel oft auch in den Jugendarrestvollzugsanstalten verfügbar.[899] Zum anderen besteht die Gefahr, dass der Verurteilte über Gleichgesinnte im Vollzug an bessere Drogenkontakte gerät, so dass seine Betäubungsmittelkarriere nach seiner Entlassung intensiviert wird.[900] Dazu kommt,

---

[892] *Eisenberg*, § 8 Rdnr. 11. Dies gilt nach h. M. auch für die Koppelung mit der Aussetzung der Verhängung der Jugendstrafe gem. § 27 JGG, grundlegend BGHSt 18, S. 207 ff.; *Brunner/Dölling*, § 27 Rdnr. 13 ff.

[893] S. Anhang Tabelle 4. Die Verteilung ist derjenigen bei allen Straftaten sehr ähnlich.

[894] Zur Problematik der Anordnungsvoraussetzungen s. *Brunner/Dölling*, § 16 Rdnr. 2 ff.; *Eisenberg*, § 16 Rdnr. 9 ff.; *Diemer/Schoreit/Sonnen*, § 16 Rdnr. 11 ff.

[895] Anders allerdings noch *Brunner*, ZBl. 1971, S. 243, 247.

[896] *Brunner*, ZBl. 1971, S. 243, 247 f.; *ders.*, JR 1973, S. 89, 91.

[897] Ebenso *Brunner/Dölling*, § 16 Rdnr. 22.

[898] *Brunner/Dölling*, § 16 Rdnr. 23.

[899] Zu Drogen im Strafvollzug s. unten § 9 VI. 1.

[900] Ähnlich *Brunner*, ZBl. 1971, S. 243, 248.

dass sich bei Entzug der „Lebensfreuden" der Freiheit der Konsum von Drogen im Vollzug als Ersatz anbietet, so dass jede Möglichkeit hierzu genutzt wird.[901]

4. Jugendstrafe, § 17 f. JGG

a) Allgemeine Voraussetzungen

Die Jugendstrafe gem. § 17 JGG ist die einzige echte Kriminalstrafe, die das Jugendstrafrecht kennt. Sie ist als Ultima Ratio zu verhängen, wenn aufgrund der in der Tat zu Tage getretenen schädlichen Neigungen oder der Schwere der Schuld andere jugendstrafrechtliche Maßnahmen als nicht mehr ausreichend erachtet werden. Sie ist unter den Voraussetzungen des § 105 JGG auch gegen Heranwachsende anwendbar.

(1) Schädliche Neigungen

Schädliche Neigungen liegen vor, wenn erhebliche Anlage- oder Erziehungsmängel die Gefahr begründen, dass der Jugendliche ohne Durchführung einer längeren Gesamterziehung die Gemeinschaftsordnung durch die Begehung weiterer Straftaten stören wird. Es müssen Persönlichkeitsmängel vorliegen, die die Gefahr erheblicher weiterer Straftaten begründen.[902]

Ob der Konsum von Rauschmitteln die Annahme schädlicher Neigungen zu rechtfertigen vermag, ist umstritten. Dies wird teilweise mit der Erwägung bejaht, Drogenkonsum würde generell einen regelwidrigen Entwicklungsstand darstellen.[903] Doch die Tatsache, dass der Täter Rauschmittel konsumiert, vermag für sich betrachtet die Annahme schädlicher Neigungen prinzipiell nicht zu stützen. Dabei muss man allerdings die Intensität des Konsums im Auge behalten. Während Dauerkonsum aufgrund der benötigten Drogenmittel leichter zu Straftaten führen kann[904], kann dieser Schluss bei Gelegenheits- und erst recht bei Probierkonsum eher nicht gezogen werden. Drogenkonsum ist nach zutreffender Ansicht vielmehr ein Faktor unter mehreren, die erst in ihrer Gesamtheit schädliche Neigungen begründen können. In die Beurteilung müssen die Persönlichkeit und der Werdegang des Täters einfließen, wobei seine gegenwärtige soziale und schulische bzw. berufliche Situation ebenso zu berücksichtigen ist wie sein Verhältnis zu den Erziehungsberechtigten.[905] Dabei ist der Drogenkonsum in seiner Rolle für den Täter zu würdigen. So können die Abkehr von der mit Drogen handelnden Clique und die Aufnahme einer geregelten Tätigkeit Gründe gegen die Annahme schädlicher Neigungen sein.[906]

---

[901] *Eisenberg*, § 7 Rdnr. 20.

[902] BGH, NStZ 2002, S. 89; Einzelheiten bei *Brunner/Dölling*, § 17 Rdnr. 11 ff.

[903] So *Brunner*, JR 1973, S. 89, 91; ebenso *Tilmann*, ZBl. 1978, S. 461, 466.

[904] Allerdings darf man dabei weder die Art der konsumierten Substanz noch die finanziellen Möglichkeiten des Jugendlichen außer Acht lassen. Dies gilt in noch stärkerem Maße für Heranwachsende.

[905] BGH, NStZ 2002, S. 89, 90 (häufiger Konsum von Haschisch und Bier in erheblichen Mengen); *Diemer/Schoreit/Sonnen*, § 17 Rdnr. 12.

[906] BGH, StV 1998, S. 331.

Es ist gleichfalls unzulässig, allein aus dem begangenen Delikt auf das Vorliegen schädlicher Neigungen zu schließen. Die Begehung eines Beschaffungsdelikts oder die Einfuhr von bzw. der Handel mit Betäubungsmitteln sind zur Bejahung dieses Merkmals nicht ausreichend.[907] Erforderlich ist auch insoweit eine Gesamtschau der Ursachen und ihrer Zusammenhänge. Neben den oben genannten Faktoren muss man vor allem berücksichtigen, ob es sich um Delikte zur Deckung des Eigenbedarfs handelt oder zur Weitergabe an Dritte. Bei den erstgenannten wird man schädliche Neigungen prinzipiell zu verneinen haben. Zwar können sie Ausdruck eines Erziehungsmangels sein, doch ist insoweit in der Regel die Gefahr weiterer *erheblicher* Taten zu verneinen. Diese Überlegung gilt umso mehr, wenn es sich um Konsumentendelikte im Zusammenhang mit Cannabis handelt. Etwas anderes kann allerdings gelten, wenn es sich um einen erheblichen Eigenbedarf handelt, der zahlreiche Beschaffungsdelikte zur Folge hat.

Bei Delikten, die auf die Weitergabe an Dritte ausgelegt sind, also bei Dealertätigkeit, kommt der Aspekt der schädlichen Neigungen deutlich stärker zum Tragen, da hierin Gewinnstreben auf Kosten anderer Konsumenten und Abhängiger zum Ausdruck kommt.[908] Je größer das Drogengeschäft, umso eher wird man schädliche Neigungen zu bejahen haben.

Delikte, die unter einmaligem Drogeneinfluss begangen werden, weisen dagegen im Regelfall nicht auf das Vorliegen schädlicher Neigungen hin. Sie haben ihren Ursprung in einer akuten und einmaligen Konfliktsituation bzw. der Rauschwirkung.[909] Dies schließt aber die Gefahr weiterer Taten aus.

Ob allein das Bestehen einer Abhängigkeit die Annahme schädlicher Neigungen zu begründen vermag, ist umstritten. Bei psychischer Abhängigkeit wird dies zum Teil bejaht.[910] Dieser Ansicht ist zuzugeben, dass eine psychische Abhängigkeit oft eine Störung der Persönlichkeitsentwicklung bedingen kann. Da beides aber auch nebeneinander auftreten kann, ist allein aus dem Vorliegen der Sucht keine Aussage über das Vorliegen schädlicher Neigungen möglich.[911] Man wird nicht umhinkommen, die näheren Umstände und die Ursachen der Abhängigkeit in die Betrachtung einzubeziehen. Gegen die Annahme schädlicher Neigungen kann in diesem Zusammenhang die Aufnahme einer Drogenlangzeittherapie sprechen, da dies die Wiederholungsgefahr auszuschließen vermag.[912]

---

[907] Dies gilt selbst bei einer einschlägigen Vorbelastung, BGH bei *Böhm*, NStZ 1988, S. 491; OLG Köln, StV 1993, S. 531; ebenso für Delikte im Zusammenhang mit einer harten Droge, OLG Zweibrücken, StV 1989, S. 313 f. (Heroin); OLG Zweibrücken, JR 1990, S. 304 f. m. zust. Anm. *Brunner*; AG Bremen-Blumenthal, StV 1994, S. 600 ff.; *Brunner/Dölling*, § 17 Rdnr. 13; *Eisenberg*, § 17 Rdnr. 28.

[908] *Brunner*, ZBl. 1971, S. 243, 248; s. dazu aber auch OLG Hamm, StV 2005, S. 69 f.

[909] Generell zur Einordnung von Konflikttaten *Eisenberg*, §17 Rdnr. 19 m. w. N.

[910] *Brunner*, JR 1973, S. 89, 91; kritisch *Hellebrand* (1998a), § 17 Rdnr. 190.

[911] *Mrozynski*, MSchrKrim 1985, S. 1, 16 f.

[912] OLG Zweibrücken, StV 1989, S. 313, 314.

(2) Schwere der Schuld

Bei einer Jugendstrafe wegen Schwere der Schuld geht es weniger um die objektive Schwere der Tatfolgen, als vielmehr um die subjektive Seite, also die „charakterliche Haltung und das gesamte Persönlichkeitsbild des Täters".[913] Hierbei sind der Entwicklungsstand des Täters und die Tatmotive von entscheidender Bedeutung. Das äußere Tatgeschehen ist nur insoweit zu berücksichtigen, als es Rückschlüsse auf das Maß der persönlichen Schuld zulässt.[914] Dabei ist nach Ansicht der Rechtsprechung auch der Erziehungsgedanke zu berücksichtigen. Die herrschende Ansicht in der Literatur betont dagegen den Vorrang des Sühnegedankens.[915]

Bei Drogenkonsumenten können Beschaffungsdelikte sowie Betäubungsmittelkriminalität oder Gewaltdelikte (speziell Kapitalverbrechen) unter Betäubungsmitteleinfluss eine Rolle für die Frage nach der Schwere der Schuld spielen. Der Gesetzgeber hat mit den zum Teil hohen Strafandrohungen der §§ 29 ff. BtMG zum Ausdruck gebracht, dass es sich um –sehr– schweres kriminelles Unrecht handelt. Allerdings hat die Strafdrohung wie ausgeführt nur indizielle Bedeutung für die Schwere der Schuld. Bei Jugendlichen und Heranwachsenden geht es oft nur um geringe Mengen Betäubungsmittel zur Deckung des Eigenbedarfs, so dass dieses Merkmal nicht zu bejahen ist.[916]

Bei Delikten im Zusammenhang mit Drogenkonsum ist zu berücksichtigen, dass Konsum wie auch Abhängigkeit zu einer erheblichen Verminderung der Schuldfähigkeit (§ 21 StGB) führen können, was gegen die Annahme der Schwere der Schuld spricht.[917]

Gegenüber Abhängigen wird eine Jugendstrafe wegen Schwere der Schuld aus der Abhängigkeit heraus wiederum nicht zu begründen sein. Bei Jugendlichen kann sie schon die Schuldfähigkeit gem. § 3 S. 1 JGG ausschließen, so dass strafrechtliche Sanktionen ohnehin ausgeschlossen sind.

Auch das Vorliegen eines minderschweren Falls gem. § 30 Abs. 2 BtMG kann der Verhängung von Jugendstrafe wegen Schwere der Schuld entgegenstehen. Entscheidend für die Beurteilung sind die gesamten Tatumstände.[918] In der Literatur wird auf dieser Grundlage vorgeschlagen, diesen Ansatz zur Regel zu machen, Jugendstrafe wegen Schwere der Schuld daher erst in Betracht zu ziehen, wenn ein minderschwerer Fall gem. § 29a Abs. 2, 30 Abs. 2, 30a Abs. 3 BtMG ausscheidet.[919] Problematisch daran ist, dass der Anwendungsbereich dieser Vorschriften auf bestimmte Verstöße gegen das BtMG begrenzt ist. Der Regelfall der Betäubungsmittelkriminalität gem. § 29 Abs. 1 Nr. 1 und 3 BtMG wird

---

[913] Grundlegend BGHSt, 15, S. 224 ff.

[914] Einzelheiten bei *Brunner/Dölling*, § 17 Rdnr. 14 ff.; *Eisenberg*, § 17 Rdnr. 29 ff.

[915] BGH, StV 1998, S. 336 m. krit. Anm. *Streng*; befürwortend *Eisenberg*, § 17 Rdnr. 34. Zur h. M. in der Literatur s. etwa *Brunner/Dölling*, § 17 Rdnr. 14a m. w. N.

[916] OLG Zweibrücken, JR 1990, S. 304 f. m. zust. Anm. *Brunner*; OLG Hamm, StV 2001, S. 175; OLG Brandenburg, StV 2001, S. 175 f.

[917] OLG Zweibrücken, StV 1994, S. 599 f.; *Schaffstein/Beulke*, § 22 II. 2. b, S. 156.

[918] OLG Hamm, StV 2001, S. 178.

[919] *Hellebrand* (1998a), § 17 Rdnr. 190.

gerade nicht erfasst, so dass an sich leichte Verstöße trotzdem mit Jugendstrafe wegen Schwere der Schuld geahndet werden könnten.

b) Dauer und Bemessung der Jugendstrafe

Ausgehend von der Erkenntnis, dass ganz kurze Strafen erzieherisch nicht sinnvoll sind, da man für effektive Erziehungsarbeit ein gewisses Maß an Zeit braucht, wurde die Jugendstrafe von den Strafrahmen des allgemeinen Strafrechts abgekoppelt (§ 18 Abs. 1 S. 3 JGG). Das Gesetz sieht eine Mindestdauer von sechs Monaten vor, die Höchstdauer beträgt bei Jugendlichen fünf Jahre (bei Verbrechen mit einer Höchststrafe von mehr als zehn Jahren zehn), bei Heranwachsenden liegt die Höchstgrenze einheitlich bei zehn Jahren (§ 105 Abs. 3 JGG; wenn Erwachsenenstrafrecht angewendet wird, ermöglicht § 106 Abs. 1 JGG eine Milderung der lebenslangen Freiheitsstrafe auf 15 Jahre). In Schaubild 21 ist die Verteilung der Jugendstrafen bei Verstößen gegen das BtMG und bei allen Straftaten dargestellt.

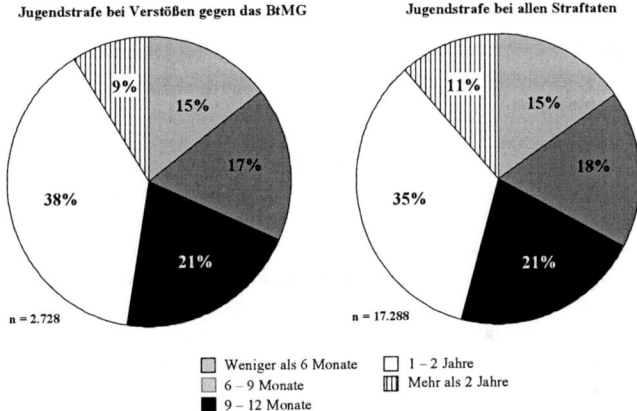

Schaubild 21: Dauer der Jugendstrafe bei Verstößen gegen das BtMG und bei allen Straftaten[920]

Über 90 % der Jugendstrafen bei den Verstößen gegen das BtMG bewegen sich im aussetzungsfähigen Bereich bis zwei Jahren; über 50 % der Verurteilungen bleiben sogar unter einem Jahr. Im Vergleich zu allen Sanktionen zeigt sich ein nahezu identisches Verteilungsbild.

Die Jugendstrafe ist gem. § 18 Abs. 2 JGG so zu bemessen, dass die erforderliche erzieherische Einwirkung möglich ist.[921] Dabei sind die Grundsatzwertun-

---

[920] Zur genaueren Aufgliederung s. Anhang Tabelle 4.
[921] *Dölling*, FS Schreiber, S. 55, 60 ff.; *Brunner/Dölling*, § 18 Rdnr. 1 ff.; *Eisenberg*, § 18 Rdnr. 15 ff. mit Nachweisen zur Strafzumessungspraxis. Dies gilt auch für Strafrahmenmilderungen, BGH StV 1992, S. 432.

gen des allgemeinen Strafrechts ebenso zu berücksichtigen wie der Gedanke des gerechten Schuldausgleichs.[922]
Welche Faktoren und Gesichtspunkte im Betäubungsmittelbereich eine Rolle spielen, kann man nicht von vornherein abschließend festlegen, da ihre Bedeutung und ihr Zusammenspiel je nach Einzelfall sehr verschieden sein können. Zu berücksichtigen sind Intensität, Umfang und Frequenz des Konsums, die Drogenart, die Gründe für den Konsum, die Persönlichkeit des Täters sowie sein soziales Umfeld und das Nachtatverhalten.

Im Hinblick auf das Phänomen Drogenkonsum ist generell zu beachten, dass er als solcher mit einer Inhaftierung kaum bis gar nicht zu beeinflussen ist. Ein Konsument wird nach seiner Entlassung aus der Haft wieder zur Droge greifen, wenn er dies möchte und sich eine Gelegenheit bietet. Mit dem Argument, die Jugendstrafe müsse eine bestimmte Länge haben, um den Täter vom Betäubungsmittelkonsum wegzubringen, wird man eine Jugendstrafe daher nicht bemessen können. Es wäre nicht nachvollziehbar, warum die Strafe genau diese Länge haben müsse und warum sie ausgerechnet diese Wirkung haben solle. Der Jugendrichter muss vielmehr darlegen, welche weiteren Gründe für die Bemessung der Jugendstrafe maßgeblich waren, so dass sie die nötige erzieherische Einwirkung gegen den Konsum verspricht.[923]
Aus Art und Menge des Rauschmittels sowie der Konsumfrequenz können jedoch Rückschlüsse auf den notwendigen Umfang der erzieherisch-therapeutischen Behandlung gezogen werden.[924] Ein alleiniges Abstellen auf die Substanzfaktoren würde aber zu einer unangemessenen Verkürzung des Problems führen. Die für die Entscheidung maßgeblichen Erziehungsgesichtspunkte sind mit den objektivierbaren Zahlen über die Droge nicht zu bestimmen. Deshalb ist es immens wichtig, die Gründe, die zum Drogenkonsum geführt haben, in die Betrachtung einzubeziehen.[925] Sie geben die entscheidenden Hinweise auf den Umfang der erzieherischen Behandlungsdauer im Jugendstrafvollzug. Dies kann im Hinblick auf den Drogenkonsum je nach Einzelfall dazu führen, dass er für die Bemessung der Jugendstrafe nur eine geringe Rolle spielt –etwa wenn es bei minimaler Cannabiswirkung zu einer von einem Dritten provozierten Schlägerei kommt, es also nur eine entfernte Verbindung zwischen Konsum und Tat gab–, oder auch ein sehr gewichtiger Aspekt sein kann –etwa wenn der Täter wiederholt im Drogenrausch Straftaten wie Verkehrsdelikte mit Unfallfolgen begangen hat oder im Rausch in strafrechtlich relevanter Weise gewalttätig wird. Auch erhebliche Defizite im Schul- oder Arbeitsbereich infolge exzessiven Drogenkonsums können Hinweise auf die Dauer der zu verhängenden Jugendstrafe geben.

---

[922] S. etwa BGH, StV 1998, S. 335; BGH, NStZ 1990, S. 389; *Brunner/Dölling*, § 18 Rdnr. 10, 16.
[923] Eingehend *Diemer/Schoreit/Sonnen*, § 18 Rdnr. 19 ff.
[924] *Weber*, Vor §§ 29 ff. Rdnr. 1197.
[925] Zum Beispiel familiäre Probleme in BGH, StV 1988, S. 307.

In diesem Zusammenhang ist schließlich auch das Nachtatverhalten zu berücksichtigen. Positive Entwicklungen etwa in Form einer aufgenommenen Lehre oder einer begonnenen Therapie während des Strafverfahrens können eine Jugendstrafe entbehrlich machen bzw. Auswirkungen auf ihre Dauer haben.[926] Inwieweit bei der Bemessung der Jugendstrafe generalpräventive Gesichtspunkte zur Begründung einer höheren Strafe eine Rolle spielen dürfen, ist umstritten.[927] Im Rahmen der positiven Generalprävention könnte man im Betäubungsmittelbereich eine bestimmte Strafhöhe damit rechtfertigen, dass dies zur Stärkung der Rechtstreue aller Jugendlichen erforderlich sei. Für die negative Generalprävention ließe sich anführen, dass durch eine entsprechend schwere Bestrafung eine präventiv-abschreckende Wirkung auf weitere Kreise Jugendlicher (insbesondere die Clique des Verurteilten) denkbar wäre. Selbst wenn durch die Berücksichtigung derartiger Erwägungen die Durchsetzung des Betäubungsmittelverbots möglicherweise tatsächlich verbessert werden könnte, würde der Einzelne auch zum Verurteilten anstelle der Allgemeinheit. Dadurch geriete der das Jugendstrafrecht prägende Erziehungsgedanke ins Hintertreffen. Daher werden derartige Erwägungen von der herrschenden Meinung zu Recht abgelehnt.[928] Weil die erzieherische Einwirkung auf Konsumenten und Abhängige ohnehin schon schwierig genug ist, sollte man nicht noch zusätzlichen „Ballast" aufnehmen.

Für Abhängige ist die Verhängung einer Jugendstrafe schließlich kein probates Mittel. Eine Suchtbehandlung im Vollzug ist unabhängig von der Länge der Jugendstrafe nur in sehr begrenztem Umfang möglich.[929] Hier bietet sich allenfalls eine geschickte Verknüpfung mit einer Therapie an. Trotzdem wird gegenüber Drogenabhängigen relativ oft eine Verurteilung zu einer im Vergleich zu Nicht-Abhängigen höheren Jugendstrafe ausgesprochen. Diese Tendenz wird damit erklärt, dass sich anderenfalls die Verurteilten ohne Abhängigkeitsproblem benachteiligt fühlen würden.[930] Wenn auch dieses Benachteiligungsgefühl berechtigt sein mag, so ist dies unter Erziehungsgesichtspunkten kein stichhaltiges Argument, um eine höhere Jugendstrafe bei Drogenabhängigkeit zu begründen. Derartige Überlegungen geben durch ihre Orientierung an der Allgemeinheit generalpräventive Züge zu erkennen, was wie ausgeführt unzulässig ist. Auch unter Erziehungsgesichtspunkten lässt sich die längere Dauer kaum rechtfertigen, da der Jugendstrafvollzug kaum ausreichenden Behandlungsmöglichkeiten bietet.

---

[926] Sofern dies nicht schon das Vorliegen schädlicher Neigungen ausschließt; BGH, StV 1988, S. 307; BGH, StV 1998, S. 335 (4 StR 264/96); OLG Zweibrücken, StV 1989, S. 313, 314.

[927] Für die negative Generalprävention *Schaffstein/Beulke* (13. Aufl.) , § 23 III., S. 152 m. w. N. in Fn. 15.

[928] BGHSt 15, S. 224, 226; *Dölling*, FS Schreiber, S. 55, 62; *Brunner/Dölling*, § 18 Rdnr. 9a m. w. N.; *Diemer/Schoreit/Sonnen*, § 18 Rdnr. 16.

[929] S. eingehend § 9 VI.

[930] *Eisenberg*, § 17 Rdnr. 28 m .w. N.

c) Strafaussetzung zur Bewährung

(1) Voraussetzungen

Unter den Voraussetzungen des § 21 JGG kann eine Jugendstrafe zur Bewährung ausgesetzt werden, wenn ihre Dauer zwei Jahre nicht überschreitet und die Abwägung aller Umstände eine günstige Sozialprognose ergibt. Dabei spielen neben dem soziale Umfeld Ausbildungs- und Arbeitsbereich, Wohnung, Freizeit und Straffälligkeit ebenso eine Rolle wie die Umstände der Tat.[931] Dabei sind auch die Wirkungen der Bewährungsweisungen und –auflagen zu berücksichtigen.[932] Die Aussetzungsentscheidung wird in der Regel zusammen mit dem Urteil getroffen, sie kann aber auch nach Maßgabe des § 57 JGG nachträglich erfolgen.[933]

Die Dauer der Bewährungszeit richtet sich nach § 22 JGG und liegt zwischen einem und vier Jahren. Für diese Zeit ist der Verurteilte für höchstens zwei Jahre einem Bewährungshelfer zu unterstellen (§ 24 JGG). Dieser soll ihn betreuen und überwachen. Die Aufgabenpalette umfasst insbesondere die Unterstützung bei praktischen Problemen wie Wohnraumbeschaffung, Umgang mit Behörden u. ä.

Daneben soll –bei Auflagen: kann– der Richter dem Verurteilten gem. §§ 23 Abs. 1, 10, 11 Abs. 3, 15 Abs. 1, 2, 3 S. 2 JGG Weisungen und Auflagen erteilen, um in der Bewährungszeit flankierend-erzieherisch auf den Verurteilten einzuwirken.[934] Diese Anordnungen können auch nachträglich erteilt werden, aber um eine wirksame erzieherische Einwirkung zu gewährleisten, sollte dem Verurteilten von Anfang an deutlich gemacht werden, was von ihm in der Bewährungszeit (und darüber hinaus) erwartet wird.

Die Strafaussetzung zur Bewährung ist gegenüber den Therapievorschriften des BtMG (§§ 35 ff. BtMG) vorrangig, da diese erst im Vollstreckungsverfahren anwendbar sind. Die Prüfung der Strafaussetzung zur Bewährung nach § 21 JGG muss vorrangig erfolgen.[935] Dieser Vorrang ergibt sich schon aus der Systematik der Vorschriften. Der Richter muss die Frage nach einer Strafaussetzung zur Bewährung im Urteil beantworten und kann sie nicht mit der Erwägung zurückstellen, die Jugendstrafe solle erst einmal vollzogen werden, später könne im Vollstreckungsverfahren immer noch über die Aussetzung entschieden werden. Auf diese Weise würden auch positive Wirkungen einer bereits eingeleiteten Maßnahme, wie eine freiwillig aufgenommene Therapie, wieder zerstört werden.[936] Es ist nach Studienergebnissen ohnehin eher zweifelhaft, dass ein

---

[931] Einzelheiten bei *Brunner/Dölling*, § 21 Rdnr. 6 f.; *Diemer/Schoreit/Sonnen*, § 21 Rdnr. 12 ff.

[932] BGHSt 8, S. 182, 185.

[933] S. dazu beispielsweise AG Halle-Saale-Kreis, Neue Kriminalpolitik 1/2000, S. 38 mit Anm. *Sonnen*.

[934] Bezüglich Inhalt, Umfang und Anwendbarkeit von Weisungen und Auflagen bei Drogenkonsumenten sei auf die oben gemachten Ausführungen verwiesen.

[935] *Brunner/Dölling*, § 21 Rdnr. 16; *Körner*, § 35 Rdnr. 15; *Eisenberg*, § 21 Rdnr. 19.

[936] BGH bei *Böhm*, NStZ 1989, S. 522.

Vorwegvollzug im Hinblick auf den Therapieerfolg eine positive Wirkung haben wird.[937]

(2) Bewährungsstrafe bei Betäubungsmittelkonsumenten

Die Strafaussetzung zur Bewährung spielt im Betäubungsmittelbereich eine erhebliche Rolle. Die Aussetzungsquote bei Verstößen gegen das BtMG liegt zwischen knapp 90 % (bei Jugendstrafe von sechs Monaten) und etwa 71 % (bei Jugendstrafen bis zwei Jahren). Sie ist im Vergleich zu allen Straftaten –zum Teil deutlich– höher.[938] Damit scheint sich die häufigere Anwendung der Jugendstrafe gegenüber den Zuchtmitteln im Betäubungsmittelbereich wieder etwas zu relativieren.

Die Möglichkeit der Strafaussetzung ist bei Delikten jugendlicher und heranwachsender Drogenkonsumenten stets in Betracht zu ziehen. Die im Betäubungsmittelkonsum zum Ausdruck kommende mangelnde Selbstkontrolle ist zwar ein ungünstiger Prognosefaktor, umso mehr, wenn der Konsum suchthafte Ausmaße angenommen hat.[939] Jedoch ist dies nicht isoliert, sondern im Zusammenspiel mit anderen Ursachenfaktoren zu bewerten. So sind insbesondere eigene Initiativen und Maßnahmen des Konsumenten zur Konsumkontrolle (also eigene Maßnahmen zur Einschränkung des Konsums) positiv zu berücksichtigen.[940] Aber auch der Beginn einer Lehre während des Strafverfahrens kann für die Bewährungsentscheidung von großer Bedeutung sein. Vergleichbares gilt, wenn solche Maßnahmen über Bewährungsweisungen und –auflagen initiiert werden können.

Die Strafaussetzung zur Bewährung ist vor diesem Hintergrund bei abhängigen Straftätern nicht ausgeschlossen. Bei ihnen ist diese Möglichkeit insbesondere dann zu berücksichtigen, wenn anderweitig eine Therapie begonnen wurde.[941] Ansonsten bieten sich als flankierende Weisungen die Entziehungskur gem. § 10 Abs. 2 JGG und/oder eine Betreuungsweisung nach § 10 Abs. 1 S. 3 Nr. 5 JGG an. Damit wird zum einen der schädliche Einfluss des Jugendstrafvollzugs vermieden, zum anderen eröffnet sich die Chance der Suchtbehandlung. Zusätzlich erhält der Abhängige Hilfestellung durch den Betreuungshelfer.

Derartige Möglichkeiten dürfen den Richter indes nicht dazu verleiten, dass er mit dem Verurteilten unsichere Experimente durchführt. Er soll bei einem an sich aussichtslosen Fall schwerer Rauschmittelabhängigkeit nicht „beide Augen zudrücken" und den Jugendlichen nochmals vor der notwendigen Entziehungsbehandlung bewahren wollen. Dies ist unter spezialpräventiven Gesichtspunkten kontraproduktiv und verstärkt das Risiko bleibender Schäden bei dem Jugendlichen und indirekt auch für die Gesellschaft, wenn er neue, noch schwerere Straf-

---

[937] Zum Problem der Therapiemotivation durch Strafe als Leidensdruck s. unten § 10 I.

[938] Hier reicht der Aussetzungsanteil von 82 % (Jugendstrafe bis 6 Monate) bis 57 % (Jugendstrafe bis 2 Jahre); s. Anhang Tabelle 4.

[939] *Diemer/Schoreit/Sonnen*, § 21 Rdnr. 12.

[940] BGH bei *Böhm*, NStZ 1989, S. 522.

[941] BGH bei *Böhm*, NStZ 1989, S. 522.

208 § 8 – Drogenkonsum und Sanktion

taten begeht. Wo nötig und möglich muss die Unterbringung in eine Entziehungsanstalt gem. § 64 StGB angeordnet werden.

(3) Widerruf der Strafaussetzung, § 26 JGG

Unter den Voraussetzungen des § 26 JGG kann die Bewährung widerrufen werden.[942] Soweit es die Begehung neuer Straftaten betrifft (§ 26 Abs. 1 S. 1 Nr. 1
JGG), kommt ein Widerruf nur in Betracht, wenn es sich um Straftaten von einigem Gewicht handelt, die zeigen, dass die der Strafaussetzung zu Grunde liegenden Erwartungen sich nicht erfüllt haben. Dies wird man bei Verstößen im
Zusammenhang mit Cannabisprodukten in aller Regel verneinen müssen, da den
Taten die nötige Erheblichkeit fehlt. Soweit es sich um Konsumentendelikte mit
geringer Menge zur Deckung des Eigenbedarfs handelt, wird man bei anderen
Substanzen einen sofortigen Aussetzungswiderruf ebenfalls eher nur in Ausnahmefällen in Betracht ziehen können. Zwar kann ein derartiges Verhalten einen einschlägigen Rückfall darstellen, es handelt es sich aber ebenfalls um vergleichsweise geringfügige Delikte. Maßgeblich ist stets eine Gesamtbetrachtung,
wobei die Möglichkeiten einer Änderung der Bewährungsauflagen und
-weisungen zu berücksichtigen sind.[943] Wenn sich solche Verstöße aber häufen,
wird ein Widerruf unausweichlich werden.

Ein Verstoß gegen Weisungen und Auflagen vermag den Widerruf nur zu rechtfertigen, wenn es sich um einen gröblichen und beharrlichen Verstoß handelt
(§ 26 Abs. 1 S. 1 Nr. 2 und 3 JGG). Dies kann insbesondere relevant werden,
wenn dem Verurteilten die Weisung erteilt wurde, keine Rauschmittel zu konsumieren. Auch die Nichtteilnahme an einem regelmäßigen Drogen-Screening
kann Anlass dazu geben. Voraussetzung ist stets, dass die Weisung ausreichend
bestimmt war. Anderenfalls besteht die Möglichkeit, dass der Jugendliche bzw.
Heranwachsende die an ihn gestellten Anforderungen nicht erkennen und ihnen
daher nicht nachkommen konnte.[944] Vor einem Widerruf ist zudem zu prüfen,
inwieweit der Verurteilte durch eine vorherige Abmahnung ausreichend ansprechbar scheint, um die zukünftige Befolgung der Weisung oder Auflage zu
gewährleisten.[945]

Gegenüber einem sofortigen Widerruf ist schließlich bei schuldhafter Nichter-
füllung die Verhängung von Ungehorsamsarrest gem. §§ 23 Abs. 1 S. 4, 11 Abs.
3, 15 Abs. 3 JGG vorrangig, soweit eine entsprechende Belehrung erfolgt ist.
Hierbei sind allerdings die oben dargestellten Bedenken gegen den Jugendarrest
bei Abhängigen zu berücksichtigen, soweit in der bisher abgelaufenen Bewährungszeit keine Besserung der Situation eingetreten ist.[946]

Vor einem Widerruf ist bei Abhängigen eingehend zu prüfen, ob ein Rückfall
wirklich einen Widerruf rechtfertigt. Denn damit kann eine begonnene und an

---

[942] Einzelheiten bei *Brunner/Dölling*, § 26a Rdnr. 2 ff.
[943] *Brunner/Dölling*, § 26a Rdnr. 16; *Eisenberg*, §§ 26, 26a Rdnr. 6.
[944] S. OLG Frankfurt am Main, NStZ-RR 2003, S. 199 f. zum Widerruf bei einer Bewährungsweisung zur ambulanten Therapie (nach allgemeinem Strafrecht).
[945] *Ostendorf*, §§ 26, 26a Rdnr. 8.
[946] S. oben 2 c).

sich erfolgreich verlaufende Therapie wegen der nun folgenden Inhaftierung abgebrochen werden.[947] Durch die Behandlung erreichte positive Ansätze können damit wieder zerstört werden.[948] Wie sub. § 1 2. IV. ausgeführt, ist bei weitem nicht jeder Rückfall als Bewährungsversagen zu werten. Vor der Entscheidung über den Widerruf ist daher eine Analyse der Rückfallursachen erforderlich. Schwierig zu beurteilen ist der Fall, wenn der Jugendliche seine ursprünglich erteilte Zustimmung zu einer Therapieweisung nachträglich wieder zurücknimmt. Hier wird man nicht ohne weiteres einen gröblichen und beharrlichen Verstoß gegen eine Weisung und damit einen Widerrufsgrund annehmen können. Maßgeblich sind die Gründe für diesen „Motivwechsel". Ein Widerruf ist unzulässig, wenn die Gründe nachvollziehbar und verständlich sind und sich der Verurteilte einer anderen, aber vergleichbaren Behandlung unterzieht, die auch als erfolgversprechend beurteilt wird.[949]

d) Aussetzung der Verhängung der Jugendstrafe, § 27 JGG

Für den Bereich der schädlichen Neigungen enthält § 27 JGG eine Sonderregelung für den Fall, dass nicht sicher festgestellt werden kann, ob sie ein für die Jugendstrafe notwendiges Ausmaß erreicht haben. Es wird in diesen Fällen lediglich ein Schuldspruch getroffen. Der Strafausspruch erfolgt unter den Voraussetzungen der §§ 28 – 30 JGG erst während der Bewährungszeit bzw. nach erfolgreichem Ablauf derselben wird der Schuldspruch getilgt.[950] Von den Möglichkeiten und der Ausgestaltung her ist die Aussetzung der Verhängung mit der Strafaussetzung zur Bewährung zu vergleichen, auf die obigen Ausführungen wird daher verwiesen.

Die Möglichkeit der Verknüpfung dieses Instituts mit anderen jugendstrafrechtlichen Maßnahmen ist umstritten. Während Weisungen und Auflagen als Bewährungsauflagen verhängt werden dürfen, ist die Zulässigkeit eines parallel angeordneten Jugendarrests problematisch. Dies wird von der h. M. als verbotene Analogie zu Lasten des Täters zu Recht abgelehnt; der Gegenauffassung ist durch eine neue Entscheidung des BVerfG die Grundlage entzogen.[951]

Im Betäubungsmittelbereich ist die Verbindung mit Maßnahmen der Suchtbehandlung von Interesse. In Betracht kommen vor allem die Anordnung nach § 64 StGB sowie die Weisung der Entziehungskur nach § 10 Abs. 2 JGG. Im Verhältnis zu Maßregeln der Besserung und Sicherung wird neben einer Unterbringung in einem psychiatrischen Krankenhaus gem. § 63 StGB das gleichzeitige Vorgehen nach § 27 JGG im Hinblick auf § 5 Abs. 3 JGG abgelehnt. Für § 64 StGB wird dies dagegen zum Teil bejaht; § 5 Abs. 3 steht einer gleichzeiti-

---

[947] AG Krefeld, StV 1983, S. 250; AG Braunschweig, DVJJ-J 1996, S. 396.

[948] *Körner*, § 35 Rdnr. 16 mit Verweis auf OLG Oldenburg, StV 1991, S. 420.

[949] S. dazu OLG Düsseldorf, StV 2003, S. 292 (Widerruf nach allgemeinem Strafrecht).

[950] *Brunner/Dölling*, § 27 Rdnr. 5 ff.; einschränkend auch für die Anordnung nach § 64 StGB unter Hinweis auf § 5 Abs. 3 JGG, *Eisenberg*, § 27 Rdnr. 19.

[951] S. Beschluss des BVerfG vom 09.12.2004 (2 BvR 930/04); Nachweise zum Streitstand bei *Brunner/Dölling*, § 27 Rdnr. 13 ff.

gen Unterbringung neben der Jugendstrafe nicht entgegen.[952] Allerdings wird man der Maßregel aufgrund der intensiveren Behandlung unter Erziehungs- und Subsidiaritätsgesichtspunkten grundsätzlich den Vorrang einzuräumen haben. Eine gleichzeitige Verhängung erscheint aber dennoch vertretbar, da das Ausmaß der schädlichen Neigungen bei § 27 JGG noch nicht feststeht und eine erfolgreiche Therapie ihrer Annahme regelmäßig entgegensteht, so dass der Schuldspruch nach Ablauf der Bewährungszeit zu tilgen ist.

Im Hinblick auf die Weisung nach § 10 Abs. 2 JGG ist zu berücksichtigen, dass diese als Bewährungsauflage generell zulässig ist. Problematisch ist, ob dies auch dann gilt, wenn sie in einer stationären Einrichtung vollzogen wird.[953] Dem könnte der Grundsatz der Einspurigkeit freiheitsentziehender Maßnahmen, wie er in §§ 8, 5 Abs. 3 JGG zum Ausdruck kommt, entgegenstehen. Dem muss man aber entgegenhalten, dass wenn schon eine Unterbringung gem. § 64 StGB nicht unzulässig ist, dies erst recht für eine an sich zulässige Weisung gelten muss.

e) „Vorbewährung", § 57 JGG

Aus der Tatsache, dass gem. § 57 JGG die Strafaussetzung zur Bewährung nachträglich durch Beschluss erfolgen kann, hat sich in der jugendstrafrechtlichen Praxis das Institut der „Vorbewährung" entwickelt.[954] Der Täter wird zu einer Jugendstrafe verurteilt, die Entscheidung über die Strafaussetzung zur Bewährung wird aber auf einen späteren Zeitpunkt verschoben. Für diesen Zeitraum werden dem Jugendlichen schon Bewährungsauflagen erteilt. So soll vorgeprüft werden, ob er Willens und in der Lage ist, die Bewährung durchzustehen. Der Jugendrichter erhält auf diese Weise eine bessere Grundlage für die bei der Strafaussetzung notwendige Prognoseentscheidung.

Soweit man dieses Vorgehen für zulässig hält, ist es eine Frage des Einzelfalls, ob es bei der in Rede stehenden Tat erforderlich ist oder nicht. Bei Drogenabhängigen wird man dies eher selten in Betracht zu ziehen haben. Bei geeigneten ausstiegswilligen Verurteilten kann das Institut der Vorbewährung mit der Therapieweisung nach § 10 Abs. 2 JGG verknüpft werden. Es bietet sich zudem an, wenn sich der Täter bereits freiwillig in eine Suchtbehandlung begeben hat. Damit kann insbesondere bei weniger schweren Formen der Abhängigkeit – Cannabis oder Ecstasy– durch eine Vorprüfung die Prognosegrundlage für die Bewährungsentscheidung vorbereitet und erweitert werden. Wenn man einige Zeit (etwa sechs Wochen bis drei Monate) für die Aufnahme und Anfangsphase der Therapie ansetzt und überwacht, wie sich der Proband gerade in dieser schwierigen Anfangszeit verhält, lässt sich auf diese Weise besser feststellen, ob er die weitere Therapie tatsächlich durchstehen wird.

---

[952] S. etwa BGH, NStZ 2004, S. 296; *Brunner/Dölling*, § 27 Rdnr. 17; gegen die Verbindung dieser Maßnahmen *Eisenberg*, § 27 Rdnr. 19

[953] Der Charakter der Entziehungskur nach § 10 Abs. 2 JGG ist unklar, s. unten § 9 III.

[954] Die Zulässigkeit dieses Instruments ist umstritten; befürwortend etwa *Brunner/Dölling*, § 57 Rdnr. 4 f. und *Eisenberg*, § 57 Rdnr. 6 ff., ablehnend *Ostendorf*, § 57 Rdnr. 5 jeweils m. w. N.

f) Strafrestaussetzung nach Teilverbüßung, § 88 JGG

Unter den Voraussetzungen des § 88 JGG kann nach der Verbüßung eines Teils der Jugendstrafe der Strafrest zur Bewährung ausgesetzt werden. Dies setzt eine günstige Entlassungsprognose voraus. Für die nähere Ausgestaltung gelten die Regelungen für die Strafaussetzung zur Bewährung durch Urteil, §§ 88 Abs. 6 S. 1, 22 Abs. 1, Abs. 2 S. 1 und 2, 23 - 26 JGG. Dem zu Entlassenden können für die folgende Bewährungszeit Weisungen und Auflagen erteilt werden. Auf die oben gemachten Ausführungen hierzu sei verwiesen.[955] Die zu stellende Prognoseentscheidung wird erheblich vom Verhalten des Verurteilten im Jugendstrafvollzug beeinflusst. Dabei sind bei Drogentätern insbesondere Verstöße gegen die Anstaltsordnung im Zusammenhang mit Betäubungsmitteln kritisch zu würdigen.

Die Möglichkeit der vorzeitigen Strafaussetzung ist bei Drogenkonsumenten ohne Abhängigkeitssymptomatik von Bedeutung, da bei ihnen eine Zurückstellung der Strafvollstreckung gem. § 35 BtMG nicht in Betracht kommt. Da auch ohne dass eine Abhängigkeit besteht ein Behandlungsbedarf in Bezug auf den Rauschmittelkonsum gegeben sein kann, kann auf diese Weise einem Rückfall entgegengewirkt werden. Dies ist vor allem bei gewohnheitsmäßigen Dauerkonsumenten mit hoher Konsumfrequenz an der Grenze zur Sucht relevant. Hierfür bietet sich als Entlassungsweisung neben der Entziehungskur die Teilnahme an einem Drogenseminar oder ein Drogen-Screening an.

Auch bei Abhängigen ist eine vorzeitige Entlassung außerhalb des § 35 BtMG nach § 88 JGG nicht ausgeschlossen, insbesondere wenn die engeren Voraussetzungen der betäubungsmittelrechtlichen Vorschrift nicht erfüllt sind.[956] Denn nur so kann ein abhängiger Straftäter vom Vollzug aus in eine Behandlungseinrichtung gelangen, wenn die der Verurteilung zugrunde liegende Tat ihre Ursache nicht in der Betäubungsmittelabhängigkeit hatte, wie es § 35 BtMG verlangt. Damit ist auch in solchen Fällen eine Behandlung im Anschluss an den Strafvollzug möglich. Erforderlich ist aber eine auf den Einzelfall abgestimmte Nachbetreuung, um mittels Bewährungsauflagen Rückfällen oder gar Selbstmordtendenzen vorzubeugen.[957]

g) Therapie und Strafvollstreckung, §§ 35 f., 38 BtMG

Um abhängigen Delinquenten die notwendige Hilfe zu ermöglichen, sieht das Betäubungsmittelstrafrecht in den §§ 35 ff. BtMG die Möglichkeiten einer Therapie anstelle der Strafvollstreckung vor. Dies wird ausführlich in § 9 V. dargestellt.

---

[955] Einzelheiten zu den Voraussetzungen des § 88 JGG bei *Eisenberg*, § 88 Rdnr. 2 ff.

[956] Im Übrigen ist bei der Bestimmung der Verbüßungsdauer der Jugendstrafe bei Drogenabhängigen § 36 Abs. 1 S. 3 BtMG vorrangig zu berücksichtigen, s. *Eisenberg*, § 88 Rdnr. 6.

[957] S. dazu *Burgheim*, BewH 1995, S. 456 ff.; ebenso *Brunner/Dölling*, § 88 Rdnr. 14

h) Absehen von Strafe, § 60 StGB

Ein Absehen von Strafe gem. § 60 StGB setzt voraus, dass die Folgen der Tat für den Täter schwer sind. Es ist dafür nicht erforderlich, dass er diese Folgen selbst erfährt, es genügen Auswirkungen auf nahe stehende Personen. Auf das Verschulden kommt es dabei nicht an. Auch schwerwiegende mittelbare Tatfolgen –etwa der Verlust des Arbeitsplatzes– können zu berücksichtigen sein.[958] Zudem muss die Bestrafung „offensichtlich verfehlt"[959] sein, die Sanktion also keine sinnvolle erzieherische Funktion mehr haben dürfen. Das Absehen ist obligatorisch, wenn die Voraussetzungen des § 60 StGB vorliegen.[960] Die Vorschrift ist nach Auffassung der h. M. im Jugendstrafrecht anwendbar.[961] Überschneidungen mit den §§ 31a, 29 Abs. 5[962] BtMG sind kaum möglich, da § 60 StGB anders als die betäubungsmittelrechtlichen Vorschriften an die Folgen der Tat anknüpft und nicht auf Konsumentendelikte beschränkt ist. Im Bereich der Begleit- und Beschaffungskriminalität ist im Rahmen des § 60 StGB zu bedenken, dass es sich dabei um eine Ausnahmevorschrift mit entsprechend hohen Anforderungen handelt.[963] Eine offensichtliche Verfehlung der Strafe ist hier nur in ungewöhnlichen Ausnahmefällen zu bejahen, etwa wenn der Täter im akuten Drogenrausch einen Verkehrsunfall verursacht hat, bei dem ein Familienmitglied stirbt. Die Notwendigkeit einer Suchtbehandlung bzw. das Bestehen einer Abhängigkeit stellt dagegen ebenso wenig einen derartigen schweren Ausnahmefall dar wie der Betäubungsmittelkonsum an sich. Denn hierbei handelt es sich nicht um Folgen der Tat, sondern wenn überhaupt um Ursachen. Vergleichbares gilt für die suchtbedingte Verelendung, da diese der Straftat vorausgeht und keine Folge derselben ist. Etwas anderes könnte gelten, wenn die Sucht und ihre Folgen erst durch die Tat zum Ausbruch kämen. Allerdings wird diese Konstellation einen absoluten Ausnahmefall darstellen, da die schweren Folgen einer Sucht nicht derart schnell zum Vorschein kommen.

4. Zulässige Maßregeln der Besserung und Sicherung, § 7 JGG

§ 7 JGG legt abschließend fest, welche Maßregeln der Besserung und Sicherung im Jugendstrafrecht zulässig sind. Es sind dies die Unterbringung in einem psychiatrischen Krankenhaus (§ 63 StGB) oder einer Entziehungsanstalt (§ 64 StGB), die Anordnung der Führungsaufsicht (§ 68 StGB) und die Entziehung der Fahrerlaubnis (§ 69 StGB). § 7 JGG ist im Verfahren gegen Heranwachsende anwendbar, soweit Jugendstrafrecht zur Anwendung gelangt, § 105 Abs. 1 StGB.

---

[958] Zu den Einzelheiten s. Schönke-Schröder-*Stree*, § 60 Rdnr. 3 ff.
[959] BGHSt 27, S. 298, 300; Schönke-Schröder-*Stree*, § 60 Rdnr. 8.
[960] LK[11]-*Hirsch*, § 60 Rdnr. 43.
[961] BayObLG, JR 1992, S. 387, 388 m. zust. Anm. *Brunner*; Einzelheiten bei *Brunner/ Dölling*, § 5 Rdnr. 8.
[962] Soweit sie neben den jugendstrafrechtlichen Diversionsvorschriften zur Anwendung kommen, s. oben § 7 I. 2. c) und d), II. 2. und 4.
[963] *Tröndle/Fischer*, § 60 Rdnr. 2.

Maßregeln der Besserung und Sicherung können prinzipiell mit allen jugendstrafrechtlichen Sanktionen verbunden werden. Die §§ 5 Abs. 3, 8 JGG stehen dem nicht entgegen.[964] Allerdings haben speziell die Unterbringungen nach §§ 63, 64 StGB wegen ihrer stärker spezialpräventiven Ausrichtung Vorrang vor Zuchtmitteln und Jugendstrafe, § 5 Abs. 3 JGG.

a) Unterbringung in einem psychiatrischen Krankenhaus, § 63 StGB

(1) Voraussetzungen und Anwendungsbereich

Die Unterbringung in einem psychiatrischen Krankenhaus gem. § 63 StGB, 7 JGG setzt die Begehung einer rechtswidrigen Tat im Zustand der Schuldunfähigkeit oder der erheblich verminderten Schuldfähigkeit (§§ 20 f. StGB) voraus. Dabei muss die Gesamtwürdigung des Täters und seiner Tat ergeben, dass er aufgrund seines Zustandes weitere erhebliche Taten begehen wird.[965] Im Hinblick auf den Erziehungsgedanken und den Grundsatz der Subsidiarität freiheitsentziehender Maßnahmen ist die Unterbringung junger Menschen jedoch nur als Ultima Ratio in besonderen Ausnahmefällen anzuordnen, wenn die Voraussetzungen tatsächlich vorliegen und es keinerlei andere Behandlungsmöglichkeiten gibt.[966]

Rauschmittelkonsum kann wie in § 5 II. ausgeführt in mehrfacher Hinsicht Auswirkungen auf die Schuldfähigkeit haben. Im Hinblick auf die zu stellende Gefährlichkeitsprognose für die Begehung erheblicher weiterer rechtswidriger Taten erfüllen ein akuter Intoxikationszustand oder Entzugserscheinungen in aller Regel nicht die Voraussetzungen des § 63 StGB, da es sich dabei nicht um länger andauernde Zustände handelt.[967] Anders kann dies bei Gewohnheitskonsumenten zu beurteilen sein, wenn die Möglichkeit einer Wiederholung besteht. Fehlen die Voraussetzungen des § 3 JGG, ist die Anordnung dennoch möglich, soweit die §§ 20 f. StGB vorliegen.[968]

Es ist im Zusammenhang mit Betäubungsmittelkonsum und Abhängigkeit vor der Anordnung sorgfältig zu prüfen, ob nicht weniger einschneidende Maßnahmen ausreichend sind, etwa die Weisung, sich einer Entziehungskur zu unterziehen (§ 10 Abs. 2 JGG), die Anordnung der Unterbringung in einer Entziehungsanstalt (§ 64 StGB) oder Verhängung und Vollzug einer Jugendstrafe.[969]

Ob Verstöße gegen das BtMG die Erheblichkeitsanforderungen erfüllen, ist eine Frage des Einzelfalls. In der Rechtsprechung wurde dies früher zum Teil pauschal bejaht.[970] Doch es ist zu differenzieren: Die Unterbringung nach § 63 StGB setzt voraus, dass sich der Täter für die Allgemeinheit als gefährlich er-

---

[964] *Eisenberg*, § 8 Rdnr. 5.
[965] Einzelheiten bei *Tröndle/Fischer*, § 63 Rdnr. 2 ff.
[966] Der BGH lässt bei Rauschmittelsucht nur in Ausnahmefällen eine Unterbringung nach § 63 StGB zu; z. B. BGHSt 10, S. 353 f.; BGH, StV 1991, S. 424 f. m. w. N.
[967] LK[11]-*Hanack*, § 63 Rdnr. 62 m. w. N.
[968] S. oben § 5 II. 1. b).
[969] BGHSt 37, S. 373, 374 f.; BGH, StV 1991, S. 424 f; BGH, NStZ 1991, S. 384 f. mit zust. Anm. *Walter*, NStZ 1992, S. 100 f.; dazu auch *Brunner/Dölling*, § 7 Rdnr. 2 und *Ostendorf*, § 7 Rdnr. 10.
[970] KG, JR 1959, S. 391.

weist. Dies ist bei der Drogenbeschaffung zum Eigenkonsum generell zu verneinen. Hier kommt es zu keiner über die Person des Täters hinausgehenden Gefährdung.[971] Zwar wird dabei der Rauschgifthandel aufrechterhalten, so dass das Interesse der Allgemeinheit an der Sicherung der Volksgesundheit tangiert ist. Doch gefährlich ist hier weniger der Konsument, der Rauschmittel nur für sich selbst erwirbt, sondern vor allem sein Dealer, der sie ihm verschafft und sie auf dem Markt anbietet. Im Übrigen fehlt bei diesen Taten oft nicht die Schuldfähigkeit bzw. ist sie nicht erheblich eingeschränkt. Soweit eine Weitergabe an Dritte festzustellen ist, ist ebenfalls nicht jeder Verstoß gegen das BtMG als ausreichend erheblich anzusehen. Maßgeblich sind die Umstände des Einzelfalls, wobei v. a. Art und Menge des Rauschmittels eine Rolle spielen.

Aus der generell bestehenden Möglichkeit, dass ein Süchtiger zur Finanzierung seiner Abhängigkeit Beschaffungsdelikte begehen könnte, kann nicht auf die tatsächliche Gefahr erheblicher Straftaten geschlossen werden. Denn dies setzt voraus, dass es dafür konkrete tatsächliche Anhaltspunkte gibt.[972]

(2) Verhältnis zu § 64 StGB

Im Zusammenhang mit Rauschmittelkonsum und Abhängigkeit ist das Verhältnis der §§ 63 und 64 StGB zueinander zu klären. Wenn man die Auffassung vertritt, dass es sich bei Süchtigen um psychisch gestörte Menschen handelt, könnte man die Anordnung der Unterbringung in ein psychiatrisches Krankenhaus vorrangig in Erwägung ziehen. Das KG ging in einer Entscheidung aus dem Jahr 1959 soweit, dass allein das Vorliegen der Sucht unabhängig von anderen Ursachen die Unterbringungsanordnung rechtfertigte.[973]

Diese pauschale Ansicht begegnet erheblichen Bedenken, schon weil § 64 StGB gerade zur Behandlung Suchtkranker geschaffen wurde, was einen grundsätzlichen Vorrang dieser Vorschrift nahe legt. Allerdings können neben der Sucht andere psychische Störungen bestehen, die im Rahmen der Behandlung nach § 64 StGB nicht wirksam behandelt werden können. Da psychische Störungen eine Ursache für Drogenkonsum sein können, muss man im Hinblick auf die Möglichkeiten einer Behandlung folglich differenzieren:

➢ War die psychische Störung für die Entwicklung der Abhängigkeit mit ausschlaggebend, dann bietet sich die Unterbringung in der psychiatrischen Klinik gem. § 63 StGB an, da in diesem Fall die Ursachen der Sucht hier besser behandelt werden können. Dies kann in Betracht kommen, wenn neben der Sucht andere behandlungsbedürftige Krankheiten vorliegen, wie z. B. schwere hirnorganische Störungen oder endogene Psychosen.[974] Die Be-

---

[971] Ebenso OLG Düsseldorf, JMBl. NRW 1950, S. 255, 256; zustimmend LK[11]-*Hanack*, § 63 Rdnr. 60; a. A. noch KG, JR 1959, S. 391

[972] *Tröndle/Fischer*, § 63 Rdnr. 9.

[973] KG, JR 1959, S. 391; ähnlich BGH, NStZ 1994, S. 30 f.; ähnlich BGH, NStZ 2002, S. 197, wo die krankhafte Drogensucht ebenfalls als eine Störung i. S. d. § 63 StGB aufgefasst wird.

[974] BGH, StV 2001, S. 677 f.; für Persönlichkeitsstörungen ähnlich auch BGH, NStZ 2002, S. 197; *Täschner*, § 16 Rdnr. 170 ff.; LK[11]-*Hanack*, § 63 Rdnr. 73.

handlung der Drogenabhängigkeit ist dann eine positive Nebenwirkung, da mit Wegfall der Hauptstörung auch die Ursache für Konsum und Abhängigkeit entfallen kann.

> Ist die psychische Störung dagegen nur einer unter mehreren dominierenden Ursachenfaktoren für die Entstehung der Sucht, also nicht der wesentliche Entstehungsfaktor, so ist diese Maßregel zur Behandlung ungeeignet. Die Unterbringung in einer Entziehungsanstalt gem. § 64 StGB ist dann vorrangig. Es ist unwahrscheinlich, dass in dieser Konstellation in einem psychiatrischen Krankenhaus Erfolge in der Suchtbehandlung erzielt werden können. Die anderen Patienten in der Einrichtung sind für die Erreichung des Entzugs- und Erziehungszieles abträglich; Suchtbehandlung ist qualitativ etwas anderes als die Behandlung einer schweren psychischen Störung. Es gibt dort auch nicht in ausreichendem Maße das für diese spezielle Aufgabe geschulte Personal, und gerade bei jugendlichen Drogenabhängigen fehlen oft die Möglichkeiten einer gezielten persönlichen und individuellen Betreuung. Es besteht die Gefahr einer bloßen Verwahrung ohne gezielte Behandlung.[975]

Bei Fehlen eines geeigneten Therapieplatzes in einer Entziehungsanstalt ist ein Ausweichen auf eine psychiatrische Einrichtung im Übrigen ausgeschlossen.[976]

Diese Beurteilungsprobleme machen deutlich, wie wichtig die Hinzuziehung eines Sachverständigen in Verfahren im Betäubungsmittelkontext ist.

b) Unterbringung in einer Entziehungsanstalt, § 64 StGB

Obwohl die Zahl der Konsumenten und Abhängigen an sich verhältnismäßig hoch ist, spielt diese Maßregel in der jugendstrafrechtlichen Praxis nur eine untergeordnete Rolle.[977] Sie wird ausführlich in § 9 IV. behandelt.

c) Anordnung der Führungsaufsicht, § 68 StGB

Die Führungsaufsicht soll sowohl der Resozialisierung des Täters durch helfende Betreuung als auch der Sicherung der Allgemeinheit dienen. Dadurch soll eine bessere Nachbetreuung der Delinquenten erreicht werden.

Sie kann zum einen über § 68 StGB i. V. m. einer entsprechenden Verweisungsvorschrift des materiellen Strafrechts bei verschiedenen Delikten (etwa §§ 129a Abs. 7, 181b, 245, 256, 263 Abs. 6 StGB, 34 BtMG) angeordnet werden, zum anderen tritt sie in bestimmten gesetzlich benannten Fällen ein, wie z. B. im Zusammenhang mit der Unterbringung in einer Entziehungsanstalt (§§ 68 Abs. 2, 64, 67 b Abs. 2, 67c Abs. 1 S. 2 a. E, Abs. 2 S. 4, 67d Abs. 2 S. 2, Abs. 4, Abs. 5 S. 2 StGB). Ob bei Weigerung des Täters, sich einer Entziehungskur nach § 10 Abs. 2 JGG zu unterziehen, die Möglichkeit einer zeitlich unbefristeten Füh-

---

[975] *Becker/Schmickus*, BewH 1982, S. 252, 259; *Ostendorf*, § 7 Rdnr. 9.

[976] LG Bonn, NJW 1977, S. 345 f. Die Entscheidung wurde vom BVerfG bestätigt, JMBl. NRW 1977, S. 222. S. auch unten § 9 IV. 2. d) (2) a.

[977] Aktuelle Zahlen über den Umfang der Anordnung finden sich bei *Dölling* (2002), S. 55 ff., insbesondere Tabelle 14 (S. 72).

rungsaufsicht nach § 68c Abs. 2 S. 1 Nr. 2 StGB besteht, ist bisher nicht erörtert worden. Die Gesetzesmaterialien machen hierüber keine Angaben. Der Wortlaut des § 10 Abs. 2 JGG und des § 68c Abs. 2 S. 1 Nr. 2 StGB legen eine Einbeziehung dieser Fälle durchaus nahe. Die Begrifflichkeiten sind identisch und es handelt sich bei der jugendstrafrechtlichen Sanktion um eine Weisung.

Die Führungsaufsicht wird von einem zu bestellenden Bewährungshelfer und einer Aufsichtsstelle ausgeübt. Die nähere Ausgestaltung richtet sich nach §§ 68a ff. StGB; sie dauert mindestens zwei, maximal fünf Jahre, § 68c Abs. 1 StGB.

Diese von der theoretischen Konzeption her sinnvoll erscheinende Unterstützung des Täters hat sich in der Praxis als schwer umsetzbar erwiesen; die Führungsaufsicht ist nach wie vor nachhaltiger Kritik ausgesetzt.[978] Sie scheint im allgemeinen Strafrecht eine eher geringe praktische Bedeutung zu haben, obwohl es viele Fälle der Anordnung kraft Gesetzes gibt. Da die entsprechenden Sanktionen selten oder gar nicht gegen Jugendliche verhängt werden, greifen die gesetzlichen Anordnungsgründe im Jugendstrafverfahren auch nur in sehr wenigen Fällen.[979] Diese Tendenz wird im Jugendstrafrecht dadurch verstärkt, dass es unter Berücksichtigung des Verhältnismäßigkeitsgrundsatzes andere und wirksamere betreuerische Maßnahmen gibt, insbesondere die Betreuungsweisung gem. § 10 Abs. 1 S. 3 Nr. 5 JGG und die Unterstellung unter einen Bewährungshelfer.[980]

d) Entziehung der Fahrerlaubnis, §§ 69, 69a StGB

Obwohl sie nach herrschender Meinung primär als Sicherungsmaßregel verstanden wird und damit den jugendstrafrechtlichen Prinzipien nur begrenzt gerecht werden kann, gehört die Entziehung der Fahrerlaubnis zu den bedeutendsten Maßregeln im Jugendstrafrecht.[981]

Voraussetzung ist, dass der Täter eine rechtswidrige Tat begangen hat, die im Zusammenhang mit dem Führen eines Kraftfahrzeugs stand und er dadurch gezeigt hat, dass er dazu ungeeignet ist.[982] Die Entziehung der Fahrerlaubnis

---

[978]　Sie ist wegen der gegenläufigen Ziele stark umstritten; zur Bewertung und Kritik s. LK[11]-*Hanack*, Vor § 68 Rdnr. 24 ff.; im Bereich des Jugendstrafrechts s. *Ostendorf*, § 7 Rdnr. 14; *Eisenberg*, § 7 Rdnr. 30; Schönke/Schröder-*Stree*, § 68 Rdnr. 1 ff; kritisch für den Bereich des BtMG *Körner*, § 34 Rdnr. 4. Zu den Möglichkeiten der Führungsaufsicht bei Suchtkranken s. die Beiträge von *Mainz*, *Zander* und *Schöch*, in: Dessecker/Egg (Hrsg.): Die strafrechtliche Unterbringung in einer Entziehungsanstalt, 1995.

[979]　*Gebhardt* (1998a), § 19 Rdnr. 101; *Ostendorf*, Grdl. z. §§ 5-8 Rdnr. 5: Danach wurde die Führungsaufsicht im Jahr 2000 gegen Jugendliche nur in 3 Fällen, gegen Heranwachsende in 8 Fällen angeordnet.

[980]　*Eisenberg*, § 7 Rdnr. 30, 32: Die Ausgestaltung und erwartete Einwirkungsmöglichkeit sind „vergleichsweise vage geblieben". Zudem sind die mit der Führungsaufsicht betrauten Bewährungshelfer schon durch die große Probandenzahl bei der Jugendstrafe zur Bewährung überlastet, *Ostendorf*, § 7 Rdnr 14.

[981]　Schönke/Schröder-*Stree*, § 69 Rdnr. 2. 1998 wurden 1.434 Jugendlichen die Fahrerlaubnis entzogen, überwiegend für einen Zeitraum von mehr als sechs Monaten; *Eisenberg*, § 7 Rdnr. 41.

[982]　Einzelheiten bei *Tröndle/Fischer*, § 69 Rdnr. 2 ff.

kommt nicht nur bei Verkehrsverstößen im engeren Sinne in Betracht, sondern es soll ein Zusammenhang mit dem Führen eines Kraftfahrzeuges genügen (s. dazu sogleich). Der Begriff des Kraftfahrzeuges umfasst gem. § 1 Abs. 2 StVG alle Landfahrzeuge, die durch Maschinenkraft fortbewegt werden, unabhängig davon, ob für den Betrieb ein Führerschein erforderlich ist. Dazu zählen neben Personenkraftwagen Roller, Mopeds oder Fahrräder mit Hilfsmotor.[983] Der Täter muss sich als ungeeignet zum Führen eines Kraftfahrzeuges erwiesen haben. Die mangelnde Eignung kann sich zum einen aus körperlichen oder geistigen Mängeln ergeben, zum anderen aber auch auf einer charakterlichen Unzuverlässigkeit beruhen. Eine Verurteilung ist nicht erforderlich, es genügt die Rechtswidrigkeit der Tat. Diese Maßregel kann daher auch verhängt werden, wenn der Täter wegen Schuldunfähigkeit (§ 20 StGB) nicht schuldig gesprochen werden konnte. Nach BGHSt 6, S. 394, 397 f. ist die Anordnung dieser Maßregel bei Fehlen der strafrechtlichen Verantwortlichkeit gem. § 3 JGG ebenfalls zulässig.[984]

Ob die Regelvermutung des § 69 Abs. 2 StGB im Jugendstrafrecht gilt, ist umstritten. Dies wird teilweise bejaht, da die Maßregel nicht allein der Erziehung des Täters diene, sondern auch das Sicherungsbedürfnis der Allgemeinheit umfasse, was auch in § 7 JGG zum Ausdruck komme.[985] Die Gegenauffassung macht geltend, dass bei einer schematischen Anwendung der Regelvermutung die spezifisch erzieherische Orientierung des Jugendstrafrechts umgangen werde. § 7 JGG sei hinsichtlich der Anwendbarkeit der Maßregeln der Besserung und Sicherung eine Kann-Vorschrift.[986]

Der Verweis beider Seiten auf den Wortlaut des § 7 JGG ist aufgrund der nicht eindeutigen Formulierung unergiebig. Beide Auslegungen lassen sich damit stützen.[987] Die Lösung muss daher über die Gesetzeszwecke gefunden werden. Dabei ist zwar zu berücksichtigen, dass die Maßregel eine Sicherungsfunktion gegenüber der Allgemeinheit zum Schutz vor ungeeigneten Fahrzeugführern hat, dieser Zweck jedoch von den Prinzipien des Jugendstrafrechts, insbesondere dem Erziehungsgedanken, überlagert wird. Bei der Auslegung der Normen des allgemeinen Strafrechts muss der Erziehungsgedanke stets berücksichtigt werden, denn die in § 7 JGG genannten zulässigen Maßregeln unterliegen im Hinblick auf § 2 JGG den Grundsätzen des JGG.[988] Dass der Zweck des § 7 JGG auch darin liegen soll, dem Sicherungsbedürfnis der Allgemeinheit den Vorrang gegenüber dem Jugendstrafrecht einzuräumen, lässt sich daher nicht begründen. Die gesamte Ausrichtung des JGG widerspricht dieser Annahme. Die Sicherung der Allgemeinheit geht aber nicht deswegen verloren, weil eine Maßnahme auch am Erziehungsgedanken gemessen wird. Beide Prinzipien werden sich vielmehr

---

[983] *Tröndle/Fischer* § 44 Rdnr. 7.

[984] Dies ist herrschende Meinung, *Brunner/Dölling*, § 7 Rdnr. 13 m. w. N.

[985] *Wölfl*, NZV 1999, S. 69, 70; ebenso etwa *Ostendorf*, § 7 Rdnr. 15; in diese Richtung auch BGHSt 37, S. 373 ff.

[986] *Eisenberg*, § 7 Rdnr. 35 m. w. N.

[987] Zu den Auslegungsmöglichkeiten s. *Wölfl*, NZV 1999, S. 69.

[988] *Brunner/Dölling*, § 2 Rdnr. 2.

oft überschneiden. Junge Menschen bilden für den Straßenverkehr eine Risiko-gruppe[989], so dass das Schutzbedürfnis der Allgemeinheit oft in hohem Maße betroffen ist. Damit ist zugleich in aller Regel das erzieherische Bedürfnis für die Verhängung dieser Maßregel entsprechend groß. Im Ergebnis sind im Übrigen zudem auch die Befürworter der Anwendbarkeit des § 69 Abs. 2 StGB im Hinblick auf Erziehungsgesichtspunkte gegen eine zu schematische Anwendung dieser Vorschrift. Außerdem soll die Bemessung der Dauer der Sperrfrist den Besonderheiten jugendlicher Straftäter angemessen sein.[990]

Diese Maßregel kann im Betäubungsmittelbereich unter mehreren Gesichts-punkten in Erwägung zu ziehen sein. Vorrangig ist die Teilnahme am Straßen-verkehr unter Einfluss von Betäubungsmitteln zu nennen, wenn es dabei zu ei-nem Unfall oder einer abstrakten (§ 316 StGB) bzw. konkreten (§ 315c StGB) Gefährdung kommt. Wie sub. § 3 V. ausgeführt, muss mangels gesicherter Grenzwerte eine relative Fahruntüchtigkeit festzustellen sein. Auch eine Dro-genabhängigkeit kann dabei die Entziehung der Fahrerlaubnis begründen.[991]

Im Hinblick auf Verstöße gegen das BtMG kann die Nutzung eines Kraftfahr-zeugs für eine Drogenbeschaffungsfahrt als Anknüpfungspunkt für die Entzie-hungsanordnung heranzuziehen sein. Dies ergibt sich daraus, dass der Begriff des Zusammenhangs von der Rechtsprechung bisher sehr weit gefasst wird. Die Nutzung des eigenen Fahrzeugs für Beschaffungstaten wird als Indiz für die charakterliche Unzuverlässigkeit betrachtet, wobei zusätzlich eine Gesamtwür-digung der Täterpersönlichkeit erforderlich sei.[992] Dieser letzte Aspekt trete aber bei zunehmender Tatschwere (speziell bei wiederholter Deliktsbegehung) in den Hintergrund.[993] Die Praxis neigt auch bei Fahrten zur Deckung des Eigenbedarfs dazu, einen Eignungsmangel im Sinne des § 69 StGB anzunehmen.[994] Dies wird man aber vom Einzelfall abhängig machen müssen. Wenn ein 17-Jähriger mit seinem Mofa in den Nachbarort fährt, um sich dort Haschisch zu besorgen, ver-mag allein die Fahrt die Unzuverlässigkeit nicht zu begründen. Wenn er sich re-gelmäßig eine Flasche hochprozentigen Alkohols kauft, wird man ihm auch nicht allein wegen der Fahrt zum Supermarkt die Fahrerlaubnis entziehen. Die unterschiedliche strafrechtliche Relevanz beider Verhaltensweisen –der Besitz von Cannabis ist strafbar, der von Alkohol nicht– lässt keine zwingende Aussa-ge über die charakterliche Zuverlässigkeit in Bezug auf die Teilnahme am Stra-ßenverkehr zu. Denn der Konsum beider Substanzen ist gerade nicht strafbar. Das entscheidende Indiz für die Beurteilung liegt daher m. E. darin, ob der Täter vor oder während der Fahrt das Rauschmittel konsumiert und deshalb im Rausch

---

[989] S. *Brunner/Dölling*, § 105 Rdnr. 6c

[990] *Wölfl*, NZV 1999, S. 69, 70 f.; *Ostendorf*, § 7 Rdnr. 15.

[991] S. dazu LK[11]-*Geppert*, § 69 Rdnr. 51.

[992] BGH, NStZ-RR 2003, S. 122; NStZ-RR 1997, S. 197 f.; OLG Düsseldorf, StV 2003, S. 623 f.; zur Gesamtwürdigung s. *Körner*, Anhang C 4 Rdnr. 12 ff.; *Tröndle/Fischer*, § 69 Rdnr. 9 ff.

[993] Nähere Einzelheiten bei *Körner*, Anh. C 4 Rdnr. 18 ff.; s. dazu auch den Vorlagebe-schluss des 4. Strafsenats, BGH, JR 2004, S. 119 ff.;

[994] OLG Düsseldorf, NStZ-RR 1997, S. 494 f.

am Straßenverkehr teilnimmt. Erst jetzt ist die charakterliche Unzuverlässigkeit zu bejahen. Demnach ermöglichen erst weitere Handlungen –wie hier die Teilnahme am Straßenverkehr unter Betäubungsmitteleinfluss– Feststellungen über die charakterliche (Un-)Zuverlässigkeit. Anderenfalls kann der Anwendungsbereich dieser Maßregel nahezu grenzenlos ausgedehnt werden. Zudem führt die pauschale Einordnung von Beschaffungsfahrten in den Bereich der charakterlichen Unzuverlässigkeit zu einer Gleichstellung dieser Deliktsgruppe mit den in § 69 Abs. 2 StGB genannten Taten.[995] Dies widerspricht aber der gesetzgeberischen Intention, denn sonst hätte der Gesetzgeber sie in den Katalog aufgenommen.

Anzumerken ist, dass es in diesem Bereich aufgrund des Vorlagebeschlusses des 4. Strafsenats zu Veränderungen in der Rechtspraxis kommen kann. Danach soll für § 69 StGB ein engerer verkehrsspezifischer Zusammenhang zwischen Anlasstat und der Nutzung des Kraftfahrzeugs erforderlich sein. Der Täter muss bereit sein, die Sicherheit des Straßenverkehrs seinen eigenen kriminellen Interessen unterzuordnen.[996] Für Beschaffungsfahrten würde dies bedeuten, dass nicht allein aufgrund der Fahrt die Ungeeignetheit zu bejahen ist, sondern dass, wie hier vertreten, zusätzliche Anhaltspunkte –etwa bei einer Verfolgung oder Kontrolle– vorliegen müssen.[997]

Bei der Fahrerlaubnisentziehung ist bei jungen Menschen der Verhältnismäßigkeitsgrundsatz gem. § 62 StGB bzw. der Erziehungsgedanke besonders zu beachten. Diese Maßregel stellt in der heutigen Zeit eine der fühlbarsten und schmerzhaftesten Sanktionen des deutschen Strafrechts dar. Viele Jugendliche und Heranwachsende definieren ihren Selbstwert über die mit einem Fahrzeug verbundene Mobilität. Das fahren Können und Dürfen bilden zusammen ein wichtiges Statussymbol. Ohne diese Möglichkeit sinkt das Ansehen des Betroffenen innerhalb des Bekannten- und Freundeskreises erheblich. Deshalb ist zu prüfen, ob ein Fahrverbot gem. § 44 StGB –soweit dessen Voraussetzungen vorliegen– unter erzieherischen Gesichtspunkten nicht ausreichend und damit vorrangig ist.[998] Zu berücksichtigen sind in diesem Zusammenhang auch die möglichen Auswirkungen der Entziehung auf die schulische und berufliche Bildung. Vor allem Betroffene, die in eher ländlichen Gebieten leben, sind auf ein Fortbewegungsmittel angewiesen, soweit dies nicht durch die Nutzung des öffentlichen Personennahverkehrs kompensiert werden kann.

6. Nebenstrafen und Nebenfolgen, § 6 JGG

§ 6 Abs. 1, 2 JGG regelt die zulässigen Nebenstrafen und Nebenfolgen. Zu ersteren gehört das Fahrverbot gem. § 44 StGB, zu letzteren gehören Einziehung und Verfall, §§ 73 ff., 74 ff StGB.

---

[995] Kritisch insoweit BGHR StGB § 69 Abs. 1 Entziehung 6.
[996] BGH, JR 2004, S. 119 ff. mit zust. Anm. *Kühl* (S. 125 ff.); der 1. Strafsenat will aber an seiner gegenteiligen Rechtsauffassung festhalten, s. BGH, JR 2004, S. 123 ff.
[997] In diese Richtung BGH, JR 2004, S. 119, 123.
[998] S. dazu AG Bremen-Blumenthal, StV 2002, S. 372, 373 f.

a) Fahrverbot, § 44 StGB

Das Fahrverbot hat eine spezialpräventive Warn- und Besinnungsfunktion. Die Voraussetzungen ähneln der der Entziehung der Fahrerlaubnis. Anders als die Maßregel der Besserung und Sicherung setzt es aber eine Verurteilung voraus. Das Fahrverbot kommt neben Erziehungsmaßregeln, Zuchtmitteln und Jugendstrafe angeordnet werden, § 8 Abs. 3 JGG. Inwieweit es im Zusammenhang mit der Aussetzung der Verhängung der Jugendstrafe nach § 27 JGG angeordnet werden kann, ist umstritten.[999]

Ein Fahrverbot kommt bei Straftaten im Zusammenhang mit dem Führen eines Kraftfahrzeugs oder unter Verletzung der Pflichten eines Kraftfahrzeugführers in Betracht.[1000] Dafür kann schon Cannabiskonsum ausreichend sein.[1001] Es ist auf maximal drei Monate befristet. Der Verurteilte erhält nach Ablauf der Sperrfrist seine hinterlegte Fahrerlaubnis automatisch zurück.

b) Verfall und Einziehung, § 73 ff., 74 ff. StGB

Mit der Anordnung des Verfalls gem. § 73 StGB werden dem Täter die Vorteile entzogen, die er aus der Tat erlangt hat.[1002] Verfallsobjekt im Betäubungsmittelbereich ist etwa der Verkaufserlös eines Dealers. Im Jugendstrafrecht besteht für diese Taten mit der Geldauflage gem. § 15 Abs. 1 Nr. 4 JGG eine eigenständige Sanktion, die Verfallswirkungen haben kann (§ 15 Abs. 2 Nr. 2 JGG).

Eine Einziehung gem. § 74 StGB kommt in Betracht, um dem Täter die für die Tatausführung benötigten Tatwerkzeuge zu entziehen, etwa die Waffe des Räubers oder das Einbruchswerkzeug (z. B. Brecheisen, Dietriche).[1003] Damit bietet sich diese Maßregel vor allem bei Beschaffungsdelikten an.

Die Anordnung dieser Nebenfolgen hat zu erfolgen, wenn ihre Voraussetzungen vorliegen. Allerdings handelt es sich beim Verfall gem. § 74 StGB um eine Kann-Vorschrift, soweit es keine zwingenden Regelungen gibt (etwa § 150 StGB). Die Anordnung der Einziehung bzw. des Verfalls darf allerdings nicht zu einer finanziellen Überlastung des jungen Täters mit den Wirkungen einer Geldstrafe führen.[1004] Soweit die Grundsätze des Jugendstrafrechts entgegenstehen, kann die Anordnung ebenfalls unzulässig sein.[1005]

---

[999] Dafür *Ostendorf*, § 27 Rdnr. 9; ablehnend *Eisenberg*, § 27 Rdnr. 20 jeweils m. w. N.
[1000] Einzelheiten bei *Tröndle/Fischer*, § 44 Rdnr. 2, 5 ff.
[1001] S. etwa BayObLG, NZV 2003, S. 252 f.
[1002] Einzelheiten bei *Tröndle/Fischer*, § 73 Rdnr. 5 ff.
[1003] Einzelheiten bei *Tröndle/Fischer*, § 74 Rdnr. 3 ff.
[1004] *Eisenberg*, § 6 Rdnr. 5.
[1005] *Brunner/Dölling*, § 6 Rdnr. 1, § 2 Rdnr. 2.

§ 9 – Therapie und Rehabilitation

I. Das grundsätzliche Problem – Therapie unter Zwang

Da Strafen ein wenig probates Mittel ist, um einer Abhängigkeit zu begegnen, sieht das (Jugend-)Strafrecht verschiedene Maßnahmen speziell für Straftäter mit Drogenproblemen vor. Zu nennen sind die Weisung gem. § 10 Abs. 2 JGG (Entziehungskur), die Therapievorschriften der §§ 35 ff. BtMG und die Anordnung der Unterbringung in einer Entziehungsanstalt gem. § 64 StGB. Dabei liegt der Schwerpunkt der strafrechtlichen Intervention auf der Einleitung der Behandlung. Die Nachsorge spielt –bisher– nur eine untergeordnete Rolle. Drogenabhängigkeit gilt unabhängig von ihren Entstehungsbedingungen als Krankheit.[1006] Die Frage einer Suchtbehandlung stellt sich vor allem bei den harten Drogen, also Heroin und Kokain, da deren Konsumenten am stärksten unter den negativen Folgen von Konsum und Abhängigkeit leiden. Die Behandlung gestaltet sich als außerordentlich schwierig, die Chancen für den erfolgreichen Abschluss einer Therapie sind insgesamt nicht sehr hoch.[1007] Erschwert wird die Suchtbehandlung dadurch, dass neben der Abhängigkeit häufig andere psychische Störungen auftreten.[1008] Doch auch bei anderen Drogen und selbst bei Cannabis kann eine Therapie zu erwägen sein.

Dass ein Teil der Betroffenen quasi von allein wieder aus der Drogenabhängigkeit herauswächst, wurde bereits angesprochen.[1009] Doch dies betrifft insgesamt nur einen eher kleinen Teil der Süchtigen. Bei allen anderen muss und kann der Wunsch nach einem Ende der Sucht erst geweckt werden.

1. Therapiemotivation – Einflussfaktoren

Der wichtigste Faktor für eine erfolgreiche Therapie ist die Bereitschaft des Betroffenen, diese durchzustehen. Das setzt eine entsprechende Motivation voraus, die so genannte Therapiebereitschaft. Ohne Motivation ist die Suchtbehandlung zum Scheitern verurteilt. Eines der grundlegenden Probleme der Praxis ist, diese Motivation feststellen zu können. Die Schwierigkeiten beginnen vielleicht schon damit, dass es bisher nicht gelungen ist, klar zu definieren, was darunter über-

---

[1006] DBDD, REITOX 2002, S. 1; DBDD, REITOX 2000, S. 88, 144; kritisch dagegen die Vertreter der akzeptierenden Drogenarbeit und des Harm-reduction-Ansatzes (s. dazu unten II. 3).

[1007] *Dölling* (1995), S. 22 mit Hinweisen auf verschiedene Untersuchungen.

[1008] Eine Übersicht dazu gibt *Schepker*, S. 52, 58 ff.

[1009] Zum Phänomen des „maturing-out" s. oben § 4 III.

haupt zu verstehen ist.[1010] Doch davon hängt etwa die Prognose über die Wirksamkeit einer therapeutischen Behandlungsmaßnahme –oder eines bestimmten Behandlungsansatzes– ab. Für den speziellen Bereich der Behandlung Drogenabhängiger gibt es zu diesem Problemkreis bis dato nur wenig empirisches Material, so dass man auf –allgemeine– Erkenntnisse aus anderen Behandlungsfeldern zurückgreifen muss.

Man kann Motivation aus dem Verhältnis Leidensdruck – Krankheitsgewinn bestimmen.[1011] Doch damit wird das zugrunde liegende komplexe Phänomen nur unzureichend wiedergegeben, da sich dahinter weitere Einflussfaktoren verbergen.[1012] Leidensdruck ist ein wichtiger Faktor für die Therapiemotivation, aber er ist allein nicht immer ausreichend. Nur weil ich mich krank fühle, bedeutet dies nicht, dass ich deshalb zu einem Arzt gehen werde. Notwendig ist gleichzeitig eine entsprechende ausreichend große Behandlungsbereitschaft. Zu einfach ist es auch, die Motivationsfrage als ein rein probandeninternes Problem aufzufassen. Mögliche externe Ursachen werden bei dieser Sichtweise vorschnell ausgeblendet.[1013]

Entstehung und Ausbildung der Therapiebereitschaft hängen von verschiedenen Faktoren ab, die man in innere und äußere unterteilen kann. Studien zur Therapiemotivation an Inhaftierten in Bezug auf eine Psychotherapie zeigen, dass etwa die Problembelastung vor der Therapie, die Bewertung einer möglichen Therapie, die Möglichkeiten der Problemverarbeitung durch die Therapie, die Vorteile für den Vollzug und schließlich auch die Verfügbarkeit einer Therapie bzw. eines Therapieplatzes eine Rolle spielen können.[1014] Ähnliche Umstände können für die Therapiemotivation eines Drogenabhängigen relevant werden. Im Gegensatz zu den nicht süchtigen Personen werden bei ihnen jedoch die Handlungseinstellungen von der Abhängigkeit und ihren Wirkungen –Drogenerleben, (Angst vor) Entzugserscheinungen– in erheblichem Maße beeinflusst.[1015] Das Zurückfallen in den Rausch ist letztlich doch sehr viel einfacher, als sich mit dem schmerzhaften und unbequemen Weg aus der Sucht zu befassen. Und bei einer vergleichsweise milden Sucht wie bei Cannabis fehlt oft schon die Ein-

---

[1010] *Dahle* (2003b), S. 231 f.

[1011] S. dazu *Dahle* (1995), S. 26 f. Der Begriff `Krankheitsgewinn` geht auf *S. Freud* zurück und umfasst den inneren Nutzen, den der Kranke aus seiner Krankheit zieht (primärer Krankheitsgewinn, insbesondere die Flucht in die Krankheit), sowie den äußeren Nutzen, den er aufgrund der Krankheit von seiner Umwelt etwa in Form von Aufmerksamkeit bekommt (sekundärer Krankheitsgewinn), s. *Dorsch*, S. 411 (Stichwort Krankheitsgewinn).

[1012] Zum gegenwärtigen Forschungsstand und zur Kritik s. *Dahle* (1995), S. 21 ff.; *ders.* (2003b), S. 231 ff.

[1013] *Dahle* (2003a), S. 177.

[1014] Zusammenfassend s. *Dahle* (1995), S. 101 mit Abb. 12.2.

[1015] Dies legen auch die Ergebnisse von *Müller*, Suchtgefahren 1987, S. 346, 349 f., nahe, der einen starken Zusammenhang zwischen Therapiebereitschaft und hoher Konsummotivation feststellen konnte. Er unterscheidet in seinem speziell für junge Drogenabhängige entwickelten Modell die Dimensionen Therapiebereitschaft, Ausstiegsmotivation und Konsummotivation. Dabei soll die Ausstiegsmotivation die Therapiebereitschaft stützen, während die Konsummotivation je nach Intensität als Antagonist fungiert.

sicht, dass überhaupt eine behandlungsbedürftige Abhängigkeit vorliegt, so dass
die Notwendigkeit einer Therapie kategorisch abgelehnt wird. Demnach können
Leidensdruck und Behandlungsbereitschaft verschiedene Ursachen haben. Diese
sind zusammenfassend in Schaubild 22 dargestellt.

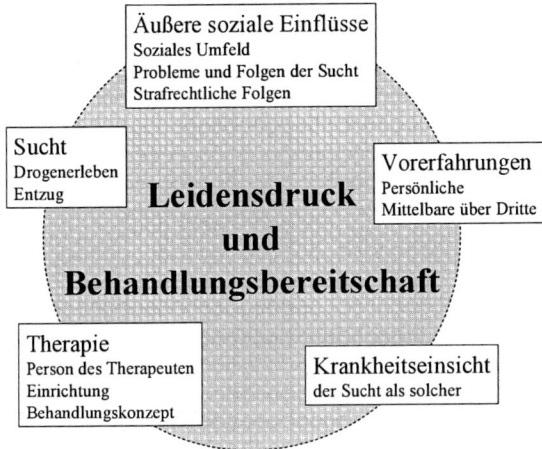

Schaubild 22: Therapiemotivation

Krankheits- oder Problemeinsicht und der Wunsch nach Verbesserung des eigenen Zustands spielen für die Entwicklung der Therapiemotivation eine zentrale
Rolle. Erst wenn der Einzelne seinen Zustand als behandlungsbedürftig erkennt,
kann er sich wirklich damit auseinandersetzen. Im Hinblick auf die Behandlungsbereitschaft kann es bei Abhängigen weiter von Bedeutung sein, welche
Erfolgsaussichten einer Therapie beigemessen werden.[1016] Dies kann wiederum
davon abhängen, wie die Therapie als solche bewertet wird und wie das Verhältnis zu dem oder den Therapeuten wahrgenommen wird. Dabei spielen mittelbare oder unmittelbare frühere Therapieerfahrungen eine Rolle.[1017] Es ist nicht
unverständlich, dass ein Inhaftierter, der erfolglos an einer Therapie teilgenom-
men hat, nicht mit allzu großer Begeisterung an eine Fortsetzung oder Wiederholung denken wird.[1018] Vergleichbares kann gelten, wenn er von Dritten Berichte über deren Erfahrungen mit einer Einrichtung hört.

Bei den externen Faktoren spielt oft das soziale Umfeld eine tragende Rolle, etwa in Gestalt der neuen Freundin, die auf den Ausstieg drängt. Bezugspersonen
können außerdem Einfluss auf die Krankeneinsicht und die Einschätzung einer

---

[1016] *Dahle* (2003b), S. 231, 247 weist in diesem Kontext zu Recht auf die Notwendigkeit eines
zielgruppenspezifischen Motivationsverständnisses hin. Insoweit besteht auch bei Drogenabhängigen nach wie vor Forschungsbedarf.

[1017] *Gößling u. a.*, FortschrNeurolPsychiat 2001, S. 474, 477.

[1018] *Dahle* (2003b), S. 231, 248.

Behandlung haben. Daneben kann auch strafrechtlicher Druck eine Rolle spielen, da er auf den Leidensdruck Auswirkungen haben kann.[1019]
Welche Umstände einen Abhängigen letztlich zur Behandlung bewegen, lässt sich jedoch nicht pauschal beantworten. Die Faktoren wirken –wie bei der Konsum- und Suchtgenese– auf komplexe und im Einzelfall schwer vorhersagbare Weise zusammen. Die Therapiemotivation Drogenabhängiger entwickelt sich aus einem Gemisch äußerer und innerer Umstände, die teilweise ins Irrationale hineinreichen und erheblichen –zum Teil sogar täglichen– Schwankungen unterworfen sein können.[1020] Man kann sie daher als ambivalent bezeichnen.[1021]

2. Abhängigkeit und Therapiemotivation

Es wird zum Teil bezweifelt, dass Therapiemotivation bei Abhängigen überhaupt bestehen könne. Es wird unterstellt, dass sie bei ihnen generell nicht gegeben sei, da sie zu sehr in ihrem Drogenleben verhaftet seien. Aus diesem Grund sei etwa die Weisung nach § 10 Abs. 2 JGG für diese Gruppe nur in Ausnahmefällen in Betracht zu ziehen, nämlich nur, wenn vor der Verurteilung bereits eine Therapie begonnen wurde.[1022]
Solchen Überlegungen kann in dieser Allgemeinheit nicht gefolgt werden. Das Bestehen einer Abhängigkeit lässt keine Aussage über das Bestehen oder Nichtbestehen der Therapiewilligkeit oder -fähigkeit zu. Es ist kein Grund ersichtlich, warum ein Abhängiger nicht ernsthaft zum Ausstieg bereit sein kann und will. Selbst intravenös spritzende Heroinabhängige sind in der Lage, ihre Situation zu erfassen und zu erkennen, in welchem Elend sie leben. In ihrem Inneren wissen sie, dass ihr Leben nicht in geordneten, normalen Bahnen verläuft, sondern allein von der Droge diktiert wird. Der Wille zum Ausstieg mag schwanken, aber er kann immer wieder auftreten. Zudem zeigt das Phänomen des „maturing-out"[1023], dass bei dieser Personengruppe die prinzipielle Bereitschaft zu Ausstieg und Enthaltsamkeit bestehen kann. Würde man dies unberücksichtigt lassen, bliebe eine an sich günstige Ausgangslage ungenutzt.

3. Therapiemotivation und justizieller Zwang

Damit stellt sich im Schnittpunkt von Therapie und Strafe die Frage, ob mittels strafrechtlicher Maßnahmen die Therapiemotivation insbesondere unter Berücksichtigung des Leidensdrucks aufgebaut und gefördert werden kann oder ob das Strafrecht hier ausschließlich kontraproduktiv ist.

[1019] S. eingehend unten 3.
[1020] *Bühringer* (1998), § 5 Rdnr. 394 ff.; *Egg*, BewH 1993, S. 26, 29 f.
[1021] *Müller*, Suchtgefahren 1987, S. 346.
[1022] *Tilmann*, ZBl. 1978, S. 461, 464 f.
[1023] Der Begriff bezeichnet ein Ausbrechen oder Herauswachsen aus dem Suchtkreislauf, s. oben § 4 III.

a) Die Gegner

Die Kritiker stützen sich vor allem auf den angeblich unauflöslichen Widerspruch zwischen Freiwilligkeit und Zwang. Die freiwillige Bereitschaft des Patienten, sich zu ändern, sei Grundvoraussetzung jeder Therapie. Die Anwendung justiziellen Zwangs stehe dem aber diametral entgegen. Die Erzeugung eines Leidensdrucks mit den Möglichkeiten des Strafrechts, v. a. einer drohenden Haftstrafe, wird daher als illusionär angesehen. Der Betroffene werde sich unter diesem Druck auf keinen Fall der Behandlung wirklich öffnen.[1024] Er werde sich vielmehr –innerlich– gegen die Therapie sperren, da er zu viel Angst habe, ohne Drogen wieder mit seinen Problemen allein zu sein oder weil er sich durch die Therapie in seiner Persönlichkeit verletzt fühle.[1025] Daneben dürfte eine große Abneigung gegen die staatlicherseits aufoktroyierte Maßnahme bestehen. Bei einer tief in die Persönlichkeit eingreifenden Therapie führe äußerer Druck nahezu zwangsweise zu Ablehnung. Verstärkt werde dies, weil der Patient keine bzw. kaum Mitsprachemöglichkeiten bezüglich der Therapieform oder der Therapiemethode habe, obwohl beides für den späteren Therapieerfolg maßgeblich sei.[1026] Die Annahme, es könne auf das Element der Freiwilligkeit verzichtet werden, entbehre jeglicher empirischen Grundlage.[1027] Gegen die Annahme der motivierenden Wirkung des justiziellen Zwangs wird schließlich die Gefahr einer Scheinanpassung angeführt. Der Verurteilte werde lieber die Therapie hinnehmen und nach außen hin mitwirken, um in den Genuss von Vergünstigungen –insbesondere schnellerer Strafhaftentlassung– zu kommen, ohne eine echte Einstellungsänderung zu wollen, geschweige denn zuzulassen.[1028] Soweit man unterstellt, dass man mit den Mitteln des Strafrechts tatsächlich eine Motivationsbereitschaft fördern könne, müsse man berücksichtigen, dass sich der Leidensdruck nicht beliebig steigern lasse. Bei einem „Überdruck" könne die motivierende Wirkung verloren gehen und in eine Aversion umschlagen, was die Therapieaussichten noch zusätzlich mindere.[1029] Bei hohen Haftstrafen sei die Möglichkeit einer Therapie ohnehin keine relevante Alternative, da sie nach der gesetzlichen Konzeption nur für einen verhältnismäßig kurzen Zeitraum in Betracht komme. Schließlich sei zu berücksichtigen, dass auch im Straf- und Maßregelvollzug ein Drogenmarkt existiere. Zwar sei die Verfügbarkeit der begehrten Substanzen eingeschränkt, aber gleichwohl gegeben.[1030]

b) Die Befürworter

Nach der Gegenauffassung steht die fehlende Therapiebereitschaft der zwangsweisen Therapieanordnung nicht grundsätzlich entgegen. Eine Suchtbehandlung

---

[1024] *Eisenberg*, § 7 Rdnr. 15, 23.

[1025] *Eisenberg*, § 7 Rdnr. 24; ähnlich NK-*Böllinger*, § 64 Rdnr. 47, der nicht zu Unrecht auf die Gefahr der Pseudoanpassung hinweist.

[1026] *Vollmer/Ellgring*, Suchtgefahren 1988, S. 273, 282; *Gebhardt*, Anm. StV 1994, S. 77, 80.

[1027] *Kappel/Scheerer*, StV 1982, S. 182, 184 ff.

[1028] In diese Richtung *Knötzele*, S. 93, 110.

[1029] *Hellebrand* (1990), S. 301, 307; dies hat auch der BGH erkannt, StV 1991, S. 65 (LS).

[1030] *Becker/Schmickus*, BewH 1982, S. 252, 254.

bei gleichzeitiger Verhängung weiterer Maßnahmen wie einer Haftstrafe diene nicht der Durchführung einer echten Zwangstherapie gegen den Willen des Betroffenen. Man wolle durch die Kombination mit anderen Druckmitteln vielmehr erreichen, bei dem Süchtigen das als bestehend vermutete bzw. unterstellte Interesse an einer Suchtbehandlung zu wecken und zu fördern. Dies könne auch durch einen äußeren Initialzwang erfolgen.[1031] Der Leidensdruck müsse dabei nicht unbedingt über den Strafvollzug aufgebaut werden, auch die Unterbringung in einer Maßregelvollzugsanstalt selbst könne dazu geeignet sein.[1032] Werde eine mangelnde Therapiebereitschaft erkennbar, so sei im Rahmen einer Gesamtwürdigung zu prüfen, wo die Wurzeln für diese ablehnende Einstellung liegen, sowie ob und gegebenenfalls durch welche Maßnahmen sie überwunden werden könne.[1033] Es sei schließlich gerade die Aufgabe der Entziehungsanstalten, die Therapiebereitschaft zu wecken und zu fördern. Strafrechtliche Maßnahmen stünden zudem nicht zur Disposition des Angeklagten.

c) Therapie und Zwang – ein unauflöslicher Widerspruch?

Nach dem Gesagten wirken Therapie und Zwang auf den ersten Blick wie zwei unvereinbare Antagonisten. Betrachtet man die Wirkungen justiziellen Zwangs auf die Therapiebereitschaft, so sprechen empirische Ergebnisse nicht zwingend für den Vorrang der einen oder der anderen Ansicht. Einige Untersuchungen zeigen, dass die Abschlussquote bei zwangsweiser Therapie nicht schlechter ist als bei freiwilliger.[1034] Justizieller Druck scheint ebenso wenig ein Erfolgsgarant für eine erfolgreiche Therapie wie der ausschlaggebende Grund für ihr Scheitern. Man könnte daraus sogar den Schluss ziehen, dass Freiwilligkeit keine notwendige Therapievoraussetzung ist.

Eine wichtige Voraussetzung für die Entwicklung der Therapiemotivation ist, dass der Abhängige das Ausmaß seines Zustandes erkennt und als veränderungsbedürftig begreift. Den Kritikern ist insoweit zuzustimmen, als bei der Verurteilung zu einer Zwangsbehandlung wenig Raum für eine freiwillige Entscheidung des Betroffenen bleibt. Er muss die strafrechtliche Sanktion hinnehmen. Dies begründet aber nicht per se die Annahme, dass damit jegliche Form freiwilliger Mitarbeit für die Zukunft ausgeschlossen ist.

Eine tatsächlich bestehende, ernsthafte Therapiemotivation dürfte bei Betäubungsmittelabhängigen die Ausnahme sein. Echte Behandlungsbereitschaft mit Krankheitseinsicht ist bei ihnen ein insgesamt eher selten anzutreffendes Phänomen.[1035] Wer wird sich „freiwillig" in eine psychisch anstrengende und mitun-

---

[1031] *Adams/Gerhardt*, NStZ 1981, S. 241; *Täschner*, § 16 Rdnr. 190. Deutliche Worte zur Frage der Zwangstherapie auch bei *Kühne* (1985), S. 56 ff.

[1032] BGH, StV 1985, S. 27.

[1033] BGH, NStZ 1996, S. 274; OLG Köln, NStZ-RR 1997, S. 360, 361; *Stree*, S. 582, 587.

[1034] *Egg*, BewH 1993, S. 26, 34; *van der Haar*, NStZ 1995, S. 315, 317; ähnlich *Täschner*, § 6 Rdnr. 192 ff.; *Gößling u. a.*, FortschrNeurolPsychiat 2001, S. 474, 478; zu den Ergebnissen in der Anstalt Brauel s. *Schulze*, Sucht 1995, S. 81 ff. Von einer grundsätzlich positiven Wirkung des Leidensdrucks gehen auch die Befragten Staatsanwälte und Richter in der von *Knötzele*, S. 93 ff. durchgeführten Studie aus, insbes. S. 109.

[1035] *Ingenleuf*, S. 234.

ter bestimmt auch schmerzhafte Behandlung begeben, wenn er „frei" darüber entscheiden kann? Vor allem, wenn die Fortsetzung des Konsums –und damit der Sucht– vordergründig betrachtet ganz angenehm, weil problemloser ist. Nahezu jeder Abhängige lebt in dem Glauben, er könne ohnehin jederzeit aufhören, wenn er nur wolle. Verstärkt wird diese Haltung durch eine positive Wahrnehmung des eigenen Drogenkonsums, der zum Teil sogar ideologisiert wird. Die negativen Folgen werden demgegenüber verdrängt und verharmlost. Doch wenn letztere überwiegen, kann sich Therapiemotivation leichter entwickeln. Da Abhängige nun selten gewillt sind, eine Behandlung ernsthaft in Erwägung zu ziehen, ist es in der Regel erforderlich, die nötige Motivation zu initiieren, indem die negativen Folgen stärker in den Vordergrund gerückt werden. Dies kann – unter anderem– durch justiziellen Zwang geschehen, der selbst eine negative Folge des Drogenumgangs ist.[1036]

Man muss sich in diesem Zusammenhang vor Augen halten, in welcher Lage sich der Betroffene im Strafverfahren allgemein und noch stärker in der Verhandlung befindet. Er steht zunächst erheblich unter Stress, den er an sich durch Drogenkonsum bewältigen bzw. verdrängen möchte. Zugleich ist ihm diese Option durch eine verfahrensbedingte Inhaftierung oft abgeschnitten. Junge Menschen erleben dies unter Umständen noch intensiver, da sie stärker auf den Kontakt zu ihren Bezugspersonen angewiesen sind. In dieser Situation wird der Täter zusätzlich mit seiner im Ergebnis erfolglosen Straftat konfrontiert (sonst wäre er ja nicht hier) und für seinen von Drogenkonsum geprägten Lebensstil von Leuten be- und verurteilt, die seiner Ansicht nach „keine Ahnung" von ihm haben. Er bekommt von einem Richter durch die Therapieanordnung mehr oder minder deutlich gesagt, was für ein schwacher Mensch er ist, weil er der Droge immer wieder nachgegeben hat. Dabei glaubt der Abhängige oft selbst, seinen Konsum unter Kontrolle zu haben, also gar nicht abhängig zu sein. Außerdem hat er die gerichtliche Entscheidung hinzunehmen, auf seine Meinung kommt es gar nicht an. Er fühlt sich machtlos.[1037] Und er befürchtet, mehr noch als durch eine drohende Haftstrafe, in der Therapie von seinen Drogen abgeschnitten zu werden, die seinem Leben vermeintlich Halt und Sicherheit geben. Angst und Ungewissheit über die zu erwartende Behandlung tun dabei ihr Übriges.[1038] Daneben steht unter Umständen die (un-)bewusste Angst, mit sich selbst und den eigenen Fehlern konfrontiert zu werden.[1039] Und je jünger der Beschuldigte ist, umso intensiver und bedrohlicher wird er diese ganze Situation empfinden. Sicher, nicht jeder Abhängige wird Hilfe wirklich wollen, aber wie viele müssen erst erfahren, dass es ernst gemeinte Hilfsangebote gibt und wie sie überhaupt funktionieren? Wie soll jemand, dessen Denken um den nächsten Schuss kreist, sich ernsthaft die Zeit nehmen, sich über Auswege und Alternativen Gedanken

---

[1036] S. etwa *Bühringer* (1998), § 5 Rdnr. 401 f.

[1037] *Ingenleuf*, S. 234 f.

[1038] *Dahle* (2003a), S. 177, 183.

[1039] *Van der Haar*, NStZ 1995, S. 315, 316. Dem kann im Übrigen schon im Rahmen des Ermittlungsverfahrens abgeholfen werden.

zu machen? Es besteht in dieser „Drucksituation des Strafverfahrens" durchaus die Möglichkeit, dass der Betroffene das tatsächliche Ausmaß seiner Lage erkennt, er quasi einen heilsamen Realitätsschock erlebt. Auf Dauer ist für niemanden Beschaffungskriminalität oder gar Prostitution ein erstrebenswertes Lebensziel. Dazu sind die Phasen zwischen dem Rausch und die immer wieder einsetzenden Entzugserscheinungen zu schmerzhaft. Damit kann sich schon vor der Verurteilung allein durch die drohende Sanktion Therapiemotivation entwickeln.

Diese Überlegungen bilden den Ansatzpunkt, der für die Wirksamkeit der Erzeugung eines justiziellen Leidensdrucks spricht. Der Betroffene erlebt – vielleicht zum ersten Mal–, was es bedeutet, sich in einem Gefängnis aufzuhalten bzw. er sieht die sehr reale Gefahr, diese Erfahrung machen zu müssen. Er wird mehr oder minder vor die Wahl gestellt: Inhaftierung oder Behandlung. Letzteres klingt dann vielleicht doch angenehmer. Dies mag zwar keine vollkommen freiwillige Entscheidung sein, da sie auch auf dem justiziellen Zwang beruht, aber sie ist gleichwohl nicht unfreiwillig.[1040] Vor allem ist der Beschuldigte in diesem Prozess gezwungen, zumindest ein bisschen über sich und seine Probleme nachzudenken. Die zwangsweise Unterbringung bietet daneben den Vorteil, dass er an eine Therapieeinrichtung herangeführt wird. Anscheinend wissen viele Drogenabhängige nicht, wie eine solche Behandlung abläuft und was sie in concreto zu erwarten haben.[1041]

Die Annahme, durch den drohenden Strafvollzug neben oder anstelle der Maßregel den Täter in seiner Entscheidung „positiv" beeinflussen zu können, ist vor diesem Hintergrund nicht von der Hand zu weisen. Gerade weil viele Betroffene keinerlei Erfahrungen in Bezug auf eine Therapie haben[1042], erscheint die anfängliche Weigerung und Unwilligkeit nur allzu verständlich. Wenn das Strafrecht die Möglichkeit bietet, nicht nur zu strafen, sondern auch zu helfen, dann muss diese Möglichkeit aktiv angeboten und genutzt werden.[1043] Ein Initialzwang als „Schubs in die richtige Richtung" kann hierbei hilfreich und wichtig sein und sollte daher auch versucht werden.[1044] Natürlich wird eine Therapie keinen Erfolg haben, wenn es nicht gelingt, im Verlauf der Behandlung die weitere Mitarbeit des Patienten zu gewinnen. Aber man muss erst einmal soweit kommen, dass eine Behandlung überhaupt möglich wird. Dann obliegt es allein der Entscheidung des Betroffenen, ob er sich dauerhaft sperren will oder nicht.[1045]

[1040] Zu diesem Gedanken der „Eingriffsmilderung" s. ausführlich *Amelung*, ZStW 95 (1983), S. 1, 13 ff.

[1041] *Bühringer* (1998), § 5 Rdnr. 403; ähnlich auch BVerfGE 91, S. 1, 24.

[1042] Soweit sie Informationen haben, stammen diese (in-)direkt von anderen Therapieabsolventen und sind daher oft subjektiv-negativ geprägt.

[1043] Im wirtschaftlichen Bereich würde man hier von aggressivem Marketing sprechen.

[1044] *Kühne* (1998), § 22 Rdnr. 5 f.; ähnlich *Böllinger* (2002), S. 451, 528; *Bühringer* (1998), § 5 Rdnr. 404 ff.

[1045] *Kühne* (1998), § 22 Rdnr. 5 f.

Im Übrigen sollte man auch einmal die Konsequenzen bedenken, wenn man auf diese Form der „Zwangseinweisung" verzichtet: Anstatt zu behandeln, werden Abhängige weiter in Einrichtungen des Strafvollzugs untergebracht, wo sie nur wenig bis gar keine Unterstützung bekommen.[1046] Ob es immer zu einer Überstellung in eine Therapieeinrichtung nach §§ 35 ff. BtMG kommt, ist unsicher. Nach der Entlassung ist der Rückfall mit Gewissheit vorprogrammiert.

4. Therapiemotivation bei jungen Menschen

Die Therapiemotivation kann bei jungen Menschen noch größeren Schwankungen unterworfen sein als bei einem Erwachsenen. Sie sind auf der einen Seite oft in noch stärkerem Maße negativ gegenüber äußeren Zwängen eingestellt und werden daher schneller eine pauschal ablehnende Haltung gegen die staatlichen Autoritäten einnehmen. Dies gilt es zu vermeiden bzw. wo nötig zu überwinden. Daneben besteht stets die Möglichkeit, dass der Betroffene seine Motivation nur vortäuscht, um in den Genuss milderer Maßnahmen zu gelangen. Aufgabe des Richters ist es daher auch, die beteuerte Motivation als ernsthaft oder vorgespiegelt zu erkennen.[1047]
Auf der anderen Seite sind die Einflussmöglichkeiten auf die innere Einstellung eines jungen Menschen größer. Sie lassen sich oft leichter von ihren Bezugspersonen beeinflussen. Zudem ist die Sucht in aller Regel noch nicht so weit fortgeschritten und verfestigt, so dass eine Einwirkung gegen die Ideologisierung der Situation eher möglich scheint. Das Jugendstrafverfahren bietet aufgrund seiner offeneren und flexibleren Gestaltung dazu gute Ansatzpunkte. Schon im Ermittlungsverfahren kann man –durch den Verteidiger oder den Jugendgerichtshelfer– versuchen, dem Jugendlichen näher zu bringen, um was es in einer Therapie geht und welchen Nutzen er daraus ziehen kann. Informationsmaterial ist hierfür sehr nützlich, da es einen Eindruck von der Arbeit in einer solchen Einrichtung vermittelt und so Missverständnisse und Vorurteile abzubauen hilft. Zwar ist bei einem Abhängigen ungewiss, ob er diese Informationsquellen tatsächlich nutzen wird, aber man muss sie ihm zumindest einmal anbieten. Derartige Informationen sind auch für die betroffenen Eltern äußerst wichtig, damit diese einen Eindruck bekommen, was in einer solchen Einrichtung mit ihrem Kind geschieht. Damit können sie zur aktiven Unterstützung der Therapiemotivation gewonnen werden, indem sie ihr Wissen und ihre Ansichten an den Jugendlichen weitergeben. Ein Gespräch mit einem Mitarbeiter einer solchen Einrichtung oder einem Drogenberater kann ebenfalls hilfreich sein.
Die mit der Einweisung verbundenen Belastungen dürfen dabei nicht unterschlagen werden, um einer Enttäuschung (und damit dem Risiko eines Abbruchs der Maßnahme) vorzubeugen. Wichtig erscheint es, dem jungen Menschen nicht

---

[1046] In diese Richtung weisen auch Studienergebnisse: Eine frühzeitige Unterbringung kann sich positiv auf den Behandlungserfolg auswirken; *Stosberg/Ingenleuf/Bratenstein* (1991), S. 191, 202.

[1047] *Brunner/Dölling*, Einf. I Rdnr. 50.

den Eindruck zu vermitteln, er habe auf das Ergebnis keinen Einfluss. Es muss auch seine Entscheidung sein.

An die Therapiemotivation sollen insgesamt keine zu hohen oder gar überzogenen Anforderungen im Sinne eines sofortigen, unbedingten Ausstiegswillens gestellt werden.[1048] Kein Abhängiger wird sich begeistert um die Teilnahme an einem Therapieprogramm reißen. Es ist ausreichend, wenn das Interesse an einer derartigen Behandlung geweckt ist und er sich nicht vollkommen dagegen sperrt.

II. Therapie

Die Literatur über den angemessenen Umgang und die wirksame Behandlung Drogenabhängiger ist zahlreich und zum Teil widersprüchlich. Einigkeit besteht wohl insoweit, als völlige Drogenfreiheit nicht sofort zu erreichen ist, sie kann nur auf lange Sicht Ziel der Behandlung sein. Am Anfang müssen zunächst die gesundheitlichen Rahmenbedingungen sowie die physische Abhängigkeit in den Griff bekommen werden. Danach folgt die eigentliche Suchtbehandlung, um der psychischen Abhängigkeit Herr zu werden.

1. Bestimmung des Therapieerfolgs

Ein grundlegendes Problem im Zusammenhang mit einer Therapie stellt sich bei der Festlegung des Therapieerfolgs. Welche Anforderungen sind an einen positiven Abschluss der Behandlung zu stellen? Eine endgültige Heilung im Sinne einer lebenslangen Abstinenz kann eine Drogentherapie schon wegen der Unwägbarkeiten des Lebens nicht gewährleisten. Als Erfolg wird man es daher schon anzusehen haben, wenn der Proband die Behandlung insgesamt erfolgreich durchläuft und zumindest über eine gewisse Zeit von seiner Sucht befreit wird.[1049] Auf dieses Ziel muss sich daher auch eine Therapieerfolgsprognose richten. Wie wichtig es ist, mit einem Rückfall angemessen umzugehen, wurde bereits ausgeführt. Nicht jeder Rückfall ist als endgültiges Scheitern der Therapie aufzufassen.[1050]

Und Drogentherapie ist nicht gleich Drogentherapie. Neben der generellen Differenzierung in ambulante und stationäre Einrichtungen hängen die Behandlung und ihr Erfolg von der Einstellung und Ausbildung der behandelnden Personen und der Persönlichkeit des Betroffenen sowie dem Zusammenspiel dieser beiden Faktoren ab. Daneben spielt die Art des oder der konsumierten Suchtmittel eine

---

[1048] OLG Hamm, MDR 1982, S. 1044; OLG Karlsruhe, StV 1982, S. 112 f.; *Ostendorf*, § 82 Rdnr. 11.
[1049] S. dazu *Penners*, S. 93 f.; LK[11]-*Hanack*, § 64 Rdnr. 93 ff. m. w. N.
[1050] S. eingehend oben § 1 III. 4.

Rolle.[1051] Dass eine bestimmte Therapie nicht zum Erfolg geführt hat, bedeutet nicht, dass eine andere Therapiegestaltung ebenfalls scheitern muss.

2. Therapieeinrichtungen

Was unter einer Entziehungsanstalt oder Therapieeinrichtung zu verstehen ist und wie der Vollzug ausgestaltet sein soll, ist gesetzlich nicht bestimmt. Gleiches gilt für den Ablauf einer Therapie. § 137 StVollzG gibt hier lediglich das Ziel vor: Der Abhängige soll von seiner Sucht befreit, auf lange Sicht soll dauerhafte Abstinenz erreicht werden.[1052]

Die Suchtbehandlung erfolgt in der Praxis in Spezialanstalten, um so eine spezifisch-fachliche Ausrichtung allein auf die Gruppe der Abhängigen zu gewährleisten. Vermischungen mit anderen Krankheitsbildern sind der Therapie abträglich und sollen vermieden werden. Auch eine psychiatrische Klinik kann als Entziehungsanstalt in Betracht kommen, soweit dort entsprechende Kompetenzen zur Suchtbehandlung vorhanden sind.[1053]

Man kann bei der Suchtbehandlung ambulante, teilstationäre und stationäre Einrichtungen unterscheiden:

➢ Ambulante Betreuungseinrichtungen sind etwa Drogenberatungsstellen, niedrig-schwellige Einrichtungen wie betreute Wohngemeinschaften, Kontaktläden oder Notschlafstellen sowie Arztpraxen für die Substitution. In diesen Einrichtungen wird in der Regel keine Suchtbehandlung im engeren Sinne geleistet. Vorrangig geht es hier um Unterstützungs- und Hilfsmaßnahmen, etwa um den Gesundheitszustand zu stabilisieren. Solche Einrichtungen können bei der ambulanten Suchtbehandlung eine wichtige Rolle spielen.

Zur Zielgruppe der Beratungsstellen gehören auch nicht süchtige Drogenkonsumenten, die hier Informationen und Beratung im Hinblick auf ihre Drogen und ggf. die Konsumfolgen bekommen.

➢ Teilstationäre Behandlung wird vor allem in Übergangseinrichtungen im Rahmen der Nachsorge durchgeführt. Nach dem Durchlaufen der Therapie sollen sie die Stabilisierung des jetzt Abstinenten in Freiheit sicherstellen.

➢ Zu den stationären Einrichtungen gehören schließlich die Entzugsstationen und die Fachkliniken.[1054]

Juristisch umstritten ist nach wie vor, welche Anforderungen an eine Suchthilfeeinrichtung zu stellen sind. So wird diskutiert, ob es sich bei einer Entziehungsanstalt im Rahmen des § 64 StGB zwingend immer und durchgängig um eine geschlossene Anstalt handeln muss. Die rechtlichen Bestimmungen schließen

---

[1051] So gilt etwa Kokainabhängigkeit nach bisherigen Erkenntnissen als eine der am schwierigsten zu behandelnden Suchtformen, *Schlender*, S. 219 ff.

[1052] *Kühne* (1998), § 22 Rdnr. 7. Davon geht auch das BVerfG in seiner Entscheidung vom 16. März 1994 aus, BVerfGE 91, S. 1, 30; ähnlich *van der Haar*, NStZ 1995, S. 315.

[1053] *Bühringer* (1998), § 5 Rdnr. 188.

[1054] Eingehend *Bühringer* (1998), § 5 Rdnr. 135 ff.

die Durchführung im offenen Vollzug nicht grundsätzlich aus. Die herrschende Meinung scheint allerdings nach wie vor auf dem Standpunkt zu stehen, dass der Maßregelvollzug nach dieser Vorschrift im Rahmen einer geschlossenen Unterbringung zu erfolgen habe. Nur so sei gewährleistet, dass Entweichungen verhindert oder zumindest erschwert würden. Zudem sei der Täter durch das Urteil ohnehin verpflichtet, sich der Behandlung zu unterziehen.[1055] Im Hinblick auf § 93a JGG wird man aber eine geschlossene Unterbringung nicht für zwingend notwendig erachten können.[1056]

Eine ambulante Suchtbehandlung ist damit aber nicht grundsätzlich ausgeschlossen. Sie bietet sich vor allem im Rahmen des § 10 Abs. 2 JGG an; im Einzelfall scheint sie auch bei den §§ 35 ff. BtMG denkbar zu sein. Nach dem (stationären) körperlichen Entzug erfolgt die weitere psychologische Behandlung nicht in einer geschlossenen Anstalt, sondern der Süchtige verbleibt weitgehend in Freiheit. Er begibt sich aber in regelmäßigen Abständen zur psychotherapeutischen Behandlung bei einem bestimmten Arzt oder einer entsprechenden Beratungsstelle. Dort findet die eigentliche Suchtbehandlung statt und dies ist zugleich die Anlaufstelle zur Krisenintervention. Wichtig für den Erfolg dieser Behandlungsform ist das weitere Therapie-Setting. Ein stabiles soziales Netz in Form fester Bezugspersonen außerhalb der Drogenszene mit Wohn- und Beschäftigungsmöglichkeiten ist hierfür unumgänglich.[1057]

Welche Einrichtungsart und welcher Behandlungsansatz für einen Drogenabhängigen die bzw. der beste ist, ist eine Frage des Einzelfalls, der im Rahmen der Therapievorbereitung durch den behandelnden Arzt sowie die im Strafverfahren zu beteiligenden Sachverständigen festzustellen ist.

3. Therapiestufen

Die Suchtbehandlung gliedert sich –idealtypisch– in drei Stufen. Diese sind:

a) Entgiftung/Körperlicher Entzug

Die Behandlung der Abhängigkeit macht zunächst den körperlichen Entzug, die Entgiftung, erforderlich. Dies betrifft insbesondere harte Drogen, aber auch bei der Behandlung von Halluzinogenen (LSD, Meskalin) oder Cannabis kann eine initiale klinische Behandlung erforderlich werden. Die Entgiftung erfolgt in der Regel stationär; sie dauert etwa eine Woche.[1058] In dieser Phase ist neben dem eigentlichen Entzug oft eine medizinische Betreuung erforderlich, da nicht nur die Entgiftung mit den einhergehenden Entzugserscheinungen vorgenommen werden muss, sondern auch andere körperliche Schädigungen wie Leberschäden, Infektionen oder AIDS zu behandeln sind. Aus diesem Grund wird auch bei der ambulanten Suchtbehandlung die initiale Phase oft stationär durchgeführt.

[1055] Zu dem Problemkreis *Kühne* (1998), § 22 Rdnr. 29 f.

[1056] S. unten IV. 5. a).

[1057] *Bühringer* (1998), § 5 Rdnr. 178 f.

[1058] *Bühringer* (1998), § 5 Rdnr. 177.

b) Entwöhnung

In der anschließenden zweiten Phase erfolgt die psychische Entwöhnung des Süchtigen, also die Behandlung der psychischen Abhängigkeit. Dies ist das Kernstück der Therapie. Sie wird wie ausgeführt vorrangig in stationären Langzeiteinrichtungen vorgenommen. Verlauf und Ausgestaltung der Therapie hängen dabei wesentlich von der Ausrichtung der Anstalt und den behandelnden Personen ab. Neben der Strukturierung des Tagesablaufs reichen die therapeutischen Mittel von der Diagnose über Gruppen- und Einzeltherapie, Gesprächs-, Beschäftigungs- und Arbeitstherapie, Außenbeschäftigung und Freigang bis hin zur Entlassungsvorbereitung.

Im Rahmen des gesamten Therapieverlaufs sollte der Therapeut nach Möglichkeit nicht wechseln, um dem Klienten einen gleich bleibenden Ansprechpartner und Helfer an die Hand zu geben. Häufige Wechsel bergen die Schwierigkeit, dass die für die Behandlung nötige Vertrauensbasis zwischen Patient und Therapeut nach jedem Wechsel erst wieder aufgebaut werden muss, was die therapeutische Arbeit zusätzlich erschwert.[1059] Im schlimmsten Fall kann dies dazu führen, dass nach anfänglichen Erfolgen die ganze Arbeit wieder in sich zusammenbricht, weil sich der Patient gegen die neue Behandlungsperson sperrt. Allerdings können derartige Betreuerwechsel notwendig sein, um einen Zugang zu dem Probanden zu bekommen und ihn zur Mitarbeit zu bewegen.

c) Nachsorge

Schließlich darf die Nachsorge als dritte Stufe nicht vernachlässigt werden. Dies betrifft vor allem die stationäre Therapie.[1060] Der Übergang von der de facto gesicherten und behüteten Unterbringung in die harte Realität birgt für den Probanden eine hohe Rückfallgefahr. Auf sich allein gestellt kann er bei Problemen und Schwierigkeiten leicht in seine alten Verhaltensmuster zurückfallen und sich wieder dem Betäubungsmittelkonsum zuwenden. Daher muss in der schwierigen Anfangsphase in Freiheit die Nachsorge durch geeignete Betreuer und ein soziales Netz in Form weiterer Bezugspersonen sichergestellt werden. Daneben ist die Gewährleistung der beruflichen und sozialen Integration von Bedeutung. Dieser Punkt scheint in der Praxis nach wie vor Verbesserungsbedarf aufzuweisen.[1061] Doch hiermit steht und fällt alles, was zuvor in der Therapie erfolgreich erarbeitet wurde.

[1059] *Kühne* (1985), S. 125.
[1060] LK[11]-*Hanack*, § 64 Rdnr. 99; *Leune/Kreuzer*, § 20 Rdnr. 32 f. Da sich der Proband bei einer ambulanten Maßnahme fortwährend in Freiheit bewegt, ist das Nachsorgeproblem geringer.
[1061] *Hellebrand* (1990), S. 301, 305; *Dahle*, (2003a), S. 177, 179; s. auch die Kritik der ehemaligen Patienten sowie die Verbesserungsvorschläge bei *Stosberg/Ingenleuf/Bratenstein* (1991), S. 191, 204; *dies.* (1988), S. 213, 229 f.

4. Harm-reduction[1062]

In der Betäubungsmitteldiskussion hat sich heute neben der behandlungsorientierten Ausrichtung der Harm-reduction-Ansatz etabliert. Vorrangiges Ziel ist nicht die Drogenabstinenz, wie sie vor allem das pathologisch und strafrechtlich geprägte Verständnis der Sucht bestimmt. Im Vordergrund stehen vielmehr Akzeptanz des Verhaltens und darauf aufbauend Schadensminimierung. Grundlage ist die Überlegung, dass Drogenkonsum und letztlich auch die Sucht auf einer freien Entscheidung des Einzelnen beruh(t)en. Er hat sich für die Droge wegen ihrer positiven Wirkungen entschieden. Die negativen Folgen nimmt er dafür mehr oder minder freiwillig in Kauf. Dies muss der Behandelnde ohne eigene Verhaltenserwartungen akzeptieren und ernst nehmen. Deshalb ist die Arbeit mit Drogenabhängigen zunächst und vorrangig akzeptierend auszugestalten. Insbesondere auf Drogenabstinenz gerichtete Hilfsmaßnahmen dürfen dem Betroffenen nicht aufoktroyiert werden.

Praktisch zeigt sich dieser Ansatz besonders deutlich in Substitutionsprogrammen oder bei der Spritzenvergabe an Heroinabhängige, die beide das Ziel einer gesundheitlichen Stabilisierung bzw. Prophylaxe haben.[1063] Aus neuerer Zeit ist hier die Einführung des § 10a BtMG zur Einrichtung von Konsumräumen zu nennen.[1064]

5. Der Therapieverbund

Für den Erfolg einer Therapie ist nicht eine einzelne Person verantwortlich und auch nicht eine einzelne Institution. Effektive Suchtbehandlung macht die Zusammenarbeit verschiedener Spezialisten unterschiedlicher Berufsgruppen erforderlich. Die im Rahmen der Suchtbehandlung auftretenden Probleme betreffen eine Vielzahl von Fachbereichen, so dass Ärzte, Psychologen, Juristen, Pädagogen und Sozialhelfer in einem Therapieverbund stehen sollten, mit dem Ziel, dem Süchtigen zu helfen.[1065]

Daher darf man die beteiligten Einrichtungen und ihre therapeutischen Möglichkeiten gleichfalls nicht isoliert betrachten. Drogenhilfe vollzieht sich in einem komplexen System von verschiedenen Hilfs- und Behandlungsangeboten, die zu einem Verbundsystem verknüpft sind.[1066] Da alle Beteiligten an einem Strang ziehen, um Süchtigen ein drogenfreies Leben zu ermöglichen, ist es mehr als bedenklich, wenn es zwischen einzelnen Personen oder gar ganzen Einrichtungen immer wieder aufgrund persönlicher Überzeugungen und Animositäten zu Anfeindungen und gegenseitigen Verweigerungen kommt.[1067]

[1062] S. zum Folgenden *Stöver*, S. 80 ff.; *Bühringer* (1998), § 5 Rdnr. 22, 75 ff.

[1063] *Körner*, § 13 Rdnr. 34; § 29 Rdnr. 1423 ff.

[1064] *Weber*, § 10a Rdnr. 1 ff.

[1065] *Körner*, § 35 Rdnr. 27 f; zu den Problemen dieser interdisziplinären Arbeit s. *Dahle* (2003a), S. 177, 179 f. m. w. N.

[1066] *Dölling* (1995), S. 21.

[1067] *E. Quensel*, KrimJ 1982, S. 81 ff.; eindringlich *Kühne* (1985), S. 96 f., 108.

6. Erfolgsfaktoren einer Therapie

Die vorstehenden Ausführungen haben deutlich gemacht, dass der Erfolg einer Therapie von einer Vielzahl von Faktoren abhängt. Welche das letztlich sind und wie sie im Einzelfall zusammenspielen werden, lässt sich nicht verlässlich prognostizieren.[1068]

Schwierig ist schon der Beginn der Behandlung, bis der Patient seinen oft gegebenen anfänglichen Widerwillen abgelegt hat und die ersten Krisen- und Belastungssituationen –Drogenfreiheit über einen längeren Zeitraum, Einleben in ein fremdes und unter Umständen sehr reglementiertes Umfeld, Beginn der eigentlichen Behandlung– überstanden sind. Sehr wichtig ist es, ob es im Verlauf der Therapie gelingt, in dem Abhängigen eine optimistische und positive Einstellung und Erwartungshaltung hervorzurufen.[1069] Doch selbst wenn das gelingt, kann kurz vor einem erfolgreichen Abschluss eine Situation eintreten, die zu einem Rückfall, vielleicht sogar zu einem endgültigen Behandlungsabbruch führt. Umgekehrt ist trotz zunächst erheblicher Startschwierigkeiten ein erfolgreicher Abschluss der Behandlung möglich.

Neben der Therapiebereitschaft spielt die Einbindung des sozialen Umfelds eine entscheidende Rolle. Dies betrifft nicht nur die Behandlungsphase, sondern mehr noch die Zeit nach der eigentlichen Therapie. Verwandte, Freunde und Familie können dem Abstinenten Kraft geben, indem sie ihm zeigen, wie viel ihnen an seiner Drogenfreiheit liegt. Und sie sind in Krisensituationen wichtige Helfer, wenn der Ex-Abhängige seinen alten Gewohnheiten nachgeben will.

Soweit es die Eltern betrifft, müssen bei ihnen oft Vorurteile und Unwissen in Bezug auf eine Drogentherapie abgebaut werden. Sie wissen unter Umständen ebenfalls nicht, was eine Entzugsbehandlung beinhaltet, wie sie abläuft und was von ihnen in diesem Prozess erwartet wird. Es ist wünschenswert, dass sie daher schon im Verfahren die nötigen Informationen bekommen, sei es über den Verteidiger, die Jugendgerichtshilfe oder das Gericht selbst.

Wichtig ist schließlich ein auf die Zielgruppe abgestimmtes Angebot.[1070] Besonders deutlich wird dies etwa bei der Behandlung jugendlicher Aussiedler mit Drogenproblemen. Denn hier kulminieren verschiedene Ursachen –Sprachrobleme, Integrationsprobleme, generelle Entwicklungsprobleme in der Pubertät, ein in entscheidenden Punkten anderes Wertesystem insbesondere im Hinblick auf die Funktionsweise des Staates und seiner Einrichtungen. Außerdem nehmen sie das in Deutschland geltende staatliche Leistungssystem anders war. Zwar sind eindeutige Zahlen über den tatsächlichen Umfang dieser Problem-

---

[1068] S. dazu etwa *Vollmer/Ellgring*, Suchtgefahren 1988, S. 273 ff., 281 ff.; einige Faktoren hat *Schulzke*, Sucht 1995, S. 81, 82 in der Begleitstudie zur Anstalt Brauel gefunden.

[1069] *Gößling u. a.*, FortschrNeurolPsychiat 2001, S. 474, 480.

[1070] In diese Richtung auch *Gößling u. a.*, FortschrNeurolPsychiat 2001, S. 474, 479 f. Eine spezielle Therapieeinrichtung für abhängige Aussiedler ist die Fachklinik Hohenrodt (www.caritas-fachklinik-hohenrodt.de).

gruppe nicht verfügbar, doch es wird von Fachleuten ein steter Anstieg verzeichnet.[1071]

III. Die Entziehungskur gem. § 10 Abs. 2 JGG

Die Weisung gem. § 10 Abs. 2 JGG, sich einer Entziehungskur zu unterziehen, stellt gegenüber dem allgemeinen Strafrecht insofern eine Besonderheit dar, als sie dort nur als Bewährungsweisung (§ 56 Abs. 3 Nr. 1 StGB) in Betracht kommt, während sie im Jugendstrafrecht als eigenständige Sanktion ausgestaltet ist.

Ihre Anordnung setzt voraus, dass der Jugendrichter die entsprechenden Einrichtungen seines Gerichtsbezirks kennt.[1072] Wie die geringe Anordnungshäufigkeit zeigt, spielt sie in der jugendstrafrechtlichen Praxis leider eine unbedeutende Rolle. Entscheidungen hierzu sind äußerst selten.[1073] Ihr Hauptanwendungsbereich wird bei leichten Fällen des Drogen- oder Alkoholmissbrauchs gesehen.

1. Voraussetzungen

Es müssen die allgemeinen Voraussetzungen einer Weisung vorliegen, also eine Straftat (inklusive Strafmündigkeit), Erziehungsbedürftigkeit und -fähigkeit.[1074] Das Erziehungsbedürfnis muss dabei im Zusammenhang mit dem Drogenkonsum stehen. Darüber hinaus ist bei Jugendlichen die Zustimmung der Erziehungsberechtigten und gesetzlichen Vertreter zwingend erforderlich. Verweigern sie diese, kann die Maßnahme nicht angeordnet werden. Da auch von Elternseite Abneigungen gegen die Durchführung einer Therapie allgemein oder gegen spezielle Therapieeinrichtungen zum Tragen kommen können, müssen deren Vorbehalte im Strafverfahren gegebenenfalls ausgeräumt werden. Die erklärte Zustimmung hat im Übrigen nicht bloß formelle Bedeutung. Es ist für den Erfolg dieser Weisung wichtig, die Eltern als Teil des sozialen Umfelds des Täters zur Mitwirkung gewinnen zu können.[1075] Es zeigt dem Jugendlichen, dass ihm seine Bezugspersonen helfend und unterstützend zur Seite stehen, er nicht alleine ist.

Bei Jugendlichen über 16 Jahren soll die Maßnahme gem. § 10 Abs. 2 S. 2 JGG nur mit ihrem eigenen Einverständnis angeordnet werden. Bei Heranwachsen-

---

[1071] S. dazu *Czycholl*, S. 11, 12 f., 15 ff.; ein spezielles Konzept zur Arbeit mit Aussiedlern aus der GUS stellt *Osterloh*, S. 43 ff., vor.

[1072] Einen sehr guten Überblick über die Suchthilfeeinrichtungen in Deutschland gibt der Suchthilfe-Guide in der Zeitschrift Konturen, zuletzt Heft 4/2004. Im Internet bietet die Deutsche Hauptstelle für Suchtfragen (DHS) unter http://www.dhs.de Recherchemöglichkeiten hierfür an. Auf Länderebene gibt es schließlich ebenfalls Informationsmöglichkeiten, etwa unter http://www.blv-suchthilfe.de/ (für Baden-Württemberg).

[1073] In der juris-Datenbank (http://www.juris.de) ergibt eine Recherche nach § 10 Abs. 2 JGG keinen einzigen Eintrag (letzter Test: 20.09.2004).

[1074] Zu diesen Voraussetzungen s. oben § 8 II. 1 a).

[1075] *Eisenberg*, § 10 Rdnr. 68.

den muss deren Zustimmung stets vorliegen, da die Erziehung eines Erwachsenen durch den Staat nicht angeordnet werden darf.[1076] Doch wird man auf das Einverständnis des Betroffenen unabhängig von seinem Alter generell nicht verzichten können, denn es spiegelt seine Therapiemotivation wider und damit auch seine Mitarbeitsbereitschaft. Versteift er sich in eine Verweigerungshaltung, scheint diese Weisung aufgrund ihrer eher lockeren Ausgestaltung zum Scheitern verurteilt. Der im Hintergrund drohende Ungehorsamsarrest (§§ 11 Abs. 3 JGG) ist bei Drogenabhängigen wenig erfolgversprechend.[1077] Die Weisung ist gegen den Willen des Betroffenen daher faktisch nicht durchsetzbar. Das Gericht sollte vor seiner Entscheidung auf die Zustimmung des Täters hinwirken.

2. Anwendungsbereich und Abgrenzung zu § 64 StGB

Die Frage nach dem Anwendungsbereich der Weisung nach § 10 Abs. 2 JGG, also ihrer Zielgruppe, lässt sich nicht beantworten, ohne auf ihr Verhältnis zur Maßregel nach § 64 StGB einzugehen. Beide Vorschriften erfassen Straftäter, die eine Drogenproblematik aufweisen. Diese Überschneidung wird im Bereich der Abhängigkeit besonders deutlich. Der Charakter der Weisung als eigenständige Sanktion des Jugendstrafrechts würde es theoretisch ermöglichen, beide Maßnahmen nebeneinander anzuordnen.[1078] Doch eine derartige „doppelte Suchtbehandlung" ist widersinnig.

a) Anwendungsbereich und Zielgruppe

Was unter einer Entziehungskur zu verstehen ist, lässt sich dem Gesetz nicht entnehmen. Die verschiedenen Begrifflichkeiten im Hinblick auf den Maßregelvollzug lassen keine eindeutige Aussage zu. Der Unterschied zur Entziehungsanstalt könnte darin zu sehen sein, dass bei der Kur begrifflich die Behandlung im Vordergrund steht, bei der Anstalt die Art der Einrichtung. Dies schließt Überschneidungen allerdings nicht aus. Die Begriffe werden teilweise auch synonym verwendet.[1079]
Ein Ansatzpunkt könnte in der Unterscheidung in ambulante und stationäre Maßnahmen zu sehen sein. Während § 64 StGB die geschlossene stationäre Unterbringung erfassen soll, scheint die Kommentarliteratur unter einer Entziehungskur vorrangig ambulante Maßnahmen zu verstehen, ohne dass dies wirklich deutlich wird.[1080] Diese Auslegung wird dem Charakter des § 10 Abs. 2 JGG als Weisung am ehesten gerecht. Weisungen haben im Gegensatz zu den Hilfen zur Erziehung gem. § 12 Nr. 2 JGG eine vorwiegend nicht stationäre, ambulante Ausrichtung. Maßgeblich sind allein Erziehungsgesichtspunkte; ahndende oder sühnende Funktionen dürfen ihnen nicht beigemessen werden. Dies

---

[1076] S. hierzu BVerfGE 22, S. 180, 218 ff.; *Ostendorf*, § 10 Rdnr. 23.
[1077] S. oben § 8 II. 1. c).
[1078] Nach allgemeiner Ansicht können die Maßregeln der Besserung und Sicherung mit allen jugendstrafrechtlichen Maßnahmen kombiniert werden, *Eisenberg*, § 8 Rdnr. 5.
[1079] So etwa *Penners*, S. 92.
[1080] *Brunner/Dölling*, § 10 Rdnr. 18; *Eisenberg*, § 10 Rdnr. 62, 65; *Ostendorf*, § 10 Rdnr. 27.

legt den Vorrang einer niedrig-schwelligen und damit ambulanten Reaktions-
form nahe. Damit sind freiwillig-stationäre Einrichtungen aber nicht notwendigerweise ausgeschlossen. § 10 Abs. 2 JGG erfasst sie ebenfalls, soweit sie nicht
den Charakter einer geschlossenen, zwangsweisen Unterbringung annehmen.
Diese Auslegung entspricht der gesetzgeberischen Intention.[1081] Die Weisung
kann daher unabhängig von der Art prinzipiell in jeder geeigneten Suchteinrich-
tung vollzogen werden, soweit es sich nicht um eine freiheitsentziehende Maßnahme handelt.
Im Hinblick auf die Zielgruppe ist umstritten, für wen die Weisung nach § 10
Abs. 2 JGG geeignet ist. Zum Teil wird sie bei einer Drogengefährdung für
notwendig erachtet, bei bereits bestehender Abhängigkeit sei dagegen allein eine
Unterbringung nach § 64 StGB anzuordnen. Eine Entziehungskur sei in diesen
Fällen wenig bis gar nicht erfolgversprechend.[1082] Abhängigen fehle oft die Motivation und Selbstdisziplin, da sie glauben, ihre Lebenssituation am ehesten nur
mit der Droge meistern zu können. Nach der Gegenauffassung begründet die
Drogengefährdung für sich genommen die Notwendigkeit einer Entziehungskur
noch nicht. In diesen Fällen seien vorrangig andere ambulante Maßnahmen anzuordnen, etwa die Teilnahme an einem Drogenseminar.[1083] Damit wäre der
Anwendungsbereich auf Drogenabhängige beschränkt. Diese zweite Ansicht erscheint zwar vorzugswürdig, da schon der Begriff der Drogengefährdung wenig
greifbar ist[1084] und sie dem Gedanken der Subsidiarität im Hinblick auf die Eingriffsintensität besser gerecht wird. Doch man wird den Anwendungsbereich
dieser Maßnahme nicht auf Süchtige beschränken können. Sie ist schon bei regelmäßigem (Dauer-)Konsum in Betracht zu ziehen, da sie –wo nötig– eine
frühzeitigere Behandlung ermöglicht, ohne dass auf den endgültigen Ausbruch
der Sucht gewartet werden müsste.[1085]
Ab wann nach dem Gesagten eine Entziehungskur angezeigt ist, hängt von den
Umständen des Einzelfalls ab. Es gibt keine bestimmten Merkmalskombinatio-
nen, die eine für die ambulante Behandlung günstige Prognose versprechen.[1086]
Ob sie geeignet ist, hängt neben der Motivation und Persönlichkeitsstruktur des
Probanden von Art und Umfang des Drogengebrauchs sowie allgemeinen Erzie-
hungsbedürfnissen ab. Dabei ist zu berücksichtigen, in welchem Verhältnis der
Konsum zur gesamten Lebensweise des Täters steht. Stellt sich bei der Untersu-

---

[1081] Im schriftlichen Bericht zu BT-Drs. VI/2673, S. 5 f. wurde betont, dass die Suchtbehandlung im Rahmen der §§ 64 StGB, 93a JGG auch in einer ambulanten Einrichtung erfolgen
kann. Diese Möglichkeit sollte durch die zusätzliche Erweiterung der § 10 Abs. 2 JGG
verstärkt werden. Allerdings fehlt jeder Hinweis darauf, wie die beiden Maßnahmen voneinander abzugrenzen sein sollen.

[1082] *Eisenberg*, § 10 Rdnr. 62; *Schaffstein/Beulke*, § 16 V. 2., S. 124. Zum Teil werden die
Möglichkeiten der Entziehungskur schon bei gewohnheitsmäßigem Konsum als schlecht
betrachtet, *Brunner*, JR 1973, S. 89, 93.

[1083] *Ostendorf*, § 10 Rdnr. 27.

[1084] S. oben § 1 II. 3. c).

[1085] Im Ergebnis ebenso *Brunner/Dölling*, § 10 Rdnr. 18, die die Weisung auch bei chronischem Konsum für angezeigt halten.

[1086] *Eisenberg*, § 10 Rdnr. 62.

chung der Lebensumstände mit Hilfe der JGH oder des Sachverständigen heraus, dass er eine Folge einer bestehenden Delinquenzkarriere ist, so kann es unter Umständen sinnvoller sein, mittels Weisungen und Auflagen gegen diese vorzugehen. Auch bei Problemen in bestimmten Bereichen (etwa der schulischen Bildung) sind diese mittels geeigneter Maßnahmen zu bewältigen.[1087]

Im Hinblick auf die konsumierte Substanz wird man bei der Entziehungskur keine Beschränkung auf bestimmte Betäubungsmittel vornehmen können. Sie bietet sich zwar vorrangig zur Behandlung eines Cannabismissbrauchs[1088] oder bei Schnüffelstoffen an. Da Suchtgefährdete in den Anwendungsbereich fallen, ist diese Weisung auch bei Heroin-, Ecstasy- oder Kokainkonsumenten nicht ausgeschlossen. Dass dies eine sinnvolle Überlegung ist, zeigen auch die Behandlungsstatistiken ambulanter Suchtbehandlungseinrichtungen. Dort machten die Opiate mit über 50 % die wichtigste Hauptdiagnose aus, gefolgt von Cannabis mit etwas mehr als 30 %.[1089]

Bei der Anordnung gegenüber Abhängigen sind Art und Intensität der Sucht zu berücksichtigen, da sie unterschiedlich schwere Formen annehmen können und nicht jeder Abhängige schwerstabhängig ist. Bei Cannabis ist eine ambulante Behandlung daher ebenso denkbar wie bei leichteren Abhängigkeitsformen von anderen Drogen. Da die Entziehungskur aber ein höheres Maß an Selbstdisziplin erfordert, wird diese Weisung im Zusammenhang mit Heroin oder Kokain seltener Anwendung finden können. Sie sollte als Behandlungsalternative dennoch nicht außer Acht gelassen werden, speziell wenn der Betroffene ernsthafte Abstinenzwilligkeit zeigt.[1090] Sie kommt beispielsweise in Betracht, wenn durch eine vorausgegangene Untersuchungshaft der körperliche Entzug abgeschlossen ist und im bisherigen Vollzug oder auf sonstige Weise eine weitere Stabilisierung erfolgte. Auf diesem Wege wird zudem eine begonnene Behandlung nicht wieder durch andere freiheitsentziehende strafrechtliche Sanktionen unterbrochen. Für die Anwendbarkeit dieser Weisung bei Abhängigkeit spricht zudem die Überlegung, dass anderenfalls die notwendige Behandlung unterbleibt, wenn die hohen Anforderungen an die Unterbringungsanordnung gem. § 64 StGB nicht erfüllt sind. Selbstverständlich muss bei der Weisung gegenüber einem Abhängigen die nicht bloß theoretische Aussicht auf Erfolg bestehen. Der Richter hat gutachterlich beraten abzuwägen, ob es erzieherisch vertretbar ist, diese Weisung in Verbindung mit anderen Maßnahmen anzuordnen.[1091]

[1087] *Gebhardt* (1998a), § 19 Rdnr. 36.

[1088] *Simon*, S. 58 ff., zeigt, welche Bedeutung ambulante Einrichtungen bei dieser Droge haben. Eine planmäßige Beendigung der ambulanten Behandlung geschieht relativ häufig, *Simon*, a. a. O., S. 70 f. mit Abb. 8.

[1089] DBDD, REITOX 2002, S. 27 m. w. N. Von der Tendenz her ähnliche Zahlen finden sich in EBIS-A, 2002, Tabelle 1.2 Hauptdiagnose und Alter;

[1090] Eine ambulante Behandlung befürwortet etwa *Strothotte*, S. 197 ff., mit Darstellung einer entsprechenden Einrichtung.

[1091] *Brunner/Dölling*, § 10 Rdnr. 19.

b) Abgrenzung von § 64 StGB

Während die Anordnung einer Weisung von der erzieherischen Notwendigkeit abhängt, muss der Jugendrichter die Unterbringung nach § 64 StGB anordnen, wenn deren Voraussetzungen vorliegen. Allerdings werden diese von § 10 Abs. 2 JGG beeinflusst. Denn die Anordnung dieser Weisung kann dazu führen, dass die Gefahr weiterer erheblicher Taten i. S. d. § 64 StGB auszuschließen ist. Ist –bei Vorliegen aller Voraussetzungen– die Sanktionsprognose der Anordnung gem. § 10 Abs. 2 JGG ebenso gut bzw. schlecht wie die bei § 64 StGB, ist die Entziehungskur wegen der geringeren Eingriffsintensität vorzuziehen, wenn damit voraussichtlich derselbe Erfolg erreicht werden kann wie mit einer stationären Unterbringung nach § 64 StGB. Dies ergibt sich aus dem Subsidiaritäts- und Verhältnismäßigkeitsgrundsatz (§ 62 StGB).[1092] Da junge und erst vergleichsweise kurze Zeit Drogengefährdete oder –abhängige durch zu einschneidende Maßnahmen nachhaltig stigmatisiert werden können, ist besonders gründlich zu prüfen, ob die ambulante Sanktion nicht ausreichend ist. Anderenfalls besteht das Risiko einer noch festeren Bindung an die Droge und die damit einhergehende Subkultur.[1093] Dieser Vorrang gilt selbst dann, wenn die Weisung in einer stationären Einrichtung vollzogen wird, da es sich hierbei um keine zwangsweise Unterbringung handelt.

Das darf umgekehrt aber nicht dazu führen, dass die an sich notwendige Unterbringung gem. § 64 StGB so lange wie möglich hinausgeschoben wird, um dem Jugendlichen die zwangsweise Unterbringung zu ersparen. Dies hätte nur immer weiteres Weisungsversagen in Form von Verstößen und neuen Straftaten zur Folge. Der Jugendrichter muss den Mut haben, die Maßregel anzuordnen, wenn es erforderlich ist und ihre Voraussetzungen erfüllt sind.[1094]

Zusammenfassend lässt sich für die Abgrenzung dieser beiden Maßnahmen Folgendes festhalten: Ambulante therapeutische Maßnahmen sind in der Regel eher bei Suchtgefährdeten angezeigt. Da das Gesetz bei der Weisung nach § 10 Abs. 2 JGG keine Beschränkung hinsichtlich der Einrichtung oder Drogenart enthält, ist sie bei harten Drogen nicht grundsätzlich ausgeschlossen. Bei einer bestehenden Abhängigkeit stellt sich bei Vorliegen der Voraussetzungen verstärkt die Frage nach einer Unterbringung gem. § 64 StGB. Dabei sind die Art der konsumierten Substanz und der Konsumumfang zu berücksichtigen, da insbesondere harte Drogen eine zwangsweise Unterbringung erforderlich machen können.[1095]

c) Verbindung mit anderen Maßnahmen

Da Weisungen in den Grenzen der §§ 8 Abs. 1, 5 Abs. 3 JGG mit anderen Sanktionen verbunden werden können, ist zu erörtern, inwieweit eine derartige Verbindung bei einer Entziehungskur nach § 10 Abs. 2 JGG notwendig ist. Eine iso-

[1092] *Ostendorf,* § 7 Rdnr. 5, 10, 13; *Eisenberg,* § 7 Rdnr. 18; *Brunner,* Zbl. 1980, S. 415, 419; *P. A. Albrecht,* § 15 II. 2. c), S. 147.
[1093] *Eisenberg,* § 10 Rdnr. 60; zur Ambivalenz von Intervention und Non-Intervention s. eingehend oben § 6 I.
[1094] Ähnlich *Penners,* S. 91.
[1095] *Stosberg/Ingenleuf/Bratenstein,* S. 213, 218.

lierte Weisung nach dieser Vorschrift dürfte selten sinnvoll, weil leicht erzieherisch wirkungslos sein. Da es sich in der Regel um eine ambulante Maßnahme
handelt, muss gewährleistet sein, dass der Betroffene die Behandlung tatsächlich
durchsteht. In Betracht kommen flankierende Weisungen zum Drogen-
Screening sowie die Unterstellung unter einen Betreuungshelfer. Damit wird
zum einen die Drogenfreiheit des Probanden überwacht und seine Selbstdisziplin gestärkt; zum anderen bekommt er eine weitere geeignete Person zur Seite
gestellt, die ihm in Krisensituationen helfen kann. Daneben können je nach Einzelfall Weisungen bzgl. Wohnung und Aufenthalt sinnvoll sein. Maßnahmen in
Bezug auf Schadenswiedergutmachung oder die Erbringung von Arbeitsleistungen sollten neben der Entziehungskur dagegen nicht oder nur zurückhaltend eingesetzt werden, da sie mit den Anforderungen der Behandlung kollidieren können.

3. Substitutionsprogramme

Eine besondere Form der Entziehungskur nach § 10 Abs. 2 JGG stellt die Teilnahme an einem Substitutionsprogramm mit Methadon/Polamidon für Heroinabhängige dar. Bei dieser Form der Suchtbehandlung werden die genannten
Stoffe über eine bestimmte Einrichtung (Arzt, Apotheke, Drogen- oder Substitu-
tionsfachambulanz) in regelmäßigen Intervallen an den Abhängigen ausgege-
ben.[1096] Rechtsgrundlage für diese Form der Behandlung ist § 13 BtMG, die nähere Ausgestaltung ist in der Betäubungsmittelverschreibungsverordnung
(BtMVV) geregelt. Diese wird durch die Richtlinien der Bundesärztekammer
zur Durchführung der substitutionsgestützten Behandlung Opiatabhängiger weiter konkretisiert.[1097] Die Anforderungen an eine Teilnahme sind sehr hoch (s.
§ 13 BtMG i. V. m. § 5 BtMVV). Die Behandlung ist nach geltender Rechtslage
auf den Bereich der Opiatabhängigkeit beschränkt und muss auf einen der in § 5
Abs. 1 Nr. 1 bis 3 BtMVV genannten Zwecke gerichtet sein (u. a. Behandlung
der Opiatabhängigkeit, Behandlung von (schweren) Begleiterkrankungen,
Schwangerschaft). Unzulässig ist dabei die isolierte Substitution, d. h. sie muss
stets im Verbund mit einer psychiatrischen, psychotherapeutischen oder psychologischen Behandlung und Betreuung erfolgen, da das Fern- und Endziel der
Substitutionsbehandlung Drogenfreiheit ist.
Gegen die Substitutionsbehandlung könnte man zwar anführen, dass sie nicht
zur Abstinenz des Abhängigen führt, mithin seine Sucht grundsätzlich erst einmal bestehen bleibt. Der Vorteil einer solchen Behandlung liegt aber darin, dass
der Betroffene in Kontakt mit Hilfeinrichtungen kommt und so eine gesundheitliche und durch die zusätzliche Betreuung auch eine soziale Stabilisierung
erreicht werden kann, da der Süchtige sich nicht mehr mit der Beschaffung sei-

---

[1096] Zu den Einzelheiten und der praktischen Umsetzung in den Ländern s. bei *Bühringer u.
a.*, S. 53 ff.
[1097] S. zum Folgenden die Kommentierung bei *Weber*, § 5 BtMVV und Anhang F 2; zur Me-
thadonpraxis in Deutschland s. auch die Methadon-Expertise von *Bühringer/Künzel/Spies*
(1995).

ner Droge befassen muss. Drogenfreiheit ist auch bei diesem Behandlungsansatz das Endziel.

Substitutionsprogramme werden bei Jugendlichen prinzipiell für zulässig gehalten.[1098] Da es an sich keine Altersgrenzen für diese Behandlungsform gibt, können sie an einer solchen Maßnahme teilnehmen, soweit sie die Voraussetzungen erfüllen. Allerdings wird in der Praxis oft ein Mindestalter festgesetzt, welches zumindest Jugendliche in aller Regel von derartigen Programmen ausschließt.[1099] Dies erscheint vor dem Hintergrund einer auch bei jungen Menschen an der Grenze zur Volljährigkeit oder im Heranwachsendenalter möglichen entsprechend schweren Sucht unzureichend. Es erscheint widersinnig, trotz entsprechender Motivation seitens des Betroffenen mit der Behandlung bis zur Erreichung eines bestimmten Alters warten zu müssen.

4. Heroinvergabeprogramme

Seit Ende 2003 läuft in Deutschland in acht Städten ein nicht stationäres Modellprojekt zur heroingestützten Behandlung von Schwerstabhängigen.[1100] Damit soll für diese Extremgruppe eine Möglichkeit der gesundheitlichen Stabilisierung und Verbesserung der Lebensumstände geschaffen werden, wobei das Fernziel der Drogenfreiheit nicht aufgegeben werden soll. Nach dem Forschungsdesign fallen Jugendliche und Heranwachsende allerdings nicht in die Zielgruppe (Mindestalter 23 Jahre).

Sollte sich das Projekt als erfolgreich erweisen und eine derartige Möglichkeit dauerhaft im Behandlungssystem installiert werden, stellt sich unweigerlich die Frage, ob man jüngere Abhängige mit entsprechend ausgeprägten Merkmalen – mehrjährige Heroinsucht, erhebliche Folgeschäden, erfolglose Therapie– in derartige Programme aufnehmen sollte. Dafür würde sprechen, dass es zumindest bei den Heranwachsenden schon entsprechende Karrieren geben kann. Es gibt keinen durchgreifenden Grund, die Teilnahme in einem ansonsten geeigneten Fall allein wegen des fehlenden Alters noch einmal hinauszuschieben zu müssen. Bei Jugendlichen mag man dies anders beurteilen, da hier die Sucht noch nicht so lang andauert und es eher möglich erscheint, eine Behandlung mit den anderen –drogenfreien– Ansätzen zu erreichen.

Problematisch ist dann aber, ob und auf welche Weise die Teilnahme an einem derartigen Projekt im Rahmen des Jugendstrafverfahrens angeordnet werden kann. Da es sich nach der gegenwärtigen Konzeption um eine ambulante Behandlung handelt, kommt die Anordnung über die Maßregel des § 64 StGB nicht in Betracht. Als originäre Sanktion könnte diese Maßnahme als Entziehungskur i. S. d. § 10 Abs. 2 JGG anzusehen sein. Alternativ könnte man es auch als „freie" Weisung unter § 10 Abs. 1 JGG subsumieren. Im Hinblick auf

---

[1098] Zu den damit verbundenen Streitfragen s. *Brunner/Dölling*, § 10 Rdnr. 19b; *Eisenberg*, § 10 Rdnr. 64 ff.

[1099] Auf Landesebene gibt es zum Teil erhebliche Unterschiede, *Bühringer u. a.*, S. 52.

[1100] Nähere Informationen zu diesem Projekt sind unter http://www.heroinstudie.de abrufbar (zuletzt besucht am 05.09.2004).

den Wortlaut des § 10 Abs. 2 JGG widerspricht es zwar der Idee einer Entziehungskur, den Betroffenen mit seiner Droge weiter zu behandeln, da dies nicht zur Beendigung der Sucht führt. Allerdings ist die Heroinvergabe in diesem Punkt mit den nach dieser Vorschrift zulässigen Substitutionsprogrammen vergleichbar; beide Behandlungsansätze haben zumindest das Fernziel der Drogenfreiheit.

Schließlich könnte ein derartiges Programm auch eine der Rehabilitation dienende Behandlung bzw. eine staatlich anerkannte Einrichtung nach §§ 35 ff. BtMG darstellen. Ob derartige Einrichtungen die entsprechende staatliche Anerkennung im Sinne der genannten Vorschriften bekommen werden, lässt sich heute noch nicht beurteilen; es erscheint aber zumindest möglich, da ambulante Maßnahmen prinzipiell auch erfasst werden.[1101]

IV. Die Unterbringung in einer Entziehungsanstalt gem. § 64 StGB

1. Zweck und Anwendungsbereich[1102]

Die Anordnung der Unterbringung in einer Entziehungsanstalt gem. § 64 StGB ist eine weitere Maßnahme speziell für abhängige Straftäter. Sie ist eine auf Heilung ausgerichtete Maßregel der Besserung und Sicherung. Ziel ist der Schutz der Allgemeinheit durch Behandlung des als gefährlich erachteten Süchtigen durch dessen physische und psychische Entwöhnung.[1103]

Diese Maßregel kann auch gegen Jugendliche und Heranwachsende verhängt werden, §§ 7, 93a JGG. Trotz der spezifischen Ausrichtung auf abhängige Straftäter und der Einführung des § 93a JGG ist ihre tatsächliche Bedeutung im Jugendstrafrecht gering geblieben. 1998 gab es gegenüber Jugendlichen lediglich 13 Anordnungen.[1104] Dies mag damit zu tun haben, dass es nur in seltenen, schweren Fällen zur Anordnung kommen kann und dass es mit den §§ 35 ff. BtMG und mit § 10 Abs. 2 JGG für wirksamer erachtete Alternativen gibt. Es verwundert daher nicht, dass es nur sehr wenige Entscheidungen speziell zur Unterbringung Jugendlicher gibt.

Wie ausgeführt, ist das Verhältnis zur Weisung gem. § 10 Abs. 2 JGG problematisch. Gegenüber den Therapieregelungen des § 35 f. BtMG hat § 64 StGB Vorrang, bei Bejahung der Voraussetzungen des § 37 BtMG ist die Anordnung dagegen regelmäßig ausgeschlossen.[1105]

[1101] S. unten V. 1. a).

[1102] Zur Geschichte der Vorschrift s. *Metrikat*, S. 27 ff.

[1103] BVerfGE 91, S. 1, 27 f.; BGHSt 28, S. 327, 332; LK[11]-*Hanack*, § 64 Rdnr. 4.

[1104] *Eisenberg*, § 7 Rdnr. 16. Und das obwohl der BGH immer wieder auf die Notwendigkeit der Prüfung des § 64 StGB hinweist, s. beispielsweise BGHSt 37, S. 5.

[1105] Zum Verhältnis zu den genannten Vorschriften s. oben III. 2. c) (zu § 10 Abs. 2 JGG), V. 1. c) (2) (zu § 35 BtMG) sowie V. 2. b) (§ 37 BtMG).

2. Die Anordnungsvoraussetzungen

Die Unterbringungsvoraussetzungen ergeben sich aus § 64 StGB. Der Täter muss den Hang haben, alkoholische oder andere berauschende Mittel im Übermaß zu sich zu nehmen und muss aufgrund dessen eine rechtswidrige Tat begangen haben. Schließlich muss die Gefahr bestehen, er werde infolge des Hanges weitere erhebliche rechtswidrige Taten begehen.

Die Tatsachengerichte maßen sich bei der Frage nach dem Vorliegen Voraussetzungen eine große eigene Sachkompetenz an, oft ohne –entgegen der ausdrücklichen Regelung des § 246a StPO– auf Sachverständigengutachten zurückzugreifen.[1106] Dies kann bei Jugendlichen und Heranwachsenden zur Anordnung der Maßregel bzw. Nichtanordnung von an sich ausreichenden anderen Maßnahmen führen.

a) Hang, ... berauschende Mittel im Übermaß zu sich zu nehmen

(1) Hang

Unter einem Hang wird die durch Gewöhnung erworbene Neigung des Täters verstanden, Rauschmittel im Übermaß zu konsumieren, die ihn so beherrscht, dass er ihr immer wieder nachgibt. Es muss sich um eine eingewurzelte, auf einer psychischen Disposition bestehende oder durch Übung erworbene intensive Neigung handeln, Rauschmittel im Übermaß zu sich zu nehmen.[1107] Dies setzt nicht voraus, dass der Schweregrad einer seelischen Störung im Sinne der §§ 20 f. StGB erreicht ist.[1108] Entscheidend ist das Vorliegen einer (zumindest schwach ausgeprägten) psychischen Abhängigkeit. Eine körperliche Abhängigkeit wird lediglich als Zeichen für das Bestehen eines Hanges gewertet, da sie innerhalb relativ kurzer Zeit überwunden werden kann.[1109]

Zur Feststellung des Hangs bedarf es stets einer eingehenden Prüfung, inwieweit das Konsumverhalten ihn tatsächlich erkennen lässt. Erforderlich ist dazu eine Gesamtschau von Substanz, Frequenz und Konsumanlass. Je intensiver und häufiger der Konsum ist, desto eher kann dies als Indiz für den Hang herangezogen werden.[1110] Der bloße Missbrauch eines Rauschmittels reicht dagegen nicht aus.[1111] Als Zeichen für das Vorliegen eines Hangs kann aber die wiederholte Straffälligkeit im Rauschmittelkontext herangezogen werden.[1112] Dabei ist ein-

---

[1106] Kritisch zu dieser Praxis *Winkler*, S. 129, 130; *von der Haar* (1995), S. 145, 146 f.; ausdrücklich für die Notwendigkeit einer sachverständigen Begutachtung BVerfGE 91, S. 1, 30; *Eisenberg*, § 7 Rdnr. 27 m. w. N.

[1107] BGH, NStZ 1998, S. 407 (5 StR 50/98) und bei *Holtz*, MDR 1989, S. 857, 858.

[1108] BGH, NStZ-RR 2003, S. 295; das Vorliegen des Hangs muss positiv festgestellt werden, BGHSt 3, S. 339, 340; BGH, Beschl. v. 6.11.2002 – 1 StR 382/02.

[1109] BGH, StV 1994, S. 76 f.; BGH, NStZ 1998, S. 407 (5 StR 50/98); *Täschner*, § 16 Rdnr. 182; *Kühne* (1998), § 22 Rdnr. 17.

[1110] BGH, JZ 1971, S. 788, 789; BGHR, Hang 1; BGH, NStZ-RR 1997, S. 291; LK[11]-*Hanack*, § 64 Rdnr. 44; *Gebhardt*, Anm. StV 1994, S. 77, 78.

[1111] Zum Begriff des Missbrauchs s. § 2 II. 3. b).

[1112] *Penners*, S. 91.

schränkend zu berücksichtigen, dass ein gelegentliches sich Berauschen in Verbindung mit Straffälligkeit im Rausch nicht ausreichend ist.[1113] Grundsätzlich kann jede Rauschsubstanz zu einem relevanten Hang im Sinne des § 64 StGB führen. Er kann insbesondere schon durch einmaligen Konsum einer harten Droge wie Heroin entstehen. Insoweit besteht aber keine Regelannahme.[1114] Auch regelmäßiger langjähriger Haschischkonsum soll aufgrund der psychischen Abhängigkeitswirkung einen Hang begründen.[1115] Dies ist für Cannabiskonsumenten von großer Bedeutung, da damit der Anwendungsbereich des § 64 StGB prinzipiell eröffnet ist. Dabei muss man sich aber vor einer pauschalen Beurteilung hüten. Allein aus der Dauer des Cannabiskonsums kann man das Bestehen eines Hanges jedoch nicht herleiten. Viele langjährige Cannabiskonsumenten betreiben de facto Gelegenheitskonsum, ohne Zeichen einer Abhängigkeit oder eines Hangs erkennen zu lassen. Sie konsumieren bei Partys oder zu sonstigen Gelegenheiten, zwischen denen oft mehr oder minder lange Abstinenzphasen liegen. Die insgesamt betrachtet geringe Konsumfrequenz zeigt, dass hier ein eher verträglicher, gelegentlicher Gebrauch ohne Suchtmerkmale vorliegt. Wichtig für die Beurteilung ist daher das gesamte Konsumverhalten. Hinweise auf das Vorliegen eines Hangs können sich dabei aus dem Konsumanlass ergeben: Erfolgt der Konsum (gelegentlich) am Abend quasi zur Entspannung, so spricht dies gegen die Annahme eines Hangs.[1116] Wer aber schon den Tag mit einer Haschischzigarette beginnt, „um auf Touren zu kommen", zeigt ein süchtiges Verhalten. Die gezielte Stimmungsbeeinflussung durch Drogenkonsum spricht ohnehin eher für das Vorliegen eines Hangs.

Das Bestehen eines Hangs bedarf bei Jugendlichen und Heranwachsenden einer eingehenden Prüfung. Einen automatischen Übergang vom Konsum zum Hang gibt es bei keinem Betäubungsmittel. Je schwächer die Abhängigkeitswirkungen der Substanz, desto eher wird man das Vorliegen dieses Merkmals verneinen müssen. Das oft anzutreffende jugendliche Ausprobieren erfüllt die Voraussetzungen des Hangs regelmäßig nicht, da hierin kein suchtartiges Verlangen liegt.[1117] Ob der Einfluss der Peer-Group für oder gegen die Annahme eines Hangs spricht, hängt von der Situation ab: Handelte es sich beispielsweise um eine Verführungs- oder Überredungssituation, ist ein Hang eher zu verneinen; erfolgte der Konsum als ein regelmäßiges und häufiges Ritual, spricht das eher für den Hang.

(2) Übermäßiger Gebrauch
Ein übermäßiger Gebrauch liegt vor, wenn die genossene Menge so groß ist, dass sie körperlich nicht vertragen werden kann oder die Gesundheit oder Ar-

---

[1113] In Anlehnung an BGH, NStZ 2004, S. 384 (zu Alkohol).
[1114] *Täschner*, NJW 1984, S. 638, 639.
[1115] BGH, StV 1994, S. 76 f. mit krit. Anm. *Gebhardt*; zustimmend *Kühne* (1998), § 22 Rdnr. 15 a. E.
[1116] *Kühne* (1998), § 22 Rdnr. 15.
[1117] *Ostendorf*, § 7 Rdnr. 11 m. w. N. Hier kann aber eine Weisung nach § 10 Abs. 2 JGG angezeigt sein.

beits- und Leistungsfähigkeit erheblich gefährdet bzw. beeinträchtigt werden.[1118] Es gilt ein individueller Maßstab, es kommt also auf die Verträglichkeit für den Einzelnen an. Der übermäßige Gebrauch ergibt sich weder allein aus der Konsumfrequenz noch ist er zu bejahen, wenn der Täter im Rausch häufiger Straftaten begeht.[1119] Erforderlich ist eine Einzelfallprüfung, bei der zu berücksichtigen ist, dass bei jedem Suchtmittel grundsätzlich ein kontrollierter Konsum möglich ist, so dass dieses Merkmal im Einzelfall zu verneinen sein kann.[1120]

(3) Berauschende Mittel

Berauschende Mittel sind solche, die in ihren Auswirkungen denen des Alkohols vergleichbar sind. Der Begriff ist nicht auf illegale Substanzen beschränkt. Auch andere Substanzen sind als berauschende Mittel anzusehen, etwa Schnüffelstoffe oder Arzneimittel, letztere vor allem, wenn sie als Ersatzdrogen ohne therapeutische Zielsetzung verwendet werden.[1121] Bedenklich scheinen in diesem Zusammenhang Stimmen, die den therapeutisch indizierten Konsum von Methadon aus dem Suchtmittelbegriff ausklammern wollen.[1122] Denn die berauschende Wirkung einer Substanz hängt nicht von der medizinischen Indikation, sondern wesentlich von der konsumierten Menge ab.

b) Symptomatischer Zusammenhang und Anlasstat

Zwischen Hang und Anlasstat muss ein symptomatischer Zusammenhang bestehen. Die Tat muss auf den Hang zurückzuführen sein. Das Vorliegen eines akuten Rauschs ist hierfür keine notwendige Voraussetzung. Erforderlich und ausreichend ist ein nicht-zufälliges, ursächliches Zusammentreffen von Hang und Tat. Sie muss ihre Wurzeln im Hang haben.[1123] Dies setzt aber keine Alleinursächlichkeit voraus, daneben können auch andere Persönlichkeitsmängel eine Rolle gespielt haben.[1124]

Symptomwert haben insbesondere Taten, die den Täter in den Besitz von Rauschmitteln selbst oder zumindest der zur Beschaffung erforderlichen Geldbeträge bringen.[1125] Es soll aber auch ein indirekter Zusammenhang dergestalt genügen, dass die Sucht den sozialen Verfall des Täters verursacht hat und ihn

---

[1118] Allgemeine Ansicht, s. BGHSt 3, S. 339, 340; Schönke/Schröder-*Stree*, § 64 Rdnr. 3; kritisch NK-*Böllinger*, § 64 Rdnr. 82 ff.

[1119] BGH, MDR bei *Holtz*, 1989, S. 857, 858; *Tröndle/Fischer*, § 64 Rdnr. 7.

[1120] S. oben § 1 II. 2. b).

[1121] Zum Begriff der berauschenden Mittel s. LK[11]-*Hanack*, § 64 Rdnr. 56 ff. m. w. N.; zur Anwendung des § 64 StGB bei Methadonkonsum s. BGH, NStZ 2003, S. 484 m. Anm. *Dannhorn*.

[1122] So etwa *Dannhorn*, Anm. zu BGH, NStZ 2003, S. 484, der eine berauschende Wirkung bei Methadon verneint. Zur Gegenauffassung s. oben § 2 II. 6. c).

[1123] BGH, StV 1998, S. 75; BGH, JR 1991, S. 161 m. zust. Anm. *Stree* ; BGH bei *Holtz*, MDR 1990, S. 886; BGH bei *Dallinger*, MDR 1971, S. 895; LK[11]-*Hanack*, § 64 Rdnr. 50; *Kühne* (1998), § 22 Rdnr. 18.

[1124] S. etwa BGH, NStZ-RR 1997, S. 231 f.; BGH, Beschl. v. 16.07.2002 – 4 StR 179/02.

[1125] BGH, JR 1991, S. 161; weitere Beispiele bei LK[11]-*Hanack*, § 64 Rdnr. 37.

so auf kriminelle Wege führte.[1126] Dies ist in dieser Allgemeinheit nur begrenzt plausibel, denn der soziale Verfall an sich bzw. eine bestehende Labilität vermag nichts über einen symptomatischen Zusammenhang zwischen Tat und Hang auszusagen. Sie stehen zunächst nur nebeneinander, ohne dass ein kausaler Zusammenhang bestehen muss.

Die Art der Anlasstat ist gleichgültig. Es kommen grundsätzlich alle Straftatbestände in Betracht; es genügt auch ein Vergehen nach § 323a StGB. Auf die Erheblichkeit dieser Tat kommt es gleichfalls nicht an.[1127] Erforderlich ist nur, dass sie rechtswidrig (§ 11 Abs. 1 Nr. 5 StGB) gewesen ist. Wie der Wortlaut des § 64 StGB zeigt, ist der Grad der Schuld(un-)fähigkeit für die Unterbringungsanordnung unerheblich.[1128]

c) Gefahr weiterer erheblicher Taten

(1) Gefahrenprognose

Der Hang zu Rauschmitteln muss die Gefahr zukünftiger rechtswidriger Taten bedingen. Dies ist zu bejahen, wenn die auf tatsächlichen Grundlagen fußende Erwartung besteht, dass der Täter in Folge seines Hanges rückfällig wird, so dass erhebliche Straftaten von ihm zu erwarten sind, die mit seinem Hang in ursächlichem Zusammenhang stehen.[1129] Auch insoweit muss ein symptomatischer Zusammenhang zwischen den zu erwartenden Taten und dem Hang bestehen. Eine gutachterliche Untersuchung (s. § 246a StPO) wird hierfür oft nicht zu umgehen sein, denn diese Feststellung macht eine eingehende Auseinandersetzung mit der Persönlichkeit des Täters erforderlich.[1130]

Indizien für die Wiederholungsgefahr können sich vor allem aus dem Vorleben des Täters ergeben, wobei die Entwicklung des Hangs eine maßgebliche Rolle spielt.[1131] Hieraus lassen sich wesentliche Rückschlüsse für die Gefährlichkeitsprognose ziehen. Aber auch das Nachtatverhalten im Hinblick auf die Sucht bzw. den Betäubungsmittelkonsum ist ein wichtiges Indiz für diese Prognoseentscheidung.

Die Wiederholungsgefahr muss sich auf konkrete Anhaltspunkte im Einzelfall stützen lassen, eine bloß abstrakte Wiederholungsmöglichkeit ist nicht ausreichend. Es besteht kein Erfahrungssatz, dass bei Drogenabhängigen grundsätzlich die Gefahr neuer Straftaten bestünde. Dies gilt unabhängig von der Schwere der Anlasstat.[1132]

Das Vorliegen einer Sucht in Verbindung mit der Begehung einer schweren Straftat allein vermag die Anordnung der Unterbringung nicht zu rechtfertigen.[1133] Es ist allein aus der Anlasstat und einer bestehenden Sucht heraus kaum

[1126] LK[11]-*Hanack*, § 64 Rdnr. 36 unter Berufung auf OLG Celle, NJW 1958, S. 270; kritisch SK-*Horn*, § 64 Rdnr. 8.

[1127] LK[11]-*Hanack*, § 64 Rdnr. 28.

[1128] BGH, NStZ-RR 2003, S. 295.

[1129] BGH, NStZ-RR 1996, S. 257.

[1130] LK[11]-*Hanack*, § 64 Rdnr. 79; NK-Böllinger, § 64 Rdnr. 96 f.

[1131] *Tröndle/Fischer*, § 64 Rdnr. 10 f. m. w. N. aus der Rechtsprechung.

[1132] BGH, StV 1998, S. 74.

[1133] Eingehend BGH, StV 1996, S. 538 mit zust. Anm. *Weider*.

zu begründen, wieso mit einer konkreten Gefahr weiterer erheblicher Taten zu rechnen ist, selbst wenn es sich um einen Konsumenten harter Drogen handelt. Dies gilt umso mehr, wenn der Täter erstmalig strafrechtlich in Erscheinung getreten ist.

Relevant wird die Frage nach der Wiederholungsgefahr, wenn der Täter bereits anderweitig –freiwillig oder aufgrund gerichtlicher Anordnung– eine Therapie begonnen hat. Der BGH bejaht in diesen Fällen die Voraussetzungen des § 64 StGB.[1134] Wie sich aus § 67f StGB ergebe, müsse die Anordnung der Unterbringung bei Vorliegen der Voraussetzungen des § 64 StGB auch dann erfolgen, wenn diese Maßregel bereits in einem früheren Verfahren angeordnet worden sei.[1135] Dem wird man jedoch nicht ohne weiteres folgen können, da eine konkrete Gefahr weiterer erheblicher Straftaten in einer solchen Konstellation zu verneinen sein kann.[1136] Die begonnene Therapie entfaltet so lange eine Schutzwirkung, wie der Proband sie fortsetzt. Ob er dies tatsächlich tut, ist selbstverständlich eine Frage des konkreten Einzelfalls. Dies hat das Gericht –gutachterlich beraten– festzustellen. Soweit im Zeitpunkt der erneuten Aburteilung nicht feststeht, dass die laufende Therapie abgebrochen werden wird, lässt sich die geforderte konkrete Wahrscheinlichkeit weiterer Straftaten kaum begründen. Je größer allerdings die begründeten Zweifel an der Fortsetzungswilligkeit, umso eher wird man dies bejahen können. § 67f StGB kann erst relevant werden, wenn die Anordnungsvoraussetzungen tatsächlich vorliegen. Dies ist hier aber gerade nicht sicher. Zudem legt der Wortlaut dieser Vorschrift –„frühere Anordnung"– eine Begrenzung auf die gerichtliche Therapieanordnung nahe, nicht aber auf eine anderweitig aufgenommene freiwillige Behandlung.

Selbst wenn man die Voraussetzungen des § 64 StGB in einer solchen Konstellation bejaht, kann in diesen Fällen die Einweisung gem. § 67b StGB zur Bewährung ausgesprochen werden, so dass § 64 StGB erst bei Abbruch der laufenden Therapie greift. Ein derartiges Vorgehen setzt das Bestehen besonderer Umstände voraus, die regelmäßig in einer begonnenen und laufenden Therapie in einer als geeignet zu bewertenden Einrichtung zu sehen sind.[1137]

Weder bei Jugendlichen noch bei Heranwachsenden kann man allein aufgrund des Alters auf die Gefahr weiterer Taten schließen. In diesem Alter werden zwar die meisten Straftaten begangen, doch dies allein vermag das Bestehen einer auf tatsächlichen Umständen gründenden Wahrscheinlichkeit für den Einzelfall nicht zu stützen. Etwas anderes kann gelten, wenn zu erwarten ist, dass der Jugendliche in Zukunft wieder Rauschmittel konsumieren wird und deshalb auch wieder im Rauschzustand Straftaten begehen wird.

[1134] Etwa BGH, StV 1993, S. 302 m. krit. Anm. *Wagner*. Diese Frage wird eher im Rahmen der Aussichtslosigkeit gem. § 64 Abs. 2 StGB problematisiert, obwohl sie schon für die Wiederholungsgefahr von Bedeutung sein kann und auch im Rahmen der Verhältnismäßigkeit zu berücksichtigen ist.

[1135] S. dazu BGH, NStZ 1992, S. 432.

[1136] LK[11]-*Hanack*, § 64 Rdnr. 83; SK-*Horn*, § 64 Rdnr. 17.

[1137] Schönke/Schröder-*Stree*, § 67b Rdnr. 5 m. w. Beispielen.

(2) Erheblichkeit

Weiterhin muss sich die Wiederholungsgefahr auf erhebliche Taten beziehen. Die Gefahr geringfügiger Taten reicht hierfür nicht aus.[1138] Bei der Bestimmung der Erheblichkeit ist nicht allein auf die Art der Straftat oder die Strafdrohung abzustellen. Wegen des Maßregelzwecks –Sicherung der Allgemeinheit– kommen vielmehr nur solche Delikte in Betracht, die geeignet sind, den Rechtsfrieden ernstlich zu beeinträchtigen.[1139] Dies muss bei der Auslegung der Vorschrift Beachtung finden.[1140] Aus diesem Grund sind Taten, die letztlich nur zu einer reinen Selbstgefährdung führen, unabhängig von ihrer Erheblichkeit nicht ausreichend. Die Beschaffung geringer Rauschgiftmengen zum Eigenkonsum kann im Hinblick auf §§ 29 Abs. 5, 31a BtMG die Unterbringung unabhängig von der Substanz ebenfalls nicht rechtfertigen.[1141] Auch bei größeren Mengen, die ersichtlich nur zur Deckung des eigenen Bedarfs bestimmt sind, kann die Erheblichkeit zu verneinen sein. Geringfügige Eigentumsdelikte aus dem Bereich der Beschaffungskriminalität sind gleichfalls nicht geeignet, die für § 64 StGB erforderliche Erheblichkeit zu begründen.[1142] Auch bei Rezeptfälschungen zur Beschaffung von Medikamenten wurde dieses Merkmal verneint.[1143] Es ist im Übrigen nicht erforderlich, dass es sich bei den zukünftigen Taten um ähnliche Taten handeln wird wie die Anlasstat.[1144]

Da gerade Jugendliche in aller Regel eher leichte Delikte begehen, ist die Erheblichkeit möglicher weiterer Taten oft zu verneinen. Dies gilt insbesondere für Verstöße gegen das BtMG im Zusammenhang mit Cannabiszubereitungen.

d) Aussichtslosigkeit der Therapie (§ 64 Abs. 2 StGB)

Schließlich darf die Unterbringung nicht von vornherein aussichtslos sein. Dieser Absatz des § 64 StGB bereitet der Praxis die größten Schwierigkeiten.

(1) Generelle Überlegungen

Das Problem der Aussichtslosigkeit der Therapie hat auch schon das Bundesverfassungsgericht beschäftigt.[1145] Nach dem grundlegenden Beschluss vom 16.

[1138] „Lästige Taten" sind für die Unterbringungsanordnung gleichfalls nicht ausreichend, LK[11]-*Hanack*, § 64 Rdnr. 75.

[1139] S. dazu LK[11]-*Hanack*, § 64 Rdnr. 74; zur Kritik an der gutachterlichen Praxis, s. *Konrad*, StV 1992, S. 597, 600.

[1140] BGHSt 28, S. 327, 332; LG Köln, MDR 1986, S. 339 f; zu Überlegungen zu einer jugendspezifischen Auslegung des Erheblichkeitsbegriffs s. unten VII.

[1141] BGH, NStZ 1994, S. 280; BGH, StV 1998, S. 74.

[1142] BGH, StV 1998, S. 74; ähnlich *Kühne* (1998), § 22 Rdnr. 23.

[1143] LG Köln, MDR 1986, S. 339 f.

[1144] BGH, NStZ 1996, S. 257.

[1145] BVerfGE 91, S. 1 ff.; zu den Folgen und Wirkungen dieser Entscheidung s. *Metrikat*, S. 35 ff. Die Entscheidung wurde insgesamt eher positiv aufgenommen, wenn es auch in der Literatur nicht unerhebliche Kritik gab, da durch die Verschiebung des Prognosemaßstabes die Maßregelanordnung zum Zwecke des Heilungsversuchen unmöglich gemacht worden sei; s. dazu das abw. Votum der Richterin *Grashof*, BVerfGE 91, S. 1, 42; *Stree*, S. 581 ff.; *Dessecker* (1996); *Dessecker/Egg* (1995); *Müller-Dietz*, JR 1995, S. 353 ff.; *Müller-Gerbes*, StV 1996, S. 633 ff.; eher positiv etwa *Volckart/Grünebaum* (2003), S. 15

März 1994 müssen sowohl die Anordnung als auch der Vollzug selbst an eine hinreichend konkrete Aussicht geknüpft sein, „den Süchtigen zu heilen oder doch über eine gewisse Zeitspanne vor dem Rückfall in die akute Sucht zu bewahren".[1146] Anderenfalls hat die Anordnung als aussichtslos zu unterbleiben. Soweit die Vorschrift auch Fälle erfasst, bei denen keine derartigen Erfolgsaussichten bestehen, ist sie wegen Unvereinbarkeit mit Art. 2 Abs. 1, Abs. 2 S. 2 GG nichtig.

Eine konkrete Aussicht im oben genannten Sinne setzt nicht voraus, dass der Eintritt des Heilerfolges durch die Therapie sicher feststehen muss. Eine derart eindeutige Prognose kann kein Gutachter leisten. Entscheidend muss vielmehr sein, was medizinisch indiziert und ärztlich verantwortbar ist.

Dabei ist die Wandelbarkeit des Prognosemaßstabs während des Behandlungsprozesses zu berücksichtigen. Man kann in der Hauptverhandlung nicht eine ebenso breite Entscheidungsbasis verlangen wie im späteren Verlauf der Therapie.[1147] Die Tatsachengrundlage für die Prognose im Zeitpunkt der Unterbringungsanordnung ist oft eher schmal, weil psychiatrische Kenntnisse über den Abhängigen in geringerem Umfang vorliegen. Dabei sind natürlich alle anderen verfügbaren Informationsquellen zu nutzen, wie etwa Gutachten aus früheren Prozessen oder andere ärztliche Angaben, soweit eine Verwertung zulässig ist. Zwar wird vor der Entscheidung ein Sachverständiger gehört, der eine Exploration des Täters durchgeführt hat, dennoch beruht seine Erkenntnisgrundlage auf wenigen persönlichen Kontakten mit dem Probanden. Folglich ist die Datenlage für die Prognoseentscheidung in vielen Fällen erst einmal eher gering.

Bei der Beurteilung der späteren Entwicklung im Maßregelvollzug wird sich durch den täglichen Umgang mit dem Probanden der Maßstab mit steigender Informationsmenge erweitern und dementsprechend konkretisieren. Ein zu enger Maßstab für die Urteilsprognose würde dazu führen, dass an sich behandlungsfähige Täter nicht zu dieser Sanktion verurteilt werden können. Dies wäre im Hinblick auf die erzieherische Ausgestaltung des Jugendstrafverfahrens besonders bedenklich.

Vor diesem Hintergrund ist eine den verfassungsrechtlichen Anforderungen genügende Prognose in jedem Verfahrensstadium möglich. Entscheidend ist, ob der Täter therapierbar scheint und erwarten lässt, dass er sich „im Maßregelvollzug nach einer gewissen Anpassungszeit der Notwendigkeit der Behandlung öffnen und an ihr mitwirken" werde.[1148]

(2) Einzelprobleme

Welche Faktoren für die Beurteilung der Aussichtslosigkeit heranzuziehen sind, wird in Rechtsprechung und Literatur kontrovers diskutiert. Nach Ansicht des

---

f.; NK-*Böllinger*, § 64 Rdnr. 101 ff. und § 67d Rdnr. 42 ff.; *van der Haar*, NStZ 1995, S. 315 ff.

[1146] BVerfGE 91, S. 1, 30.

[1147] S. das abweichende Votum von *Graßhof*, BVerfGE 91, S. 1, 54 f.; ähnlich *Müller-Dietz*, JR 1995, S. 353, 358 f. und *Müller-Gerbes*, StV 1996, S. 633, 638 f.

[1148] BVerfGE 91, S. 1, 30; ähnlich *Penners*, S. 97.

BGH dürfen generell nur solche suchtbezogenen Umstände in die Beurteilung einfließen, die in der Person des Täters liegen. Kriterien für die Aussichtslosigkeit sind danach in erster Linie Art und Stadium der Sucht, bereits eingetretene physische und psychische Veränderungen und Schädigungen, frühere Therapieversuche und fehlende Therapiebereitschaft. Nicht suchtbezogene Umstände sind nur ausnahmsweise zu berücksichtigen.[1149] In der Literatur werden dagegen alle Umstände in die Betrachtung einbezogen, die den Erfolg einer Therapie beeinflussen können, also auch solche, die nicht in der Person des Täters liegen.[1150]

a. Therapieplatzangebot
Ein zentraler Punkt in diesem Zusammenhang ist die Frage, inwieweit ein fehlender Therapieplatz die Aussichtslosigkeit gem. § 64 Abs. 2 StGB zu rechtfertigen vermag. Dies ist bei Jugendlichen umso relevanter, als § 93a JGG den Vollzug in einer für suchtkranke Jugendliche geeigneten Einrichtung vorschreibt, von denen es in Deutschland nur wenige gibt.[1151] Da es sich bei einem fehlenden Therapieplatz nicht um einen in der Person des Täters liegenden Umstand handelt, kann nach Meinung des BGH die Aussichtslosigkeit der Therapie damit nicht begründet werden. Auch eine analoge Anwendung des § 64 Abs. 2 StGB scheide aus. Der Richter sei verpflichtet, bestehende Normen anzuwenden; die Bereitstellung geeigneter Einrichtungen sei allein Sache der Verwaltung.[1152] Das Gericht handle gegen das Gesetz, wenn es bei der Urteilsfindung einen eindeutigen Gesetzesbefehl nicht befolge, weil die Exekutive nicht die erforderlichen Mittel bereithalte. Es entscheide nur über das „Ob", es sei Sache der Vollstreckungsbehörden, über das „Wie" zu befinden. In Betracht komme unter Umständen nur eine nachträgliche Erledigungserklärung in analoger Anwendung des § 67d Abs. 3 S. 2 StGB, wenn die Unterbringung praktisch nicht vollziehbar sei.[1153]
Dieser (zum allgemeinen Strafrecht ergangenen) Entscheidung wurde zu Recht widersprochen, da sie zu nicht tragbaren Folgen führt.[1154] Im Hinblick auf den das Jugendstrafrecht prägenden Erziehungsgedanken verbietet sich eine Übertragung ohnehin. Käme es zur Unterbringungsanordnung, obwohl ein geeigneter Therapieplatz fehlt, so würde eine von vornherein erzieherisch sinnlose Anordnung getroffen werden. Im Extremfall (bei Vorliegen aller Voraussetzungen) würde der Jugendliche wegen der generellen Einspurigkeit freiheitsentziehender Maßnahmen gem. § 5 Abs. 3 JGG allein zur Unterbringung verurteilt. Da sie aber mangels Therapieplatz nicht vollzogen werden könnte, passierte de facto gar

---

[1149] BGHSt 36, S. 199, 200 ff.
[1150] Kritisch zur Haltung des BGH etwa LK[11]-*Hanack*, § 64 Rdnr. 100a ff.; *Lorbacher*, Anm. NStZ 1990, S. 80; *Müller-Gerbes*, StV 1996, S. 633, 636.
[1151] S. unten 5.
[1152] BGHSt 28, S. 327, 329 (zum Erwachsenenstrafrecht); für das Jugendstrafrecht befürwortend *Brunner/Dölling*, § 7 Rdnr. 4.
[1153] BGHSt 28, S. 327, 330; OLG München, NJW 1978, S. 552; OLG Hamm, MDR 1981, S. 70 bejahte zudem die Frage, ob anstelle des Vorwegvollzugs der Freiheitsstrafe eine zeitweilige Unterbringung in einem psychiatrischen Krankenhaus möglich sei.
[1154] LK[11]-*Hanack*, § 64 Rdnr. 103 m. w. N. zum Streitstand.

nichts. Der Normappell würde wirkungslos verpuffen und der junge Verurteilte erhielte –nicht ganz zu Unrecht– den Eindruck, er habe ja gar nichts getan, es passiere ja ohnehin nichts. Damit gibt sich die Justiz ein Stück weit der Lächerlichkeit preis.

Das LG Bonn hat im Hinblick auf § 93a JGG die Anwendbarkeit des § 64 StGB daher ausgeschlossen, wenn es keine geeigneten Einrichtungen zur Behandlung Drogenabhängiger in dem betreffenden Gerichtsbezirk gibt.[1155] In derartigen Fällen dürfe auch nicht auf eine andere Einrichtung, etwa ein psychiatrisches Krankenhaus, ausgewichen werden. Dem ist nach den Ausführungen sub. § 8 II. 4. a) zur Maßregel nach § 63 StGB zuzustimmen. § 93a JGG erfordert eine spezielle Einrichtung zur Behandlung junger Suchtkranker. Wenn es keinen Therapieplatz gibt, so hat die Unterbringungsanordnung wegen Aussichtslosigkeit der Behandlung zu unterbleiben. Wo dies möglich ist, kann das Problem dadurch umgangen werden, dass auf einen anderen Gerichtsbezirk ausgewichen wird bzw. der Vollzug in einem anderen Bundesland erfolgt.

Anders ist die Situation zu beurteilen, wenn ein Therapieplatz nur vorübergehend fehlt und es absehbar ist, dass er für den Verurteilten zur Verfügung stehen wird. Dem kann durch Zurückstellung des Maßregelvollzugs gem. § 67 Abs. 2 StGB Rechnung getragen werden. Eine Aussichtslosigkeit ist dann zu verneinen.

b. Fehlende Sprachkenntnisse

Fehlende deutsche Sprachkenntnisse des Probanden begründen nach Ansicht des BGH wiederum nicht die Aussichtslosigkeit der Therapie. Es handle sich um einen Faktor, der nur mittelbar in der Person des Abhängigen wurzele. Es sei vielmehr eine Frage der organisatorischen Ausgestaltung des Maßregelvollzugs. Es sei nicht auszuschließen, dass es in Deutschland geeignete Therapeuten mit entsprechenden Sprachfähigkeiten gebe. Im Übrigen könne ein Dolmetscher hinzugezogen werden bzw. auf eine Vollstreckung im Heimatland des Verurteilten hingewirkt werden. Für eine Therapie seien zudem regelmäßig sprachliche Grundkenntnisse ausreichend.[1156]

Diese Rechtsprechung erscheint wenig durchdacht.[1157] Ist der Verurteilte erwiesenermaßen der deutschen Sprache nicht mächtig, kann es nicht Aufgabe des Gerichts sein, alle möglichen Stellen innerhalb der Bundesrepublik nach einem Therapeuten mit den notwendigen Sprachkenntnissen abzusuchen.[1158] Dies ist zwar auch eine Frage der Vollstreckung, doch muss dieser Punkt schon bei der Verurteilung insofern Berücksichtigung finden, als anderenfalls der Vollzug der

---

[1155] LG Bonn, NJW 1977, S. 345 f. Die Entscheidung wurde vom BVerfG bestätigt, JMBl. NRW 1977, S. 222; zustimmend auch *Eisenberg*, § 7 Rdnr. 15.

[1156] BGHSt 36, S. 199, 203 f.; BGH, StV 2001, S. 678 m. Anm. *Stange*; BGH, NStZ 2002, S. 7; ablehnend aber BGH, NStZ 2001, S. 418. In BGH, NStZ 1990, S. 78, 79 mit krit. Anm. *Lorbacher* wurde einschränkend auf den Geläufigkeitsgrad der Sprache in Deutschland abgestellt.

[1157] Zum Folgenden s. die Einwände von *Lorbacher* NStZ 1990, S. 78, 80.

[1158] Dies sieht im Übrigen auch der BGH so, NStZ 1990, S. 78, 79. Daneben dürfte dies auf der Ebene der zuständigen Landesverwaltungen zu Problemen führen.

Maßregel von vornherein unmöglich wird. Die sub. a. angestellten Überlegungen zur erzieherischen Wirkungslosigkeit gelten auch hier.

Die Erwägungen über die Zuziehung eines Dolmetschers sind wenig tragfähig und aus therapeutischer Sicht bedenklich. Kommunikation und Vertrauen zwischen Therapeut und Proband sind die Grundvoraussetzungen einer erfolgreichen Therapie.[1159] Der Aufbau einer Vertrauensbasis gestaltet sich gerade in der Anfangsphase der Behandlung als schwierig. Dies würde durch die Hinzuziehung eines unbeteiligten Dritten zusätzlich noch weiter erschwert. Wie soll sich der zu Therapierende öffnen können, wenn noch eine weitere –an sich unbeteiligte– Person am Tisch sitzt? Gerade für junge Menschen, die sich zu Beginn der Therapie in einer ungewohnten, schwierigen und belastenden Situation befinden, kann dies die ohnehin wackelige Therapiemotivation beeinträchtigen oder gar zerstören. Und da im Laufe der Behandlung für den Patienten unangenehme persönliche Dinge und Ereignisse angesprochen werden müssen, sind die Hemmungen, dies im Beisein des Dolmetschers zu tun, noch größer. Zudem begründet die Zuziehung eines Dritten die Gefahr einer weitergehenden Stigmatisierung.

Einer Vollstreckung der Maßnahme im Heimatland des Verurteilten stehen die generellen Schwierigkeiten im Rechtshilfeverkehr entgegen. Ob diese Möglichkeit bei Jugendlichen überhaupt in Erwägung zu ziehen ist, ist im Hinblick auf die dann in der Regel erforderlich werdende Trennung von der Familie erzieherisch nur begrenzt wünschenswert. Bis es zu einer Überstellung des Verurteilten in sein Heimatland kommen kann, vergeht in der Regel viel Zeit, so dass die Zeitnähe der Reaktion auf die Straftat verloren geht. Unmöglich wird dieses Vorgehen, wenn es im Heimatland keine Möglichkeit einer Therapie gibt.

Auch die Annahme, sprachliche Grundkenntnisse seien ausreichend, erscheint nur in Grenzen plausibel. Es ist schon unklar, was sprachliche Grundfertigkeiten sind. Dabei macht eine Therapie ein ausreichendes sprachliches Artikulationsvermögen erforderlich. Der Patient muss schließlich nicht nur sein soziales Verhalten trainieren, sondern auch die die Abhängigkeit auslösenden Faktoren benennen und in der Interaktion mit einer Therapiegruppe, im Rollenspiel oder im Einzelgespräch bewältigen lernen, also vorwiegend im Gespräch. Nur so kann die Therapie zum Erfolg führen. Dies setzt in der Regel mehr als nur sprachliche Grundfertigkeiten voraus.[1160]

Damit sind Sprachprobleme generell als Aussichtslosigkeitsgrund anzuerkennen. Allerdings kann man hiervon in geeigneten Einzelfällen eine Ausnahme machen. Über die Möglichkeit des Vorwegvollzuges eines Teils der Jugendstrafe gem. § 67 Abs. 1, 2 StGB kann der Verurteilte die erforderlichen sprachlichen Kenntnisse erlernen. Dies bietet sich an, wenn er hieran Interesse und einen ak-

---

[1159] *Körner*, § 35 Rdnr. 317.
[1160] Zu den grundsätzlichen Problemen im Verhältnis Therapeut – Proband s. *Dahle* (2003a), S. 177, 184 f.; *ders.* (2003b), S. 231, 234. Er verweist zu Recht auf die Unterschiede insbesondere in der sozialen Stellung der beiden Beteiligten und den damit einhergehenden Ressentiments.

tiven Mitwirkungswillen zeigt. Damit können etwa durch Deutschunterricht im
Vollzug die (weiteren) Voraussetzungen der Therapie geschaffen werden.[1161] Da
der Verurteilte seine Bereitschaft dazu erklärt hat, ist die Aussichtslosigkeit der
Maßregelanordnung trotz anfänglicher Sprachprobleme zu verneinen. Dieses
Vorgehen kann positiv auf die Motivation wirken, da er schon während der Haft
ein Ziel vor Augen hat, auf das er hinarbeiten kann.

Es ist daher angebracht, nur bei fehlenden Sprachkenntnissen, die nicht im Wege des Vorwegvollzugs überwunden werden können, die Aussichtslosigkeit der
Therapie gem. § 64 Abs. 2 StGB zu bejahen. Diese Auslegung lässt sich mit
dem Wortlaut und dem Sinn dieser Vorschrift vereinbaren. Dabei ist zu bedenken, dass man den Verurteilten einer weiteren Demütigung aussetzte, wenn man
ihn zu einer Maßnahme zwingen wollte, die er von vornherein aufgrund man-
gelnder Kenntnisse nicht bewältigen kann, und damit einen weiteren Beleg seiner Schwäche und Unfähigkeit provozierte. Dass das erzieherisch nicht er-
wünscht sein kann, versteht sich von selbst.

c. „Heilversuche"

Die Anordnung muss auch dann unterbleiben, wenn die Erfolgsaussichten ungeklärt sind, da dann keine positive Erfolgsprognose gestellt werden kann. Damit
ist aber die Frage nach der Zulässigkeit sog. „Heilversuche" aufgeworfen. Mittels dieses Instruments soll bei ungewissen Erfolgsaussichten die Therapiebereitschaft des Verurteilten in der Praxis erprobt werden können. Nach Ansicht
des BVerfG ist die Unterbringung ausschließlich zur Erprobung unzulässig.[1162]
Unter Berücksichtigung der sub. (1) gemachten Ausführungen sind Heilungs-
versuche nicht gänzlich ausgeschlossen, soweit man diesem Begriff kein zu weites Verständnis zugrunde legt. § 64 StGB verlangt nicht, dass der Therapieerfolg
sicher eintreten werde. Soweit der Täter als therapierbar erscheint, ist es ausreichend, wenn zu erwarten ist, dass er „sich im Maßregelvollzug nach einer gewissen Anpassungszeit der Notwendigkeit der Behandlung öffnen" wird.[1163] Solange auf dieser Grundlage eine (wenn auch geringe) konkrete Erfolgsaussicht
prognostiziert werden kann, ist die Unterbringungsanordnung prinzipiell zulässig. Erst wenn eine derartige konkrete Behandlungschance nicht mehr festgestellt werden kann, ist sie ausgeschlossen.[1164]

Bei jungen Menschen wird man ohnehin keine zu hohen Anforderungen an die
konkreten Erfolgsaussichten stellen dürfen. Es genügt, wenn ein genereller Mit-
arbeitswille erkennbar wird. Es sollte in diesem Zusammenhang allerdings vermieden werden, von einem „Heilversuch" zu sprechen, da dies nach Unterbringung zur Probe ohne Erfolgsaussicht klingt.

d. Fehlende Therapiemotivation – „Therapieunwilligkeit"

Eng mit der Zulässigkeit von Heilversuchen verknüpft ist die Bewertung der
Therapieunwilligkeit. Wenn man Freiwilligkeit der Therapie als notwendige

---

[1161] Ähnlich die Stellungnahme der Bundesregierung in BT-Drs. 15/3652, S. 21.

[1162] BVerfGE 91, S. 1, 29.

[1163] BVerfGE 91, S. 1, 30.

[1164] Sondervotum *Graßhof*, BVerfGE 91, S. 1, 62; *Müller-Gerbes*, StV 1996, S. 633, 638.

Voraussetzung für einen Therapieerfolg ansieht, so ist die ernsthafte Therapieunwilligkeit ein Aussichtslosigkeitsgrund.[1165]
Anerkannt ist in diesem Zusammenhang, dass Aussichtslosigkeit angenommen
werden kann, wenn der Betroffene mehrere Entwöhnungsversuche erfolglos abgebrochen hat.[1166] Dies ist indes kein unwiderlegliches Indiz. Eine erfolglose
frühere Unterbringung steht einer erneuten Anordnung nicht entgegen.[1167] Soweit man die heutige Therapieunwilligkeit mit dem Abbruch eines früheren oder
anderweitigen Therapieversuchs begründen will, ist zu bedenken, dass die jeweiligen Ursachen vollkommen verschieden sein können und jetzt keine Rolle
mehr spielen. Das kann z. B. bei einem Todesfall in der Familie oder bei Problemen mit der Partnerin bzw. dem Partner der Fall sein. Lag die Ursache des
Abbruchs in der ursprünglich gewählten Therapieform, ist zu prüfen, inwieweit
dies   durch   einen   Wechsel   in   ein   anderes   Behandlungskonzept
überwunden werden kann.[1168]
Aus einer im Moment fehlenden Therapiemotivation kann zudem nicht ohne
weiteres auf eine dauernde Aussichtslosigkeit der Behandlung geschlossen werden. Denn eine Funktion des Maßregelvollzugs ist es ja gerade, die Motivation
des Abhängigen zu fördern und zu stärken.[1169] Anstatt pauschal von der Therapieunwilligkeit auf die Aussichtslosigkeit zu schließen, ist vielmehr zu prüfen,
inwieweit auf den Jugendlichen bzw. Heranwachsenden positiv motivierend
eingewirkt werden kann. Bei jungen Menschen ist diese Chance aufgrund ihrer
größeren Beeinflussbarkeit eher gegeben. Wo nötig können zur Ausbildung des
nötigen Leidensdrucks auch andere flankierende Maßnahmen herangezogen
werden. Nur wenn die Therapiemotivation nicht zu wecken ist, scheidet die Unterbringungsanordnung wegen Aussichtslosigkeit aus.

e) Verhältnismäßigkeit

Die Unterbringungsanordnung muss schließlich verhältnismäßig sein, § 62
StGB. Dieser Punkt bedarf bei Jugendlichen wegen des Grundsatzes der Subsidiarität freiheitsentziehender Maßnahmen stets einer eingehenden Prüfung. Die
Möglichkeit einer Weisung gem. § 10 Abs. 2 JGG, eine Entziehungskur zu ab-
solvieren, vermag insoweit die Verhältnismäßigkeit der Maßregel auszuschließen.[1170] Ebenso kann eine anderweitig begonnene Therapie nicht nur die Wiederholungsgefahr ausschließen, sondern auch die Anordnung unverhältnismäßig
machen.

[1165] Etwa NK-*Böllinger*, § 64 Rdnr. 103.

[1166] BGHSt 28, S. 327, 328; zustimmend aus psychiatrischer Sicht *Konrad*, StV 1992, S. 597,
599 ff. Allerdings besteht insoweit kein Automatismus, *Hellebrand* (1990a), S. 163 f.

[1167] BGH, NStZ 1992, S. 432.

[1168] *Körner*, § 35 Rdnr. 251, 255; *Hellebrand* (1998), § 14 Rdnr. 139; *Gebhardt* (1998a), § 19
Rdnr. 37; *Kreuzer*, NJW 1989, S. 1505, 1511; zum Umgang mit Rückfällen s. oben § 1 II.
4.

[1169] BVerfGE 91, S. 1, 31, im Anschluss daran etwa BGH bei *Holtz*, MDR 1995, S. 118;
BGH, Beschl. v. 4.6.2002 (4 StR 160/02); *Körner*, § 35 Rdnr. 323 f.

[1170] Zum Verhältnis § 64 StGB – § 10 Abs. 2 JGG s. eingehend oben III 2. c).

Die Anordnung der Unterbringung ist dem Täter nicht deshalb eher zumutbar als andere Maßnahmen, wie z. B. eine Jugendstrafe, weil es sich um eine befristete Maßnahme mit Heilungscharakter handelt. Sie bringt wie jede freiheitsentziehende Maßnahme erhebliche psychische und physische Belastungen mit sich, die gerade für Jugendliche schwer zu bewältigen sind. Im Gegensatz zu anderen stationären Maßnahmen macht sie die intensive Auseinandersetzung mit dem eigenen Selbst erforderlich, was einen erheblichen zusätzlichen Belastungsfaktor darstellt. Bei der Unterbringungsanordnung wird dies durch die –möglicherweise– drohende Strafsanktion in Gestalt einer gleichzeitig verhängten Jugendstrafe weiter verstärkt.[1171]

f) Verhältnis zu anderen jugendstrafrechtlichen Sanktionen und Maßnahmen

Die Verbindung von mehreren freiheitsentziehenden Sanktionen wird im Jugendstrafrecht durch den in § 5 Abs. 3 JGG (bei Heranwachsenden in Verbindung mit § 105 Abs. 1 JGG) zum Ausdruck kommenden Gedanken der Einspurigkeit freiheitsentziehender Maßnahmen eingeschränkt. Bei der Anordnung der Unterbringung ist zumindest die gleichzeitige Verurteilung zu Zuchtmitteln entbehrlich.[1172] Sie bringen keinen weiterführenden erzieherischen oder strafenden Nutzen.

Problematischer ist das Verhältnis zur Jugendstrafe zu sehen. Es kommt generell darauf an, ob unter Erziehungsgesichtspunkten ein zusätzlicher Jugendstrafvollzug erforderlich erscheint. Dies könnte man im Hinblick auf die umfassende Behandlung der Sucht im Maßregelvollzug verneinen. Es kann aber durchaus erzieherisch angezeigt sein, beide Maßnahmen zu verbinden, etwa bei einer Jugendstrafe wegen Schwere der Schuld. Wortlaut und Zweck des § 5 Abs. 3 JGG stehen dem nicht entgegen.[1173]

Kommt eine Unterbringung nach § 64 StGB mangels konkreter Erfolgsaussichten nicht in Betracht, ist im Übrigen eine Unterbringung in einem psychiatrischen Krankenhaus nach § 63 StGB nur möglich, wenn die hohen Voraussetzungen dieser Vorschrift tatsächlich vorliegen.[1174]

3. Rechtsfolgen der Unterbringungsanordnung

Liegen die Voraussetzungen der Unterbringung vor, muss das Gericht sie anordnen. Ein Ermessen besteht nicht.[1175] Die Entscheidung ergeht durch Urteil.[1176] Ist der Täter Schuldunfähig, so ermöglicht § 71 StGB i. V. m. §§ 413 ff. StPO die selbständige Anordnung dieser Maßregel.[1177] Die fehlende Verantwor-

---

[1171] *Ostendorf*, § 7 Rdnr. 13.

[1172] *Eisenberg*, § 7 Rdnr. 19.

[1173] Erforderlich ist stets, dass sich das Gericht mit § 5 Abs. 3 JGG auseinandersetzt, s. BGH, NStZ 2004, S. 296.

[1174] BGH, StV 2001, S. 677 f.

[1175] BGHSt 37, S. 5, 6; *Eisenberg*, § 7 Rdnr. 16.

[1176] LK[11]-*Hanack*, Vor §§ 61 ff Rdnr. 82.

[1177] Schönke/Schröder-*Stree*, § 71 Rdnr. 3.

tungsreife des § 3 JGG ist nicht mit Schuldunfähigkeit i. S. d. § 413 StPO gleichzusetzen.[1178]
Die Maßnahme ist auf längstens zwei Jahre befristet, § 67d Abs. 1 S. 1 StGB. Der Vollzug erfolgt in den Anstalten der Gesundheitsverwaltung und richtet sich im Wesentlichen nach Landesrecht (§ 138 StVollzG). Nach der Entlassung aus dem Maßregelvollzug tritt kraft Gesetzes Führungsaufsicht ein, §§ 67b Abs. 2, 67c Abs. 1 S. 2, Abs. 2 S. 4, 67d Abs. 2 S. 2, 67d Abs. 5 S. 2 StGB.
Ein Problem stellt sich bei Heranwachsenden, wenn bei der Unterbringungsanordnung im Urteil keine Angaben gemacht werden, ob sie nach Erwachsenen- oder Jugendstrafrecht erfolgen soll. Fehlt eine Angabe, so ist aufgrund des Begründungszwangs zu § 105 JGG von der Anwendung des allgemeinen Strafrechts auszugehen.[1179]

a) Vollstreckungsreihenfolge

Kommt es zu einer gleichzeitigen Anordnung von Jugendstrafe und Maßregel, ist die Vollstreckungsreihenfolge in § 67 Abs. 1 StGB geregelt. Danach ist die Maßregel grundsätzlich vor der Jugendstrafe zu vollziehen. Gem. § 67 Abs. 2 StGB kann davon insgesamt oder für einen Teil der Strafe abgewichen werden, soweit dies aus Gründen geschieht, die zur Erreichung des Maßregelzwecks erforderlich sind. Dabei sind gem. § 67 Abs. 3 StGB nur Umstände maßgeblich, die in der Person des Täters liegen.[1180] Eine Umkehrung aus anderen Gründen – etwa wegen eines fehlenden Therapieplatzes– wäre danach unzulässig. Ein derartiges Vorgehen kommt also in Betracht, wenn der anschließende Jugendstrafvollzug die positiven Auswirkungen des Maßregelvollzuges wieder zerstören würde[1181] oder wenn über den Vorwegvollzug der Strafe der Leidensdruck vergrößert und damit die Therapiemotivation gestärkt werden soll.[1182]
Diese Rechtsprechung wird aber weder den jugendstrafrechtlichen Bedürfnissen noch denen der Behandlung Betäubungsmittelabhängiger wirklich gerecht. § 2 JGG gebietet die Berücksichtigung und den Vorrang der jugendstrafrechtlichen Grundsätze auch dann, wenn die Auslegung der allgemeinen Vorschriften ihnen widersprechen oder zu einem nicht jugendgemäßen Ergebnis führen.[1183] Für die „richtige" Vollstreckungsreihenfolge kommt es darauf an, was im Einzelfall erzieherisch sinnvoll ist, damit die Maßnahme den größtmöglichen Erfolg erzielen kann. Dabei ist zu beachten, dass der Vorwegvollzug der Jugendstrafe durchaus motivationsfördernd wirken kann und dass dabei Probleme für die spätere Durchführung der Therapie aus dem Weg geräumt werden können. Aus erzieherischen Gründen sollte daher in geeigneten Fällen von der gesetzlich festgeleg-

---

[1178] *Meyer-Goßner*, § 413 Rdnr. 4 m. w. N.
[1179] OLG Celle, MDR 1975, S. 953 (Beschl. v. 23.6.1975 – 1 Ws 121/75); *Brunner/Dölling*, § 54 Rdnr. 16 m. w. N.
[1180] BGHSt 33, S. 285 ff.; BGH, NStZ 1982, S. 132 zum Jugendstrafrecht; zu den gesetzgeberischen Motiven s. LK[11]-*Hanack*, § 67 Rdnr. 40.
[1181] BGH, StV 2002, S. 481; *Wagner*, Anm. zu BGH StV 1993, S. 302, 305 m. w. N.
[1182] S. dazu eingehend LK[11]-*Hanack*, § 67 Rdnr. 49 ff.
[1183] *Brunner/Dölling*, § 2 Rdnr. 2; *Eisenberg*, § 2 Rdnr. 6.

ten Vollstreckungsreihenfolge abgewichen werden können, wenn dies zur Erreichung des Erziehungs- und Behandlungszwecks erforderlich erscheint.[1184] Dies
gilt umso mehr, wenn der Verurteilte seinen Willen zur Mitarbeit an diesen Zielen zeigt. Damit ist die Chance größer, den Behandlungserfolg tatsächlich zu erreichen.
Stellt man Erziehungs- und Behandlungsgesichtspunkte in den Vordergrund, ist
im Interesse des Jugendlichen eine Umkehrung der Vollstreckungsreihenfolge
grundsätzlich auch dann möglich, wenn es sich um Gründe handelt, die nicht allein in seiner Person liegen. Fehlt also zur Zeit der Verurteilung ein freier Therapieplatz und ist aber schon zu diesem Zeitpunkt sicher, dass ein geeigneter
Platz frei werden wird, so ist auch hier ein Abweichen von der Vollstreckungsreihenfolge möglich. Vergleichbares muss gelten, wenn über den Vollzug die
Sprachfähigkeiten des Verurteilten verbessert werden können.

b) Nachträgliche Erledigung

Unter den Voraussetzungen des § 67d Abs. 5 StGB ist die nachträgliche Erledigung der Maßregel mangels weiterer konkreter Erfolgsaussichten aus Gründen,
die in der Person des Untergebrachten liegen, auszusprechen. Die Aufhebung
der Maßregel kommt etwa bei andauernder Behandlungsunwilligkeit in Betracht, die auch nicht auf anderem Wege –Wechsel des Therapeuten oder der
Anstalt– überbrückt werden kann.[1185]
Ob bei der nachträglichen Erledigung Umstände, die außerhalb der Person des
Verurteilten liegen, zu berücksichtigen sind, ist umstritten. Wird etwa die Haftstrafe vor der Maßregel vollzogen und weigert sich die Therapieeinrichtung später, den Verurteilten aufzunehmen, so ist die Unterbringung im Hinblick auf den
Wortlaut des § 67d Abs. 5 S. 1 StGB nicht für erledigt zu erklären.[1186] Ob dies
uneingeschränkt im Jugendstrafrecht zu gelten hat, erscheint aus Erziehungser-
wägungen fraglich. Man könnte sich auf den Standpunkt stellen, dass zu einer
nachträglichen Erledigung in diesem Fall keinerlei Notwendigkeit bestehe, da
derartige Faktoren grundsätzlich bereits ausreichend bei der Entscheidung über
die Anordnung berücksichtigt worden seien. Doch damit bleibt unberücksichtigt,
dass diese sich im Laufe des Vollzugs verändern. Die Fortsetzung des Vollzugs
würde damit de facto eine zeitliche Sicherheitsverwahrung bedeuten, die aber
gem. § 7 JGG bei Jugendlichen gerade ausgeschlossen ist.[1187] Man wird aus den
sub. a) angesprochenen Gründen heraus auch in diesen Fällen eine flexible, den
Besonderheiten des Jugendstrafrechts angemessene Entscheidung nach Maßgabe
des Einzelfalls treffen müssen, so dass eine Erledigung über den Wortlaut des
§ 67d StGB hinaus auch aus anderen Gründen zulässig ist. Dieser extensiven
Auslegung der Vorschrift stehen die Gesetzesmaterialien nicht entgegen. Die
Begründungen zeigen, dass die Regelung vor allem für therapieresistente Unter-

---

[1184] *Eisenberg*, § 7 Rdnr. 15, 25.
[1185] OLG Frankfurt am Main, NStZ-RR 2002, S. 299 f.; *Eisenberg*, § 7 Rdnr. 25; zur Verfas-
        sungswidrigkeit der Frist des § 67d Abs. 4 S. 2 StGB s. BVerfGE 91, S. 1, 36.
[1186] HansOLG Hamburg, NStZ 1988, S. 242; Schönke/Schröder-*Stree*, § 67d Rdnr. 15.
[1187] OLG Celle, NStZ 1981, S. 318 mit zust. Anm. *Wendisch*.

gebrachte gelten sollte.[1188] Andere Fälle der nachträglichen Erledigung wurden insoweit nicht bedacht, so dass zumindest eine analoge Anwendung nicht ausgeschlossen ist. Wenn es daher entgegen der anfänglichen Annahme doch keinen Therapieplatz geben wird, ist die Unterbringung gem. § 67d Abs. 5 StGB (analog) für erledigt zu erklären.

4. § 64 StGB im Jugendstrafverfahren

a) Anwendungsbereich

Zwar ist die Anordnung nach § 64 StGB im Jugendstrafverfahren grundsätzlich möglich, für Jugendliche mehr noch als für Heranwachsende ist generell jedoch nur ein schmaler Anwendungsbereich eröffnet, da die Anordnungsvoraussetzungen sehr hoch sind und mit § 10 Abs. 2 JGG eine weniger einschneidende Behandlungsmöglichkeit besteht. Im Hinblick auf den Verhältnismäßigkeitsgrundsatz kommt die Unterbringung nach § 64 StGB vor allem bei Taten erheblicher Beschaffungskriminalität und anderen schweren Straftaten in Betracht. Die Maßregel wird auch in Erwägung zu ziehen sein, wenn freiwillige oder ambulante Maßnahmen nach § 10 Abs. 2 JGG nicht gefruchtet haben.[1189]

In der Praxis ist leider eine große Bereitschaft zur Verurteilung zur Jugendstrafe festzustellen, ohne dass auf § 64 StGB eingegangen würde. Die Unterbringung wird vergleichsweise restriktiv angeordnet, wofür verschiedene Gründe angeführt werden. Die geringe Anwendungshäufigkeit der Maßregel im Jugendstrafverfahren kann schon damit zu erklären sein, dass die Taten Jugendlicher eher leichte Delikte betreffen, so dass die Voraussetzungen des § 64 StGB nicht erfüllt sind. Allerdings findet die Vorschrift auch im Erwachsenenbereich nur sehr selten Anwendung.[1190] § 64 StGB wird oft als ultima ratio angesehen.[1191] Man kann dies auch mit den Auswirkungen des Verhältnismäßigkeitsgrundsatzes (§ 62 StGB) und der geringen Praxistauglichkeit der gesetzlichen Bestimmungen im Hinblick auf die Umsetzung durch den Richter erklären. Die gesetzlichen Anforderungen seien nicht immer leicht nachweisbar.[1192] Dies wird durch die verbreitete Praxis der Nichthinzuziehung von Sachverständigen verstärkt. Es wird auch vermutet, dass potentielle Entweicher bzw. Störer eher von der Maßregel ausgenommen und stattdessen zu Jugendstrafe verurteilt werden.[1193] Im Übrigen seien Entziehungsanstalten vorrangig auf ältere Alkoholabhängige eingestellt, so dass für junge Betäubungsmittelabhängige keine ausreichende Ver-

---

[1188] BT-Drs. 10/2720, S. 13 f., 24.

[1189] Stosberg/Ingenleuf/Bratenstein (1988), S. 213, 218.

[1190] In der Studie zu Drogentodesfällen von *Böhmer*, S. 88 f. (S. 97 zum Erwachsenenstrafrecht), gab es nur in 3 Fällen im Bereich des Jugendstrafrechts eine Anordnung dieser Maßregel.

[1191] S. etwa die Ergebnisse bei *Stosberg/Ingenleuf/Bratenstein* (1988), S. 213, 219 f., viele der befragten Richter und Staatsanwälte waren sogar generell gegen die Anwendung des § 64 StGB im Jugendstrafrecht (S. 220, Tabelle 4).

[1192] *Ingenleuf*, S. 95 ff.; ähnliche Feststellungen finden sich bei *Westerhagen*, S. 131 ff.

[1193] *Eisenberg*, § 7 Rdnr. 17.

sorgung gewährleistet sei. Dafür seien eher freie Einrichtungen da, die über die Vorschriften des BtMG anzusprechen seien.[1194]

Auch wenn diese Kritikpunkte zum Teil nicht unberechtigt sind und Zurückhaltung bei der Anordnung durchaus angebracht ist, so darf dennoch nicht übersehen werden, dass es zwischenzeitlich im Rahmen des § 93a JGG mehrere Anstalten speziell für diese junge Zielgruppe gibt. Die damit eröffneten Möglichkeiten sollten in geeigneten Fällen genutzt werden. Hier scheinen Fehlvorstellungen und Vorurteile in Bezug auf die Maßregel auf Seiten der Entscheidungsträger erkennbar zu werden. Verstärkt werden diese Tendenzen möglicherweise durch die in diesen Fällen zwar angezeigte, aber selten angeordnete Beiziehung eines Sachverständigen. Es ist nicht im Interesse des jungen Süchtigen, wenn eine erzieherisch notwendige Maßnahme immer wieder zu seinen „Gunsten" hinausgezögert wird. Dies führt im schlimmsten Falle zu einer Verfestigung und Intensivierung der Sucht, so dass die dann doch irgendwann folgende Anordnung nach § 64 StGB umso geringere Erfolgsaussichten hat. So wie ein früher Konsumbeginn die Drogenkarriere verstärken kann, so gilt dies auch für eine nach hinten hinausgeschobene Intervention.

b) Modifikation im Verfahren gegen Jugendliche?

Aufgrund der sehr hohen Anforderungen an die Verhängung dieser Maßregel wäre zu erwägen, ob die Anordnungsvoraussetzungen im Hinblick auf § 2 JGG nicht jugendgemäß zu modifizieren sind.[1195]

Dabei könnte man insbesondere bei der Bestimmung der Erheblichkeit der weiteren Straftaten ansetzen. Die Taten eines jungen Menschen sind in der Regel leichter als die eines Erwachsenen, so dass schon der Diebstahl von € 100 oder der Erwerb von 25 g Haschisch aus jugendlicher Sicht als erhebliche Delikte anzusehen sein könnten. Damit könnten an sich leichte Beschaffungstaten zur Finanzierung oder Aufrechterhaltung der Sucht in den Regelungsbereich des § 64 StGB einbezogen werden. Man wird einer derartigen Überlegung eine Absage erteilen müssen. Es gibt dafür weder handhabbare Kriterien noch besteht dazu ein Bedürfnis. Es würde nur zu einer erheblichen Rechtsunsicherheit führen und die Gerichte mit einer zusätzlichen und schwierigen Einzelfallprüfung belasten, da man die Erheblichkeit der Taten altersspezifisch bestimmen müsste, was die Frage nach einer Abgrenzung aufwirft: Soll sie gruppenspezifisch sein –Wie erheblich sind welche Taten für welche Altersstufe?– oder soll sie individuell für jeden Täter gesondert bestimmen werden –Ist die Tat für ihn erheblich? Die Unterbringung gem. § 64 StGB stellt wegen der notwendigen psychologischen Behandlung einen erheblichen Eingriff in die Persönlichkeit des Verurteilten dar, was zu Recht an hohe Anforderungen geknüpft ist. Davon sollte nicht ohne Not abgewichen werden.

Die Prüfungsmaßstäbe sind bei Jugendlichen und Heranwachsenden daher generell dieselben wie im allgemeinen Strafrecht. Da die Möglichkeiten einer erfolgversprechenden Suchtbehandlung oft nicht besonders hoch sind und von einer

---

[1194] *Knötzele*, S. 93, 114.

[1195] *Ostendorf*, Grdl. z. § 93a Rdnr. 7; zur Reform der Therapiemöglichkeiten s. unten VII.

Vielzahl oft nicht klar prognostizierbarer Faktoren abhängen, darf man die Anforderungen an die Erfolgsaussichten nicht zu hoch schrauben. Eine wenn auch
geringe konkret feststellbare Erfolgschance muss als ausreichend angesehen
werden.

Ausreichende Modifikationen ergeben sich wie ausgeführt schon aus der allgemeinen Zielsetzung des Jugendstrafrechts für die Frage nach der Aussichtslosigkeit der Therapie. Es würde seiner gesamten Konzeption und Ausrichtung widersprechen, wenn man die Beurteilung der Aussichtslosigkeit allein auf unmittelbar personenbezogene Umstände reduzieren würde. Bei der Unterbringungsanordnung muss aus Gründen der Erziehung ein flexibles Vorgehen möglich
sein. Will man mit dem Erziehungsgedanken Ernst machen, darf man sich nicht
allein von den engen Vorgaben des allgemeinen Strafrechts leiten lassen. Das
Jugendstrafrecht gewährt über § 2 JGG aufgrund seiner abweichenden Akzentuierung einen größeren Freiraum, den es zu nutzen gilt. Wenn nach sorgfältiger
Prüfung die Voraussetzungen der Maßregelanordnung vorliegen und ein Therapieplatz vorhanden ist, ist diese Sanktion auch auszusprechen. Anderenfalls sind
erzieherisch kontraproduktive Ergebnisse geradezu vorprogrammiert.

5. Entziehungsanstalten für Jugendliche

a) Die Vorschrift des § 93a JGG

In § 93a JGG[1196] wird der Vollzug der Maßregel der Unterbringung in einer Entziehungsanstalt gem. §§ 7 JGG, 61 Nr. 2, 64 StGB näher bestimmt. Die Vorschrift wurde unter dem Eindruck steigender Betäubungsmittelverfahren gegen
abhängige Jugendliche eingefügt. Es sollten besondere Einrichtungen zur
zwangsweisen Entwöhnung angeboten werden, die speziell auf diese Tätergruppe ausgerichtet sind, gleichsam als Alternative zu den bis dahin üblichen psychiatrischen Kliniken. Dadurch sollte der bisherigen Praxis entgegengewirkt werden, die Unterbringung zusammen mit psychisch Kranken durchzuführen.

Gem. § 93a Abs. 1 JGG muss es sich bei den Anstalten um spezielle Einrichtungen handeln, die gerade der Behandlung suchtkranker Jugendlicher und Heranwachsender dienen. Dies umfasst nicht nur die geschlossene Unterbringung,
sondern eröffnet auch die Möglichkeit einer ambulanten Behandlung.[1197] Damit
überschneidet sich die Maßregel der Besserung und Sicherung mit der Weisung
nach § 10 Abs. 2 JGG.

§ 93a Abs. 2 JGG ermöglicht zwar eine Auflockerung des Vollzugs mit Außenbeschäftigung, Freigang, Ausführung und Ausgang (s. § 11 StVollzG), das System der Zwangstherapie wird damit aber nicht aufgegeben. Im Hintergrund
bleibt ggf. die Androhung der Reststrafe, § 67 Abs. 5 StGB, bestehen.

[1196] Eingefügt durch das Gesetz zur Änderung des Gesetzes über den Verkehr mit Betäubungsmitteln, v. 22.12.1971 (BGBl. I 2092). Die heutige Fassung beruht auf dem
EGStGB v. 2.3.1974 (BGBl I, S. 469); zur Normgenese s. *Schröder*, Drogentherapie nach
den §§ 93a JGG, 35 ff. BtMG, 1986.

[1197] Bericht zu BT-Drs. IV/2673, S. 1, 5.

Die 24-Jahres-Grenze des § 114 JGG wird allgemein für anwendbar gehalten.[1198] Eine geschlechtliche Trennung ist nicht vorgesehen. Dies erscheint prinzipiell insofern sinnvoll, als die gemeinsame Behandlung dazu dient, den Jugendlichen, die sich ohnehin in einer nicht einfachen Lebensphase befinden, das Erlernen des sozialen Zusammenlebens zu erleichtern. Allerdings bedingt dies typische Pubertätsprobleme.

Die Vorschrift gilt nur für den Maßregelvollzug nach § 64 StGB; die sozialtherapeutische Anstalt im Rahmen des Strafvollzuges (§ 9 StVollzG) und das Belegkrankenhaus (§ 65 StVollzG) fallen nicht darunter.

b) Bestehende Anstalten in Deutschland

Zwischenzeitlich gibt es für den Vollzug der Maßregel nach § 64 StGB in Deutschland mehrere Anstalten im Sinne des § 93a JGG. Ob dies bundesweit ausreichend ist, lässt sich nicht feststellen. Soweit man eine verfassungsrechtliche Bereitstellungspflicht der Länder bejaht, wird die Frist zur Errichtung derartiger Anstalten aber wohl prinzipiell abgelaufen sein.[1199]

Es fällt in diesem Zusammenhang auf, dass die Literatur, speziell wissenschaftliche Begleitforschung, zu diesen Einrichtungen spärlich ist.

(1) Parsberg (Bayern)[1200]

Das Bezirkskrankenhaus Parsberg II (Oberpfalz) wurde Anfang der 80er Jahre eröffnet. Es handelt sich um eine geschlossene Anstalt mit 56 Plätzen.[1201] Dort können abhängige Straftäter aus Bayern und aus Baden-Württemberg untergebracht werden.[1202]

Zielgruppe sind Verurteilte nach §§ 64 StGB, 93a JGG sowie nach § 126a StGB Untergebrachte. Das Höchstalter liegt bei 30 Jahren.[1203] Die Unterbringungsdauer liegt in der Regel zwischen 18 und 24 Monaten. Sport, Gruppen- und Beschäftigungstherapie bilden den Schwerpunkt der Behandlung. Die Therapie gliedert sich in vier Phasen. Neue Patienten kommen zunächst in die Aufnahmeabteilung. Hier wird –soweit erforderlich– die Therapiebereitschaft geweckt bzw. weiter gefördert. Dabei wird das bestehende Misstrauen abgebaut und auf eine tragfähige, zuverlässige und vertrauensvolle Beziehung hingewirkt. Hat der Patient sich als geeignet erwiesen, folgt die 1. Therapiestufe, auf der ihm mehr Freiräume gewährt werden, um seine Selbstverantwortungsbereitschaft zu steigern. Dabei muss sich der Patient eine eigene Lebensperspektive (Zukunftsplanung, Feststellung der persönlichen Qualitäten) erarbeiten. Auf der 2. Therapiestufe stehen dann Arbeit und sinnvolle Freizeitgestaltung im Mittelpunkt. Auf

---

[1198] *Ostendorf*, § 93a Rdnr. 3; *Kühne* (1985), S. 124; zur praktischen Umsetzung s. unten b).

[1199] S. BVerfG, JMBl. NW 1977, S. 222; zur Abgrenzung der beiden Maßnahmen s. oben III. 2.).

[1200] Bezirkskrankenhaus Parsberg II, Pfarrer-Fischer-Straße 8, 92331 Parsberg; nähere Informationen im Internet unter http://www.bezirk-oberpfalz.de/htmls/einrichtungen/einrichtg _bkhparsbergii.htm).

[1201] S. *Frangos*, S. 209 ff. und *Kühne* (1985), S. 82 ff., der die Probleme in der Anfangszeit eindrücklich schildert; kritisch zum Therapiekonzept *Eisenberg*, § 93a Rdnr. 6.

[1202] Stosberg/Ingenleuf/Bratenstein (1988), S. 213, 214.

[1203] *Frangos*, S. 209.

der letzten Stufe, der Entlassabteilung, geht es schließlich um die Umsetzung durch Konfrontation mit dem Leben in Freiheit. Zu diesem Zweck werden Vollzugslockerungen gewährt und der Patient kann in einem ortsansässigen Betrieb als Freigänger arbeiten. In dieser Phase wird die Entlassung vorbereitet, worin der Proband aktiv eingebunden ist. Die Entlassung erfolgt schließlich erst, wenn Arbeitsplatz, Wohnung und therapeutische Begleitung für die Nachsorge am zukünftigen Wohnort gesichert sind. Der Patient erhält für die Übergangsphase zusätzliche Unterstützung durch seinen Bewährungshelfer bzw. die Führungsaufsicht. In der Entlassphase werden verstärkt Urinkontrollen durchgeführt. Bei positiven Befunden erfolgt eine Rückstufung.

(2) Brauel (Niedersachsen)[1204]

Im niedersächsischen Brauel (Kreis Uelzen) wurde im Oktober 1981 ein Landeskrankenhaus zur Behandlung junger Suchtkranker eröffnet. Die Anstalt hat 100 Plätze und es sind inzwischen die Länder Berlin, Bremen, Hamburg, Niedersachsen, Schleswig-Holstein und Rheinland-Pfalz beteiligt. Die Unterbringung beginnt mit einer streng gehaltenen Eingangsphase; es folgt ein gelockerter Vollzug in weitgehend offener Form.[1205] Aufgrund der mangelnden Auslastung wurde die Zweckbestimmung der Anstalt gem. § 65 Abs. 2 StVollzG erweitert, so dass auch Betäubungsmitteltäter außerhalb des Einweisungsverfahrens nach §§ 64 StGB, 93a JGG in den Maßregelvollzug gelangen. Die Altersgrenze wurde hier vollständig aufgehoben.[1206]

(3) Marsberg (Nordrhein-Westfalen)[1207]

Die Anstalt Marsberg ist verhältnismäßig neu. Sie hat ca. 80 Plätze.[1208] Im strafrechtlichen bzw. kriminologischen Schrifttum findet sie bis dato keine weitere Erwähnung.

(4) Übrige Länder

Soweit die Bundesländer nicht an einer der benannten Anstalten beteiligt sind, wird von der Möglichkeit des § 93a JGG kein Gebrauch gemacht. Die Unterbringung erfolgt bei Jugendlichen wie auch bei Heranwachsenden in psychiatrischen Krankenhäusern. So gibt es etwa im PKH Hadamar eine Sonderabteilung für junge Abhängige.[1209] Man könnte darin einen Verstoß gegen § 93a JGG sehen, denn nach dieser Vorschrift soll die Maßregel nach § 64 StGB „in einer Einrichtung vollzogen (werden), in der die für die Behandlung suchtkranker Ju-

---

[1204] Niedersächsisches Landeskrankenhaus Brauel, Bremervörder Str. 1, 27404 Zeven-Brauel; zur wissenschaftlichen Begleitung s. *Westerhagen*, Rehabilitation jugendlicher Drogenabhängiger, 1987, sowie *Schulzke*, Sucht 1995, S. 81 ff.

[1205] Zum Therapieansatz *Kühne* (1985), S. 99 ff.; eine kurze Beschreibung des Therapieablaufs gibt *W.-D. Meyer*, S. 65, 67 f.

[1206] *W.-D. Meyer*, S. 65, 66.

[1207] St.-Johannes-Stift, Fachkrankenhaus für Kinder- und Jugendpsychiatrie, Bredelarer Straße 33, 34431 Marsberg; nähere Informationen im Internet unter (http://www.jugendpsychiatrie-marsberg.de).

[1208] *Ostendorf*, Grdl. § 93a Rdnr. 4; *Weber*, Vor §§ 29 ff Rdnr. 1235.

[1209] Zentrum für Soziale Psychiatrie am Mönchberg – Klinik für Psychiatrie und Psychotherapie, Mönchberg 8, 65589 Hadamar.

gendlicher erforderlichen besonderen therapeutischen Mittel und sozialen Hilfen zur Verfügung stehen". Dies legt die Behandlung in einer eigenständigen Einrichtung nahe. Zudem besteht bei Abteilungen innerhalb einer psychiatrischen Einrichtung die Gefahr, dass dabei Elemente der Behandlung i. S. d. § 63 StGB mit denen einer Entziehungsanstalt nach § 64 StGB vermischt werden. Dieses Problem ist in Bezug auf das PKH Hadamar nur vordergründiger Natur. Es handelt sich um die einzige Entziehungsanstalt i. S. d. § 64 StGB in Hessen. Dort werden nur Patienten behandelt, die nach § 64 StGB oder §§ 35 ff. BtMG eingewiesen wurden.[1210] Die innerhalb dieser Spezialeinrichtung speziell für junge Abhängige gebildete Sondereinrichtung wird man als ausreichend eigenständige Behandlungseinheit ansehen können.

Die Schaffung von Sonderabteilungen innerhalb einer psychiatrischen Einrichtung entspricht zwar nicht vollkommen den gesetzlichen Vorgaben, dürfte aber vor dem Hintergrund der finanziellen Probleme zu verschmerzen sein, soweit eine ausreichende Trennung der Betäubungsmittelabhängigen von anderen Patienten gewährleistet ist.

c) Kritik und Bewertung der Situation

Welche Wirkung die Einführung des § 93a JGG auf die gerichtliche Unterbringungspraxis hatte, lässt sich kaum feststellen. Sie scheint aber nur begrenzt zu einer Entschärfung der Suchtproblematik bei jungen Menschen beigetragen zu haben. Dies könnte zum einen an der geringen Bereitschaft der Richter liegen, diese Maßnahme auch zu verhängen.[1211] Zum anderen werden anscheinend andere Alternativen, v. a. § 35 ff. BtMG, bevorzugt.

Die Herausnahme der jugendlichen Drogenkonsumenten aus den psychiatrischen Krankenhäusern war im Hinblick auf eine wirksame Suchtbehandlung ein Schritt in die richtige Richtung, doch die Länder haben bisher zu wenig Interesse daran gezeigt, die gesetzgeberische Intention auch zu verwirklichen. Besonders deutlich wird dieser Mangel, wenn man bedenkt, wie viele im Jugendstrafvollzug Inhaftierte abhängig sein sollen (s. unten VI.). Dem Jugendstrafvollzug werden Probleme aufgelastet, die anderweitig besser in den Griff zu bekommen wären.

Die Bewertung der vorhandenen Anstalten durch Fachleute fällt unterschiedlich aus. Zum Teil wurden und werden sie rundweg abgelehnt.[1212] Dieser Kritikansatz wird von Teilen der Literatur jedoch als zu oberflächlich angesehen.[1213] Man müsse grundsätzlicher ansetzen, nämlich bei der Frage nach der Legalisierung bestimmter Substanzen, was letztlich auf eine Reform des Betäubungsmittelstrafrechts an sich hinausliefe.[1214]

Auf organisatorischer Ebene wird die aus § 93a JGG hergeleitete Abschottung vor Erwachsenen als überflüssig kritisiert. Anders als im normalen Strafvollzug

---

[1210] Näher zum PKH Hadamar s. *Schmitt-Homann*, S. 71 f.

[1211] *Ingenleuf*, S. 94 ff.; s. oben 4. a).

[1212] Sehr negativ zur Anstalt in Brauel *E. Quensel*, KrimJ 1982, S. 81.

[1213] *Ostendorf*, Grdl. z. § 93a Rdnr. 6.

[1214] *Kappel/Scheerer*, StV 1982, 182, 186 f.; s. hierzu *St. Quensel*, S. 269 ff.

gebe es in diesen Einrichtungen keine oder nur wenige negative Vorbildeffekte. Damit sei § 93a JGG obsolet.[1215] Zwar mag die Überlegung zur Ansteckungsgefahr richtig sein, aber ältere Drogenabhängige haben in der Regel mehr einschlägige Erfahrungen und befinden sich im Vergleich zu Jugendlichen tiefer in der Suchtkarriere, was unterschiedliche Behandlungsansätze erforderlich machen kann, so dass die getrennte Unterbringung durchaus sinnvoll ist. Daneben verlangt § 93a JGG Einrichtungen mit besonderen therapeutischen Mitteln und sozialer Hilfe zur Behandlung suchtkranker Jugendlicher. Dies legt die Trennung von Erwachsenen nahe.

Die Therapiedurchführung in den Einrichtungen ist ebenfalls nach wie vor Gegenstand der Kritik.[1216] Nach der körperlichen Entzugsphase schließe sich oft eine mehr oder minder eintönige Form der Beschäftigung an. Psycho- oder sozialtherapeutische Bemühungen blieben nur vereinzelt und/oder ohne hinreichende Qualität. Dies widerspreche jedoch der ganz überwiegenden Erfahrung, dass Entzug ohne die entsprechende Motivation und begleitende Unterstützung fast immer erfolglos bleiben werde. Hinzu komme, dass das therapeutische Verständnis und Vorgehen eher von der jeweiligen Institution bzw. dem Therapeuten und weniger von zuverlässigen Erkenntnissen über die Wirksamkeit verschiedenere Behandlungskonzepte und –verfahren bei unterschiedlichen Probandengruppen abhänge.[1217]

Der Erfolg der Anstalten wird unterschiedlich bewertet. Das Bundesministerium für Jugend, Familie und Gesundheit hat für die Anstalt Parsberg eine wissenschaftliche Begleitforschung in Auftrag gegeben. Danach lag die Erfolgsquote bei überdurchschnittlichen 31%.[1218] Die Befragung von Richtern und Staatsanwälten für die Klinik in Parsberg durch *Stossberg u. a.* ergab ein insgesamt positives Bild. Das Behandlungskonzept wurde als gut eingeschätzt. Die Entscheidungsträger erwarteten sogar höhere Erfolgsquoten im Vergleich zu einer Therapie nach § 35 BtMG. Die in dieser Studie berechnete Erfolgsquote lag zudem höher.[1219] Von Seiten ehemaliger Untergebrachter gab es zwar einige Kritik an der Vollzugsgestaltung.[1220] Da dies vor allem die als mangelhaft empfundene Nachsorge betraf, lässt sich damit aber nicht das gesamte Konzept als unbrauchbar bewerten.

Für die Anstalt Brauel ergab ein Zwischenbericht für das Jahr 1986 eine Behandlungserfolgsquote von 32 %.[1221] Die weitere Evaluation erbrachte unter anderem die Feststellung, dass die Wahrscheinlichkeit des Erfolges mit zuneh-

[1215] Etwa *Volckart/Grünebaum*, S. 219 f. m. w. N.
[1216] S. *Ingenleuf*, S. 134, 230; *Eisenberg*, § 7 Rdnr. 22.
[1217] *Vollmer/Ellgring*, Suchtgefahren 1988, S. 273, 281 f.
[1218] *Kühne* (1985), S. 109 ff. Erfolg wurde hier als absolute Drogenfreiheit im Untersuchungszeitraum (bis Dezember 1982) definiert.
[1219] *Stosberg/Ingenleuf/Bratenstein* (1988), S. 213, 227 ff. Die Anstalt Parsberg II wurde auch in der Studie von *Ingenleuf* (1992) berücksichtigt.
[1220] Stosberg/Ingenleuf/Bratenstein (1991), S. 191, 203 f.
[1221] Zitiert nach *Ostendorf*, Grdl. z. § 93a Rdnr. 5. Wie hier der Behandlungserfolg definiert wurde, lässt sich leider nicht feststellen.

mender Behandlungsdauer ansteigt, mit Überschreiten der 24-Monatsgrenze jedoch wieder erheblich sinkt.[1222]
Die Berechtigung und Fundierung der vorgebrachten Kritikpunkte sei dahingestellt. Da neuere Kennzahlen für die genannten Einrichtungen nicht vorhanden sind, lassen sich verlässliche Aussagen über die Leistungsfähigkeit der Therapien und der zugrunde liegenden Konzepte nicht machen. Erfolgreiche Absolventen werden das Therapiekonzept verständlicherweise eher gut bewerten, Abbrecher eher schlecht. Ob der Therapiealltag tatsächlich so düster ist, wie dies die Kritiker darstellen, lässt sich kaum überprüfen. Die bisherigen Untersuchungen legen diesen Schluss nicht nahe.

V.   Therapie und Strafvollstreckung, §§ 35 ff., 38 BtMG

Ausgehend von der Erkenntnis, dass Strafe für sich nicht geeignet ist, Abhängigen wirksam helfen zu können, wurde 1981 der 7. Abschnitt in das BtMG eingefügt (§§ 35 - 38 BtMG). Mit diesen Regelungen sollen Haftstrafe und Therapie in ein sinnvolles Verhältnis gebracht werden. Dem Verurteilten wird einerseits die Möglichkeit einer Behandlung seiner Sucht eröffnet, andererseits soll der Strafvollzug nicht nur als (zusätzliche) Initialzündung für die Therapiemotivation dienen, sondern er soll während der Behandlung weiterhin im Hintergrund drohen, um die Motivation aufrecht zu erhalten.[1223] Das BtMG unterscheidet dabei zwei Varianten der Therapieaufnahme: In §§ 35 f. BtMG ist die Therapie statt Strafvollstreckung geregelt, während § 37 BtMG durch das Absehen von der Klage die eigentliche Therapie statt Strafe ermöglicht. Diese Vorschriften sind gem. § 38 Abs. 1 S. 1 BtMG auf Jugendliche und Heranwachsende anwendbar.[1224]
Es gibt bisher keine bundesweite Statistik über die Anwendungshäufigkeit dieser Maßnahme im Jugendstrafrecht. Für die Jugendvollzugsanstalt Adelsheim liegen für die Jahre 1993 und 1994 Zahlen vor. Danach kam es nur bei 5,5 bzw. 5,9 % der Entlassenen zu einem Übergang vom Strafvollzug in eine externe Therapieeinrichtung.[1225] Diese Maßnahme spielt(e) somit im Jugendstrafrecht anscheinend eine eher untergeordnete Rolle.

[1222] *Schulzke*, Sucht 1995, S. 81, 82.
[1223] *Körner*, § 35 Rdnr. 19; *Ostendorf*, Grdl. zu § 93a Rdnr. 3, § 82 Rdnr. 11.
[1224] Diese Möglichkeiten wurden im Gesetzgebungsverfahren im Bundesrat ohne eingehende Begründung auf sie erstreckt, s. dazu BT-Drs. 8/4283, S. 9. Zur Frage der Geeignetheit der Vorschriften im Jugendstrafverfahren und zum Verhältnis zu anderen Therapievorschriften s. unten 1. c) und 2. b).
[1225] *Dolde* (1995), S. 93, 96.

1. Therapie statt Strafvollstreckung, §§ 35, 38 BtMG

a) Voraussetzungen[1226]

Voraussetzung ist die rechtskräftige Verurteilung zu einer (Jugend-) Freiheitsstrafe, die zwei Jahre nicht überschreiten darf. Bei einer höheren Strafe ist die Überleitung in eine Therapie nach dieser Vorschrift dann möglich, wenn der nach Teilvollstreckung noch zu vollstreckende Rest diese Dauer nicht überschreitet. Bei anderen Sanktionen –Erziehungsmaßregeln, Zuchtmittel, Jugendarrest– ist die Vorschrift im Hinblick auf den Wortlaut und die Anrechnungsmöglichkeiten des § 36 BtMG nicht anwendbar.[1227]

Es muss sich bei der abgeurteilten Straftat nicht um einen Verstoß gegen das BtMG handeln. In Betracht kommen grundsätzlich Delikte aus allen Bereichen.[1228] Entscheidend ist, dass die Tat aufgrund und nicht nur anlässlich der Abhängigkeit begangen wurde. Hierfür ist Kausalität im Sinne der Äquivalenzformel notwendig: Es genügt, dass die Straftaten mittelbar oder unmittelbar zur Beschaffung von Drogen zur Befriedigung der eigenen Sucht verübt wurden. Die Abhängigkeit muss im Übrigen auch jetzt noch fortbestehen.[1229]

Weiter muss sich der Täter entweder einer der Rehabilitation dienenden Behandlung unterziehen bzw. eine derartige Behandlung zusagen (§ 35 Abs. 1 S. 1 BtMG); dabei gilt der Aufenthalt in einer entsprechenden staatlich anerkannten Einrichtung ebenfalls als Behandlung (§ 35 Abs. 1 S. 2 BtMG).[1230] Der Rehabilitationsbegriff ist weit zu verstehen. Er umfasst psychotherapeutische (Verhaltens-, Gesprächstherapie) wie soziotherapeutische (Beschäftigungs-, Arbeitstherapie) Behandlungen. § 35 BtMG setzt nach seinem Wortlaut nicht voraus, dass es sich um eine stationäre Einrichtung handelt. Auch eine ambulante Therapie kann die Erfordernisse dieser Vorschrift erfüllen; allerdings muss sie in qualitativer Hinsicht mit einer stationären Einrichtung vergleichbar sein.[1231] Insbesondere muss gewährleistet sein, dass eine gesundheitliche Stabilisierung und eine soziale und berufliche Wiedereingliederung mit dem Ziel der Drogenfreiheit angestrebt werden.[1232] Zu beachten ist, dass die Weigerung des Verurteilten, an einem bestimmten (stationären) Therapieprogramm teilzunehmen, nicht die Verweigerung der Zurückstellung der Strafvollstreckung insgesamt rechtfertigt, wenn er gleichzeitig gewillt ist, an einer anderen (ambulanten) Therapie teilzu-

---

[1226] Einzelheiten bei *Körner*, § 35 Rdnr. 30 ff.

[1227] S. dazu unten b).

[1228] *Körner*, § 35 Rdnr. 33, *ders.* (1998), § 18 Rdnr. 7.

[1229] Nachweise und Einzelheiten bei *Körner*, § 35 Rdnr. 45 ff.; zum Begriff der Abhängigkeit s. oben § 1 III.

[1230] Die Anerkennung wird auf Länderebene bekannt gemacht, s. etwa Jbl. 2003, S. 59 für die 13 anerkannten Einrichtungen in Rheinland-Pfalz.

[1231] OLG Zweibrücken, StV 1983, S. 249 f.; StV 1983, S. 124 f.; OLG Frankfurt, NJW 1995, S. 1626 f.; OLG Köln, NStZ 2001, S. 55 f.; einschränkend für staatlich anerkannte Stellen *Körner*, § 35 Rdnr. 84 m. w. N.; eingehend zu den Anforderungen an eine ambulante Therapie: *ders.* (1998), § 18 Rdnr. 30 ff.

[1232] HansOLG Hamburg, StV 2003, S. 290 f. (zum allgemeinen Strafrecht)

nehmen.[1233] Schließlich ist eine Therapiebereitschaft in Form eines Antritts- und Durchhaltewillens weitere Voraussetzung der Anordnung. Eine positive Erfolgsprognose ist nicht erforderlich; die Therapie soll gerade auch für Risikopatienten möglich sein.[1234]

Bei Jugendlichen ist im Rahmen der Zusage nach § 35 Abs. 1 S. 1 BtMG weitere Voraussetzung, dass auch die Erziehungsberechtigten bzw. der gesetzliche Vertreter einwilligen, § 38 Abs. 1 S. 2 BtMG. Bei einer grundlosen Verweigerung kann sie durch das Familien- oder Vormundschaftsgericht gem. § 1666 Abs. 1 BGB ersetzt werden.[1235]

b) Folgen der Zurückstellungsentscheidung

Wird die Strafvollstreckung zurückgestellt, muss sich der Betroffene in die avisierte Behandlung begeben bzw. diese fortsetzen. Unter den Voraussetzungen des § 36 BtMG kommt es zu einer Anrechnung der Behandlungszeit auf die Strafzeit und es besteht die Möglichkeit einer Strafrestaussetzung zur Bewährung.[1236] Dabei ist zwischen Anrechnungsfähigkeit (§ 36 Abs. 1 S. 2 BtMG) und der tatsächlichen Entscheidung über die Anrechnung (§ 36 Abs. 1 S. 1, Abs. 3 BtMG) zu differenzieren.[1237] Erstgenannte betrifft nicht das Verhalten des Betroffenen während der Therapie, sondern es wird die Einrichtung und deren Programm beurteilt. Diese Entscheidung wird mit der Zustimmung über die Zurückstellung getroffen. Die Entscheidung über die tatsächliche Anrechnung und ihren Umfang erfolgt dagegen erst nach Beendigung der Therapie. Dabei ist zwischen der obligatorischen Anrechnung nach § 36 Abs. 1 BtMG und der subsidiären fakultativen Anrechnung nach Abs. 3 zu unterscheiden. Bei beiden Anrechnungsvarianten kommt es nicht auf den Eintritt eines bestimmten Therapieerfolgs oder eine aktive Mitwirkung des Verurteilten an.[1238] Es genügt grundsätzlich schon der tatsächliche Aufenthalt in der anerkannten Einrichtung, da die Festlegung eines bestimmten Therapieerfolgs in der Praxis kaum möglich ist und die Anrechnung von Umständen abhängen würde, die der Patient nicht beeinflussen könnte. Dies würde sich negativ auf die Motivation auswirken, da der Täter schnell das Gefühl bekommen kann, keinen Einfluss auf sein Leben und den Ablauf der Behandlung zu haben bzw. vom „Wohlwollen" seines Therapeuten abzuhängen. Damit einher ginge die erhebliche Gefahr einer Pseudoanpassung.

Es ist in diesem Zusammenhang umstritten, ob und in welchem Umfang der Aufenthalt in einer ambulanten Einrichtung anrechnungsfähig sein soll. Dies wird zum Teil im Hinblick auf den Wortlaut des § 36 Abs. 1 S. 1 BtMG –Aufenthalt in der Einrichtung– nur insoweit bejaht, als lediglich die tatsächliche Aufenthaltszeit in der Einrichtung (also etwa die Zeit der Therapiesitzun-

---

[1233] OLG Stuttgart, NStZ 1986, S. 141 ff.

[1234] StA OLG Frankfurt am Main, StV 2003, S. 289 f.; *Körner*, § 35 Rdnr. 124.

[1235] *Eisenberg*, § 82 Rdnr. 5c; *Ostendorf*, § 82 Rdnr. 11.

[1236] Einzelheiten zum Zurückstellungsverfahren bei *Körner*, § 36 Rdnr. 2 ff.

[1237] *Körner*, § 36 Rdnr. 1 ff.

[1238] *Körner*, § 36 Rdnr. 15 ff., 36 m. w. N. aus der Praxis.

gen) zu berücksichtigen sind. Man könne die Behandlungszeit nicht mit der Aufenthaltszeit gleichsetzen.[1239] Ambulante Maßnahmen seien ansonsten im Rahmen des § 36 Abs. 3 BtMG zu berücksichtigen.

Die Gegenauffassung will die gesamte Behandlungszeit schon bei der obligatorischen Anrechnung nach Abs. 1 berücksichtigen.[1240] Der Verurteilte nehme während des gesamten Zeitraums an einem psychosozialen Behandlungsprogramm teil, das außerhalb der Einrichtung indirekt weiterwirke. Auch in solchen Einrichtungen können erhebliche Beschränkungen der Lebensführung bestehen. Um eine Benachteiligung der wichtigen ambulanten Behandlungsansätze zu vermeiden und eine zusätzliche Option für bestimmte an sich Behandlungswillige offen zu halten, ist die Einbeziehung derartiger Programme in den Anwendungsbereich des § 36 Abs. 1 BtMG vorzugswürdig. Anderenfalls würden Verurteilte, die sich für eine ambulante Maßnahme entscheiden, Gefahr laufen, dass ihre Therapie nicht angerechnet wird. Das könnte letztlich dazu führen, dass sie trotz bestehender Behandlungsbereitschaft auf eine solche Möglichkeit verzichten und stattdessen im Vollzug bleiben und mehr oder minder auf ihre Haftentlassung warten. Die Intention des Gesetzgebers steht dieser Auslegung nicht entgegen. Die Neufassung der Vorschrift sollte gerade auch eine Einbeziehung ambulanter Maßnahmen ermöglichen. Auf die Bedenken der Bundesregierung wurde im weiteren Gesetzgebungsverfahren nicht eingegangen.[1241]

Zu beachten ist, dass gem. § 36 Abs. 3 BtMG eine Anrechnungsmöglichkeit auch dann besteht, wenn die Voraussetzungen des § 35 Abs. 1 BtMG nicht vorgelegen haben. Damit kann zum einen der Aufenthalt in einer nicht staatlich anerkannten ambulanten Einrichtung angerechnet werden.[1242] Zum anderen gilt dies auch für Therapiezeiten aus einer Bewährungsweisung nach §§ 23, 10 Abs. 2 JGG.[1243] Dies muss wegen der Verweisung in § 88 Abs. 6 JGG auch für die Strafrestaussetzung nach § 88 JGG gelten.

Erfüllt der Verurteilte die Anforderungen nicht, so ist die Zurückstellung der Strafvollstreckung nach Maßgabe des § 35 Abs. 5 BtMG zu widerrufen. Dies setzt bei einer bereits begonnenen Therapie voraus, dass es sich tatsächlich um einen Abbruch der Behandlung handelt. Ein solcher ist nicht schon zu bejahen, wenn der Verurteilte die Einrichtung unerlaubt verlässt. Wie in § 1 II. 4. ausgeführt, ist nicht jeder Rückfall als Abbruch zu bewerten. Es kommt darauf an, ob der Proband durch sein Verhalten zu erkennen gibt, dass er dauerhaft nicht mehr in die Einrichtung zurückkehren will, die Behandlung also nicht mehr fortzusetzen gedenkt.[1244]

[1239] *Weber*, § 36 Rdnr. 20 f.
[1240] S. OLG Hamm, StV 1990, S. 557; *Körner*, § 36 Rdnr. 12 f. und 19 (für die Methadonbehandlung).
[1241] BT-Drs. 12/934, S. 6 f., 9.
[1242] S. dazu OLG Köln, NStZ 2001, S. 55 f.
[1243] LG Offenburg, NStZ-RR 2004, S. 58 f.
[1244] S. dazu auch OLG Nürnberg, StV 2004, S. 385 f.

c) Verhältnis zu anderen Therapievorschriften

(1) Zu § 10 Abs. 2 JGG

Soweit im Urteilszeitpunkt Weisungen zur Beeinflussung des Jugendlichen aus-reichend sind, ist eine Kollision mit § 35 BtMG ausgeschlossen, da in diesen Fällen keine Notwendigkeit zur Verhängung einer Jugendstrafe besteht. Kommt es zur Verurteilung zu Jugendstrafe, so sind zunächst die Voraussetzun-gen der Strafaussetzung zur Bewährung gem. § 21 JGG vorrangig. Es ist zu prü-fen, inwieweit dabei eine ambulante Therapie nach § 10 Abs. 2 JGG als Bewäh-rungsweisung verhängt werden kann. Der Weg zu § 35 BtMG ist erst dann er-öffnet, wenn eine Strafaussetzung zur Bewährung wegen schlechter Sozialprog-nose bzw. der Strafhöhe ausgeschlossen ist oder die Bewährung widerrufen wurde.[1245]

Im Vollstreckungsverfahren stellt sich aber die Frage, in welchem Verhältnis die Therapieaussetzung nach § 35 BtMG zur Strafrestaussetzung gem. § 88 JGG steht, da bei letztgenannter nach § 88 Abs. 6 S. 1 i. V. m. § 23 JGG als Weisung wiederum eine Entziehungskur nach § 10 Abs. 2 JGG möglich ist. Wie oben in § 8 II. 3. f) ausgeführt, hat § 35 BtMG einen engeren Anwendungsbereich als die Strafrestaussetzung nach dem JGG: Vorausgesetzt wird eine Betäubungsmit-telabhängigkeit und die Tat muss deswegen begangen worden sein. Bestand zwar eine Abhängigkeit, wurde die Tat aber aus anderen Gründen begangen, ohne dass sie dabei eine Rolle spielte, so kommt eine Therapie nur über §§ 88, 23, 10 Abs. 2 JGG in Betracht. Sind die Voraussetzungen des § 35 BtMG eben-falls gegeben, so gibt es keinen durchgreifenden Grund, einer der beiden Vor-schriften den zwingenden Vorrang einzuräumen. Eine Anrechnung der Aufent-haltszeit in der Einrichtung ist in beiden Fällen möglich. Wenn man zu den staatlich anerkannten Einrichtungen im Sinne des §§ 35 Abs. 1 S. 2, 36 Abs. 1 BtMG nur stationäre Therapieansätze zählt, so wird sich das Vorgehen über §§ 88, 23, 10 Abs. 2 JGG dann anbieten, wenn der Betroffene in einer eher am-bulanten Einrichtung behandelt werden soll.

(2) Zu § 64 StGB

Teilweise wird vorgeschlagen, den betäubungsmittelrechtlichen Vorschriften generell den Vorrang einzuräumen, so dass stets Jugendstrafe zu verhängen wä-re, um die Anwendbarkeit der §§ 35 ff. BtMG zu ermöglichen.[1246] Diese pau-schalisierende Lösung übersieht jedoch, dass beide Maßnahmen an unterschied-liche Voraussetzungen geknüpft sind. Anders als die §§ 63 f. StGB spielen die Therapievorschriften des BtMG erst im Vollstreckungsverfahren eine Rolle, können also erst nach der rechtskräftigen Verurteilung zum Zuge kommen. Die Unterbringung gem. § 64 StGB ist dagegen im Urteil anzuordnen, wenn die Voraussetzungen vorliegen, unabhängig von den Voraussetzungen einer Jugend-strafe.[1247] Damit hat § 64 StGB aus verfahrenssystematischen Gründen zunächst

---

[1245] *Brunner/Dölling,* § 17 Rdnr. 26 m. w. N.

[1246] *H.-J. Meyer,* MDR 1982, S. 177, 178.

[1247] BGH, StV 1993, S. 302 (zum Jugendstrafrecht); BGH bei *Holtz,* MDR 1992, S. 932; BGH, NStZ-RR 1996, S. 228.

einmal generell Vorrang. Ist die Maßregel nicht anzuordnen, so kann erst im Vollstreckungsverfahren in geeigneten Fällen nach § 35 BtMG vorgegangen werden. Probleme ergeben sich aber, wenn es neben der Maßregelanordnung zur Verhängung von Jugendstrafe kommt. Hier muss man verschiedene Konstellationen unterscheiden:

➤ Bei der Unterbringungsanordnung nach § 64 StGB ist § 5 Abs. 3 JGG zu beachten. Soweit aus erzieherischen Gründen neben der stationären Maßregel keine Jugendstrafe zu verhängen ist, ist eine Kollision der Vorschriften ausgeschlossen. Der Weg zu den §§ 35 f. BtMG ist von vornherein versperrt.

➤ Wird jedoch neben der Maßregel zugleich zu einer Jugendstrafe verurteilt, so kommt es darauf an, in welcher Reihenfolge die beiden Sanktionen vollzogen werden. Wird die Maßregel zuerst vollzogen, so besteht für eine Behandlung über §§ 35 f. BtMG keine Notwendigkeit mehr. Etwas anderes kann lediglich gelten, wenn es zu einem Abbruch der Therapie kam und der Täter wieder in den Jugendstrafvollzug zurückkehrte. Dann kann im Folgenden das Verfahren nach § 35 BtMG wieder eine Rolle spielen.

Wurde die Jugendstrafe vorweg vollzogen (§ 67 Abs. 2 StGB) und soll es dann zur Überleitung in den Maßregelvollzug kommen, so ist nach § 67c Abs. 1 S. 1 StGB zu prüfen, ob der Zweck der Maßregel –Gefährlichkeit des Täters, Erforderlichkeit seiner Behandlung– die Unterbringung noch erfordert. Dies setzt eine umfassende Prognose voraus.[1248] Die geringere Gefährlichkeit und damit die fehlende Erforderlichkeit des Maßregelvollzugs kann sich neben anderen Faktoren daraus ergeben, dass der Täter in einer entsprechenden Behandlungseinrichtung in ein stabiles soziales Umfeld kommt.[1249] Soweit eine Therapie i. S. d. § 35 BtMG daher tatsächlich aufgenommen werden soll, hat ihr Vollzug Vorrang vor der Maßregel nach § 64 StGB.

Die Vollstreckung der Unterbringung wird in diesem Fall gem. § 67c Abs. 1 S. 2 StGB zur Bewährung ausgesetzt. Erfüllt der Täter die Voraussetzungen der Therapie nach § 35 f. BtMG nicht, so kann die Bewährung widerrufen werden, so dass dann immer noch der Maßregelvollzug aufgenommen werden kann.

Dieser Ansatz bietet zwei wichtige Vorteile: § 35 BtMG weist zum einen keine Beschränkungen im Hinblick auf die möglichen Therapiestellen auf, so dass auch eine ambulante oder teilstationäre Behandlung möglich ist. Die Unterbringung gem. § 64 StGB erfordert dagegen gem. § 93a JGG grundsätzlich den Vollzug in einer der oben sub. 5. genannten stationären Einrichtungen. Zum anderen dürfte sich die freiwillige Entscheidung für eine bestimmte Einrichtung positiv auf die Motivation auswirken.

[1248] Zur Prognoseentscheidung und den möglichen Faktoren s. LK[10]-*Horstkotte*, § 67c Rdnr. 48 ff.

[1249] In diese Richtung LK[10]-*Horstkotte*, § 67c Rdnr. 76 a. E.

2. Therapie statt Strafe, §§ 37, 38 BtMG

§ 37 BtMG liegt die Überlegung zugrunde, dass der die Therapie frühzeitig antretende Täter belohnt werden soll. Auf diesem Weg wird es dem Abhängigen ermöglicht, schon während des noch laufenden Erkenntnisverfahrens eine Therapie anzutreten und ggf. sogar abzuschließen.[1250] Daher kann unter den Voraussetzungen des § 37 Abs. 1 BtMG schon von der Anklageerhebung abgesehen werden (Abs. 2 regelt die Verfahrenseinstellung im Hauptverfahren) abgesehen werden. Damit ermöglicht die Vorschrift eine echte Therapie statt Strafe. Die praktische Bedeutung dieser Vorschrift scheint nicht nur im Jugendstrafverfahren gering zu sein.[1251] Dies erstaunt umso mehr, als § 37 BtMG gerade für abhängige Täter konzipiert ist. Eine mögliche Ursache könnte darin liegen, dass die Anforderungen an die auf diesem Wege begonnene Therapie sehr hoch sind. Im Jugendstrafrecht bestehen aufgrund des weiten Weisungskatalogs des JGG zudem verschiedene andere Reaktionsmöglichkeiten.

a) Voraussetzungen

Die Vorschrift ähnelt auf der Voraussetzungs- und Folgenseite in weiten Teilen dem § 35 BtMG.[1252] Allerdings ist im Rahmen des § 37 BtMG nur der Verdacht einer –beliebigen– Straftat erforderlich und ausreichend, die aufgrund der Betäubungsmittelabhängigkeit begangen wurde. Eine wiederholte Straftatbegehung steht der Anwendung nicht entgegen.[1253] Im Unterschied zu § 35 BtMG muss nach § 37 BtMG zudem die Resozialisierung zu erwarten sein; erforderlich ist hier also eine positive Therapieerfolgsprognose. Diese wird man bejahen können, wenn der Täter die Therapie freiwillig angetreten hat und an dem Therapieprogramm mitwirkt. Ein bestimmter Therapieerfolg ist dagegen nicht notwendig.[1254] Man muss bedenken, dass es sich zum einen um eine reine Prognoseentscheidung handelt, zum anderen ein bestimmter Erfolg bei einer Drogentherapie nur sehr schwer festzulegen ist.[1255]

Fraglich ist, ob ein Vorgehen nach § 37 BtMG auch in Betracht zu ziehen ist, wenn eine Jugendstrafe nicht zu erwarten ist. Die Vorschrift lässt das Absehen zu, soweit die Straferwartung zwei Jahre nicht übersteigt. Anders als § 35 BtMG ist damit ein Vorgehen bei anderen jugendstrafrechtlichen Sanktionen nicht grundsätzlich ausgeschlossen, da es hier im Falle der Verfahrensfortsetzung nicht zu einer Anrechnung der Therapiezeiten kommen muss.[1256]

[1250] Dennoch kommt die Vorschrift in der Praxis nur selten zur Anwendung. Gründe dafür zeigt *Kreuzer* (2002), S. 35, 40 f., auf.

[1251] Staatsanwaltschaften 2002, S. 19, 89 f.: Von über 4,5 Mio. erledigten Verfahren im Jahr 2002 wurden lediglich 93 nach dieser Vorschrift eingestellt. Dies wird durch Studien über Drogentodesfälle bestätigt. Es kam im Verlauf der Drogenkarriere so gut wie nie zu einer Einstellung nach dieser Vorschrift; s. *Böhmer*, S. 72

[1252] Eingehend *Körner*, § 37 Rdnr. 3 ff.

[1253] AG Cochem, MDR 1992, S. 1077.

[1254] *Körner*, § 37 Rdnr. 12; *ders.* (1998), § 18 Rdnr. 77.

[1255] S. oben II.

[1256] *Körner*, § 37 Rdnr. 27.

Kommt der Täter der zugesagten Behandlung jedoch nicht nach, wird das Verfahren fortgeführt.[1257]

b) Verhältnis zu anderen Vorschriften

Gegenüber den jugendstrafrechtlichen Diversionsvorschriften ist das Verfahren nach § 37 BtMG nachrangig.[1258] Soweit –in der Verhandlung– eine Kollision mit § 64 StGB möglich wäre, weil eine Anordnung dieser Maßregel zu erwägen ist, ist das Verfahren nach § 37 BtMG vorrangig, da es mit einer geringeren Eingriffsintensität verbunden ist und bereits begonnene Maßnahmen nicht wieder zunichte gemacht werden. Zudem wird die freiwillige Aufnahme einer Therapie der Gefahr weiterer erheblicher Taten im Sinne des § 64 StGB entgegenstehen.[1259] Nach Anklageerhebung ist eine Kollision mit § 10 Abs. 2 JGG denkbar. Da § 37 BtMG aber eine Verfahrenseinstellung ohne Verurteilung ermöglicht, ist die Vorschrift insoweit als vorrangig anzusehen.

VI. Therapie im Strafvollzug

1. Drogen im Strafvollzug

a) Konsum und Abhängigkeit im Jugendstrafvollzug

Drogen sind ein stets präsentes Thema im Vollzugsalltag.[1260] Und dies obwohl der Vollzug drogenfrei sein soll, da der Konsum von Betäubungsmitteln die Wiedereingliederung behindert und daher das Erziehungs- und Vollzugsziel stört.[1261] Doch es ist eine Illusion zu glauben, Vollzugsanstalten seien wirklich drogenfrei. Es ist eine Tatsache, dass viele inhaftierte Jugendliche Drogenkonsumenten sind, ein nicht unerheblicher Teil von ihnen ist sogar abhängig.[1262] Ein Indiz hierfür ist, dass es bei Betäubungsmitteldelikten zunehmend zu Verurteilungen zu Jugendstrafe kommt.[1263] Die Ursache dieser Problematik liegt darin, dass viele junge Menschen mit Drogenproblemen nicht in eine geeignete Behandlungseinrichtung kommen, sondern in den Strafvollzug gelangen.

[1257] Zu den möglichen Fortsetzungsgründen s. *Körner*, § 37 Rdnr. 22 ff.

[1258] S. oben § 7 I. 2. e).

[1259] *Körner*, § 37 Rdnr. 8.

[1260] Eingehend aus jüngerer Zeit *Wirth*, BewH 2002, S. 104 ff. und *Thiel*, S. 167 ff.

[1261] S. *Franck*, S. 197.

[1262] Nach Erhebungen des Kriminologischen Dienstes Baden-Württemberg wurden etwa 30 % der Neuzugänge der JVA Adelsheim als therapiebedürftig eingestuft; *Dolde* (2002), S. 131, 133 mit Verweis auf die unveröffentlichten Angaben von *Grübl*. Ähnliche Ergebnisse bei *Wirth*, BewH 2002, S. 104, 107 ff.; s. auch *Stöver/Nelles*, ZfStrVo 2003, S. 345 m. w. N.; *Walter*, DVJJ-J 1992, S. 118, 119 ff. Wie groß der Anteil der Drogenkonsumenten und Abhängigen im Vollzug tatsächlich ist, ist mangels empirischer Forschung nicht sicher. Nachweise beruhen auf Schätzungen oder lokal begrenzten Untersuchungen; s. dazu *Thiel*, S. 167, 168 f.

[1263] *Walter* (2000), S. 81, 91 ff.

Natürlich ist die Verfügbarkeit berauschender Substanzen im Vollzug aufgrund der intensiven Überwachung erheblich eingeschränkt. In Bezug auf die Art der Drogen spiegeln die Populationsverhältnisse im Vollzug die Gegebenheiten draußen wider: Im Jugendstrafvollzug wird vor allem Cannabis gefunden, sehr viel seltener dagegen Heroin oder anderer harte Drogen.[1264] Dies entspricht insgesamt betrachtet dem Konsumverhalten junger Menschen in Freiheit.

Betrachtet man die Gründe für den Drogenkonsum im Vollzug, so sind sie mit denen in Freiheit vergleichbar, aber es ist zu berücksichtigen, dass der Strafvollzug eine besondere Belastungssituation darstellt. Der Wunsch nach Realitätsflucht aus der Vollzugsmonotonie dürfte wesentlich stärker ausgeprägt sein; dazu kommen größere Einsamkeit wegen der Trennung von den Bezugspersonen und dem gewohnten sozialen Umfeld sowie mehr Langeweile, da der Vollzugsalltag nicht übermäßig abwechslungsreich ist und einem festen Tagesablauf folgt. Rauschmittelkonsum scheint für Inhaftierte nahezu die einzige Möglichkeit zu sein, die eigene Situation zu vergessen.[1265] Der Reiz des Verbotenen ist durch die konstante Kontrolle und Überwachung in der Anstalt besonders groß. In der Gefängnissubkultur kann zudem in noch höherem Maße als im Leben außerhalb der Anstalt ein Erwartungsdruck von der Inhaftiertengruppe ausgehen. Drogenkonsum im Vollzug begründet damit auch für bis dahin drogenfrei lebende Jugendliche und Heranwachsende eine nicht unerhebliche „Ansteckungsgefahr".

Eine besondere Problemgruppe im Jugendstrafvollzug scheinen die Spätaussiedler zu sein. Ihr Anteil hat in den letzten Jahren nahezu explosionsartig zugenommen. Nach den Erhebungen in der Jugendstrafanstalt Adelsheim ist der Inhaftiertenanteil der im Ausland geborenen Deutschen von 2,5 % im Jahr 1993 auf fast 20 % im Jahr 1999 angestiegen.[1266] Viele sind wegen Drogendelikten inhaftiert.[1267] Einer der Hauptgründe dafür dürfte darin zu sehen sein, dass diese Gruppe vor der Inhaftierung nur wenig mit Einrichtungen der Jugendhilfe in Kontakt kam und auch die JGH aufgrund der oft bestehenden Sprachbarriere eher wenig Zugang zu ihnen hat.[1268] Deshalb kann sich ihre Delinquenzkarriere schneller entwickeln. Im Vollzug wird die Arbeit dann durch die insbesondere bei Russlanddeutschen sehr ausgeprägte ethnische Gruppenbildung erschwert, was auch die Ausbildung einer eigenen Subkultur innerhalb der Gefängnissubkultur begünstigt.[1269]

[1264] S. *Walter*, DVJJ-J 1992, S. 118, 119 f.

[1265] Es wird zum Teil sogar vermutet, dass der Konsum im Vollzug höher sei als außerhalb, *Leune/Kreuzer*, § 20 Rdnr. 48 f; *Becker/Schmickus*, BewH 1982, S. 252, 254.

[1266] *Walter* (2000), S. 81, 93 ff.; *ders.* (2002), S. 67.

[1267] Nach *Walter* (2002), S. 70 f., sind sie wesentlich häufiger wegen Betäubungsmitteldelikten inhaftiert als die einheimischen Deutschen, s. dazu auch *Walter/Trautmann*, S. 64, 78 ff., auch zu den Problemen beim Umgang mit dieser Gruppe.

[1268] *Walter* (2002), S. 67, 69 f.

[1269] *Walter* (2002), S. 67, 70 ff.

b) Drogenverstöße im Jugendstrafvollzug

Die Anstrengungen, Drogenkonsum im Vollzug zu verhindern, binden nicht unerhebliche personelle Kräfte, die anderweitig sinnvoller eingesetzt werden könnten. Die Durchführung von Urinkontrollen oder die Durchsuchungen nach einem Ausgang, von Paketen oder von Crafträumen sind sehr zeitintensiv. Zur Feststellung des Betäubungsmittelkonsums selbst werden Urinproben durchgeführt.[1270] Auf ein positives Testergebnis kann mit einer Disziplinarmaßnahme (§ 115 JGG i. V. m. Nr. 86 ff. VVJug) reagiert werden. Der Besitz von und der Handel mit Betäubungsmitteln ist geeignet, das Zusammenleben in der Anstalt zu stören, etwa durch den Weiterverkauf mit entsprechenden Gegenleistungen.[1271] Inhaftierte können unter Drogeneinfluss eine Gefahr für sich selbst, aber auch für andere darstellen. Der Finanzierungsdruck kann außerdem kriminelle Handlungen oder Prostitution und andere Formen der Unterdrückung oder Ausbeutung nach sich ziehen. Zudem besteht die Gefahr der Aushöhlung des Vollzugsziels.[1272] Der in § 91 JGG niedergelegte Erziehungsauftrag des Jugendstrafvollzugs wird dadurch beeinträchtigt.[1273] Im Einzelfall kann sogar eine Anzeige an die zuständige Staatsanwaltschaft erforderlich werden. Dies gilt im Hinblick auf die Behandlungsorientierung des Vollzugs bei erheblichen Verstößen insbesondere im Zusammenhang mit anderen Drogen als Cannabis.[1274] Allerdings muss man auch hier differenzieren, ob dem Inhaftierten nur der straflose Konsum nachgewiesen worden ist oder ob es zu einem Drogenfund, also einem Verstoß gegen das BtMG, gekommen ist.

2. Therapie im Strafvollzug

Der Jugendstrafvollzug ist kaum geeignet, einen Ausstieg aus der Drogensucht zu leisten.[1275] Neben der generellen Kollision widerstreitender Interessen im Vollzug –Strafvollstreckung und (behandlungsorientierte) Resozialisierung[1276]– werfen Abhängige schon bei ihrer Einweisung in den Vollzug spezifische Probleme auf, unabhängig davon, ob es sich um Untersuchungs- oder Strafhaft handelt. Wenn die körperliche Entzugsphase noch nicht überstanden ist, erfolgt zu Beginn der Haft ein mehr oder minder radikaler kalter Entzug auf der Kranken-

---

[1270] Zur generellen Zulässigkeit von Urinkontrollen im Strafvollzug s. Schwind/Böhm-*Kühling/Ullenbruch*, § 82 Rdnr. 4 m. w. N.

[1271] OLG Hamm, NStZ 1995, S. 435; *Preusker*, S. 123, 124 f.

[1272] *Franck*, S. 197; *Walter*, DVJJ-J 1992, S. 118, 121 f.

[1273] Zum Erziehungsauftrag des Jugendstrafvollzugs s. *Brunner/Dölling*, § 91 Rdnr. 7 ff.

[1274] So etwa *Walter*, DVJJ-J 1992, S. 118, 123; zur Problematik s. auch *Kreuzer*, S. 35, 50.

[1275] *Kreuzer*, S. 35, 55, spricht zu Recht von „ansatzweiser Therapie"; s. auch *Körner*, § 35 Rdnr. 1; empirische Untersuchungen belegen dies, s. etwa *Schulzke*, Sucht 1995, S. 81, 83 für die Anstalt in Brauel; *Burgheim*, BewH 1995, S. 456, 457 spricht davon, „dass der Strafvollzug die Lage der Drogenabhängigen eher verschlechtert als verbessert." Anders noch *Tilmann*, ZBl. 1978, S. 461, 464.

[1276] *Dahse*, S. 3 ff.

station der Anstalt.[1277] Damit wird zumindest ein erster Schritt aus der Sucht erreicht, und der gesundheitliche Gesamtzustand verbessert sich.[1278] Danach wäre eine eingehende Betreuung und Behandlung notwendig, um den psychischen Entzug und eine dauerhafte Drogenfreiheit zu gewährleisten. Hierzu fehlen im Jugendstrafvollzug jedoch die notwendigen therapeutischen Mittel. Den erheblichen zeitlichen und personellen Aufwand, den die Suchtbehandlung erforderlich macht, können die Fachdienste aufgrund der geringen Personalstärke nicht leisten.[1279] Erschwert wird die Situation dadurch, dass die Haft eine tiefgreifende Umbruchsituation für den Betroffenen darstellt, die er zu bewältigen lernen muss. Da ihm mit dem Entzug seiner Drogen zugleich sein Lebensmittelpunkt geraubt wird, erleben gerade junge Abhängige diese Übergangsphase als besonders negativ.[1280] Damit begünstigt der Vollzug als ein besonderes individuelles Problem den weiteren Drogenkonsum, wenn sich die Möglichkeit dazu bietet. Daneben kommt noch die Entwicklung und Übernahme der Haftsubkultur als Problemfaktor hinzu, wodurch eine spätere Drogentherapie zusätzlich erschwert werden kann.[1281]

Die Vollzugsarbeit mit Drogenabhängigen ist aufgrund der Sucht ebenfalls erschwert, da sie deswegen seltener Lockerungen erhalten. Dies behindert aber ihre Wiedereingliederung.[1282]

a) Behandlungsansätze

Eine echte Drogentherapie kann vor diesem Hintergrund wohl nur in seltenen Ausnahmefällen geleistet werden. Gleichwohl bestehen in Vollzug Möglichkeiten einer Therapievorbereitung. In vielen Anstalten gibt es bei den Fachdiensten (Anstaltspsychologen/Ärzte/Sozialarbeiter) Möglichkeiten einer internen Drogenberatung.[1283] Zum Teil werden auch soziale Trainingskurse zur Auseinandersetzung mit Suchtproblemen angeboten.[1284] Oft erfolgt zusätzlich oder stattdessen eine Betreuung über externe Drogenberatungsstellen[1285], die eng mit der internen Drogenberatung zusammenarbeiten.

Gespräche mit den Drogenberatern können nicht nur dazu dienen, die Therapiemotivation zu wecken und zu fördern. Abhängige bekommen so die Möglichkeit, Kontakt zu einer Beratungsstelle oder Therapieeinrichtung aufzuneh-

---

[1277] Heute werden verstärkt auch medikamentengestützte Entzugsmethoden genutzt, *Thiel*, S. 167, 171.

[1278] *Schäfer/Schoppe*, § 21 Rdnr. 33; *Thiel*, S. 167, 177.

[1279] *Becker/Schmickus*, BewH 1982, S. 252, 255; *Schäfer/Schoppe*, § 21 Rdnr. 49 ff.; kritisch auch *Körner*, § 35 Rdnr. 3.

[1280] *Leune/Kreuzer*, § 20 Rdnr. 48.

[1281] *Schulzke*, Sucht 1995, S. 81, 83.

[1282] *Fritsch*, S. 145, 146.

[1283] S. dazu *Asprion*, S. 75 ff.; daneben bestehen weitere Möglichkeiten eines abstinenzorientierten Vollzugs, s. DBDD, REITOX 2002, S. 95.

[1284] Z. B. *Stolk u. a.*, ZfStrVo 2004, S. 74 ff.; s. auch *Wirth*, BewH 2002, S. 104, 118 ff. zu Behandlungsmöglichkeiten und Wirkungen im Vollzug.

[1285] Zu deren Arbeit s. *Kunkel-Kleinsorge*, S. 68 ff.

men.[1286] Sie erhalten Informationen über das, was sie in einer Behandlungseinrichtung erwartet, und welche Voraussetzungen sie etwa für eine Zurückstellungsentscheidung gem. § 35 BtMG erfüllen müssen. Daneben spielen für die
internen Berater therapeutische Beratungsgespräche insbesondere zur Krisenintervention eine wichtige Rolle.[1287] Da sich viele Drogenerfahrene im Vollzug
befinden, besteht für unerfahrene Inhaftierte ein Ansteckungsrisiko. Dies in Zusammenarbeit mit dem Vollzugsdienst zu verhindern bzw. einer Wiederholung
für die Zukunft vorzubeugen, ist eine weitere wichtige Aufgabe der Drogenberatung.[1288]

Mit der Überstellung des Gefangenen nach § 9 StVollzG in eine sozialtherapeutische Anstalt besteht schließlich noch eine weitere Möglichkeit der Suchtbehandlung im Strafvollzug. Davon wird etwa in Baden-Württemberg in der JVA
Crailsheim Gebrauch gemacht.[1289]

b) Substitution im Jugendstrafvollzug

Ein Behandlungsansatz im Vollzug ist die Möglichkeit der Substitution mit Methadon bei Heroinabhängigen.[1290] Damit soll zum einen die Angleichung der
Verhältnisse „drinnen und draußen" erreicht werden und letztlich die Wiedereingliederung gefördert werden. Die Vergabe ist aber an einen nicht unerheblichen administrativen Aufwand –ausführliche Dokumentation von Beschaffung
und Ausgabe– gekoppelt.

In Jugendstrafanstalten wird in aller Regel keine Substitutionsbehandlung mit
Methadon angeboten. Dazu mag auch in aller Regel keine Notwendigkeit bestehen, da die meisten Jugendlichen eher Konsumenten von Cannabis, Ecstasy und
ähnlichem sind. Zum intravenösen Konsum von Heroin –als Voraussetzung für
eine Substitutionsbehandlung– kommt es meist erst zu einem späteren Lebens-
zeitpunkt. Zudem sind die Anforderungen an die Teilnahme an einem solchen
Programm sehr hoch[1291], so dass die Zahl der Probanden in Jugendstrafanstalten
in aller Regel zu gering ist, um eine derartige Maßnahme im Jugendstraf- oder
Jugendarrestvollzug dauerhaft zu etablieren. Gleichwohl können auch Jugendliche die Kriterien erfüllen.

Besondere Probleme bereiten die fehlenden Substitutionsmöglichkeiten für solche jungen Inhaftierten, die schon in Freiheit mit einem derartigen Programm
begonnen haben. Um eine vorzeitige Beendigung zu vermeiden –und damit einen Rückfall zu provozieren–, müssen die Jugendlichen dann oft aus dem Jugendstrafvollzug herausgenommen und in eine andere Anstalt verlegt werden.[1292]

[1286] *Leune/Kreuzer*, § 20 Rdnr. 45; *Kunkel-Kleinsorge*, S. 68 f.
[1287] Eine Übersicht über mögliche Aufgaben findet sich bei *Leune/Kreuzer*, § 20 Rdnr. 46.
[1288] *Schäfer/Schoppe*, § 21 Rdnr. 28.
[1289] Einzelheiten hierzu bei *Dolde* (2002), S. 131, 138 ff.
[1290] Zur Vergabepraxis im Vollzug s. etwa *Fritsch*, S. 145, 150.
[1291] S. oben III 3.
[1292] *Buchta/Schäfer*, ZfStrVo 1996, S. 21, 23; s. auch *Kunkel-Kleinsorge*, S. 68, 71

c) Spritzenvergabe

Ein weiterer Behandlungsansatz wäre die Spritzenvergabe an Heroinabhängige im Vollzug. Zwar ist dies in der freien Gesellschaft außerhalb der Gefängnismauern möglich (und im Hinblick auf § 29 Abs. 1 S. 2 BtMG auch nicht strafbar), aber ob dies auch im Vollzug zulässig ist, ist nach wie vor umstritten.[1293] Die wesentlichen Kritikpunkte sind die Kollision mit den Vollzugszielen, die Konsum fördernde Wirkung (auch als Anreiz für Neueinsteiger) sowie die Verwendungsmöglichkeit der Spritzen als Waffen. Da derzeit in Deutschland keine Spritzenvergabeprojekte im Vollzug mehr laufen, lässt dies den Schluss zu, dass sie keinen dauerhaften Nutzen in der Vollzugsarbeit gebracht haben und das Präventionsziel letztlich nicht erreicht wurde.[1294] Allerdings ist nicht auszuschließen, dass derartige Programme bei Bedarf wieder initiiert werden, vor allem wenn tatsächlich die Zahl der Abhängigen im Vollzug steigt.

Wie mit diesem Thema im Jugendstrafvollzug umzugehen ist, wurde –soweit ersichtlich– bisher nur in geringem Umfang erörtert.[1295] Dies wird wie sub. b) ausgeführt an der geringen Zahl der Inhaftierten liegen, bei denen dies in Erwägung zu ziehen ist. Jedoch ist zu bedenken, dass durchaus schon bei Jugendlichen und stärker noch bei Heranwachsenden die Möglichkeit einer Heroinabhängigkeit bestehen kann, so dass diese Frage im Jugendstrafvollzug nicht von vornherein irrelevant ist. Immerhin sind die Drogenerfahrungen der Inhaftierten oft weit größer als die der in Freiheit Lebenden. Die in der allgemeinen Diskussion zu diesem Thema angeführten Pro- und Contraargumente gelten uneingeschränkt auch für den Bereich des Jugendstrafvollzugs. Die generelle Zulässigkeit einer derartigen Maßnahme kann man aus dem Fürsorgeauftrag der Anstalten herleiten, da dies eine Form der Infektionsprophylaxe darstellt.[1296] Die Gesundheitsfürsorge wird bei dieser Problemgruppe verbessert und Ansteckungsrisiken werden minimiert. Dies ist im Hinblick auf die Zukunft der u. U. noch recht jungen Inhaftierten ein durchaus erstrebenswertes Ziel. Durch eine zusätzliche intensive Betreuung kann so auf längere Sicht das Ziel der Drogenfreiheit erreicht werden.[1297]

Die erzieherische Ausrichtung des Jugendstrafverfahrens und der Erziehungsauftrag des Jugendstrafvollzugs (§ 91 JGG) verlangen aber eine andere Akzentuierung. Die erzieherische Arbeit im Vollzug wird unmöglich, wenn der Konsument sich seinem Rausch hingibt oder –weiter– von dem Gedanken daran beherrscht wird.[1298] Es dürfte organisatorisch ohnehin nicht unerhebliche Schwierigkeiten bereiten, den Konsum auf bestimmte (Frei-)Zeiten zu beschränken.

[1293] S. zum Folgenden *Franck*, S. 191 ff.; *Stöver/Nelles*, ZfStrVo 2003, S. 345; zur Problematik s. auch *Thiel*, S. 167, 174 ff.

[1294] Laut *Stöver/Nelles*, ZfStrVo 2003, S. 345, 346, 349 wurden die Spritzenvergabeprojekte im Vollzug in Deutschland zwischenzeitlich alle eingestellt.

[1295] S. hierzu insbesondere *Hoffmann/Kreuzer/Suleck*, S. 150 ff.

[1296] *Hoffmann/Kreuzer/Suleck*, S. 151 f.

[1297] *Hoffmann/Kreuzer/Suleck*, S. 152.

[1298] *Hoffmann/Kreuzer/Suleck*, S. 150 m. w. N.

Das meines Erachtens maßgebliche Gegenargument ist aber ein anderes: Würde man eine Spritzenvergabe bei dieser Zielgruppe befürworten, würde man den Widerspruch zwischen Straflosigkeit des Konsums und Strafbarkeit wegen eines Verstoßes gegen das BtMG verstärken. Der Unterschied zwischen Straflosigkeit des Konsums und Strafbarkeit des Besitzes kann noch weniger erklärt werden, wenn einem später im Vollzug die Konsummöglichkeit genau für diese Droge eröffnet wird. Man kann diese Überlegung quasi ins Absurde treiben, wenn der Täter selbst wegen Handel mit dieser Droge inhaftiert worden ist. Erzieherisch erscheint das sehr bedenklich. Daneben muss man sich fragen lassen, warum man dann nicht auch Utensilien für den Gebrauch anderer Substanzen bereitstellt, etwa Haschischpfeifen. Wenn man den Konsum der wohl gefährlichsten Droge toleriert, muss dies an sich erst Recht für das „harmlose" Cannabis gelten. Dagegen wäre allerdings einzuwenden, dass hier eine Infektionsgefahr nicht in vergleichbarem besteht.

Ein Folgeproblem ist, wie man dann mit einem Konsumfall umzugehen hat. Wenn man Spritzen ausgibt, ist es kaum zu begründen, warum die Benutzung disziplinarische Folgen im Hinblick auf das verbotenerweise besessene Heroin haben soll. Gleiches gilt für die Pflicht zur Anzeige.[1299] Doch um den „verbotenen" Konsum einzudämmen und vor allem um der außerhalb der Anstalt sitzenden Dealer habhaft werden zu können, wäre die Einschaltung der Ermittlungsbehörden unumgänglich.

Die Ausführungen zeigen, dass ein Spritzenvergabeprogramm nur sinnvoll und plausibel funktionieren kann, wenn man so ehrlich ist, den Erwerb und Besitz entsprechender Substanzen ebenfalls nicht zu verfolgen, also letztlich –in einem bestimmten Bereich– völlig entkriminalisiert. Wenn überhaupt kann man über die Zulässigkeit der Spritzenvergabe daher nur im Zusammenhang mit der Abgabe entsprechender Betäubungsmittel nachdenken. Eine getrennte Behandlung dieser beiden Maßnahmen ist, ohne sich Widersprüchen auszusetzen, nicht zu begründen.

d) Heroinvergabe im Vollzug?

An das soeben Gesagte anknüpfend könnte schließlich als Therapieansatz eine Heroinvergabe (Originalstoffvergabe) an Schwerstabhängige im Jugendstrafvollzug in Erwägung zu ziehen sein. Außerhalb der Vollzugsanstalten ist hierzu zwischenzeitlich ein bundesweites Modellprojekt angelaufen.[1300] Wenn man Vergleichbares innerhalb eines Gefängnisses durchführen wollte, würde dies durchaus Vorteile sowohl für den Vollzugsalltag als auch für den Betroffenen mit sich bringen: Zunächst würde das Problem des (kalten) physischen Entzugs umgangen. Das Risiko, dass ein Abhängiger in die anstaltsinterne Subkultur hineingezogen würde, wäre verringert, da er sich nicht auf illegalem Weg mit seinem Stoff versorgen müsste. Außerdem würde dies zu einer gesundheitlichen Stabilisierung führen (insbesondere wenn gleichzeitig eine Spritzenvergabe erfolgt). Gleichzeitig würde dies einen therapeutischen Kontakt mit dieser Prob-

---

[1299] AK-StVollzG-*Walter*, § 102 Rdnr. 30 m. w. N.
[1300] S. oben III. VI.; zur Kritik s. die Zusammenfassung bei *Franck*, S. 194.

lemgruppe ermöglichen, die mit den bisherigen Angeboten im Vollzug nur eingeschränkt zu erreichen ist.[1301] Damit könnten Weichen für eine sich an den Strafvollzug anschließende Therapie gestellt werden.

Zwar steht die derzeitige Gesetzeslage einem derartigen Projekt nicht zwingend entgegen[1302], dennoch bestehen gegen ein solches Programm im Jugendstrafvollzug gewichtige Bedenken. Gegen einen –wie zum Teil vorgeschlagen[1303]– isoliert im Vollzug durchgeführten Modellversuch spricht, dass es zu Problemen kommen kann, wenn der Proband nicht während des Vollzugs auf Methadon umgestellt bzw. er nicht zu einer Anschlusstherapie motiviert werden konnte. Dann wurde seine Sucht aufrechterhalten und er wäre nach seiner Entlassung sofort wieder zur Beschaffungskriminalität gezwungen. Ein strafrechtlicher Rückfall wäre vorprogrammiert. Die Vergabe könnte weiter dazu führen, dass bestimmte Drogen im Vollzug verstärkt in Umlauf kommen. Einzelne Inhaftierte könnten sich außerdem zum Vortäuschen einer stärkeren Abhängigkeit motiviert sehen, damit sie in den Genuss von Heroin kommen. Und es stellt sich noch mehr als bei Erwachsenen oder bei der Spritzenvergabe ein Legitimationsproblem im Sinne eines Erst-Recht-Schlusses: Warum soll es nur Heroin geben, warum nicht auch Kokain/Crack oder Cannabis, da speziell letzteres ja „vollkommen harmlos" sei? Wie sub. c) ausgeführt, lässt sich ein derartiges Programm nach der bestehenden Gesetzeslage mit dem Erziehungsgedanken kaum vereinbaren.

VII. Überlegungen zur Reform der Therapiemöglichkeiten

1. Gesetzgeberische Aktivitäten

Seit August 2004 liegt auf Initiative der Länder Bayern und Sachsen-Anhalt ein neuer Gesetzentwurf des Bundesrates zur Reform des Rechts der Unterbringung in einem psychiatrischen Krankenhaus und in einer Entziehungsanstalt vor.[1304] Kernstück im Hinblick auf die Unterbringung in einer Entziehungsanstalt ist die Änderung des § 64 Abs. 1 StGB in eine Sollvorschrift sowie die nähere Konkretisierung der Anordnungsvoraussetzungen in Abs. 2 unter Berücksichtigung der Entscheidung des Bundesverfassungsgerichts BVerfGE 90, S. 1 ff. Die Neufassung soll gewährleisten, dass nur noch für eine Therapie geeignete Patienten in den Vollzug der Maßregel gelangen und ungeeignete leichter als bisher herausgehalten werden können. Dies betrifft vor allem Untergebrachte mit Sprachproblemen oder Ausweisungsfälle sowie solche, die sich als behandlungsresistent erweisen. Außerdem soll die Vollstreckungsreihenfolge bei gleichzeitiger Verhängung einer Freiheitsstrafe (ab drei Jahren) so gestaltet werden, dass nach der Maßregel eine Entlassung in Freiheit erfolgen kann (§ 67 Abs. 2 StGB n. F.).

[1301] *Schirrmacher*, ZRP 1997 S. 242.

[1302] S. eingehend *Schirrmacher*, ZRP 1997, S. 242, 244 ff.

[1303] *Schirrmacher*, ZRP 1997, S. 242.

[1304] S. zum folgenden BT-Drs. 15/362 vom 4.08.2004 und BR-Drs. 455/04.

Mit der Umgestaltung in eine Sollvorschrift einher geht eine Anpassung des § 246a StPO: Eine Sachverständigenbeteiligung soll nur dann erfolgen, wenn das Gericht die Unterbringung tatsächlich erwägt. Damit sollen die Verfahrensdauer verkürzt und Gutachterkapazitäten freigesetzt werden. Schließlich soll § 67a Abs. 4 StGB n. F. die Möglichkeit eröffnen, den Täter aus der Entziehungsanstalt in eine psychiatrische Klinik zu verlegen, wenn er im Sinne des § 63 StGB für die Allgemeinheit gefährlich ist.

Grundsätzlich ist die Zielrichtung dieser Gesetzesvorlage zu begrüßen. Die Maßregel des § 64 StGB ist im Hinblick auf die Behandlung eines Drogenabhängigen die härteste Waffe. Sie soll die effektive Behandlung dafür geeigneter Straftäter gewährleisten. Der Vorteil der Neufassung des § 64 Abs. 2 StGB liegt sicher darin, dass die klarer formulierten Voraussetzungen zu einer Änderung der Rechtsprechung führen können, so dass Sprachprobleme und Ähnliches bei der (Nicht-)Anordnung in Zukunft Berücksichtigung finden würden. Auch die leichtere Verlegung tatsächlich therapieresistenter Täter zurück in den Strafvollzug ist zu begrüßen.

Unklar bleibt aber letztlich, wann die Anordnung in Zukunft erfolgen „soll" und wann nicht.[1305] Dass ein Sachverständiger nur bei konkreter Erwägung der Maßregel hinzuzuziehen ist, ist wenig hilfreich. Denn ob das Gericht stets die erforderliche Kenntnis zur Feststellung von Hang, symptomatischem Zusammenhang und speziell zur Frage der Behandlungsfähigkeit und Therapiemotivation hat, um die Maßregel zu erwägen, erscheint fraglich. Es besteht die nicht unerhebliche Gefahr, dass an sich behandlungsfähige Täter in den Strafvollzug kommen, wo personenspezifische und gezielte Motivationsarbeit nur unzureichend geleistet werden kann. Die Unterbringung eines nur gering motivierten Täters scheint mit der geplanten Neufassung daher fast ausgeschlossen. Das ist nach der geltenden Gesetzeslage heute jedoch grundsätzlich möglich. Zu berücksichtigen ist weiter, dass der Initialdruck auf die Therapiemotivation im Maßregelvollzug möglicherweise doch größer ist als der einer „freien" Therapie nach den betäubungsmittelrechtlichen Vorschriften. Und ob ein Inhaftierter über §§ 35, 36 BtMG tatsächlich in eine Therapie gelangt, ist ebenfalls nicht sicher.

Im Hinblick auf die Behandlung Jugendlicher und Heranwachsender weist der Gesetzentwurf eine deutliche Lücke auf: Sie werden mit keinem Wort erwähnt. Anscheinend wird eine Reform speziell für diese Personengruppen nicht für erforderlich gehalten.

2. Weitere Reformüberlegungen[1306]

Wenn auch der vorgestellte Gesetzentwurf einige positive Ansatzpunkte aufweist, so ist er letztlich nicht durchdacht. Abschließend wird daher auf verschie-

---

[1305] S. die kritische Stellungnahme der Bundesregierung, BT-Drs. 15/3652, S. 21 (Anlage 2). Es drängt sich etwas das Gefühl auf, dass der Reformvorschlag insoweit ein Zugeständnis an die Rechtspraxis sein soll, die ohnehin oft nicht auf § 246a StPO eingeht.

[1306] S. dazu auch den zusammenfassenden Überblick bei *Metrikat*, S. 342 f. m. w. N.

dene Möglichkeiten einer Reform des Maßregelvollzugs für junge Abhängige eingegangen. Die Schaffung altersspezifischer Einrichtungen war ein wichtiger Schritt in die richtige Richtung.[1307] Man darf hier aber nicht stehen bleiben. Da die Zahl der Behandlung suchenden Jugendlichen bei Cannabis und Ecstasy steigt, besteht nach wie vor Handlungsbedarf. Im Hinblick auf mögliche strafbare Handlungen von Abhängigen betrifft dies auch die strafrechtliche Ebene. Die Hürden für die Anordnung der Maßregel nach § 64 StGB sind hoch, möglicherweise sogar zu hoch. Im Bereich des BtMG setzt dies Verstöße mit erheblichen Mengen an Rauschmitteln voraus, da sich sonst die Gefahr erheblicher Taten kaum begründen lässt. Damit zielt die Vorschrift v. a. auf eine kleine Gruppe der –u. U. nicht einmal abhängigen– Dealer und weniger auf die größere Zahl abhängiger Konsumenten. Da Letztgenannte in aller Regel nur wenig Betäubungsmittel bei sich haben, ist der Weg zur Suchtbehandlung über § 64 StGB de facto verschlossen. Dies wird der Zwecksetzung dieser Vorschrift jedoch nur unzureichend gerecht. Auch bei leichteren Taten ist eine Abhängigkeitsbehandlung grundsätzlich wünschenswert. Die jugendstrafrechtlich möglichen Alternativen sind für Problemgruppen kaum geeignet, eine Behandlung einzuleiten, geschweige denn durchzustehen. Unter Therapiegesichtspunkten scheint es wichtiger, den abhängigen Konsumenten wo nötig und wo möglich eine Hilfestellung anstelle des Jugendstrafvollzugs zu bieten. Auch mit dem Erziehungsgedanken ist ein Unterlassen der Behandlung nur schwerlich zu vereinbaren.

Bei den Reformüberlegungen kann man prinzipiell in zwei Richtungen gehen: Zum einen ist über eine Modifikation des § 64 StGB nachzudenken, zum anderen kann man eine Erweiterung der Möglichkeiten des § 10 Abs. 2 JGG in Betracht ziehen.

Im Rahmen des § 64 StGB könnte man erwägen, die Anordnungsvoraussetzungen abzusenken oder einzuschränken, so dass mehr junge drogenabhängige Konsumenten einer Behandlung zugeführt werden könnten. Doch nach welchen Kriterien hätte eine Einweisung dann zu erfolgen? Am sinnvollsten scheint es an dieser Stelle, auf das Erfordernis „erheblicher" weiterer Straftaten zu verzichten, so dass auch Verstöße im Zusammenhang mit Cannabis oder Ecstasy leichter in den Anwendungsbereich des § 64 StGB gelangen können. Maßgebliche Anordnungskriterien wären dann der Hang zu Rauschmitteln, ein spezifischer Zusammenhang zwischen abzuurteilender Straftat und Sucht sowie die Aussicht auf einen Behandlungserfolg. Dies würde quasi die Einführung einer spezifisch jugendlichen Form der Erheblichkeit gleichkommen, wie sie bereits erörtert und abgelehnt worden ist.[1308]

Unabhängig von der Erheblichkeit könnte man bei Jugendlichen auch allein auf den Erziehungsgedanken abstellen. Für einen derartigen Ansatz würde insbesondere sprechen, dass so die therapeutisch notwendige Hilfe eher gewährt werden kann. Gegen diese Überlegungen spricht aber, dass es dann bei an sich leichten Delikten zu einer sehr eingriffsintensiven Maßnahme kommen könnte,

---

[1307] *Kühne* (1985), S. 125.
[1308] S. oben IV. 4. b).

was eine Kollision mit dem Verhältnismäßigkeitsgrundsatz nach sich ziehen würde.

§ 10 Abs. 2 JGG eröffnet die Möglichkeit einer nicht stationären und damit weniger eingriffsintensiven Behandlungsmaßnahme, bei der eine freiwillige stationäre Behandlung aber nicht ausgeschlossen ist, so dass die Notwendigkeit einer Erweiterung des Anwendungsbereichs des § 64 StGB an sich nicht besteht. Vorzugswürdig erscheint es, bei dem Abhängigen auf eine freiwillige Therapieaufnahme hinzuwirken, so dass eine Entziehungskur nach § 10 Abs. 2 JGG Erfolg verspricht. Der Erziehungsgedanke wird bei der geltenden Auslegung der Merkmale des § 64 StGB schon heute ausreichend berücksichtigt.

Was eine Reform des § 10 Abs. 2 JGG betrifft, so könnte man die Vorschrift dahingehend modifizieren, dass auch eine zwangsweise, geschlossene Therapie im Sinne des § 64 StGB möglich wäre. Dies stünde aber im Widerspruch zu ihrem Wesen als Erziehungsmaßregel, da der Zwangscharakter sehr viel stärker in den Vordergrund treten würde. Dies kann man auch nicht dadurch umgehen, dass man die Maßnahme auf der Ebene der Zuchtmittel ansiedelt, da diese sowohl erzieherische als auch sühnende Funktionen vereinen. Einer Entzugsbehandlung kann aber keine sühnende Funktion innewohnen.

Ein alternativer Ansatzpunkt wäre eine Erweiterung des § 93a JGG, so dass auch die Maßnahme nach § 10 Abs. 2 JGG in einer solchen Einrichtung durchgeführt werden könnte. Allerdings hätte dies die Kollision der erzieherischen Orientierung der Weisung mit dem Zwangscharakter der Einrichtung zur Folge, was dem Charakter des § 10 Abs. 2 JGG als Erziehungsmaßregel nur noch unzureichend gerecht werden würde. Dabei muss man aber berücksichtigen, dass jeder Form der Suchtbehandlung ein gewisses Zwangsmoment immanent ist. Der Abhängige will natürlich oft nicht das, was zur Erreichung des Behandlungsziels förderlich ist. Dem ist durch äußere Zwänge entgegenzuwirken, was auch bei einer Entziehungskur erforderlich werden kann. Da § 93a Abs. 2 JGG gelockerte Vollzugsformen zulässt, ist der Unterschied zu einer „freien" Einrichtung ohnehin nicht so groß. Auch der Wortlaut steht einer ambulanten Behandlung nicht prinzipiell entgegen.

Unabhängig davon, welchen Lösungsansatz man wählt, um ein immer tieferes Abgleiten in die Drogenkarriere zu verhindern, muss es auch im strafrechtlichen Bereich entsprechende Angebote und Möglichkeiten geben. Strafen allein ist bei Betäubungsmittelabhängigkeit nur eine kurzfristige Lösung, die die Symptome bekämpft, aber nicht das eigentliche Problem.

Schlussbetrachtung

I. Der Kampf gegen Drogen – Keine Sisyphosaufgabe

Die Ausführungen haben gezeigt, dass der strafrechtliche Umgang mit Drogenkonsumenten und mehr noch mit Abhängigen keine Sisyphosaufgabe ist, geschweige denn sein muss. Es handelt sich um ein stets präsentes Thema der
strafrechtlichen Wirklichkeit, das viel Geduld und Beharrungsvermögen erfordert. Aber deshalb ist diese Arbeit sicher nicht sinnlos. Weder Drogenkonsum
noch Abhängigkeit dürfen zu einem „Freifahrtschein" bei der Begehung krimineller Handlungen gemacht werden.
Das Strafrecht ist nun sicher nicht das Allheilmittel im Kampf gegen Drogen.
Die Prävention ist der wichtigere Faktor. Doch was geschieht, wenn die Verhü-
tung versagt? Solange ein verantwortungsbewusster Umgang mit Drogen nicht
möglich ist –und er scheint es tatsächlich nicht zu sein– bedarf es auch der strafrechtlichen Intervention, denn Prävention allein ist nicht in der Lage, den Konsum in Grenzen zu halten. Der Schutz der Gesellschaft vor den Risiken bewusstseinsverändernder Substanzen ist ohne flankierende Absicherung durch das
Strafrecht kaum möglich. Es muss daher Möglichkeiten bereithalten, um auf einen „Verstoß" angemessen zu reagieren.
Dabei müssen sich die Strafverfolgungsbehörden konsequent verhalten. Die bestehenden rechtlichen Grenzen müssen soweit nötig erklärt werden; ihre Einhaltung muss gewährleistet sein. Wenn der Staat ein bestimmtes Verhalten für
schlecht, weil für den Einzelnen und die Gemeinschaft gefährlich, hält und dieses Verhalten deshalb unter Strafe stellt, muss er willens und in der Lage sein,
dies durchzusetzen. Nur so kann er letztlich Verständnis bei seinen –jungen–
Bürgern aufbauen und im Gegenzug auch erwarten. Anderenfalls läuft er Gefahr, nicht verstanden und nicht Ernst genommen zu werden. Die heute zum Teil
zu beobachtende Tendenz zum Laisser-faire gerade bei Cannabis begünstigt die
fehlende Akzeptanz noch bestehender Verbote und ruft mehr oder minder offen
zu ihrer Verletzung auf. Dies wird bei jungen Menschen umso deutlicher, als sie
das Verständnis für das Staats- und Strafsystem erst entwickeln müssen. Die indirekte Verharmlosung bestimmter Verhaltensweisen durch mangelnde Verfolgung ist solange ein Schritt in die falsche Richtung, wie es keine anderen stabi-
len und dauerhaften Möglichkeiten gibt, das Normverständnis in der Bevölkerung zu entwickeln und zu festigen. Oder man muss nach einer anderen Möglichkeit suchen, mit dem Phänomen Drogenkonsum umzugehen.
Wer nun bei der Frage nach der „richtigen" Reaktion nur illegale Suchtmittel in
den Blick nimmt, läuft Gefahr, das Problem unangemessen zu verkürzen. Junge

Menschen sind den Verlockungen der verschiedenen legalen wie illegalen Rauschmittel in besonderem Maße und in vielfältiger Weise ausgesetzt, Drogenkonsum ist bei ihnen relativ weit verbreitet. Das Erlernen des (Nicht-) Umgangs mit Rauschmitteln ist daher ein wichtiger und notwendiger Bestandteil der Adoleszenz. Dies gilt prinzipiell auch für illegale Drogen. Da jugendliche Rauscherfahrungen ganz vorwiegend Cannabiszubereitungen betreffen, kann man insoweit von der „Ubiquität der Cannabiskriminalität" sprechen. Der Konsum anderer Substanzen ist insgesamt eher selten. Allerdings gibt es Jugendkreise, in denen bestimmte Betäubungsmittel –Ecstasy und seine Derivate– oft anzutreffen sind.

Für die meisten Jugendlichen und Heranwachsenden ist Drogenkonsum kein dauerhaftes Problem. Nach einer Experimentierphase lässt er wieder nach oder hört sogar ganz auf. Ernsthafte Drogenprobleme entwickeln sich meist nicht. Für diese Gruppe bestehen juristische Risiken nur insoweit, als sie unter Drogeneinfluss am Straßenverkehr teilnehmen oder in eine Auseinandersetzung geraten und deswegen polizeilich auffällig werden.[1309] Auf diese Verfehlungen kann mit dem jugendstrafrechtlichen Sanktionsinstrumentarium in ausreichendem Maße reagiert werden. Eine intensive strafrechtliche Reaktion unter Berücksichtigung des Drogenkonsums ist selten erforderlich.

Wirkliche Probleme bereiten aber diejenigen, die von der Experimentierphase zum Dauerkonsum übergehen und früher oder später eine Abhängigkeit entwickeln. Dies stellt die Strafverfolgungsbehörden vor erhebliche Schwierigkeiten, da es nicht mehr allein um die Ahndung der Tat geht, sondern zunehmend die Suchtbehandlung in den Vordergrund tritt.

II.   Lösungsansätze

Betäubungsmittel und ihre Wirkungen sind für die strafrechtliche Reaktion in vielfältiger Weise von Bedeutung: Sie können Ursache für Straftaten sein, ihr Konsum kann Auswirkungen auf die Schuldfähigkeit haben, bei der Suche nach der zu verhängenden Sanktion spielen eine Vielzahl von Faktoren eine Rolle. Zu nennen sind die Art der konsumierten Droge(n), die Intensität des Konsums und die Gründe hierfür.

Das Jugendstrafrecht bietet für den Umgang mit Straftaten infolge oder im Zusammenhang mit Drogenkonsum eine breite Palette an Reaktionsmöglichkeiten, die differenziert auf den Einzelfall zur Anwendung kommen können. Die Möglichkeiten der Diversion sind dabei –unabhängig von der Art der Droge– soweit möglich auszuschöpfen. Vorrangiges Ziel jedweder Intervention in diesem Bereich muss es sein, den übermäßigen Konsum und das Abgleiten in die Sucht zu verhindern.

Nicht jedes Delikt im Zusammenhang mit Betäubungsmitteln macht eine strafrechtliche Ahndung erforderlich. Immerhin ist der Konsum selbst nicht unter

---

[1309] EBDD, Drogen im Blickpunkt 10, S. 1.

Strafe gestellt. Man muss im Zusammenhang mit Drogenkonsum zwei grundsätzliche Fälle unterscheiden: Straftaten, die unter Drogeneinfluss begangen
werden, und Taten zur Finanzierung des Konsums einerseits sowie die so genannten Konsumentendelikte andererseits, also Verstöße gegen das BtMG zum
Erwerb einer geringen Betäubungsmittelmenge zum Eigenkonsum. Es leuchtet
jedem ein, dass ein Unfall mit Verletzten unter Rauschmitteleinfluss auch strafrechtliche Konsequenzen nach sich ziehen kann und muss oder dass bei (in-)
direkter Beschaffungskriminalität eine Reaktion erfolgen muss. Dabei ist es eine
Frage des Einzelfalls, welche strafrechtlichen Maßnahmen im Hinblick auf den
Konsum sinn- und wirkungsvoll erscheinen.

Bei den Konsumentendelikten kommt ein zusätzliches Problem hinzu: Die
rechtliche Bewertung illegaler Substanzen leidet unter der gerade für junge
Menschen schwer nachvollziehbaren Unterscheidung in den straflosen Konsum
und die lückenlose Vorfeldstrafbarkeit nach dem BtMG. Derjenige, der den
Stoff erwirbt, wird verfolgt; wenn er ihn nur zu sich nimmt, nicht. Kann man
zwischen beiden Verhaltensformen wirklich trennscharf differenzieren? Warum
soll der Erwerb von einem Gramm Marihuana, welches der Jugendliche zu Hau-
se in seinen eigenen vier Wänden rauchen will, ohne dass davon irgendjemand
etwas mitbekommt oder gar gefährdet wird, verfolgt und unter Strafe gestellt
werden können? Verstärkt wird das mangelnde Verständnis durch die zum Teil
sehr unterschiedliche Rechtspraxis in den Ländern bei der Einstellung oder Verfolgung der Konsumentendelikte. Die nicht enden wollende Freigabediskussion
um Cannabis tut dazu ihr übriges.

Die geltende Rechtslage macht es kaum möglich, Konsumenten unter betäubungsmittelrechtlichen Gesichtspunkten zu ignorieren. Solange sie gültig ist,
darf es aber nicht allein darum gehen, die „Täter" zu kriminalisieren. Man wird
heute speziell bei Cannabis mit der Verhängung einer Strafe –und als solche
wird jede staatlicherseits angeordnete Maßnahme unabhängig von der juristischen Bewertung empfunden– kaum eine Einstellungsänderung im Sinne einer
Prävention der Wiederholung bewirken können. Es ist erforderlich, soweit als
möglich den Sinn der Bestrafung zu verdeutlichen: Jugendschutz und auch
Schutz des Einzelnen vor den Folgen des übermäßigen Konsums.

In Fällen der beginnenden oder schon bestehenden Abhängigkeit stellen sich e-
benfalls spezifische Probleme bei der Suche nach der richtigen jugendstrafrechtlichen Reaktion. Das Jugendstrafrecht wie auch das BtMG sehen hierfür spezielle Reaktionsmöglichkeiten vor, die eine Behandlung der Sucht ermöglichen sollen und können. Diese sind zu nutzen! Es ist nicht im Sinne des Betroffenen und
widerspricht dem das Jugendstrafrecht prägenden Erziehungsgedanken, wenn
der Versuch einer Behandlung erst unternommen wird, wenn es –fast– zu spät
ist. Eine Therapie mit den Mitteln des Strafrechts ist durchführbar, aber man
muss es auch tatsächlich ernsthaft versuchen.

Speziell die Weisung nach § 10 Abs. 2 JGG, sich einer Entziehungskur zu unterziehen, eröffnet die Möglichkeit einer niedrig-schwelligen Intervention. Der
in praxi gerne genutzte Weg Jugendstrafvollzug – Therapieüberleitung nach §§
35 ff. BtMG ist nicht immer der bessere Weg gegenüber der Unterbringung

gem. § 64 StGB. Dieses fast schon schematische Vorgehen zeugt von einer gewissen Resignation, auch wenn die Zurückhaltung bei der Anordnung der Maßregel durchaus verständlich ist. Doch eine auf den ersten Blick harte, aber gezielt eingesetzte Therapie verspricht mehr Erfolg als das umständliche und de facto langwierigere Vorgehen über die betäubungsmittelrechtlichen Vorschriften. Abhängige Jugendliche stecken aufgrund der eher noch kurzen Drogenkarrieren noch nicht so tief in ihrer Sucht fest, so dass Therapiebehandlungen insgesamt betrachtet eine größere Chance haben, dauerhafte Erfolge zu bringen.[1310] Dies kann natürlich nicht funktionieren, wenn mit einer notwendigen Behandlung gewartet wird und stattdessen immer andere Maßnahmen angeordnet werden, die aber doch letztlich erfolglos bleiben. Wenn es sonst keinen Weg gibt, einen jugendlichen Abhängigen mit einem Hilfesystem zu erreichen, warum soll man dann nicht wenigstens die vorhandenen rechtlichen Mittel nutzen? Denn auch das Jugendstrafrecht ist der „Verantwortung für Jugend"[1311] verpflichtet.

[1310] In diese Richtung auch die Erfahrungen des Projekts Perspektive zur Behandlung drogenabhängiger jugendlicher Aussiedler der Stadt Osnabrück, s. www.dialog-jugendhilfe-drogenhilfe.de/onsabr.php (zuletzt besucht am 14.09.2004).

[1311] So das Motto des 26. Jugendgerichtstags 2004 in Leipzig.

Anhang

Tabelle 1: Rauschgiftkriminalität - Tatverdächtige Jugendliche und Heranwachsende*

	Tatverdächtige gesamt	davon Konsumenten harter Drogen (in %)	Jugendliche u. Heranwachsende	Jugendliche Tatverdächtige	davon weiblich	Jugendliche unter 16	Heranwachsende Tatverdächtige	davon weiblich
Rauschgiftkriminalität	213.300	27,4	84.649	34.180	5.067	11.271	50.469	5.653
Verstöße gegen das BtMG	212.491	27,4	84.518	34.120	5.057	11.255	50.398	5.641
Allg. Verstöße gem. § 29	154.082	28,2	65.675	27.815	4.417	9.579	37.860	4.332
mit Heroin	19.581	83,3	2.746	530	200	96	2.216	514
mit Kokain	11.221	72,7	1.636	369	133	90	1.267	266
mit LSD	216	51,4	89	25	7	6	64	6
mit Amphetaminen	10.921	62,7	4.019	921	355	205	3.098	578
mit Ecstasy	6.695	51,8	3.178	945	356	271	2.233	432
mit Cannabis/Marihana	102.467	9,9	51.742	24.017	3.250	8.522	27.725	2.359
mit sonstigen BtM	10.083	23,5	4.706	1.760	236	579	2.946	387
Illegaler Handel und Schmuggel gem. § 29	60.906	28,9	21.470	7.458	671	1.942	14.012	1.338
mit Heroin	9.720	65,7	1.403	362	47	57	1.041	152
mit Kokain	7.309	43,2	1.617	544	27	63	1.073	101
mit LSD	105	52,4	44	10	0	1	34	4
mit Amphetaminen	4.371	59,0	1.395	277	57	40	1.118	172
mit Ecstasy	3.788	52,0	1.668	406	102	75	1.262	179
mit Cannabis/Marihana	34.958	10,7	9.811	4.090	295	1.631	5.721	425
mit sonstigen BtM	2.659	21,2	863	354	30	115	509	43
Illegale Einfuhr gem. § 30 I Nr. 4	5.444	32,0	1.274	255	47	49	1.019	145
mit Heroin	1.206	73,0	151	16	8	8	135	38
mit Kokain	678	45,6	59	10	3	3	49	13
mit LSD	10	20,0	2	0	0	0	2	0
mit Amphetaminen	288	54,2	59	11	0	0	48	11
mit Ecstasy	217	54,6	58	3	2	0	55	7
mit Cannabis/Marihana	2.966	10,7	919	205	33	35	714	72
mit sonstigen BtM	166	20,5	40	12	1	3	28	5
Sonstige Verstöße gegen das BtMG	4.282	20,0	846	357	26	125	489	53
Illegaler Anbau gem. § 29 Abs. 1 Nr. 1	2.422	10,8	704	318	22	111	386	39
BtM-Anbau, -herstellung, -handel als Mitglied einer Bande (§§ 30 Abs. 1 Nr. 1, 30a)	426	27,0	62	9	2	3	53	4
Bereitstellung von Geldmitteln (§ 29 Abs. 1 Nr. 13)	46	21,7	18	6	0	1	12	4
Werbung für BtM (§ 29 Abs. 1 Nr. 8)	16	18,8	7	5	0	4	2	1
Abgabe, Verabreichung, Überlassung an Minderjährige (§ 29a Abs. 1 Nr. 1, ggf. § 30 Abs. 1 Nr. 2)	1.292	33,6	46	14	1	6	32	5
Leichtfertige Todesverursachung (§ 30 Abs. 1 Nr. 3)	39	82,1	1	0	0	0	1	0
Illegale Verschreibung, Verabreichung durch Ärzte (§ 29 Abs. 1 Nr. 6)	56	9,3	9	5	1	0	4	0
Direkte Beschaffungskriminalität	1.297	49,4	258	109	11	28	149	25
Raub zur Erlangung von BtM	260	48,1	119	64	2	16	55	1
Diebstahl von BtM aus Apotheken	92	57,6	19	6	0	0	13	0
Diebstahl von BtM aus Arztpraxen	85	72,9	10	2	0	1	8	2
Diebstahl von BtM aus Krankenhäusern	82	54,9	14	7	2	2	7	3
Diebstahl von BtM bei Herstellern u. Großhändlern	21	9,5	10	5	0	2	5	0
Diebstahl von Rezeptformularen	207	50,7	31	16	5	6	15	3
Fälschung zur Erlangung von BtM	677	48,4	67	13	4	2	54	17

Quelle: BKA, PKS 2003, Tabelle 20, 22

Tabelle 2: Tatverdächtige - Sonstige Delikte

	Tatverdächtige gesamt	davon Konsum einharter Drogen (in %)	Jugendliche	davon weiblich	Jugendliche unter 16	Heranwachsende	davon weiblich
Diebstahlsdelikte							
Wohnungseinbruchsdiebstahl, § 244 Abs. 1	19.555	11,2	4.075	548	1.780	3.195	365
Diebstahl in/aus Kfz unter erschwerenden Umständen	15.833	14,0	3.071	169	1.140	3.803	155
Diebstahl insgesamt							
Ladendiebstahl	437.129	4,6	71.698	31.705	42.613	30.531	10.093
Diebstahl in/aus Wohnung	48.078	8,8	8.914	1.928	3.861	7.340	1.405
Diebstahl in/aus Kfz	21.558	13,0	4.410	268	1.734	4.862	242
Sonstige Delikte							
Raub, räuberische Erpressung etc.	38.322	11,2	11.291	1.125	5.237	7.232	471
Sachbeschädigung	176.343	2,8	47.031	4.625	23.291	25.411	1.822
Gefährliche/schwere Körperverletzung	150.123	3,8	30.443	5.474	13.631	23.896	1.941
Leichte Körperverletzung	272.981	3,0	31.495	6.691	14.792	26.364	3.571
Sonstige Hehlerei	19.885	8,6	3.503	545	1.613	2.833	359
Betrug zum Nachteil von Sozialversicherungen und sonstiger Sozialleistungen	42.455	1,0 - 1,6	179	62	18	1.957	749
Betrug mit Scheck- und Kreditkarten	16.953	8,8 - 10,8	4.809	591	660	2.916	804
Erschleichen von Leistungen	128.359	7,8	19.886	7.394	7.177	25.934	7.449

Quelle: BKA, Polizeiliche Kriminalstatistik 2003, Tabelle 20, 22

Tabelle 3: Verstöße gegen das BtMG - Aburteilungen und Verurteilungen

	Verstöße gegen das BtMG	§ 29 Abs. 1 S. 1 Nr. 1 BtMG	§ 29 Abs. 1 S. 1 Nr. 2,5 BtMG	§ 29 Abs. 1 S. 1 Nr. 3 BtMG	§ 29 Abs. 3 Nr. 1 BtMG	§ 29 Abs. 3 Nr. 2 BtMG	§ 29 Abs. 4 BtMG	§ 29a Abs. 1 Nr. 1 BtMG	§ 29a Abs. 1 Nr. 2 BtMG	§ 30 Abs. 1 Nr. 1 BtMG	§ 30 Abs. 1 Nr. 2 BtMG	§ 30 Abs. 1 Nr. 3 BtMG	§ 30 Abs. 1 Nr. 4 BtMG	§ 30a Abs. 1 BtMG	§ 30a Abs. 2 Nr. 1 BtMG	§ 30a Abs. 2 Nr. 2 BtMG	Zum Vergleich: Alle Straftaten
Aburteilungen nach JGG	14.124	10.365	108	1.680	373	6	1	33	1.046	12	5	2	452	15	2	24	153.181
Verurteilung	10.724	7.790	60	1.090	295	4	1	26	967	10	5	2	433	15	2	24	101.562
Jugendliche	3.711	3.011	25	348	88	3	0	3	168	3	1	0	56	1	0	4	52.905
Davon weiblich	370	299	6	34	9	0	0	1	10	1	0	0	9	0	0	1	7.632
Nach Alter 14-16	701	620	4	57	11	0	0	0	17	0	0	0	4	0	0	0	20.209
16-18	2.640	2.092	21	291	77	3	0	3	151	3	1	0	52	1	0	4	32.696
Heranwachsende	7.013	4.779	35	742	207	1	1	23	799	7	4	2	377	14	2	20	48.657
Davon weiblich	656	462	4	57	20	0	0	2	63	0	0	0	45	2	0	1	5.809
Nach der schwersten Sanktion																	
Jugendstrafe	2.728	1.160	11	140	195	4	1	19	802	6	5	1	343	15	2	24	17.288
Zuchtmittel	7.200	5.989	40	834	88	0	0	6	154	4	0	1	84	0	0	0	77.273
Erziehungsmaßregeln	796	641	9	116	12	0	0	1	11	0	0	0	6	0	0	0	7.001
Nur Jugendstrafe	2.553	1.077	10	134	184	4	1	13	753	6	5	1	325	15	1	24	16.353
Jugendstrafe, Zuchtmittel und Erziehungsmaßregel	34	14	1	1	1	0	0	1	8	0	0	0	8	0	0	0	266
Jugendstrafe und Zuchtmittel	72	25	0	3	6	0	0	3	27	0	0	0	7	0	1	0	380
Jugendstrafe und Erziehungsmaßregel	69	44	0	2	4	0	0	2	14	0	0	0	3	0	0	0	289
Nur Zuchtmittel	5.074	4.222	26	570	69	0	0	3	116	3	1	1	64	0	0	0	62.509
Zuchtmittel und Erziehungsmaßregel	2.126	1.767	14	264	19	0	0	3	38	1	0	0	20	0	0	0	14.764
Andere Entscheidungen	3.400	2.575	48	590	78	2	0	7	79	2	0	0	19	0	0	0	51.619
Davon selbständige Maßregeln	2	0	0	0	0	0	0	1	1	0	0	0	0	0	0	0	35
Davon Vormundschaftsrichter	1	0	0	1	0	0	0	0	0	0	0	0	0	0	0	0	32
Davon Einstellungen insgesamt	3.107	2.342	42	573	69	2	0	4	54	2	0	0	19	0	0	0	47.165
darunter nach § 47 JGG	2.591	1.959	36	481	55	1	0	3	41	0	1	0	13	0	0	0	40.428
Davon Freispruch	290	233	6	16	9	0	0	2	24	1	0	0	0	0	0	0	4.387
§ 27 JGG	393	225	1	12	33	1	0	3	74	0	0	0	0	0	0	0	1.985
§ 45 Abs. 3 JGG	836	623	21	188	0	0	2	1	1	0	0	0	41	0	0	0	7.425

Quelle: Statistisches Bundesamt, Strafverfolgung 2003, Tab. 2.1, 2.2, 2.3

Tabelle 4: Verstöße gegen das BtMG - Jugendstrafrechtliche Sanktionen

	Verstöße gegen das BtMG	§ 29 Abs. 1 S. 1 Nr. 1 BtMG	§ 29 Abs. 1 S. 1 Nr. 2,5 BtMG	§ 29 Abs. 1 S. 1 Nr. 3 BtMG	§ 29 Abs. 3 Nr. 1 BtMG	§ 29 Abs. 3 Nr. 2 BtMG	§ 29 Abs. 4 BtMG	§ 29a Abs. 1 Nr. 1 BtMG	§ 29a Abs. 1 Nr. 2 BtMG	§ 30 Abs. 1 Nr. 1 BtMG	§ 30 Abs. 1 Nr. 2 BtMG	§ 30 Abs. 1 Nr. 3 BtMG	§ 30 Abs. 1 Nr. 4 BtMG	§ 30a Abs. 1 BtMG	§ 30a Abs. 2 Nr. 1 BtMG	§ 30a Abs. 2 Nr. 2 BtMG	Zum Vergleich: Alle Straftaten
Verurteilte zu Jugendstrafe																	
Insgesamt	2.728	1.160	11	140	195	4	1	19	802	6	5	1	343	15	2	24	17.288
nach § 30 JGG	121	56	2	6	8	1	0	3	31	0	0	0	13	1	0	0	767
Mit Strafaussetzung	1.970	845	8	95	133	2	0	15	598	4	1	0	245	5	1	16	10.642
bis 6 Monate	397	249	2	26	26	0	1	1	53	0	0	0	36	0	0	1	2.633
Davon Strafaussetzung	347	216	2	23	23	0	1	1	48	0	0	0	32	0	0	1	2.182
6 - 9 Monate	464	264	0	27	25	0	1	2	107	0	0	0	37	0	0	2	3.042
Davon Strafaussetzung	392	222	2	21	21	0	0	2	95	0	0	0	28	0	0	2	2.426
9 - 12 Monate	568	259	2	38	47	0	0	1	153	1	0	0	63	0	0	4	3.673
Davon Strafaussetzung	466	198	2	26	37	0	0	1	139	0	0	0	59	0	0	3	2.638
1 - 2 Jahre	1.053	325	7	41	83	4	0	13	401	4	0	1	153	7	2	10	5.955
Davon Strafaussetzung	765	209	4	23	52	2	0	12	316	3	1	1	126	5	1	4	3.396
2 - 3 Jahre	184	54	0	3	11	0	0	1	62	1	2	0	45	2	0	2	1.392
3 - 5 Jahre	61	9	0	5	3	0	0	0	25	0	0	0	9	6	0	0	490
5 - 10 Jahre	1	0	0	0	0	0	0	0	1	0	0	0	0	0	0	0	103
Verurteilte zu Zuchtmitteln und Erziehungsmaßregeln (auch mehrere nebeneinander)																	
Zuchtmittel	7.306	6.033	41	838	93	0	0	10	189	4	0	0	99	0	1	0	77.919
Erziehungsmaßregeln	3.025	1.466	24	383	36	0	0	7	71	1	0	0	37	0	0	0	22.320
Zahl und Art der Zuchtmittel (auch mehrere Nebeneinander)																	
Zuchtmittel insgesamt	10.134	8.437	50	1.113	115	0	0	14	256	6	0	1	141	0	1	0	109.299
Jugendarrest zusammen	1.431	1.123	3	179	36	0	0	0	57	1	0	0	27	0	0	0	18.992
Davon Dauerarrest	629	469	3	74	28	0	0	0	39	0	0	0	15	0	0	0	9.320
Davon Kurzarrest	103	80	0	17	8	0	0	0	4	0	0	0	2	0	0	0	1.392
Davon Freizeitarrest	699	574	5	88	8	0	0	0	14	0	0	0	10	0	0	0	8.370
Auflagen zusammen	6.014	5.020	34	660	63	0	0	10	142	3	0	1	80	0	0	0	62.382
Davon Wiedergutmachung	1	0	0	0	0	0	0	0	0	0	0	0	0	0	0	0	2.398
Davon Geldbetrag	2.479	2.085	11	247	23	0	0	3	69	3	0	0	36	0	0	0	17.639
Davon Entschuldigung	9	8	0	0	0	0	0	0	0	0	0	0	0	0	0	0	179
Davon Arbeitsleistung	3.512	2.918	23	410	39	0	0	7	71	0	0	0	44	0	0	0	42.005
Davon Arbeitsleistung und Entschuldigung	13	0	0	1	1	0	0	0	1	0	0	0	0	0	0	0	251
Verwarnung	2.689	2.294	8	274	16	0	0	4	57	2	0	0	34	0	0	0	27.925
Zahl und Art der Erziehungsmaßregeln																	
Erziehungsmaßregeln insgesamt	3.040	2.479	24	384	36	0	0	7	72	1	0	0	37	0	0	0	22.411
Davon Heimerziehung	5	4	0	1	0	0	0	0	0	0	0	0	0	0	0	0	53
Davon Erziehungsbeistandschaft	25	21	0	2	1	0	0	0	1	0	0	0	1	0	0	0	240
Davon Weisungen	3.010	2.454	24	381	36	0	0	7	71	1	0	0	36	0	0	0	22.118

Quelle: Statistisches Bundesamt, Strafverfolgung 2003, Tabelle 4.1 und 4.3

Verzeichnis der verwendeten Literatur

Adams, Manfred/
Gerhardt, Bernd-Peter

Die Berücksichtigung der Behandlungsbedürftigkeit von Drogenabhängigen im Rahmen des Ermittlungs-, Erkenntnis- und Vollstreckungsverfahrens, NStZ 1981, S. 241 – 247.

AK-StVollzG

Kommentar zum Strafvollzugsgesetz (AK-StVollzG). Herausgegeben von Johannes Feest. 4. Aufl. Neuwied 2000.

Albrecht, Hans-Jörg

Voraussetzungen und Konsequenzen einer Entkriminalisierung im Drogenbereich. In: de Boor, Wolfgang/Frisch, Wolfgang/Rode, Irmgard (Hrsg.): Entkriminalisierung im Drogenbereich? S. 1 – 37. Köln 1991.

Ist das deutsche Jugendstrafrecht noch zeitgemäß? In: Deutscher Juristentag (Hrsg.): Verhandlungen des 64. Deutschen Juristentages. Gutachten D. Berlin u. a. 2002.

Albrecht, Peter-Alexis

Jugendstrafrecht. Ein Studienbuch. 3. Aufl. München 2000.

Amelung, Knut

Die Einwilligung des Unfreien. ZStW 95 (1983), S. 1 – 31.

Amendt, Günter

No drugs – no future. Drogen im Zeitalter der Globalisierung. Hamburg 2003.

Asprion, Peter

Interne Drogenberatung im Justizvollzug. Grenzen des Vollzugs, Erwartungen an freie Träger. In: Reindl, Richard/Nickolai, Werner (Hrsg.): Drogen und Strafjustiz. S. 75 – 82. Freiburg i. Br. 1994.

Aulinger, Susanne

Rechtsgleichheit und Rechtswirklichkeit bei der Strafverfolgung von Drogenkonsumenten. Die Anwendung von § 31a BtMG im Kontext anderer Einstellungsvorschriften. Endbericht eines Forschungsprojekts der Kriminologischen Zentralstelle Wiesbaden e.V. Hrsg.: Bundesministerium für Gesundheit. Baden-Baden, 1997.

Baumgärtner, Theo/
Sandring, Sabine

Die Einschätzung der Gefahren des Umgangs mit Rauschmitteln und die Quellen des Wissens. In: Theo Baumgärtner (Hrsg.): Kiffen, Koksen und Klausuren. Studentischer Drogengebrauch in Ostdeutschland. S. 77 – 89. Leipzig 1998.

Becker, Bernd-Michael/
Schmickus, Hans-Martin

Das Drogenproblem im Spannungsfeld zwischen Strafanspruch und Rehabilitation. BewH 1982, S. 252 – 261.

Becker, Howard S.

Außenseiter. Zur Soziologie abweichenden Verhaltens. Frankfurt am Main 1981.

Böhmer, Elisabeth

Todesfälle im Zusammenhang mit Betäubungsmittelmissbrauch in Bayern in den Jahren 1988 – 1990. Erlangen-Nürnberg 1996.

Böllinger, Lorenz

Grenzenloses symbolisches Strafrecht. Zum Cannabis-Beschluss des Bundesverfassungsgerichts. KritJ 1994, S. 405 – 420.

Das (noch herrschende) Recht von Abstinenz und Prohibition I: Strafrecht und Betäubungsmittelrecht. In: Böllinger, Lorenz/Stöver, Heino (Hrsg.): Drogenpraxis, Drogenrecht, Drogenpolitik. Handbuch für Drogenbenutzer, Eltern, Drogenberater, Ärzte und Juristen. S. 451 – 592. 5. Aufl. Leck 2002.

Borkenstein, Christoph

Drogenabhängige im Strafvollzug. In: Egg, Rudolf (Hrsg.): Drogentherapie und Strafe, S. 235 – 244. Wiesbaden 1988.

British Lung Foundation A smoking gun? The impact of Cannabis smoking on respiratory health (abzurufen über http://www. britishlungfoundation.org/ downloads/A_Smoking_Gun.pdf).

Brockhaus Die Enzyklopädie in 24 Bänden. 20. Aufl. Leipzig u. a. 1996 ff.

Brunner, Rudolf Der Rauschgifttäter vor dem Jugendrichter. ZBl. 1971, S. 243 – 253.

Die Drogenkriminalität in der jugendrichterlichen Praxis. JR 1973, S. 89 – 94.

Strafrechtliche Rechtsfolgen und Therapie als Gesamtkonzeption für Drogenabhängige. ZBl. 1980, S. 415 – 422.

Brunner, Rudolf/ Jugendgerichtsgesetz, Kommentar. 11. Aufl. Berlin u. a. 2002.
Dölling, Dieter

Buchta, Anna-Maria/ Substitution hinter Gittern. ZfStrVo 1996, S. 21 – 25.
Schäfer, Karl Heinrich

Bühringer, Gerhard § 5. Therapie und Rehabilitation. In: Kreuzer, Arthur (Hrsg.): Handbuch des Betäubungsmittelstrafrechts. München 1998 (zitiert *Bühringer* (1998)).

§ 6. Prävention. In: Kreuzer, Arthur (Hrsg.): Handbuch des Betäubungsmittelstrafrechts. München 1998 (zitiert *Bühringer* (1998a)).

Bühringer, Gerhard/**Künzel**, Methadon-Expertise. Expertise zum Einsatz von Methadon bei
Jutta/**Spies**, Gabriele der Behandlung von Drogenabhängigen in Deutschland. IFT Institut für Therapieforschung, München 1995.

Bundeskriminalamt (BKA) Rauschgiftjahresbericht 2001 Bundesrepublik Deutschland. Wiesbaden 2002.

Rauschgiftjahresbericht 2002 Bundesrepublik Deutschland. Wiesbaden 2003.

Bundeslagebild Rauschgift 2003. Wiesbaden 2004.

Polizeiliche Kriminalstatistik 2003. Bundesrepublik Deutschland. Wiesbaden 2004.

Bundeszentrale für gesund- Die Drogenaffinität Jugendlicher in der Bundesrepublik
heitliche Aufklärung (BZgA) Deutschland. Eine Wiederholungsbefragung der Bundeszentrale für gesundheitliche Aufklärung. Endbericht. Köln 2001.

Die Drogenaffinität Jugendlicher in der Bundesrepublik Deutschland. Eine Wiederholungsbefragung der Bundeszentrale für gesundheitliche Aufklärung. Teilband Alkohol, Teilband Illegale Drogen, Teilband Rauchen. Köln 2004.

Burgheim, Joachim Psychologische Überlegungen zur Betreuung drogenabhängiger Strafgefangener nach der Haftentlassung. BewH 1995, S. 456 – 466.

Camus, Albert Der Mythos des Sisyphos. Ein Versuch über das Absurde. Düsseldorf 1958.

Czycholl, Dietmar Jugendliche Spätaussiedler im System der Suchthilfe. In: Barth, Wolfgang/Schubert, Christine (Hrsg.): Migration – Sucht – Hilfe. Junge Migranten und Migrantinnen aus der GUS in den Systemen der Suchthilfe und Migrationsberatung. S. 11 – 20. Nürnberg 2002.

Dahle, Klaus-Peter Therapiemotivation hinter Gittern. Regensburg 1995 (zitiert *Dahle* (1995)).
Probleme bei der Behandlung von Delinquenten. In: Steller, Max/Dahle, Klaus-Peter/Basqué, Monika (Hrsg.): Straftäterbehandlung. Argumente für eine Revitalisierung in Forschung und Praxis. S. 177 – 187. Herbolzheim 2003 (zitiert *Dahle* (2003a)).
Therapiemotivation inhaftierter Straftäter. In: Steller, Max/Dahle, Klaus-Peter/Basqué, Monika (Hrsg.): Straftäterbehandlung. Argumente für eine Revitalisierung in Forschung und Praxis. S. 231 – 250. Herbolzheim 2003 (zitiert *Dahle* (2003b)).

Degkwitz, Peter Theorien und Modelle der Entstehung und des Verlaufs von Drogenabhängigkeit. In: Böllinger, Lorenz/Stöver, Heino (Hrsg.): Drogenpraxis, Drogenrecht, Drogenpolitik. Handbuch für Drogenbenutzer, Eltern, Drogenberater, Ärzte und Juristen. S. 45 – 66. 5. Aufl. Leck 2002.

Dessecker, Axel Suchtbehandlung als strafrechtliche Sanktion. Eine empirische Untersuchung zur Anordnung und Vollstreckung der Maßregel nach § 64 StGB. Wiesbaden 1996.

Dessecker, Axel/ **Egg**, Rudolf Die strafrechtliche Unterbringung in einer Entziehungsanstalt. Rechtliche, empirische und praktische Aspekte. Hrsg. von Axel Dessecker und Rudolf Egg. Wiesbaden 1995.

Deutsche Referenzstelle für die Europäische Beobachtungsstelle für Drogen und Drogensucht (DBDD) Bericht zur Drogensituation in Deutschland 2001 (Stand 01.12.2001; zitiert REITOX 2000).
Bericht des Nationalen REITOX Knotenpunkts für Deutschland an die EBDD: Drogensituation 2001 (Stand 18.12.2002).
Bericht des Nationalen REITOX Knotenpunkts für Deutschland an die EBDD: Drogensituation 2002 (Stand 29.10.2003).

Diemer, Herbert/**Schoreit**, Armin/**Sonnen**, Bernd-Rüdiger Jugendgerichtsgesetz. Kommentar. 4. Aufl. Heidelberg 2002.

Dölling, Dieter Rechtsprobleme der Jugendstrafrechtsreform durch die Praxis. In: Bundesminister der Justiz (Hrsg.): Jugendstrafrechtsreform durch die Praxis – Informelle Reaktionen und neue ambulante Maßnahmen auf dem Prüfstand. Symposium vom 6. – 9. Oktober 1988 in der Universität Konstanz. S. 243 – 264. Landshut 1989.
Eindämmung des Drogenmissbrauchs zwischen Repression und Prävention. Heidelberg 1995.
Über Todesfälle im Zusammenhang mit Betäubungsmittelmissbrauch. In: Schwind, Hans-Dieter/Kube, Edwin/Kühne, Hans-Heiner (Hrsg.): Festschrift für Hans Jochim Schneider zum 70. Geburtstag am 14. November 1998. S. 209 – 221. Berlin u. a. 1998.
Gerechtigkeit, Hilfe und Kontrolle – Über Entwicklungen bei der Schuldfähigkeitsbeurteilung und bei der Anordnung von Maßregeln der Besserung und Sicherung. In: Kühne, Hans-Heiner/Jung, Heike/Kreuzer, Arthur/Wolter, Jürgen (Hrsg.): Festschrift für Klaus Rollinski zum 70. Geburtstag am 11. Juli 2002. S. 55 – 79. Berlin u. a. 1999.

Über die Höhenbemessung bei der Freiheits- und der Jugendstrafe. In: Amelung, Kurt/Beulke, Werner/Lilie, Hans/Rosenau, Henning/Rüping, Hinrich/Wolfslast, Gabriele (Hrsg.): Strafrecht, Biorecht, Rechtsphilosophie. Festschrift für Hans-Ludwig Schreiber zum 70. Geburtstag am 10. Mai 2003. S. 55 – 62. Heidelberg 2003.

Dolde, Gabriele — Drogengefährdete und Drogenabhängige im Justizvollzug. In: Dessecker, Axel/Egg, Rudolf (Hrsg.): Die strafrechtliche Unterbringung in einer Entziehungsanstalt. Rechtliche, empirische und praktische Aspekte. S. 93 – 103. Wiesbaden 1995.

Therapie in Untersuchungs- und Strafhaft. In: Deutsche Hauptstelle gegen Suchtgefahren (Hrsg.): Suchtprobleme hinter Mauern. Drogen, Sucht und Therapie im Straf- und Maßregelvollzug. S. 131 – 143. Freiburg i. Br. 2002.

Dorsch, Friedrich — Psychologisches Wörterbuch. Hrsg.: Friedrich Dorsch, Hartmut Häcker und Kurt H. Stapf. 12. Aufl. Bern u. a. 1994.

Dünkel, Frieder/**Geng**, Bernd/ Soziale Trainingskurse und andere neue ambulante Maßnahmen nach dem JGG in Deutschland. Herausgegeben vom Bundesministerium der Justiz. Bonn 1998.
Kirstein, Wolfgang

EBIS-A — Suchthilfestatistik 2002 für Deutschland. Tabellenband für die ambulante Suchtkrankenhilfe. Hrsg.: Institut für Therapieforschung. München 2002.

Egg, Rudolf — Drogenabhängige Straftäter. Therapiemotivation durch justiziellen Zwang? BewH 1993, S. 26 – 37.

Sucht und Delinquenz – Epidemiologie, Modelle und Konsequenzen. In: Deutsche Hauptstelle gegen Suchtgefahren/R. Gaßmann (Hrsg.): Suchtprobleme hinter Mauern. Drogen, Sucht und Therapie im Straf- und Maßregelvollzug. S. 13 – 34. Freiburg i. Br. 2002.

Eisenberg, Ulrich — Zum Schutzbedürfnis jugendlicher Beschuldigter im Ermittlungsverfahren. NJW 1988, S. 1250 – 1251.

Jugendgerichtsgesetz, 10. Aufl. München 2004.

Eisenberg, Ulrich/ Über Verhängung und Vollzug von Untersuchungshaft bei Jugendlichen und Heranwachsenden. GA 1993, S. 293 – 317.
Tóth, Ferenc

Engstler, Horst — Die heilerzieherische Behandlung gemäß § 10 Absatz 2 Jugendgerichtsgesetz in der jugendstrafrechtlichen Praxis. Göttingen 1985.

Entorf, Horst/**Winkler**, Peter — Illegale Drogen und Kriminalität: Wie ausgeprägt ist der Zusammenhang? In: Albrecht, Hans-Jörg/Entorf, Horst (Hrsg.): Kriminalität, Ökonomie und Europäischer Sozialstaat. S. 97 – 132. Heidelberg 2003.

Europäische Beobachtungs- Jahresbericht über den Stand der Drogenproblematik in der
stelle für Drogen und Dro- Europäischen Union und in Norwegen - 2002. Amt für Veröf-
gensucht (EBDD/EMCDDA) fentlichungen der Europäischen Gemeinschaften, Luxemburg 2002.

Drogen im Blickpunkt, Briefings, Nr. 6 (November – Dezember) 2002 (abzurufen über http://www.emcdda.eu.int/infopoint/publications/focus.shtml).

Drugnet Europe, Nr. 39 (Januar – Februar) 2003 (abzurufen über http://www.emcdda.eu.int/infopoint/publications/drugnet.shtml).

Drugnet Europe, Nr. 42 (Juli – August) 2003 (abzurufen über http://www.emcdda.eu.int/infopoint/publications/drugnet.shtml).

Jahresbericht über den Stand der Drogenproblematik in der Europäischen Union und in Norwegen - 2003. Amt für Veröffentlichungen der Europäischen Gemeinschaften, Luxemburg 2003.

Drogen im Blickpunkt, Nr. 10 2003 (abzurufen über http://www.emcdda.eu.int/infopoint/publications/focus.shtml).

EMCDDA Insights, An overview of cannabis potency in Europe. Luxemburg 2004.

Farke, Walter/
Broekman, Antje
Drogenkonsum aus Sicht suchtgefährdeter Jugendlicher – Prävalenz und Bedarf an Hilfe. In: Farke, Walter/Graß, Hans-Jürgen/ Hurrelmann, Klaus (Hrsg.): Drogen bei Kindern und Jugendlichen: legale und illegale Substanzen in der ärztlichen Praxis. S. 6 – 18. Stuttgart u. a. 2003.

Franck, Katharina
Strafverfahren gegen HIV-Infizierte. Unter besonderer Berücksichtigung der Situation jugendlicher Beschuldigter. Inauguraldissertation. Berlin 2000.

Frangos, Liselotte
Drogentherapie im Maßregelvollzug – Kurzbeschreibung der Klinik Parsberg. In Egg, Rudolf (Hrsg.): Drogentherapie und Strafe, S. 209 – 212. Wiesbaden 1988.

Fritsch, Klaus-J.
Erfahrungen mit der Substitution im Strafvollzug – aus ärztlicher Sicht. In: Bossong, Horst/Stöver, Heino (Hrsg.): Methadonbehandlung: ein Leitfaden. S. 145 – 164. Frankfurt am Main 1992.

Gantner, Andreas
Cannabis – Vom jugendtypischen Konsum zum problematischen Gebrauch. In: Farke, Walter/Graß, Hans-Jürgen/Hurrelmann, Klaus (Hrsg.): Drogen bei Kindern und Jugendlichen: legale und illegale Substanzen in der ärztlichen Praxis. S. 86 – 93. Stuttgart u. a. 2003.

Gebhardt, Christoph
§ 9. Drogenpolitik. In: Kreuzer, Arthur (Hrsg.): Handbuch des Betäubungsmittelstrafrechts. München 1998 (zitiert *Gebhardt* (1998)).

§ 19. Gerichts-, Jugendgerichts-, Bewährungshilfe, Führungsaufsicht. In: Kreuzer, Arthur (Hrsg.): Handbuch des Betäubungsmittelstrafrechts. München 1998 (zitiert *Gebhardt* (1998a)).

Geschwinde, Thomas
Rauschdrogen. Marktformen und Wirkungsweisen. 5. Aufl. Berlin u. a. 2003.

Glaeske, Gerd
Psychothrope und andere Arzneimittel mit Missbrauchs- und Abhängigkeitspotenzial. In: Deutsch Hauptsstelle gegen Suchtgefahren (DHS): Jahrbuch Sucht 04. S. 64 – 82. Geesthacht 2003.

Glatzel, Johann
Zur Vernehmungsfähigkeit beschuldigter Drogenabhängiger. StV 1981, S. 191 – 196.

Zur Vernehmungsfähigkeit Drogenabhängiger. StV 1994, S. 46 – 47.

Görgen, Wilfried/**Hartmann,** Frühintervention bei erstauffälligen Drogenkonsumenten –
Rüdiger/Oliva, Hans   FreD. Ergebnisse der wissenschaftlichen Begleitung im Auftrag des Bundesministeriums für Gesundheit und Soziale Si-
cherung (BMGS). Köln 2003.

Gößling, Heinz-Wilhelm/ Häufigkeit und Bedingungsfaktoren des Behandlungsabbruchs
Gunkel, S./**Schneider,** U./ im stationären Drogenentzug. FortschrNeurolPsychiat 2001, S.
Melles, W.   474 – 481.

Goette, Sabine/   Illegale Drogen in populären Spielfilmen. BZgA, Forschung
Röllecke, Renate   und Praxis der Gesundheitsförderung, Band 23. Köln 2004.

Graß, Hildegard   Designerdrogen – neue Formen des Drogengebrauchs. In:
Farke, Walter/Graß, Hans-Jürgen/Hurrelmann, Klaus (Hrsg.):
Drogen bei Kindern und Jugendlichen: legale und illegale
Substanzen in der ärztlichen Praxis. S. 94 – 101. Stuttgart u. a.
2003.

Grunewald, Ralph   Der Individualisierungsauftrag des Jugendstrafrechts – Über
die Reformbedürftigkeit des JGG. NStZ 2002, S. 452 – 458.

Gundlach, Holger   Drogen und Strafverfolgung – Plädoyer für einen Paradig-
menwechsel. Kriminalistik 2003, S. 490 – 492.

van der Haar, Michael   Das Zusammenspiel von Justiz und Einrichtungen während
der Unterbringung in einer Entziehungsanstalt gemäß § 64
StGB. In: Dessecker, Axel/Egg, Rudolf (Hrsg.): Die strafrechtliche Unterbringung in einer Entziehungsanstalt. Rechtliche, empirische und praktische Aspekte. S. 145 – 158. Wiesbaden 1995.

Zum Urteil des BVerfG über die Unterbringung in einer Entziehungsanstalt gem. § 64 StGB vom 16.3.1994 (NStZ 1994,
578) aus klinischer Sicht. NStZ 1995, S. 315 – 318.

Harbort, Stephan   Rauschmitteleinnahme und Fahrsicherheit. Indikatoren – Analysen – Maßnahmen. Stuttgart u. a. 1996.

Zum Verkehrsgefährdungs-Profil der Amphetaminderivate
(„Ecstasy"). NZV 1998, S. 15 – 22.

Hein, Paul M./**Schulz,** Ernst Drogenevaluations- und -klassifizierungsprogramm in den
USA – auch ein Modell für Deutschland. Blutalkohol 1992, S.
225 – 241.

Heinz, Thomas W.   Liquid Ecstasy – Die neue Partydroge. Deutsches Ärzteblatt
Ausgabe C (sonstige Ärzte) 1998, S. 2199.

Heinz, Wolfgang   Diversion im Jugendstrafrecht und im allgemeinen Strafrecht,
Teil 3. DVJJ-J 1999, S. 131 – 148.

Hellebrand, Johannes   Endstation Sucht? – Wege aus der Sucht? In: Deutsche Vereinigung für Jugendhilfe und Jugendgerichtshilfe (Hrsg.): Mehr-
fach Auffällige – Mehrfach Betroffene. Erlebnisweisen und
Reaktionsformen. Dokumentation des 21. Deutschen Jugend-
gerichtstages vom 30. September bis 4. Oktober 1989 in Göttingen. S. 301 – 309, Bonn 1990 (zitiert 1990).

Drogen und Justiz. Überlegungen zur Einbindung der Justiz in
eine fortschrittliche Drogenpolitik. Bonn 1990 (zitiert 1990a).

§ 14. Die Staatsanwaltschaft im Betäubungsmittel-
Strafverfahren. In: Kreuzer, Arthur (Hrsg.): Handbuch des Betäubungsmittelstrafrechts. München 1998 (zitiert *Hellebrand*
(1998)).

§ 17. Die Gerichte in Betäubungsmittel-Strafverfahren. In: Kreuzer, Arthur (Hrsg.): Handbuch des Betäubungsmittelstrafrechts. München 1998 (zitiert *Hellebrand* (1998a)).

Hess, M./**Dietrich,** M./ Das Urinkontrollprogramm – ein Konzept zur außerstationä-
Schultz, R./**Jacobsen,** H. J. ren Betreuung straffälliger Drogenabhängiger. Öffentliche Gesundheit 1982, S. 740 – 742.

Hoferer, Christine   Zur Frage der Rechtmäßigkeit von Weisungen nach dem Jugendgerichtsgesetz, sich des Umgangs mit Betäubungsmitteln zu enthalten und zum Nachweis der Drogenfreiheit für eine bestimmte Zeit Urinproben abzugeben. NStZ 1997, S. 172 – 174.

Hoffmann, Klaus/**Kreuzer,** Spritzenvergabe im Strafvollzug. Rechtliche und tatsächliche
Arthur/**Suleck,** Tanja   Probleme eines umstrittenen Modells der Infektionsprophylaxe. Baden-Baden 2002.

Hügel, Christine   Es geht auch ohne JGH. Ergebnisse eines Forschungsprojekts „Erzieherische Maßnahmen im deutschen Jugendstrafrecht", insbesondere zu Sanktionsempfehlungen in den JGH-Berichten und zur richterlichen Sanktionsentscheidung. BewH 1988, S. 309 – 312.

Hund, Horst   § 12. Besonderheiten und Eingriffsbefugnisse in Betäubungsmittel-Strafverfahren. In: Kreuzer, Arthur (Hrsg.): Handbuch des Betäubungsmittelstrafrechts. München 1998.

Hurrelmann, Klaus   Legale und illegale Drogen. Wie kann man den Missbrauch verhindern? Suchtreport 6/2000, S. 29 – 36.

Ingenleuf, Hans-Josef   Maßregelvollzug – Gemeinsames Stiefkind von Psychiatrie und Justiz? Kontextuelle Betrachtung der Unterbringung straffälliger Drogenabhängiger gemäß § 64 StGB in psychiatrischen Krankenhäusern. Frankfurt am Main u. a. 1992.

Kannheiser, Werner   Mögliche verkehrsrelevante Auswirkungen von gewohnheitsmäßigem Cannabiskonsum. NZV 2000, S. 57 – 68.

Kappel, Sibylle/   Richter als Therapeuten? Das Betäubungsmittelgesetz im neu-
Scheerer, Sebastian   en System sozialer Kontrolle. StV 1982, S. 182 – 187.

Kleiber, Dieter/   Auswirkungen des Cannabiskonsums. Eine Expertise zu
Kovar, Karl-Artur   pharmakologischen und psychosozialen Konsequenzen. Stuttgart 1998.

Kleiber, Dieter/   Cannabiskonsum in der Bundesrepublik Deutschland: Ent-
Soellner, Renate   wicklungstendenzen, Konsummuster und Risiken. Weinheim und München 1998.
Psychosoziale Risiken des Cannabis-Konsums. In: Deutsche Hauptstelle gegen Suchtgefahren, Raphael Gassmann (Hrsg.): Cannabis. Neue Beiträge zu einer alten Diskussion. S. 20 – 54. Freiburg i. Br. 2004.

Klein, Michael   Kinder und Jugendliche in suchtbelasteten Familien. In: Farke, Walter/Graß, Hans-Jürgen/Hurrelmann, Klaus (Hrsg.): Drogen bei Kindern und Jugendlichen: legale und illegale Substanzen in der ärztlichen Praxis. S. 39 – 51. Stuttgart u. a. 2003.

Knötzele, Petra   Drogenstrafrecht und Drogentherapie – Eine Befragung von Richterinnen und Richtern, Staatsanwältinnen und Staatsanwälten, in: Egg, Rudolf (Hrsg.): Die Therapieregelungen des Betäubungsmittelrechts. S. 93 – 122. Wiesbaden 1992.

König, Jens Martin   Drogen und Delinquenz. BewH 2003, S. 182 – 191.

Konrad, Norbert	Zur Begutachtung der Einweisungskriterien bei der Unterbringung in einer Entziehungsanstalt gem. § 64 StGB. StV 1992, S. 597 – 602.
Körner, Harald Hans	§ 18. Sonderfragen der Therapieüberleitung im Betäubungsmittelstrafverfahren. In: Kreuzer, Arthur (Hrsg.): Handbuch des Betäubungsmittelstrafrechts. München 1998.
	Betäubungsmittelgesetz. Arzneimittelgesetz. 5. Aufl. München 2001.
Kovar, Karl-Artur	Ecstasy: Status quo des pharmakologisch/medizinischen Forschungsstandes. In: Bundeszentrale für gesundheitliche Aufklärung (Hrsg.): Prävention des Ecstasykonsum – Empirische Forschungsergebnisse und Leitlinien. Forschung und Praxis der Gesundheitsförderung, Band 5. S. 38 – 44. Köln 1998.
Kraus, Ludwig/ **Heppekausen**, Kathrin/**Barrera**, Andrea/**Orth**, Boris	Die Europäische Studie zu Alkohol und anderen Drogen (ESPAD): Befragung von Schülerinnen und Schülern der 9. und 10. Klasse in Bayern, Berlin, Brandenburg, Hessen, Mecklenburg-Vorpommern und Thüringen. München 2004.
Kraus, Ludwig/ **Ladwig**, Arndt	Analyse der Drogentodesfälle in Baden-Württemberg. Institut für Therapieforschung (Hrsg.) im Auftrag des Sozialministeriums Baden-Württemberg. IFT-Berichte 123. München 2001.
Kreuzer, Arthur	Therapie und Strafe. Versuch einer Zwischenbilanz zur Drogenpolitik und zum Betäubungsmittelgesetz von 1981. NJW 1989, S. 1505 – 1512.
	Drogen und Sicherheit des Straßenverkehrs – Tatsächliche Verbreitung drogenbeeinflussten Fahrens, polizeiliches Verdachtsbild und justizielle Kontrolle. NStZ 1993, S. 209 – 213.
	§ 3. Verhältnis von Drogen und Kriminalität. In: Kreuzer, Arthur (Hrsg.): Handbuch des Betäubungsmittelstrafrechts. München 1998.
	Ist das deutsche Jugendstrafrecht noch zeitgemäß? NJW 2002, S. 2345 – 2351.
	Bedingungen der strafrechtlichen Praxis in stationären Einrichtungen. In: Deutsche Hauptstelle gegen Suchtgefahren/Gassmann, Raphael (Hrsg.): Suchtprobleme hinter Mauern. Drogen, Sucht und Therapie im Straf- und Maßregelvollzug. S. 35 – 63. Freiburg i. Br. 2002.
Kreuzer, Arthur/**Römer-Klees**, Ruth/**Schneider**, Hans	Beschaffungskriminalität Drogenabhängiger. Wiesbaden 1991.
Kreuzer, Artur/ **Thamm**, Berndt Georg	§ 4. Erscheinungsformen von Drogenkriminalität und verwandtem abweichendem Verhalten. In: Kreuzer, Arthur (Hrsg.): Handbuch des Betäubungsmittelstrafrechts. München 1998.
Küfner, Heinrich/**Bühringer**, Gerhard/**Schumann**, Jutta/ **Duwe**, Annette	Die Rolle der Devianz und Delinquenz bei der Entwicklung und Aufrechterhaltung des Drogenmissbrauchs. In: Egg, Rudolf (Hrsg.): Drogenmissbrauch und Delinquenz – Kriminologische Perspektiven und praktische Konsequenzen. S. 9 – 36. Wiesbaden 1999.
Kühne, Hans-Heiner	Staatliche Drogentherapie auf dem Prüfstand. Heidelberg 1985.

Kunkel-Kleinsorge, Sabine

§ 22. Betäubungsmittel-Straftäter im Maßregelvollzug. In: Kreuzer, Arthur (Hrsg.): Handbuch des Betäubungsmittelstrafrechts. München 1998.

Externe Drogenberatung – Standrads und Forderungen an die Justiz. In: Reindl, Richard/Nickolai, Werner (Hrsg.): Drogen und Strafjustiz. S. 68 – 74. Freiburg i. Br. 1994.

Ladewig, Dieter/**Hobi**, Viktor/**Kleiner**, Dietrich/ **Dubacher**, Heinrich/**Faust**, Volker

Drogen unter uns. Medizinische, psychologische und juristische Aspekte des Drogenproblems unter Berücksichtigung des Alkohol- und Tabakkonsums. 4. Aufl. München 1983.

Lantzsch, Jana/ **Lauber**, Achim

Konsum oder Enthaltsamkeit? Über die Motive des Gebrauchs illegaler Drogen, die Bereitschaft, bisher noch nicht konsumierte Rauschmittel zu probieren und die möglichen Gründe des Konsumverzichts. In: Theo Baumgärtner (Hrsg.): Kiffen, Koksen und Klausuren. Studentischer Drogengebrauch in Ostdeutschland. S. 55 – 76. Leipzig 1998.

Leber, Detlev/**Gerz**, Karl/ **Pantle**, Norbert/**Friedrich**, Gerhard

Urinkontrollen – ein pragmatisches Mittel der Bewährungshilfe in der Arbeit mit drogenabhängigen Jugendlichen. BewH 1981, S. 45 – 56.

Lehmkuhl, Gerd

Indikatoren der Suchtgefährdung bei Jugendlichen – Hinweise zur Anamnese und Diagnose. In: Farke, Walter/Graß, Hans-Jürgen/Hurrelmann, Klaus (Hrsg.): Drogen bei Kindern und Jugendlichen: legale und illegale Substanzen in der ärztlichen Praxis. S. 30 – 38. Stuttgart u. a. 2003.

Lehmann, Jens

Notwendige Verteidigung bei ambulanter psychiatrischer Begutachtung? StV 2003, S. 356 – 358.

Leipziger Kommentar

Strafgesetzbuch, Hrsg. Burkhard Jähnke, Heinrich-Wilhelm Laufhütte und Walter Odersky. 10. Aufl. Berlin u. a. 1985 ff. (zitiert LK[10]-*Bearbeiter*).

Strafgesetzbuch, Hrsg. Burkhard Jähnke, Heinrich-Wilhelm Laufhütte und Walter Odersky. 11. Aufl. Berlin u. a. 1992 ff. (zitiert LK[11]-*Bearbeiter*).

Leune, Jost/**Kreuzer**, Artur

§ 20. Drogenberatung und Justiz. In: Kreuzer, Arthur (Hrsg.): Handbuch des Betäubungsmittelstrafrechts. München 1998.

Leurs, Rainer/**Meyer**, Cordula/**Neumann**, Conny/ **Schmidt**, Caroline/**Ulrich**, Andreas

Ein Joint für die große Pause. Der Spiegel, Heft 27/2004, S. 70 – 82.

Liechti, M. E./**Mathys**, J.

Komatöses Zustandsbild bei 21-jährigem Partygänger. Der Internist 2003, S. 215 – 218.

Löwe-Rosenberg

Die Strafprozessordnung und das Gerichtsverfassungsgesetz. Großkommentar. Hrsg.: Peter Rieß. 25. Aufl. Berlin 1999 (zitiert LR-*Bearbeiter*).

Mathes, Werner

Mein Kind ist abhängig! (abzurufen über http://www.stern.de/campus-karriere/schule/index.html?id=514360).

Macleod, John/**Oakes**, Rachel/**Copello**, Alex/**Crome**, Ilana/**Egger**, Matthias/ **Hickman**, Mathew/**Oppenkowski**, Thomas/**Stokes-Lampard**, Helen/ **Smith**, George D.

Psychological and social sequelae of cannabis and other illicit drug use by young people: a systematic review of longitudinal, general population studies. The Lancet, S. 1579 – 1588.

Metrikat, Inga

Die Unterbringung in einer Entziehungsanstalt nach § 64 StGB – Eine Maßregel im Wandel? Frankfurt am Main 2002.

Meyer, Hermann-Josef

Zur Rechtslage bei der Unterbringung drogenabhängiger Jugendlicher, die nach § 93a JGG vollzogen wird. MDR 1982, S. 177 – 180.

Meyer, Wolf-Dietrich

Unterbringung von Drogenabhängigen im Verhältnis zur Zurückstellung der Straf- und Maßregelvollstreckung gemäß §§ 35 ff. BtMG und zu anderen Therapiemöglichkeiten. In: Dessecker, Axel/Egg, Rudolf (Hrsg.): Die strafrechtliche Unterbringung in einer Entziehungsanstalt. Rechtliche, empirische und praktische Aspekte. S. 65 – 76. Wiesbaden 1995.

Meyer-Goßner, Lutz

Strafprozessordnung. Gerichtsverfassungsgesetz, Nebengesetze und ergänzende Bestimmungen. 46. Aufl. München 2003.

Moser, Gabriele

Kuda? – Ein Projekt des Jugendgerichts Altötting für straffällig gewordene junge Spätaussiedler. ZJJ 2004, S. 78 – 79.

Mrozynski, Peter

Krankheit – Hang – Schädliche Neigungen. MSchrKrim 1985, S. 1 – 18.

Müller, Hans Rüdiger

Behandlungsbezogene Motivationsstrukturen junger straffälliger Drogenabhängiger im Niedersächsischen Landeskrankenhaus Brauel. Suchtgefahren 1987, S. 346 – 351.

Müller-Dietz, Heinz

Unterbringung in der Entziehungsanstalt und Verfassung. JR 1995, S. 353 – 360.

Müller-Gerbes, Stefan

Auf dem Prüfstand des BVerfG: das Recht der Unterbringung in einer Entziehungsanstalt. StV 1996, S. 633 – 640.

Nedelmann, Carl

Drogenpolitik: Das Verbot von Cannabis ist ein „kollektiver Irrweg". SuchtReport 3/2002, S. 46 – 49.

Hanf ist ein ganz besonderer Stoff. Das Cannabisverbot hat gravierende Folgen, aber keine medizinische Grundlage, F. A. Z. vom 09.10.2002, S. 40.

Nomos Kommentar

Nomos Kommentar zum Strafgesetzbuch. Gesamtredaktion Ulfried Neumann, Ingeborg Puppe, Wolfgang Schild, 1. Aufl. Baden-Baden 1995 ff. (Stand: 13. Lieferung Januar 2003; zitiert: NK-*Bearbeiter*).

Nothacker, Gerhard

Das Absehen von der Verfolgung im Jugendstrafverfahren (§ 45 JGG). JZ 1982, S. 57 – 64.

Anwendungsprinzipien des Jugendstrafrechts, ZBl. 1985, S. 101 – 112.

Oellerich, Rainer

Voraussetzungen einer notwendigen Verteidigung und Zeitpunkt der Pflichtverteidigerbestellung. StV 1981, S. 434 – 442.

Ostendorf, Heribert

Jugendgerichtsgesetz: Kommentar, 6. Aufl., Köln u. a. 2003.

Osterloh, Kay

Arbeit mit illegale Suchtmittel konsumierenden Migranten und Migrantinnen aus der GUS. Am Beispiel der Mudra Drogenhilfe Nürnberg. In: Barth, Wolfgang/Schubert, Christine (Hrsg.): Migration – Sucht – Hilfe. Junge Migranten und Migrantinnen aus der GUS in den Systemen Suchthilfe und Migrationsberatung. S. 43 – 58. Nürnberg 2002.

Penners, Bernd-Michael

Zum Begriff der Aussichtslosigkeit der Entziehungskur nach § 64 Abs. 2 StGB. Berlin u. a. 1987.

Plate, Jürgen   Psyche, Unrecht, Schuld: die Bedeutung der psychischen Ver-
                                      fassung des Täters für die allgemeinen Voraussetzungen der
                                      Strafbarkeit. München 2002.

Preusker, Harald   Suchtprobleme im Justizvollzug. In: Deutsche Hauptstelle ge-
                                      gen die Suchtgefahren e. V./Raphael Gassmann (Hrsg.):
                                      Suchtprobleme hinter Mauern. Drogen, Sucht und Therapie im
                                      Straf- und Maßregelvollzug. S. 123 – 129. Freiburg i. Br.
                                      2002.

Quensel, Edelgart   Abschließende Feststellungen zu Brauel. KrimJ 1982, S. 81 –
                                      84.

Quensel, Stephan   Drogenelend. Cannabis, Heroin, Methadon: Für eine neue
                                      Drogenpolitik. Frankfurt am Main u. a. 1982.

Rakete, Gerd/   Der Konsum von Ecstasy – eine empirische Studie zu Mustern
Flüsmeier, Udo   und psychosozialen Effekten des Ecstasykonsums. In: Bun-
                                      deszentrale für gesundheitliche Aufklärung (Hrsg.): Präventi-
                                      on des Ecstasykonsum – Empirische Forschungsergebnisse
                                      und Leitlinien. Forschung und Praxis der Gesundheitsförde-
                                      rung, Band 5. S. 46 – 66. Köln 1998.

Rausch, Christian   Ecstasy und Jugendkultur. Analysen, Fragen und Meinungen
                                      zum Boom einer Diskodroge. DVJJ-J 1995, S. 327 – 333.

Reuband, Karl-Heinz   Soziale Determinanten des Drogengebrauchs. Opladen 1994.

Ricaurate, George A. /**Yuan**, Severe Dopaminergic Neurotoxicity in Primates After a
Jie/**Hatzidimitriou**, George/   Common Recreational Dose of MDMA ("Ecstasy"). Science
Cord, Branden J./**McCann**,   Vol. 297 (2002), S. 2260 – 2263.
Una D.

Rieke, Astrid Susanne   Die polizeiliche und staatsanwaltliche Vernehmung Minder-
                                      jähriger. Inauguraldissertation. Münster 2003.

Römer, Ruth   Lebenswelten von drogenabhängigen jungen Menschen –
                                      Konsequenzen für die jugendstrafrechtliche Praxis. DVJJ-J
                                      1993, S. 119 – 124.

Salger, Hannskarl   Drogeneinnahme und Fahrtüchtigkeit. DAR 1994, S. 433 –
                                      442.

Schaar, Michael   Drogendelinquenz im Jugendstrafverfahren. ZBl. 1985, S. 118
                                      – 119.

Schäfer, Karl Heinrich/   § 21. Betäubungsmittel-Straftäter im Strafvollzug. In: Kreuzer,
Schoppe, Reinhard   Arthur (Hrsg.): Handbuch des Betäubungsmittelstrafrechts.
                                      München 1998.

Schaffstein, Friedrich/   Jugendstrafrecht. Eine systematische Darstellung. 13. Aufl.
Beulke, Werner   Stuttgart 1998.
                                      Jugendstrafrecht. Eine systematische Darstellung. 14. Aufl.
                                      Stuttgart 2002.

Schalast, Norbert   Rückfälle während der Behandlung im Maßregelvollzug ge-
                                      mäß § 64 StGB. Sucht 2000, S. 111 – 120.

Schepker, Renate   Gesundheitliche Folgen des Drogenkonsums Jugendlicher –
                                      Somatische und psychiatrische Aspekte. In: Farke, Wal-
                                      ter/Graß, Hans-Jürgen/Hurrelmann, Klaus (Hrsg.): Drogen bei
                                      Kindern und Jugendlichen: legale und illegale Substanzen in
                                      der ärztlichen Praxis. S. 52 – 66. Stuttgart u. a. 2003.

Schippers, Gerard M./   Kontrollierter Gebrauch von Heroin und Kokain. Konturen
Cramer, Edith A. S. M.   2004 (Heft 6), S. 23 – 27.

Schlender, Jörg-Ulrich — Therapie für Kokainisten. In: Heckmann, Wolfgang (Hrsg.): Drogentherapie in der Praxis. Ein Arbeitsbuch für die 90er Jahre. S. 219 – 226. Weinheim und Basel 1991.

Schmitt-Homann, Lothar — Alkohol- und drogenabhängige Patienten im Maßregelvollzug nach § 64 StGB am Beispiel des Bundeslandes Hessen. Gießen 2001.

Schöch, Heinz — Wie soll die Justiz auf Jugendkriminalität reagieren? In: Dölling, Dieter (Hrsg.): Das Jugendstrafrecht an der Wende zum 21. Jahrhundert. Symposium zum 80. Geburtstag von Dr. Rudolf Brunner am 17. Juni 2000 in Heidelberg. S. 125 – 139. Berlin u. a. 2001.

Schönke/Schröder — Strafgesetzbuch, begründet von Adolf Schönke und Horst Schröder fortgeführt von Theodor Lenckner, Peter Cramer, Albin Eser, Walter Stree, Günter Heine, Walter Perron und Detlev Sternberg-Lieben, 26. Auflage München 2001.

Schattauer, Göran — Totale Ernüchterung. Der Focus, Heft 39/2004 vom 20. September 2004, S. 76 – 78.

Schreiber, Lothar Hans — Beeinträchtigung der Sehfähigkeit durch Drogen. Kriminalistik 1997, S. 737 – 739.

Schröder, Herbert — Drogentherapie nach den §§ 93a JGG, 35 ff. BtMG. Eine Untersuchung zur Normgenese und legislatorischen Vielfalt. Frankfurt am Main u. a. 1986.

Schroers, Artur — Hilfen, Selbstorganisation und Kommunikation für Partydrogenkonsumenten. In: Böllinger, Lorenz/Stöver, Heino (Hrsg.): Drogenpraxis, Drogenrecht, Drogenpolitik. Handbuch für Drogenbenutzer, Eltern, Drogenberater, Ärzte und Juristen. S. 133 – 15. 5. Aufl. Leck 2002.

Schütz, Ch./ **Soyka**, Michael — Inhalantien. In: Soyka, Michael (Hrsg.): Drogen- und Medikamentenabhängigkeit. Stuttgart 1998.

Schulzke, Martin — Wissenschaftliche Begleitung der Fachklinik Brauel, Endbericht. Untersuchungen zur Evaluation der Rehabilitationsbehandlung. Sucht 1995, S. 81 – 83.

Schwind, Hans-Dieter/ **Böhm**, Alexander — Strafvollzugsgesetz (StVollzG), herausgegeben von Hans-Dieter Schwind und Alexander Böhm. 3. Aufl. Berlin, New York 1999 (zitiert Schwind/Böhm-*Bearbeiter*).

Simon, Roland — Hauptdiagnose Cannabis – Klientenzahlen, Charakteristika und Entwicklungen in Beratungsstellen. In: Deutsche Hauptstelle gegen Suchtgefahren, Raphael Gassmann (Hrsg.): Neue Beiträge zu einer alten Diskussion. S. 58 – 74. Freiburg i. Br. 2004.

SK-StPO — Systematischer Kommentar zur StPO und zum Gerichtsverfassungsgesetz. Loseblatt Ausgabe (Stand Januar 2004 (35. Lieferung)). Gesamtredaktion Hans-Joachim Rudolphi. Frankfurt am Main 1986 ff.

Soellner, Renate — Abhängig von Haschisch? Cannabiskonsum und psychosoziale Gesundheit. Bern 2000.

Spiess, Gerhard — Junge Wiederholungstäter. Oder: Wieviel Strafe muss sein? Kriminalistik 1994, S. 111 – 117.

Statistisches Bundesamt — Strafverfolgung. Rechtspflege Fachserie 10, Reihe 3. Wiesbaden 2004.

	Staatsanwaltschaften. Rechtspflege Fachserie 10, Reihe 2.6. Wiesbaden 2003.
Stimmer, Franz	Suchtlexikon. Herausgegeben von Franz Stimmer unter Mitarbeit von Petra Andreas-Siller. München u. a. 2000.
Stöver, Heino	Akzeptanz und »harm-reduction«-Ansätze in der Suchtkrankenhilfe. In: Bossong, Horst/Gölz, Jörg/Stöver, Heino (Hrsg.): Leitfaden Drogentherapie. S. 80 – 103. Frankfurt am Main 1997.
Stöver, Heino/ **Nüdling**, Melanie	Bestandsaufnahme „Crack-Konsum" in Deutschland: Verbreitung, Konsummuster, Risiken und Hilfsangebote. Bremer Institut für Drogenforschung (BSIDRO). Endbericht 2001.
Stolk, Martina/**Lehnen**, Ralf/ **Metternich**, Heinz-Jürgen	Soziales Training als Methode in der Suchtarbeit – Praktische Erfahrungen bei der Einrichtung und Durchführung einer Behandlungsmaßnahme im Strafvollzug. ZfStrVo 2004, S. 74 – 76.
Stosberg, Krista/**Ingenleuf**, Hans-Joachim/**Bratenstein**, Hans-Peter	Der Maßregelvollzug aus der Sicht von Richtern, Staatsanwälten und Verurteilten – Ergebnisse der wissenschaftlichen Begleitung der Bezirksklinik Parsberg. In: Egg, Rudolf (Hrsg.): Drogentherapie und Strafe. S. 213 - 234. Wiesbaden 1988.
	Drogentherapie in der Entziehungsanstalt – Ergebnisse einer Evaluationsstudie. In: Egg, Rudolf (Hrsg.): Brennpunkte der Rechtspsychologie. S. 191 – 204. Bonn 1991.
Stree, Walter	Probleme der Unterbringung in einer Entziehungsanstalt. Bemerkungen zur Entscheidung des BVerfG vom 16.3.1994. In Schlüchter, Ellen (Hrsg.): Kriminalistik und Strafrecht. Festschrift für Friedrich Geerds zum 70. Geburtstag. S. 581 – 592. Lübeck 1995.
Strothotte, Hans Günter	Zur nichtstationären Behandlung Drogenabhängiger. In: Egg, Rudolf (Hrsg.): Drogentherapie und Strafe. S. 197 – 206. Wiesbaden 1988.
Täschner, Karl-Ludwig	Forensisch-psychiatrische Probleme bei der Beurteilung von Drogenkonsumenten. NJW 1984 S. 638 – 642.
	Probleme der Aussagetüchtigkeit bei Drogenabhängigen. NStZ 1993, S. 322 – 325.
	§ 16. Begutachtung im Betäubungsmittel-Strafverfahren. . In: Kreuzer, Arthur (Hrsg.): Handbuch des Betäubungsmittelstrafrechts. München 1998.
Theune, Werner	Auswirkungen der Drogenabhängigkeit auf die Schuldfähigkeit und die Zumessung von Strafe und Maßregel. NStZ 1997, S. 57 – 63.
Thiel, Andreas	Krank oder kriminell? Für einen rationalen Umgang mit Drogenabhängigen im Justizvollzug. In: Rehn, Gerhard/Nanninga, Regina/Thiel, Andreas (Hrsg.): Freiheit und Unfreiheit. Arbeit mit Straftätern innerhalb und außerhalb des Justizvollzugs. S. 167 – 182. Herbolzheim 2004.
Tilmann, Karin	Jugendrichterliche Erfahrungen mit Drogenabhängigen. ZBl. 1978, S. 461 – 467.
Tossmann, H. Peter/**Boldt**, Susanne/**Tensil**, Marc-Dennan	Ecstasy – „Einbahnstraße" in die Abhängigkeit? Drogenkonsummuster in der Techno-Party-Szene und deren Veränderung in längsschnittlicher Perspektive. BZgA, Forschung und Praxis der Gesundheitsförderung, Band 14. Köln 2001.

Trautmann, Ralf

Tröndle, Herbert/
Fischer, Thomas

Uchtenhagen, Ambros

Volckart, Bernd/
Grünebaum, Rolf

Vollmer, Heinz C./
Ellgring, Heiner

Walter, Joachim

Walter, Michael/
Trautmann, Sebastian

Wanke, Klaus/
Täschner, Karl-Ludwig

Weber, Klaus

Weider, Hans-Joachim

Weiler, Günter/
Schütz, Harald

Wessels, Johannes/
Beulke, Werner

Westerhagen, Ulrich

Wieben, Hans-Jürgen

Drogengebrauch in Jugendcliquen. In: Arnold, Helmut/Schille, Hans-Joachim: Praxishandbuch Drogen und Drogenprävention. S. 155 – 164. Weinheim und München 2002.

Strafgesetzbuch und Nebengesetze. Erläutert von Herbert Tröndle und Thomas Fischer, 51. Auflage 2003.

§ 1. Arten, Funktionen und Wirkungen der Drogen (Psychopharmakologie und Toxikologie. In: Kreuzer, Arthur (Hrsg.): Handbuch des Betäubungsmittelstrafrechts. München 1998.

Maßregelvollzug. Das Recht des Vollzugs der Unterbringung nach §§ 63, 64 StGB in einem psychiatrischen Krankenhaus und in einer Entziehungsanstalt; mit den Gesetzen der Bundesländer im Anhang. 6. Aufl. München u. a. 2003.

Die Vorhersage der vorzeitigen Therapiebeendigung bei Drogenabhängigen. Suchtgefahren 1988, S. 273 – 284.

Drogen im Jugendstrafvollzug. Mehr Fragen als Antworten. DVJJ-J 1992, S. 118 – 126.

Jugendstrafvollzug: Was hat sich getan? Was könnte getan werden? In: Dölling, Dieter (Hrsg.): Info/Landesgruppe Baden-Württemberg in der Deutschen Vereinigung für Jugendgerichte und Jugendgerichtshilfen e. V. (DVJJ). S. 81 – 114. Heidelberg 2000 (zitiert *Walter* (2000)).

Junge Aussiedler im Strafvollzug. In: Barth, Wolfgang/Schubert, Christine (Hrsg.): Migration – Sucht – Hilfe. Junge Migranten und Migrantinnen aus der GUS in den Systemen Suchthilfe und Migrationsberatung. S. 67 – 87. Nürnberg 2002 (zitiert: *Walter* (2002)).

Kriminalität junger Migranten – Strafrecht und gesellschaftliche (Des-)Integration. In: Raithel, Jürgen/Mansel, Jürgen (Hrsg.): Kriminalität und Gewalt im Jugendalter. S. 64 – 86. Weinheim und München 2003.

Rauschmittel. Drogen – Medikamente – Alkohol. 5. Aufl. Stuttgart 1984.

Betäubungsmittelgesetz, Kommentar. 2. Aufl. München 2003.

Eine kritische Bestandsaufnahme zur Rauschgiftkriminalität – und die Alternativen? Kriminalistik 2003, S. 410 – 414.

§ 15. Verteidigung in Betäubungsmittel-Strafverfahren. In: Kreuzer, Arthur (Hrsg.): Handbuch des Betäubungsmittelstrafrechts. München 1998.

§ 8. Rechtsmedizinische Fragen und Nachweisverfahren. In: Kreuzer, Arthur (Hrsg.): Handbuch des Betäubungsmittelstrafrechts. München 1998.

Strafrecht Allgemeiner Teil. Die Straftat und ihr Aufbau. 33. Aufl. 2003.

Rehabilitation jugendlicher Drogenabhängiger. Regensburg 1987.

Aufgaben der Polizei im jugendstrafrechtlichen Vorverfahren – Ein Lösungsansatz. DVJJ-J 1992, S. 65 – 67.

Wilmers, Nicola/**Enzmann,** Jugendliche in Deutschland zur Jahrtausendwende: Gefährlich
Dirk/**Schaefer,** Dagmar/**Her-** oder gefährdet? Baden-Baden 2002.
bers, Karin/**Greve,** Werner/
Wetzels, Peter

Winkler, Karl-Rudolf   Probleme der Anordnung einer Unterbringung nach § 64
                                 StGB, In: Dessecker, Axel/Egg, Rudolf (Hrsg.): Die straf-
                                 rechtliche Unterbringung in einer Entziehungsanstalt. Rechtli-
                                 che, empirische und praktische Aspekte. S. 129 – 134. Wies-
                                 baden 1995.

Winterberg, Carsten   Drogenkonsum bestrafen? Kriminalistik 2003, S. 493 – 496.

Wirth, Wolfgang   Das Drogenproblem im Justizvollzug. Zahlen und Fakten.
                                 BewH 2002, S. 104 – 122.

Wölfl, Bernd   Die Geltung der Regelvermutung des § 69 II StGB im Jugend-
                                 strafrecht. NZV 1999, S. 69 – 71.

Zajicek, John/**Fox,** Patrick/ Cannabinoids for treatment of spasticity and other symptoms
Sanders, Hilary/ **Wright,** related to multiple sclerosis (CAMS study): multicentre ran-
David/ **Vickery,** Jane/**Nunn,** domised placebo-controlled trail. The Lancet, Vol. 362
Andrew/ **Thompson,** Alan   (08.11.2003), S. 1517 – 1526.